AUFGEGABELT

MARTIN JENNI

AUFGEGABELT

Ausgabe 2019

Stimmungsvolle Beizen und authentische Produkte

Über 600 Adressen in der Schweiz

at VERLAG

Innerhalb der Kapitel sind die Adressen bis auf wenige Ausnahmen nach den Postleitzahlen geordnet.

Titel in Rot bezeichnen Beizen, die in Schwarz Einkaufsadressen. In Blau stehen am Ende der Kapitel jeweils ausgewählte Übernachtungsadressen. Die Auszeichnungen 2019 sind in Orange gehalten.

Wichtiger Hinweis

Da die Öffnungszeiten vieler der hier vorgestellten Betriebe unregelmässig und Änderungen unterworfen sind, wird auf eine Angabe dazu verzichtet. Bitte konsultieren Sie vor einem Besuch stets die jeweilige Website oder fragen Sie telefonisch nach.

Inhalt

Beseelte Orte für kulinarische und geistige Nahrung

Sie halten die Ausgabe 2019 des Guides «Aufgegabelt» in den Händen. Mit über 600 Entdeckungen für Besseresser. Einkehren, Einkaufen und Einschlafen an ausgesuchten Adressen in der Schweiz. Es sind keine überkandidelten Häuser, sondern besondere Oasen, die Freude bereiten und in denen die Unkompliziertheit wichtiger ist als die Etikette. Orte, an denen sich Gast und Gastgeber mit einem Lächeln auf Augenhöhe begegnen. Dieser Führer straft nicht ab und pflegt keine Lobhudelei, vielmehr erzählt er Geschichten von Momentaufnahmen, die einen Einblick geben, was der Gast und Kunde erwarten kann. Eindrücke, die alle bei einem Besuch vor Ort entstanden sind. Eine Garantie, dass es immer so ist, wie hier beschrieben, gibt es nicht, muss es auch nicht geben. Darum, liebe Tripadvisors, schweigt lieber wieder einmal statt zu meckern, wenn mal vor Ort nicht alles rund läuft.

«Aufgegabelt» erhebt keinen Anspruch auf Vollständigkeit, was bei einer subjektiven Auswahl auch gar nicht möglich ist. Einige Adressen sind eigenwillig, vielleicht gar gewöhnungsbedürftig, darum lesen Sie die Empfehlungen aufmerksam durch, und denken Sie daran, dass eine kernige Bemerkung einer gestandenen Persönlichkeit weitaus besser ist als steife Oberlippen und zurechtweisende Augenaufschläge, bei denen die Laune schnell in den Keller sinkt. Teure Luxushütten und Beizen ohne Seele, die sich in Folklorebarock ergehen oder mit dem Goldenen Schnitt auf dem Teller langweilen, finden Sie hier nicht. Vielmehr werden Sie fündig in der Rubrik stimmungsvolle Bleiben und Gasthäuser, die mit reellen Gerichten, Geschichten und besonderen Weinen überzeugen. Beseelte Orte für kulinarische und geistige Nahrung eben.

Bei den vielen Guides, Apps, Blogs und Kritikern, die sich im kulinarischen Haifischbecken des Internets tummeln, gehen wir, Verlag, Jury und ich, einen Schritt weiter. Wir küren sechs ausserordentliche Adressen und ihre Macher in den Sparten Beiz, Newcomer, Lebenswerk, Schön schräg, Unter einem Dach und Einkauf zur jeweiligen Adresse des Jahres. Dies als Dankeschön für ihre nachhaltigen Leistungen dem Gast und Kunden gegenüber.

Viel Vergnügen beim Lesen und Ausprobieren, und denken Sie daran – wir erscheinen in Zukunft jährlich.

Martin Jenni, Autor

Einfach schmeckt besser

Martin Jenni hat es tatsächlich geschafft. Niemand sonst hat es bisher je fertig gebracht, dass ich Blut- und Leberwürste esse. Die «Premiere» fand an einem stimmungsvollen Ort mit grandiosen Würsten und der ansteckenden Essenslust der anderen Gäste statt. Ich war und bin immer noch begeistert von den Empfehlungen, die ich in den Büchern von Martin Jenni lese.
Sowieso. Die Schweiz ist eine Schlaraffia. Ihre kulinarische Vielfalt und ihre innovativen wie auch traditionellen Gerichte lassen mich schwelgen. Wer auf Entdeckungsreise geht, wird reich belohnt, wenn er weiss, wie suchen und wo finden. Denn schwarze Schafe gibt es viele, die das Besondere versprechen und mit Convenience Food tricksen. Das ist eine Gastronomie, wie sie Marketingfachleute konzipieren. Herzblut und Echtheit findet man dort nicht. Stattdessen unser aller Tomaten-Mozzarella-Salat, der so schmeckt, wie ihn die Industrie für uns uniformiert. Nur mit Tomaten hat das nichts mehr zu tun. Wer dem fern bleiben will, liest bei Martin Jenni nach.
Wohl niemand kennt die kulinarische Schweiz so gut wie er. Er ist ein Garant für eine kulinarische Orientierung. Von Trends und Modeluftblasen lässt er sich nicht blenden. Zum Glück ist er allergisch darauf. Sein Antrieb, sich immer wieder auf die Suche nach «dem Echten» zu machen, ist seine eigene, ungebändigte Lust am Genuss. Seine Trouvaillen haben allesamt eine Gemeinsamkeit: Es stehen Menschen dahinter, die ihr Handwerk mit Leidenschaft leben.
Wer die Schweiz und ihre kulinarischen und gastronomischen Schätze liebt, erhält von Martin Jenni ungeschminkte Beschreibungen von dem, was ist. Seine Sprache ist so wie seine Persönlichkeit, und die Oasen, die er beschreibt, sind voller Ecken und Kanten.

Dani Fohrler, Schweizer Fernseh- und Radiomoderator

Die Auswahlprinzipien

Alle Adressen werden anonym getestet.

Die Auswahl erfolgt subjektiv und erhebt keinen Anspruch auf Vollständigkeit. Es werden auch Adressen aufgenommen, die eigenwillig oder/und nicht mehrheitsfähig sind.

Besuchte Adressen, die nicht den Vorstellungen des Autors und der Scouts entsprechen, werden ihm Guide nicht aufgeführt. Eigenheiten oder kleinere Unzulänglichkeiten der aufgenommenen Adressen werden je nachdem erwähnt. Die Adressen und ihre Macher sind so beschrieben, wie sie vom Autor und seinen Scouts persönlich wahrgenommen werden.

Die Prämierung erfolgt jährlich in sechs Sparten durch die Abgabe der Stimmen der Jury, die eine Vorsondierung trifft und in einer zweiten Phase die sechs Preisträger durch Mehrheitsentscheid wählt. Wichtige Kriterien sind dabei der Gesamteindruck des Hauses, die Qualität des Angebots und die Freundlichkeit und Kompetenz der Gastgeber.

Zur Prämierung in den sechs Sparten kommt der Spezialpreis der MOB Montreux-Berner Oberland-Bahn hinzu, die eine in «Aufgegabelt» aufgeführte und am Streckennetz der Bahn gelegene Beiz auszeichnet. Ihre Kriterien sind die gleichen wie die der Jury von «Aufgegabelt».

Folgende Symbole bezeichnen Adressen, die im Speziellen herausragen:

 Lieblingsadressen des Autors

 Leichte und innovative, zum Teil moderne Küche

 Küche zwischen Tradition und Innovation, saisonal und regional

 Weinangebot mit einer guten Auswahl an gebietstypischen Gewächsen

Neu in dieser Ausgabe

Auszeichnung 2019

Die Jury

Claudia Link
Die studierte Künstlerin, eidgenössisch diplomierte Fotodesignerin und freischaffende Fotografin hat ein Faible dafür, kulinarische Themen ins rechte Licht zu rücken. Ihre Fotografien wecken den Appetit (siehe Umschlagbild «Aufgegabelt 2019»), ihre Reportagen das Reisefieber. Sie sitzt gerne in der Beiz, mit und ohne Kamera, und weiss ein Ochsenkotelett genauso zu schätzen wie Linguine con Barba di Frate.

Kathrin Horn
Die freischaffende Grafikerin, Fotografin und Illustratorin hat in über fünfzehn Jahren schon viele Gastronomen und ihre Lokale abgelichtet. Sie ist eine ambitionierte, kräuteraffine Hobbyköchin und Verfechterin der «Nose to tail»-Philosophie. Sie ist für nahezu jedes kulinarische Experiment fernab von Massenproduktion zu haben. Ihre Produkte kauft sie lokal und direkt bei den Erzeugern ein.

Rudolf Trefzer
Der Historiker ist Publizist, Buchautor und Mitarbeiter von Radio SRF 1. Er befasst sich schwerpunktmässig mit Themen der Koch-, Ess- und Trinkkultur. Sein jüngstes Buch «Klassiker der Kochkunst. Die fünfzehn wichtigsten Rezeptbücher aus acht Jahrhunderten» handelt von Kochbüchern, welche die europäische Küchenkultur seit dem Mittealter geprägt und verändert haben. Er steht täglich selbst in der Küche und isst grundsätzlich alles, ausser Randen und Kohlrabi.

Urs Hunziker
Der studierte Naturwissenschaftler arbeitet seit über drei Jahrzehnten für den AT Verlag und steht seit 29 Jahren an dessen Spitze. Er liebt nicht nur inspirierende Kochbücher, sondern mag auch eine unprätentiöse, fadengerade Küche, die er mit seinem feinen Gaumen immer wieder auf seinen Reisen in England, Schottland, Frankreich, Italien und in der Schweiz sucht und findet.

Martin Jenni
Der freischaffende Genussjournalist und Buchautor liebt patinierte Einkehren, die ohne fadenscheinigen Glanz und gezierte Steifheit auskommen. Appetit macht ihm die einfache wie die hochstehende Küche, wobei er für einen Speck-Käse-Salat im «Blauen Engel» jedes Rindsfilet stehen lässt. Seine Spürnase führt ihn in der Schweiz, den Nachbarländern und in seinem geliebten Grossbritannien immer wieder zu Adressen, denen der unverfälschte Genuss am Herzen liegt.

Die Auszeichnungen 2019

Beiz des Jahres
Restaurant Bad in Schönenbuch, Baselland

Bevor sie kamen, waren einundzwanzig Wirte im «Bad» Konkurs gegangen. Kredit hatten Jacqueline Lévy und Michael Matter bei den Einheimischen daher keinen. Doch die haben sich geirrt. Im Februar 2019 sind es dreiunddreissig Jahre, in denen das «Bad» eine schnörkellose, manchmal gewagte Küche in einem stimmungsvollen Rahmen zeleberiert. Und nur selten gibt es bei den Profis eine so spannende Gesamtschau des ganzen Tiers. Die Küche von Michael Matter, der auch mal vier Gänge vom Kalbshirn oder einen ganzen Schafskopf auftischt, gehört zu den Vorreitern der Region, ja der Schweiz. So viel Kontinuität, Qualität und Mut gehören prämiert. Das «Bad» ist unsere Beiz des Jahres 2019. Mehr dazu auf Seite 84.

Newcomer
Moment in Bern

Knapp zwei Jahre arbeiteten die Hotelfachschulabsolventen und gelernten Köche Sven Stauffer und Florian Stalder gemeinsam erfolgreich im «Moment» in Bern. Im April hat Florian die Kochlöffel an Andrin Steuri übergeben – der Erfolg bleibt. Die Dritte im Bunde ist Nina Stauffer, die Schwester von Sven, die als unkomplizierte Gastgeberin seit über einem Jahr den Erfolg mitträgt. Puristisch schön die Einrichtung, klar, verständlich und manchmal überraschend die Kochsprache, hoch und regional das Qualitätsdenken, kompetent der Service. Und wenn ein einfaches Gericht wie «Ghackets mit Hörnli» bei Michelin-Sterne-Koch Arno Abächerli helle Begeisterung auslöst, dann ist das ein Grund mehr, das «Moment» zur Newcomer-Beiz des Jahres 2019 zu küren. Mehr dazu auf Seite 25.

Lebenswerk
Bären in Birrwil, Aargau

Max Eichenberger ist die lebende Fischkochlegende am Hallwilersee. Sicher gibt es kreativere Köche, aber keiner trägt schönere rote Hosenträger, und keiner kocht besser Hecht als Max. Gemeinsam mit seiner Frau Dora zelebriert er Gastlichkeit und Slow Food, was bei ihm wörtlich zu verstehen ist. Wer zu ihm kommt, hat oder nimmt sich Zeit oder lässt es gleich bleiben. Vierzig Jahre lang war seine Mutter Hedy die Wirtin im «Bären» und seit zweiundvierzig Jahren ist Max Eichenberger Koch und Wirt in Personalunion. «Bären» und Max gehören unter Artenschutz gestellt. Er ist unser Alter Hase 2019. Mehr dazu auf Seite 127.

Schön schräg
Metzg in Zürich

Beiz und Metzgerei unter einem Dach. So wie das früher auf dem Land Alltag war. Heute sind solche Gasthäuser auf dem Land wie auch viele lokale Metzgereien in den Städten verschwunden. Die Inhaberin und Küchenchefin der «Metzg», Marlene Halter, hält dagegen und setzt an der Zürcher Langstrasse ein Zeichen. Ihr Ende 2015 eröffnetes Restaurant mit ihrer Spezialitätenmetzgerei bietet eine alternative Fleischkultur, die sie in Kopenhagen und New York schätzen gelernt hat. Sie verbraucht alle Teile vom Tier und bietet auch andere Schnittarten an, als sie in der Schweiz üblich sind. Auf der Abendkarte findet sich Molkensau-Kotelett mit Fett und Schwarte, Angus Skirt Steak, aber auch Buttermilch-Chöpfli mit wilden Wiesenkräutern für die Vegetarier unter uns. Die «Metzg» ist unser Schräger Vogel 2019. Mehr dazu auf Seite 188.

Unter einem Dach
Auberge du Mouton in Porrentruy, Jura

Von einigen Zimmern aus sieht der Gast über die Grand Rue zum ehemaligen Bischofssitz des Fürstbistums Basel. Basel ist nah, aber doch weit genug weg, dass nicht nur die Wasser-, sondern auch die Weinflasche auf dem Mittagstisch steht. Der gute «Plat du Jour», das fröhliche Palaver der Gäste und die Herzlichkeit von Gastgeberin Daniela Lachat machen den Rest. Wer eine unkomplizierte Auszeit vom Alltag sucht, findet sie im «Mouton». Genuss auf weissen, runden Tellern an blanken Holztischen mit gutem Essen und trinkfreudigen Weinen und zwölf Hotelzimmern mit dem Charme von damals und dem Komfort von heute. Das «Mouton»ist unsere Auberge 2019. Mehr dazu auf Seite 63.

Einkauf
Batavia Épicerie moderne in Biel, Bern

Es macht Lust und bereitet Freude, hier einzukaufen. Die sympathischen Betreiber, Cyndie Marie Grisel und Raphaël Patrick Jacot, sind genussaffine Spürnasen, die nicht nur exzellente Produkte für ihre «Épicerie» aufstöbern, sondern ihre Ware auch zu sehr fairen Preisen verkaufen. Hinzu kommt ihr sicheres Gespür für Einrichtung und Präsentation. Für ihre belegten Brote, ihre Sandwiches, die Croissants, das Angebot an Weinen und Bieren gibt es nur ein Wort: exzellent! «Batavia» ist unser Einkaufskorb 2019. Mehr dazu auf Seite 40.

Spezialpreis MOB
COMPAGNIE DU CHEMIN DE FER MONTREUX OBERLAND BERNOIS
Montreux-Berner Oberland-Bahn

16 Art Bar Restaurant in Saanen, Bern

Die Reise vom Lac Léman ins Berner Oberland mit der MOB macht Appetit. Sattgrüne Wiesen, eine imposante Bergwelt und die mäandernde Saane wecken Geist und Magen. Vom Bahnhof Saanen sind es gerade mal drei Fussminuten bis zum stimmungsvollen «16 Art». Hier teilen sich Einheimische, Touristen, Geldadel und mitunter auch der echte Adel die Tische. Die Haute-Volée gibt sich dabei erstaunlich normal. Kein Gehabe, kein gar nichts. Würde auch nicht zu einer ehemaligen Glockengiesserei, zu ihrer Geschichte und zu den sympathischen Gastgebern Nik und Simon Buchs passen, die mit erfrischender Selbstverständlichkeit eine hochstehende und doch so angenehm zahlbare Gastronomie anbieten, die einfach nur Freude bereitet. Mehr dazu auf Seite 54.

Brauerei Felsenau

Der Fels in der Brandung Selbst wenn ein Grossauftrag verloren geht, herrscht bei der 1881 gegründeten Brauerei Felsenau keine Weltuntergangsstimmung. Im Gegenteil! Der Fels in der Brandung steht, und die Felsenau braut. So ist es, und so wird es auch bleiben. Bier ist Kult, liegt im Trend. Daran wird sich in den nächsten Jahrzehnten nichts ändern. Beim Bier von hier statt von dort erst recht nicht. By the way: Die Felsenau AG ist die älteste unabhängige Berner Brauerei, und ihr «Bärner Müntschi» ist das jüngste Kind der «Familie Felsenau». Unfiltriert, unpasteurisiert, leicht gehopft und von heller, trüber Farbe. Zum Wohlsein.

3004 Bern, Strandweg 34, 031 301 22 08, www.felsenau.ch

Vatter Royal

Nachhaltig! Zwar ist auf der Homepage die Rede von Mafia, Camorra und Cosa Nostra, mit ihr am Hut hat der sympathische Quartierladen mit Café-Bar aber gar nichts. Die angebotenen italienischen Köstlichkeiten stammen von Kooperativen, die Land bewirtschaften, das der Mafia entrissen wurde. Die feinen Lebensmittel von der «befreiten Erde» werden dementsprechend unter der Bezeichnung «Libera Terra» angeboten. Im Süden Italiens schafft ihre Produktion neue Perspektiven. Nachhaltige eben. Grund genug, bei «Vatter» vorbeizugehen und vielleicht vor oder nach dem Einkauf im Café einen gemütlichen Halt einzulegen. Vergessen Sie dabei nicht, ein Glas von der Honig-Orangen-Marmelade mitzunehmen und eine Packung der traditionell handgemachten Pasta und ...

3005 Bern, Luisenstrasse 14, 031 302 10 00, www.vatter.ch

NEU Eiger

Aufstieg Der «Eiger» gehört zu den schönsten Beizen der Schweiz und macht es trotzdem seinen Gästen nicht einfach. Zumindest in den letzten Jahren war es ein steter Auf- und Abstieg, fast schien es so, als ob der «Eiger» dem Gast das Gefühl vermitteln wolle, in der Eigernordwand zu stecken. Gottlob hat sich das mit Luisa Neuenschwander geändert, die mit ihrem unkomplizierten Team Kontinuität in die Bude bringt. Das reicht bei ihr vom guten Brot bis zur Herzlichkeit, die dem Gast entgegengebracht wird. Den Rest macht die Küche des Hauses aus, die nach Lust und Laune frisch von der Leber weg kocht. Wird es draussen kühl, dampft der «Spatz», Suppenfleisch mit reichlich Marktgemüse, in der Suppenschüssel und bereitet dem Gaumen mit viel Aroma viel Freude. Die Küche schwankt zwischen verspielt und sec, zwischen Tradition und Innovation, zwischen von Hand geschnittenem Tatar und gesunden Dinkelteig-Mezzelune. Wer als Allesesser einen kulinarischen Mehrwert schätzt, isst und teilt sich zu zweit acht Gänge, bestehend aus drei Vor-, drei Haupt- und zwei Nachspeisen.

3007 Bern, Belpstrasse 73, 031 371 13 65, www.eigerbern.ch

Musigbistrot

Musik und Brot London, New York, Paris? Nein, einfach Bern! Das stimmungsvolle «Musigbistrot» hat eine treue Fangemeinde, die sich hier zu Musik und Brot und mehr trifft. Apropos Brot: Bitte Lieferant wechseln – es gibt in Bern genügend gute Bäckereien. Ansonsten wird eine urbane Küche zelebriert, die zwischen heiter und besser, zwischen Indien, Brasilien, Balkan, Italien und der Schweiz hin und her pendelt und mit einer subtilen Aromenvielfalt überzeugt, deren Duftnoten zum Teil aus dem hauseigenen Garten stammen. Stehen die hausgemachten mit Gemüse und Käse gefüllten Reiskrapfen auf dem Programm, wird nicht lange gefackelt, sondern bestellt. Das Ganze ist bei den Bernern ein beliebtes Basislager vor oder nach der Altstadt-Exkursion oder wird zum festen Dauersitzplatz, wenn auf der hauseigenen Bühne Kultur angesagt ist.

3007 Bern, Mühlemattstrasse 48, 031 372 10 32, www.musigbistrot.ch

✦ Dr Süder

Im Berner Südbahnhof Die Beiz ist schön, patiniert, mit Feingefühl dekoriert. Die Gastgeber Renate Fankhauser und Martin Moser sind freundlich, die Mitarbeiter in Form, und die Küche überzeugt mit luftig-leichten Gerichten. Nichts wirkt verkrampft, nichts ist überteuert. Der «Süder» ist eine zuverlässige Adresse, die mit ihrem kreativen Angebot aus Bern nicht mehr wegzudenken ist. Linsen-Mango-Salat mit Avocadocreme oder ein frühsommerlicher Gemüseteller mit Fenchelglace, Ofenkarottencreme, gepickelten Radieschen und Petersilien-Mayonnaise, bei dem die Jakobsmuschel zur Nebendarstellerin mutiert, sind zum Beispiel Gründe, um an warmen Tagen vorbeizugehen. Dazu passt ein im Stahltank ausgebauter Cortese, der mit erfrischenden 11,5 Volumenprozent Alkohol zur Leichtfüssigkeit nach dem Essen beiträgt.

3007 Bern, Weissensteinstrasse 61, 031 371 57 67, www.restaurant-sueder.ch

Fischermätteli-Lade

Brot, Käse, Wein und mehr Schön, dass sich einige Quartierläden in Bern halten können und von den Einwohnern regelmässig frequentiert werden, um ihren täglichen Bedarf zu decken. Solch antiquiertes Kaufverhalten gibt es tatsächlich noch. Das hat immer mit einem sympathischen Team zu tun und in diesem Fall vor allem mit dem wunderbaren Holzofenbrot und diversen anderen guten Produkten. Im «Fischermätteli-Lade» bleibt den Kunden auch genügend Zeit, um an der Kasse darüber zu sinnieren, dass ein Bio-Supermarkt eigentlich ein Widerspruch in sich ist.

3008 Bern, Weissensteinstrasse 29a, 031 371 77 59, www.fischermaetteli-lade.ch

BERN STADT

O bolles

Eine für alle In der Öde zwischen Bahnhof und Innenstadt oder, anders formuliert, am Knotenpunkt zwischen Lorraine, Länggasse und Altstadt findet sich am Bollwerk ein Bollwerk gegen die Verrohung kulinarischer Sitten. Ein Lichtblick für Bern, für Besseresser und für alle, die knapp bei Kasse sind. Im «O bolles» ist das Preis-Leistungs-Verhältnis vorbildlich, und den reich gefüllten Teller am Mittagstisch gibt es zum Freundschaftspreis. Das Schöne daran ist, dass die Preispolitik nicht zu Lasten von Qualität und Tier geht. Das Fleisch stammt aus artgerechter Tierhaltung, alles ist möglichst bio und lokal produziert. Das «O bolles» ist ein Klassiker, der mittags und abends brummt und in den Zwischenzeiten leise schnurrt. Was ins Glas und auf den Teller kommt, hat Klasse, schmeckt und zeigt, dass Erfolg auch ohne Spektakel entstehen kann.

3011 Bern, Bollwerk 35, 031 318 35 45, www.obolles.ch

Burgunder Bar

Rettungsinsel in Bern Blanke Tische, klare Ansage und ein Hot Dog der Extraklasse, dem die Gastgeber den Namen «Heissä Hung» verpasst haben, das sind die erfolgreichen Ingredienzen der Burgunder Bar, die mehr sein will als nur ein Begegnungsort in der Nacht. Darum geht es hier bereits mittags um zwölf Uhr los. Eben mit Berns berühmtesten Hot Dog und den zahlreichen Zutaten, mit denen sich das delikate Wurstbrot beliebig zusammenstellen lässt. Wem das zu teuer ist, bringt sein eigenes Essen mit und picknickt vor Ort, was erlaubt ist, wenn der Gast ein Getränk von der Bar konsumiert – in der heutigen Zeit ein bemerkenswerter, ja schon fast heroischer Akt. Daher ist man als Gast anständig und beschränkt sich nicht nur auf ein laues Wässerchen. Schliesslich ist der Name Programm. Es ist eine heitere Runde, die sich an diesem stimmungsvollen Ort immer wieder trifft und über die Schönheit der Biberschwanzdachziegel in der Berner Altstadt und so einiges mehr sinniert.

3011 Bern, Speichergasse 15, 031 311 11 15, www.burgunderbar.ch

NEU Restaurant des Pyrénées

Gelungen Die Bedenken waren gross, als es hiess das «Pyri», so der Kosename der Beiz, werde von der Taberna Gastro-Kultur AG übernommen und renoviert. Um es vorwegzunehmen, die Renovation ist gelungen; wer das Lokal und seine charismatische Gastgeberin «Pyri Sile» nicht von früher her kennt, nimmt an, dass es hier schon immer so war, wie es heute ist. Einzig die Aphorismen an den Wänden wären zu überdenken; da gibt es durchaus andere Kaliber. Es ist an diesem Donnerstag ein Kommen und Gehen. Bonvivants teilen sich die Beiz mit Lebens- und sonstigen Künstlern oder solchen, die es werden wollen. Blaunasen halten sich die Waage mit Prada-Damen, Krawatten- mit Hosenträgerträgern. Es ist eine bunte Mischung quer durch alle Gesellschaftsschichten, die sich hier ein Stelldichein gibt und auf Holzbänken und -stühlen an blanken Holztischen am Chasselas nippt oder Kaffee schlürft, ins Croissant beisst oder die Zeitung liest. Mit Fremden ein Gespräch beginnen und als Freunde auseinandergehen würde übrigens auch gut zum «Pyri» passen.

3011 Bern, Kornhausplatz 17, 031 311 30 63, www.pyri.ch

Harmonie

Kompliment! Bern pulsiert in Sachen Gastronomie. Kaum ein Tag vergeht, ohne dass eine neue Beiz entsteht. Gut, das mag etwas übertrieben sein, kommt der Realität aber dennoch ziemlich nahe. Bei allen Neuheiten ist es wichtig, Langzeitwohlfühloasen wie die «Harmonie» nicht zu vergessen. Seit über zwanzig Jahren stehen Walter Aebischer und Fritz Gyger hier ein für «Suure Mocke», Kalbs-Paillard, Suprême de volaille, original Olma-Bratwurst, Wurst-Käse-Salat und andere Klassiker. Im legendären «Harmonie»-Fondue rühren nicht nur knipsende Touristen und seufzende Nationalräte, sondern auch Beizengänger wie Sie und ich. Respekt für diese gastronomische Langzeitleistung.

3011 Bern, Hotelgasse 3, 031 313 11 41, www.harmonie.ch

Biercafé und Bierkeller Au Trappiste

Zu schade für den Durst So was schaffen wohl nur die Berner. Im «Au Trappiste» von Eliane Münger und Olivier Vurchio, das sich seit diesem Frühjahr zu seinem pulsierenden Café noch einen Bierkeller leistet, schäumen Bier und Gäste über. So kann der Bierliebhaber gleich den Tag im Biercafé und die Nacht im Bierkeller verbringen. Der dritte im Bunde ist der Engländer Michael Diplock, der für das erweiterte kulinarische Angebot im Bierkeller zuständig ist. Wer weiss, wie grandios (ja, Sie lesen richtig!) auf der Insel gekocht wird, wird jubeln, und die Skeptiker dürfen sich freuen. Dazu eine Runde Pale Ale und IPA von The Kernel Brewery und Brew By Numbers aus London. Oh dear, warum nur liegt Bern 150 Autominuten von mir entfernt!

3011 Bern, Café: Rathausgasse 68, 031 311 07 89, Bierkeller: Rathausgasse 53, 079 196 45 78, www.autrappiste.ch

Zur Chäshütte

Die Oma war's In Bern und darüber hinaus reden alle von «Jumi» und schwärmen (ich eingeschlossen) von ihrem ausgewählten Käse, genauso wie es das britische Königshaus tut, aber der ursprünglichste Käseladen Berns befindet sich in der Rathausgasse. Und dann erst dieser Käsekeller – filmreif! Das traditionsreiche Geschäft gibt es schon seit über hundertzwanzig Jahren. Von der Grossmutter 1894 gegründet, hat ihn ihr Enkel, Dieter Heugel, in der dritten Generation über fünfzig Jahre weitergeführt. Heugel wurde durch die TV-Sendung «SRF bi de Lüt» national bekannt, und sein Geschäft lief so gut wie noch nie. 2014 hat er sich in die Pension verabschiedet, heute liegen die Käselaibe in den Händen der Gebrüder Bärfuss. Zwei Quereinsteiger, mit dem Sinn für Tradition und Genuss. Viel hat sich seitdem nicht verändert, ausser dass das Sortiment etwas erweitert wurde. «Heugel's Fonduemischung» bleibt aber so, wie sie immer war, die beste.

3011 Bern, Rathausgasse 82, 031 311 37 16, www.chaeshuette-bern.ch

Tredicipercento

Berner Legende Die Kellerbeiz Tredicipercento ist ein Rückzugsort von Alltag und Hektik, von schlechten Weinen und banalem Essen. Hier wird frisch und frei von der Leber weg gekocht. Es wird ein Menü serviert – gegessen wird, was auf den Tisch kommt und was die Saison und Nonnas Rezepte hergeben. Dazu werden aussergewöhnliche Provenienzen kredenzt. Wer Mühe hat, unter den 500 Positionen auszuwählen, lässt Gastgeberin Julia Gurtner bestimmen. Dann kommt's gut. Übrigens: Für die zum Haus gehörende Weinhandlung gilt es zwingend Zeit einzuplanen. Das Angebot ist durchdacht und für die Schweiz speziell, unter anderem mit Provenienzen der Domaine de la Borde von Julien Mareschal aus Pupillin bei Arbois und zwei Barolo Riserva meines piemontesischen Lieblingswinzers Lorenzo Accomasso (mehr über ihn auf Seite 350). Kurz gesagt: Weine mit Charakter von eigenwilligen Persönlichkeiten. Zum Weinen schön!

3011 Bern, Rathausgasse 25,
031 311 80 31, www.tredicipercento.ch

NEU Café du Commerce

Gäng wie gäng Das «Commerce» ist eine Berner Institution. Auch nach dem Wechsel 2002 brummt die stimmungsvolle Beiz wie eh und je vor sich hin. Wer nicht rechtzeitig reserviert, hat bei Rui und Anabela Pacheco keine Chance, sich einen der begehrten Tische der kleinen, stimmungsvollen Beiz zu ergattern. Das «Commerce» wird nicht nur von Bernern, sondern auch von ganz vielen «fremden Fötzeln» aufgesucht, die sich lust- und trinkvoll den Spezialitäten des Hauses hingeben. Die Paella ist ein sicherer Wert, die Calamari gehören zur besseren Sorte ihrer Art, und die Gambas al ajillo sind so schmackhaft, dass einen noch nach vier Stunden die Knoblauchfahne daran erinnert, wie aromatisch das Gericht war. Das Schwergewicht des Weinangebots, das zugleich eine Passion des Patrons ist, liegt bei den wuchtigen roten Säften aus Spanien und Portugal, die rege bestellt und getrunken werden. Etwas mehr Leichtigkeit würde der Auswahl gut anstehen, will doch der zivilisierte Weintrinker nicht bereits nach einer Flasche die Fische im Aquarium doppelt sehen.

3011 Bern, Gerechtigkeitsgasse 74,
031 311 11 61,
www.restaurant-commerce.com

Café Postgasse

Was für eine Bouillabaisse! Es gibt einige Gründe, um das wunderschöne traditionelle Café Postgasse von Regula und Stephan Hofmann zu besuchen. Im Winter freue ich mich über die Muscheln und im Sommer über die hervorragende Bouillabaisse, die selbst die Marseillais nicht besser zubereiten könnten. Dazu eine Flasche Sauvignon Blanc, und Paris ist in Gedanken und im Gaumen nicht mehr weit weg. Wer sich wieder einmal eine romantische Auszeit in einer filmreifen Kulisse wünscht, sitzt hier am richtigen Ort. Und an so manchem Abend geht in der «Postgasse» so richtig die Post ab. Kein Wunder bei einer Berner Institution, die seit Jahrzehnten ihre Flughöhe hält.

3011 Bern, Postgasse 48, 031 311 60 44, www.cafepostgasse.ch

Moment

Unbedingt! Wer einen feinen Gaumen hat und ihn wieder einmal auf die Probe stellen will, Lust auf eine Birnen-Sellerie-Suppe oder auf Randen-Ravioli verspürt, sitzt hier richtig. Andrin Steuri hat das Talent, ganz viele Berner und «fremde Fötzel» glücklich zu kochen. Auch mit zartem Kalbfleisch, aromatischen Schwarzwurzeln oder einer Cremeschnitte der besseren Art. Wer Zeit mitbringt, leistet sich das mehrgängige Menü für unter hundert Franken, was für das Gebotene ein Freundschaftspreis ist. Ein weiterer Pluspunkt ist die Weinkarte mit grandiosen Naturweinen, die nicht nach Holz schmecken, sondern nach Trauben riechen. Mutige setzen sich mit einer Flasche Vin Jaune von Etienne Thiébaut auseinander, der zwar eine Stange Geld kostet, aber jeden Rappen wert ist, zumindest für erprobte Jura-Weinkenner. Das «Moment» ist unser Newcomer des Jahres 2019 (siehe auch Seite 12).

3011 Bern, Postgasse 49/ Gerechtigkeitsgasse 56, 031 332 10 20, www.moment-bern.ch

Küchenladen

Bei Cornelia Ob kunstvolle Bräter von Le Creuset oder das schöne schlichte Porzellan von Pillivuyt, wer bei Cornelia Minder-Stingelin in ihrem stimmungsvollen Küchenladen Ess- und Lebenskultur sucht, wird fündig. Kochbücher, Pfannen, Messer, alle denkbaren handwerklichen Küchengeräte und Werkzeuge sind vorhanden. Falls nicht, werden sie bestellt. Nur kochen müssen Sie noch selber.

3011 Bern, Postgasse 53/Gerechtigkeitsgasse 60, 031 311 22 79, www.kuechenladen.ch

Märit

Es wott es Froueli z'Märit ga Frühaufsteher haben mehr vom Märit. Nach zehn Uhr wird die Geduld zur Tugend, die es am «Jumi»-Käsestand bereits sehr früh benötigt. Wer genug vom Rummel hat, zieht sich ins «Einstein» (siehe rechts) zurück, geht die Treppe hoch in den ersten Stock und gönnt sich eine Pause bei Kaffee, Whisky und Zigarre. In dieser Reihenfolge. So wird der Samstag gut.

3011 Bern, Münstergasse, immer samstags, www.bernerwochenmarkt.ch

NEU Einstein

Rauchzeichen Im «Marzer» raucht der geräucherte Fisch, bei der Metzgerei Wegmüller die Rauchwurst und in der Ferne (noch) der Kühlturm des AKW Mühleberg. Nur Tabak raucht keiner mehr. Zumindest fast. Das Einstein Kaffee ist eine kultivierte Insel der Hoffnung für jeden Zigarrenraucher. Alles ist hier durchgestaltet, überbordet aber nicht. Die klassischen Elemente eines Cafés, einer Bar und eines Rauchsalons sind gegeben und gehen fliessend ineinander über. Mann und Frau fühlen sich wohl, keiner stört den anderen, jeder findet seine Ecke, was bei Vollbesetzung erstaunt. Der «Einstein»-Mittagstisch gilt als Geheimtipp, und wer Alan Rodels Kochkunst noch nicht vom «Schöngrün» oder «Büner» her kennt, erlebt sie im «Einstein» etwas entspannter. Der Bratkünstler verkörpert innovative Kochfreude, und die Gäste danken es ihm mit Appetit und Esslust.

3011 Bern, Kramgasse 49, Münstergasse 44, 031 312 28 28, www.einstein-kaffee.ch

Bread à porter

Mehr als eine Bäckerei Wer behauptet, Spitze zu sein in Qualität, Geschmack, Aroma und Frische, ist von sich und seiner Arbeit überzeugt und muss sicher sein, dass es auch tatsächlich so ist. Mit originellen, verspielten Namen für Bäckerei und Produkte ist es nicht getan. Wenn aber der «Chueflade», der im weitesten Sinne nun einmal diese Form hat, perfekt ist, genauso wie der «Ligu Lehm» (Mattenenglisch für ein Stück Brot), umso schöner und besser. Nicht verpassen sollte der Brotnarr den Dinkelzopf und die Croissants, die ihrem Namen alle Ehre machen. Kompliment an die Macher von «Bread à porter» vor und hinter den Kulissen. Noch ein Tipp für alle Skeptiker: Am Kornhausplatz befindet sich für den ersten Probebiss das hauseigene Café.

3011 Bern, Münstergasse 74, 031 311 27 71 und Kornhausplatz 11, 031 311 13 77, www.bread-a-porter.ch

BERN STADT

Fischerstübli

Bern gefühlsecht Gastgeber und Patron Hüseyin Matur lebt seit seinem sechzehnten Lebensjahr in Bern, ist mehr Berner als mancher Eingeborener. Als Gastgeber ist er weder anbiedernd noch hüftsteif, sondern zuvorkommend und aufmerksam, was in der Schweiz nicht selbstverständlich ist. Das kulinarische Angebot ist saisonal und durchdacht. Die meisten Produkte kommen von Kleinbetrieben, die für Qualität einstehen. Der Kaffee stammt aus einer Mikrorösterei im Emmental, das Bier ist lokal, und statt Eistee aus der Retorte wird die hauseigene Ginger-Limo ausgeschenkt. Das Abendmenü liest sich unspektakulär, klar und sec. Carpaccio vom Rind, Kokossuppe mit Koriander und Zitronengras, Lauchzwiebel-Quiche, grilliertes Kabeljaufilet, Maispoulardenbrust mit Nusskruste, Cheesecake mit Johannisbeeren. Alles gut, alles reichlich. Sehr beliebt sind die Tapas und Tapenaden, die mit gutem Brot serviert werden. Dazu passt eine Flasche Chasselas zum Wegzischen, am frühen Abend der ideale Einstieg für ein längeres Verweilen.

3011 Bern, Gerberngasse 41, 031 311 03 04, www.fischerstuebli.ch

Matte Brennerei

Hart im Trend Was für ein Gefühl, was für eine Momentaufnahme! Gin von der Matte, traditionell von Hand produziert, bei dem der zivilisierte Trinker nach drei Gläsern auf einmal das Matteänglisch zu verstehen glaubt. Beim Absinthe reicht bereits ein Glas. Nicht nur sind die Etiketten der Flaschen schön, sondern auch der Inhalt ist exzellent und kann es problemlos mit den berühmten Namen seiner britischen Brüder aufnehmen. Beim Absinthe sind es die Neuenburger Brüder aus dem Val de Travers und die Copains aus Pontarlier. Wer keine dieser Zauberflaschen kaufen will, geht am Donnerstag, Freitag oder Samstag ab 20 Uhr in die Matte und lässt sich auf den Punkt geschüttelte oder gerührte traditionelle Cocktails mit Dry Gin und Absinthe kredenzen. Kommt Appetit auf, wartet der Flammkuchen, was aber nur dem Flavour im Mund schaden würde. Cheers!

3011 Bern, Mühleplatz 5, 031 535 20 55, www.mattebrennerei.ch

Hallerladen

Beziehungen pflegen Einer der schönsten Bioläden der Schweiz befindet sich im Länggassquartier. Früchte und Gemüse, Milch, Joghurt und Käse, Brot und süsse Versuchungen wie die wunderbare Quarktorte, Fleisch und Wurstwaren, manchmal Fisch, Wein, Bier und Lebenswasser – alles da. Auch die freundliche und informative Bedienung, die erklärt, ohne zu missionieren. Das Sauerteigbrot ist Spitzenklasse, und der Ziegenfrischkäse passt perfekt dazu. Es lohnt sich, auf der Website einen Blick auf die Produzenten zu werfen und die kurzweiligen Beschreibungen zu lesen. Kompliment.

3012 Bern, Länggassstrasse 30,
031 302 01 24, www.hallerladen.ch

Metzgerei Wegmüller

Zum rosa Schwein Bern hat tatsächlich noch einige Metzger, im Gegensatz etwa zur Stadt Basel. Einer von ihnen ist Biometzger, und zwar einer, der schon über Bio und artgerechte Tierhaltung sinniert hat, als Bio noch eine Spinnerei der Linken war. Es bereitet Freude, bei der Familie Wegmüller einzukaufen. Die Kunden stehen gerne an, plaudern miteinander und werden herzlich und kompetent bedient. Hier sind sie keine wandelnde Cumulus-Karte, sondern Mensch. Das schafft Vertrauen und gibt dem Metzger Selbstbewusstsein. Denn welcher Metzger kann auf ein eigenes Logo zurückgreifen, das in Bern als Inbegriff für Qualität gilt? Eben! Für seine Schweins- und Zungenwurst reisen die Kunden von Thun und Langenthal an, was schon alles sagt.

3012 Bern, Länggassstrasse 36,
031 301 19 16, www.cochonrose.ch

Länggass-Tee

Tea time Der Länggass-Teeladen ist weitaus mehr als ein Verkaufsgeschäft. Katrin und Gerhard Lange führen den Betrieb mit Leidenschaft und Wissen und haben sich zu Tee-Professoren entwickelt. Sie betreiben eine Teeschule, organisieren Teereisen und haben ihren Laden zum Kompetenzzentrum für Tee gemacht. Ich kenne in der Schweiz kein anderes Unternehmen in Sachen Tee, das über ein solches Know-how verfügt. Teefreunde frequentieren den Teeraum wöchentlich, um mit Musse die Tees dieser Welt zu verkosten und zu trinken.

3012 Bern, Länggassstrasse 47, 031 302 15 28, www.laenggasstee.ch

Zum Blauen Engel

Blaumachen Das Essen basiert hier auf der klassischen französischen Küche mit Einflüssen aus aller Welt. Das funktioniert eigentlich immer gut und schmeckt ganz wunderbar. Auf den Teller kommen Kabeljau, Muscheln, Goldbrasse, Ente und andere schöne Dinge. Der «Blaue Engel» gehört für mich zu den schönsten Beizen der Schweiz, gerade weil er so schön schräg ist und mit seiner Mischung aus Kunst und Plunder ein ganz eigenes Ambiente verströmt, das seine Fortsetzung im lauschigen Garten findet. Die Mitarbeiter sind gut gelaunt, nicht überdreht, verstehen ihr Handwerk und verstehen sich mit ihren Gästen. Die Weinauswahl ist klassisch. Etwas Portugal, eine Runde Schweiz und auch die Grande Nation ist vertreten. Ein guter Ort, um blauzumachen.

3012 Bern, Seidenweg 9B, 031 302 32 33, www.zumblauenengel.ch

Apfelgold

«Schnouse» Für alle Nichtberner geht aber auch «schnabulieren». Hier geht man gerne hin für einen Kaffee und mehr, für eine längere Pause, ein Sandwich oder für exzellente Köstlichkeiten, die das süsse Leben mit sich bringt. Der Begründer und Kopf, das Herz und die Seele von «Schnouse» und «Apfelgold» ist Donat Berger, der, wie er sagt, schon als Kind magisch vom familiären Dessertbuffet an Weihnachten angezogen war. Mit von der Partie sind zahlreiche weitere sympathische Zeitgenossen, die zum Erfolgserlebnis beitragen. Mein Favorit unter den Schleckereien, ist das Zitronen-Tartelette, das mich an England und den Afternoon tea im Ensleigh House in der Grafschaft Devon erinnert. Und wenn ich dann noch an den Herbst und die Maronen-Tarte aus der Ardèche denke …

3012 Bern, Bonstettenstrasse 2,
031 558 24 04, www.schnouse.ch

Restaurant Zebra

Nur Mut! Nicht nur den Machern des letzten «Dällebach»-Films gefällt es im «Zebra» in Bern – auch mir. Der Garten ist ein Kleinod, die Gastgeberin eigen, was in der heutigen Zeit von Kopfnickern eigentlich nur als positive Eigenschaft gewertet werden kann. Trotzdem soll es Gäste geben, die wegen der Gastgeberin Lilo Gsell einen Bogen ums «Zebra» machen. «Weicheier», sage ich da. Wer Charakter hat, geht hin und benimmt sich anständig, begegnet der Gastgeberin auf Augenhöhe und macht das, was sie sagt. Dann kommt's gut. Für das Biosäuli-Cordon-bleu besteht Esspflicht. Es gehört zu den besten, die ich kenne. Übrigens: Wer meint, trinktechnisch schon alles aus dem Piemont zu kennen, versuche sich am Langhe Rosso und wird über den aromatischen Syrah erstaunt sein. Wie gesagt: Nur Mut!

3012 Bern, Schwalbenweg 2,
031 301 23 40, www.restaurantzebra.ch

O bolles, Bern (Seite 21)

Waldheim

Heiraten geht auch Das «Waldheim» habe ich durch meinen Sohn und seine Frau kennengelernt. Sie haben sich dieses schöne Lokal für ihr Hochzeitsessen ausgewählt. Einige Jahre später hat sich am Qualitätsdenken der sympathischen Gastgeberin Regula Minder nichts verändert. Im Gegenteil, die Küche hat noch einen Zacken zugelegt und besticht mit diversen Köstlichkeiten, die im ersten Moment banal klingen mögen, im Mund aber überzeugen. Klassiker wie Vitello tonnato, das von Hand geschnittene Tatar, der Rindermarkknochen aus dem Ofen und das exzellente Cordon bleu mit wunderbar sämiger Füllung sind vier Eckpfeiler des Hauses, ansonsten wird eine marktfrische Küche zelebriert, bei der die Details stimmen. Die Weinkarte bietet etwas Schweiz und eine durchdachte Auswahl an französischen Provenienzen zu korrektem Preis.

3012 Bern, Waldheimstrasse 40, 031 305 24 24, www.waldheim-bern.ch

NEU Vinvino

Nicht von der Stange Hugo Brugger ist ein charismatischer Weinhändler, ein Connaisseur, der seinen Kunden nicht nur Wein verkaufen will, sondern mit ihnen auch gerne über seine Winzer, seinen Geschmack, über Wein im Allgemeinen und im Speziellen redet. Ein Kurzbesuch artet schnell einmal in eine länger palavernde und genüsslich trinkende Runde Gleichgesinnter aus. Besonders angetan haben es mir die Provenienzen der Azienda Agricola Guccione aus Sizilien. Dabei ist der «BC Bianco di Cerasa» eine unerwartete Entdeckung, ein komplexer und frischer Wein, der sich wunderbar leicht wegzischen lässt. Langsam trinken geht natürlich auch und macht das Trinkvergnügen nachhaltiger. Wer einen offenen und unvoreingenommenen Gaumen hat, wagt sich an die Amphoren-Weine aus Georgien, dem Mutterland des Weins schlechthin. Spannend und empfehlenswert!

3013 Bern, Mezenerweg 9, 031 951 39 30, www.vinvino.ch

Lokal

Gerne immer wieder Da machen zwei Jungunternehmer mächtig Dampf. Simon Burkhalter und Lukas Martin, bekannt vom «Dampfschiff» in Thun (siehe Seite 52), haben zusätzlich das «Lokal» in Bern übernommen – Luzia Burkhalter und Tamara Gurtner schmeissen den Laden. Von Anfang an fühlt man sich hier wohl, was viel mit dem Haus an und für sich, mit der Einrichtung und mit dem aufgestellten Team zu tun hat. Hinzu kommt ein kleines Weinangebot, das mit diversen Flaschen überrascht und nichts mit dem Mainstream anderer Beizen zu tun hat. Speziell gefallen hat mir der Château Valcombe aus der Region des Mont Ventoux, eine spritzige, frische Assemblage unter anderem aus Clairette und Roussane. Die Speisen sind sorgfältig zubereitet, schmecken gut und machen Freude. Das Mousse aus Eierschwämmchen, mit einem Salat aus Zucchini, Krautstiel und Karotten an einer Safranemulsion, die Gemüselasagne und das sautierte Zanderfilet haben es mir angetan. Terrasse und Garten komplettieren das erfreuliche Gesamtbild.

3014 Bern, Militärstrasse 42, 031 332 70 00, www.lokal-bern.ch

Le Sirupier de Berne

Für die Grossen Was habe ich als Knirps sehnsüchtig nach dem Coca Cola mit Strohhalm des Nachbarkinds geschielt. Heute trinke ich den Sirup freiwillig. 29 Sorten, darunter Exoten wie Orange-Hopfen und Bergamotte, produzieren mittlerweile Vater und Sohn Wirth in Bern. Ihr Erfolg ist einzigartig, was auch damit zu tun hat, das zahlreiche Gastronomen ihre Sirups kaufen, und diese an ihre Gäste ausschenken. Die Nachfrage ist gross, das Geschäft läuft. Wer benötigt da noch Pepsi oder Sinalco? Meine persönlichen Favoriten sind «Garrigou» (Provence-Kräuter) und Zitrone.

3014 Bern, Waffenweg 9, 031 352 99 78, www.sirupier.ch

NEU La Boulotte Metzgerei

Applaus Es sind nicht gerade wenige private Metzgereien, die in der Schweiz jährlich zugehen, und wer in diesem Metier jammert, hat bereits verloren. Die Ernährung von heute mutiert zur Herausforderung. Der Mensch isst nicht einfach mehr das, was auf den Tisch kommt, sondern er stellt sich die Frage, was er überhaupt noch essen will. Will er nun ein omnivorer Esser, ein Flexitarier, Pescetarier, Vegetarier, Veganer oder gar ein Frutarier sein. Ja, und dann gäbe es da noch die Möglichkeit eines AVAP, «as vegan as possible». Da erstaunt es doch, dass vier Jungunternehmer den Mut haben, im 2018 eine Metzgerei zu eröffnen. Cécile und Benjamin Schmied, Vinzenz Gurtner und Iwan Tretow sind die selbstbewussten Macher, die von ihren Viechern alles verwerten, was verwertet werden kann. Über «Nose to tail» wird hier für einmal nicht nur sinniert, sondern auch danach gehandelt. Zur Metzgerei gehört der hauseigene Bauernhof, in der die Tiere ein natürliches Leben führen. Mit viel Auslauf und mit allem, was so für ein glückliches Tierleben dazugehört. Hier einzukaufen macht grosse Freude.

3014 Bern, Breitenrainplatz 38,
031 525 30 14, www.laboulotte.ch

NEU Cultivino

Wein in Sicht Severin Aegerter, der Kopf von «Cultivino», ist ein Mensch der leisen Töne. Er sagt lieber ein Wort zu wenig als eines zu viel. Er ist ein Macher. Nachhaltig. Seit bald zwanzig Jahren beschäftigt er sich mit lebendigem Wein und prägte die heutige Naturwein-Bewegung in ihrer Entstehungsphase mit. Im Fokus stehen Weine, die Herkunft und kulturelle Werte vermitteln. Voraussetzung dafür ist ein chemikalienfreier Rebbau, dazu Winzer, die es verstehen, hochwertiges Traubengut in eine Delikatesse zu verwandeln und die perfekte Balance zwischen Tannin, Alkohol und Säure zu finden. Mindestens so wichtig wie die Ästhetik ist die Bekömmlichkeit. Denn Wein soll dem Menschen Energie verleihen und sie ihm nicht entziehen. Heute kann sich «Cultivino» auf ein Fundament von rund vierzig festen Partnerschaften mit renommierten europäischen Winzern und auf ein Netz von leidenschaftlichen und loyalen Kunden in der ganzen Schweiz verlassen.

3097 Liebefeld, Könizstrasse 175,
031 972 49 39, www.cultivino.ch

Am Pavillon

Geehrt Den Ritterschlag haben die Macher des stilvollen B&B durch den Schweizer Heimatschutz erhalten, der sie in die vierte Auflage ihres Guides über die schönsten historischen Hotels der Schweiz aufgenommen hat. Der Vorteil für Bernreisende ist, dass das Haus gerade mal zwei Minuten vom Bahnhof entfernt und nahe am pulsierenden Geschehen liegt. Ideal für alle, welche die Berner Beizenszene erkunden wollen. Ein weiterer Pluspunkt ist die Gartenterrasse und die zurückhaltende Herzlichkeit der Gastgeber. Obwohl das Haus über neun Zimmer verfügt, wird es nie zu laut oder zu eng, alles bleibt luftig und angenehm. Auch beim Frühstück, das liebevoll angerichtet wird und mit Qualität besticht.

3012 Bern, Pavillonweg 1a, 079 198 62 83, www.ampavillon.ch

Restaurant Linde, Boll (Seite 46)

Café Restaurant L'Écluse

In der Manufaktur Das Rinderknochenmark ist schlicht perfekt, auch wenn die rechteckige Schiefertafel anstelle eines Tellers nicht sein müsste, die Gnocchi sind luftig leicht, und das Cordon bleu gehört zur Sorte der besseren Art. Seit Dezember 2015 hat die Küche zugelegt und ist unter den neuen Gastgebern Nicolas Richon und Cynthia Morisod stilsicherer und raffinierter geworden. Die Weinauswahl ist klein, liest und trinkt sich aber spannend, wobei ich auf die üppigen Rotweine aus Spanien und Argentinien zugunsten einiger leichter und schwefelfreier Naturweine gerne verzichten würde, die zudem gut zur Geschäftsphilosophie der ehemaligen Uhrenmanufaktur passen würden.Zum Beispiel zur Pastinaken-Kichererbsen-Suppe mit Dörrfeigen und gefülltem libanesischem Brot. Neugierig?

2501 Biel, Promenade de la Suze 14d, 032 322 18 40, www.restaurant-lecluse.ch

Café Perroquet Vert

Paris? Nein Biel! Es gibt Lokale, die sucht man nicht nur wegen des Essens auf. Das «Perroquet vert» in Biel gehört zu dieser Gattung Beiz. Die wundervolle Belle-Epoque-Einrichtung präsentiert sich stilsicher. Hier den Abend mit einem Aperitif einzuläuten, hebt die Stimmung. Und nach dem Theater dem Souper zu huldigen, versetzt den Gast in eine andere Zeit. Im Smoking erst recht. Die Speisen von Christian Albrecht sind exzellent und sorgfältig zubereitet, das Produkt steht bei ihm im Mittelpunkt. Nicht verpassen sollte die verwöhnte Zunge die Hausterrine, ein Gaumentanz aus Ente, Armagnac und Foie Gras, begleitet von einem vorzüglichen Pflaumen-Chutney. Die Produkte sind vorwiegend lokal und biologisch, was heute zwar alle sagen, aber nur wenige tatsächlich auch einhalten Im «Perroquet vert» wird es zelebriert.

2502 Biel, Place de la Fontaine, 032 322 25 55, www.perroquetvert.ch

La Bottega

Fatto in casa Wer die «Bottega» betritt, dem sticht unweigerlich ein grosser Laib Parmigiano Reggiano ins Auge und in die Nase. Eliane Raeber bricht dem Kunden ein herzhaftes Stück davon ab, keiner scheint daran vorbeizukommen. Sie schneidet beste Mortadella auf, packt hauseigene frische Ravioli ein und empfiehlt ihre wundervollen Sughi. Ihr Angebot ist nicht spektakulär, aber durchdacht und zeugt von Qualitätsdenken. Und dann gibt es da noch einige andere schöne Dinge: diverse Weine, etwas saisonales Gemüse und einige Packungen Grissini, die gut zur Mortadella passen. Tutto bene!

2502 Biel, Rathausgässli 4, 032 322 10 86, www.bottegabielbienne.ch

Restaurant Saint-Gervais

Eine Runde Gesellschaftsstudie Wer hält auf dem Weg in die Romandie schon in Biel? Nicht viele. Ein Fehler. Biel hat nicht nur seinen See und den Jura im Rücken, sondern auch romantische Ecken und entdeckungswürdige kleine Geschäfte. Ein ideales Feld für Tagediebe, die nach ihrer Erkundungstour im «St-Gervais» Platz nehmen und oft länger sitzen bleiben als geplant. Hier treffen sich Politiker, Altrocker und Jazzer, Pensionierte, Alleinerziehende mit Kinderwagen, Müssiggänger, Bankrotteure und Neureiche, kurz, tout Bienne ist hier zu Gast. Das Angebot schwankt zwischen «heiter» und «leider», die Küche zeigt sich mal in, mal ausser Form, was dem passionierten Beizengänger aber egal sein kann, ist das «St-Gervais» doch ein Juwel, von denen es nicht mehr allzu viele gibt.

2502 Biel, Untergasse 21, 032 322 48 22, www.stgervais.ch

NEU Union

Fait maison Das mit den Labels ist so eine Sache. Viele sind unnötig und verwirren. Mit dem neuen «Fait maison» (hausgemacht) ist den Initianten in der Romandie aber ein Wurf gelungen. So simpel die Aussage, so gut das Resultat in den Beizen mit diesem Label. Auch im «Union» in Biel. Das hat weniger mit der Einrichtung als mit der guten Kochleistung von Simone Clinaz zu tun, der die verwöhnten Gaumen der Bielersee-Winzerinnen zu begeistern vermag. Auch ist seine Präsentation der Speisen erfrischend anders als im üblichen Rahmen. Dabei sind seine Gerichte weder abgehoben noch detailverrückt. Die Portionen zu teilen, ist hier nicht nur möglich, sondern erwünscht. Halbgegarte Foie gras mit Kirschenkonfitüre, Cevice vom Umberfisch, Pasta mit Seefisch oder ein Stück butterzartes Biorind aus der Region (750 Gramm für drei Personen) überzeugen. Wer zum Schluss noch Lust auf Käse verspürt, setzt sich mit den reifen Exemplaren der Familie Reichmuth aus Le Fuet auseinander.

2502 Biel, Bubenberg 9, 032 322 22 00, www.union-restaurant.ch

Épicerie Batavia

AWARD 2019

In der Schlaraffia Die Épicerie Batavia ist ein sinnlicher, unkomplizierter und lustvoller Feinkostladen, der sich nicht mit Strategien und Marketing aufhält, sondern seine Antworten in der Qualität sucht und findet. Hier einzukaufen, bereitet viel Freude und bietet einen ambitiösen Querschnitt an Produkten, die restlos überzeugen. Von den Sandwiches übers Brot bis hin zur gepflegten Käse-, Bier- und Weinauswahl, inklusive den besten heimischen Cidres, die die Schweiz zu bieten hat. Jacques Perritaz' «Möschte» haben endlich den Weg in die Deutschschweiz und zu Kennern gefunden, die hier am Kirchgässli auf Gleichgesinnte treffen, die Genuss leben und nicht missionieren. Wer Biel besucht, kommt am «Batavia» nicht vorbei. Eine Schlaraffia, eine kulinarische Oase, die jeder Grossstadt gut anstehen würde. Das «Batavia» ist unsere Einkaufsadresse 2019 (mehr dazu auf Seite 16).

2502 Biel, Kirchgässli 1, 032 342 00 64, www.batavia.ch

Mon œil Bräu

Bier von hier Tranken wir noch vor einem Vierteljahrhundert vorwiegend das Einheitsgebräu von Feldschlösschen und Co., zelebrieren heute Klein- und Mikrobrauereien die Biervielfalt und verführen zu Trinkgenuss auf hohem Niveau. Das ist auch in Biel so. Meine Bieler Lieblingsbiere stammen von Nico und Dänu, die neben ihrem charaktervollen Amber- und Trappistenbier auch saisonale und erfrischende Sorten wie ein fruchtig-herbes Holunder- oder im Vorfrühling ein süffiges Märzenbier brauen. Jeden ersten Freitag des Monats können zwischen drei und fünf «Mon œil Bräu»-Biere verkostet und im Offenausschank vor Ort getrunken und gekauft werden. Dazu gibt es Salzstangen, Weisswürste und jede Menge bierselige Gespräche.

2502 Biel, Schützengasse 13, kein Telefon, www.mon-oeil-bräu.ch

1001 fleurs

Nur für Erwachsene Zu welcher Fraktion gehörten Sie als Knirps: Mochten Sie Coca Cola oder Sinalco? Himbeer- oder Zitronensirup? Ich für mein Teil konnte Himbeersirup nicht ausstehen und Grenadine erst recht nicht, bei Letzterem kam ich erst später, im Militär, mit der «Stange Grenadine» auf den Geschmack. Mit zunehmendem Alter ersetzte der Wein den Sirup, bis mir an einem Abend ein Sirup aus marokkanischer Minze kredenzt wurde. Seitdem führt meine Hausbar zwei der exzellenten Sirupe von Marlène Stalder. Ingwer-Zitronengras und Marokkanische Minze, die frei von künstlichen Aromen und Konservierungsmitteln sind. Mutige kaufen bei ihr auch Eisenkraut und Rotbusch.

2503 Biel, Oberer Quai 46, 078 767 82 02, www.bio-sirup.ch

Restaurant Maruzzella

Unter Freunden Ueli Löffel kochte zuerst für Freunde und Bekannte und schliesslich für «toût Bienne». Dann gab er «den Löffel ab» und tauschte ihn gegen den Müssiggang. Der neue Koch Wilfried Köster pflegt eine anspruchsvolle Küche, ohne dabei mit Schäumchen und Häubchen abzuheben. Er verzichtet auf Firlefanz und setzt die unverfälschten Aromen der Produkte in den Mittelpunkt. Wie bei der Topinambursuppe oder den gebackenen Kichererbsen mit raffiniertem Kürbis-Chutney oder beim zarten Fleisch vom Wasserbüffel, der auf Aargauer Weiden Gras kauen darf, bis es ihm an den Kragen geht. Genial auch das Blutorangen-Safran-Mousse mit Kardamom-Schenkeli. Fazit: Eine Küche, die sich etwas traut und es zugleich auch kann. Perfektioniert wird das Erlebnis durch Partnerin und Gastgeberin Isabel Johner, die dem Gast herzlich und auf Augenhöhe begegnet. So, wie bei Freunden eben.

2504 Biel, Solothurnerstrasse 12, 032 342 19 20, www.maruzzella.ch

NEU Caveau Ligerz

Frauenpower Ein Mann ist zwar mit von der Partie, es sind aber acht Frauen die dafür sorgen, dass es im properen Caveau in Ligerz rund läuft. Und es kommen noch einige Damen hinzu, die einspringen, ablösen, mithelfen und für gute Laune sorgen. Die Weinauswahl ist beeindruckend und süffig. Wer hierher kommt, reist mit Zug, Schiff oder per pedes an, zumal die Weingläser schnell leer und schnell wieder voll sind. Nur trinken geht, klar, aber daneben gibt es auch ein sorgfältig zubereitetes und schnörkellos angerichtetes Entrecôte Café de Paris oder die am Morgen frisch gefangenen Fische, die frittiert oder «à la meunière» aufgetischt werden. Schleckmäuler runden den Schmaus mit Muck's Gelati ab oder können manchmal auf eine hausgemachte Tartelette hoffen. Ein stimmiger Ort, der in der Zeit zwischen Januar und März unter Freunden auch gerne zum feucht-fröhlichen Treberwurstessen (ab acht Personen und nur auf Reservation) genutzt wird.

2514 Ligerz, Dorfgasse 7, 032 545 31 66 (ab 16 Uhr), www.caveauligerz.ch

Aux Trois Amis

Dem Himmel so nah Einige Kilometer von Biel entfernt lockt oberhalb von Ligerz eine Gunstterrasse mit Weitsicht über See, Petersinsel und Berge. Wenn eine Beiz mit solch einer Aussicht gesegnet ist, könnte die Devise bald einmal lauten: abkassieren statt bekochen. Dass es auch anders geht, zeigen Cynthia Lauper, ihr Lebenspartner Marc Joshua Engel und ihr Vater Daniel Lauper mit ihrem «Aux Trois Amis». Die Weinempfehlungen von Gastgeberin Cynthia Lauper schwanken zwischen mutig und konventionell und decken lokales, regionales, nationales und internationales Schaffen ab. Wer sich kulinarisch verwöhnen lässt, sitzt beim siebengängigen Menü von Marc Joshua Engel in der ersten Reihe. Seine Küche ist nicht abgehoben, sondern pragmatisch gut, was nicht heisst, dass sie frei von artistischen Spielereien ist. Wie etwa das Onsen-Ei auf gepufftem Quinoa. Einfach nur Fisch essen geht aber auch.

2514 Schernelz ob Ligerz, Untergasse 17, 032 315 11 44, www.aux3amis.ch

Steiner Schernelz Village

Vive le Terroir Persönlichkeiten kommen und gehen. Ob Welt-, National- oder Lokalpolitiker, Dichter oder Denker, ist egal. Sie kommen mit Durst und gehen glückselig mit dem Wissen, dass schon Jesus Wasser in Wein verwandelt hat. Annemarie und Charlie Steiner haben sich nicht verwandelt, sind aber ins zweite Glied gerückt und haben ihr Weingut ihrer Tochter Sabine übergeben, die mit ihrem Mann Andreas Krebs die Weingüter der Familien Steiner und Krebs in ein Unternehmen einbetten. Dieser Schritt vereinfacht die administrativen Abläufe, im Rebberg und im Keller ändert sich nichts. Die beiden Güter behalten ihre Lagen und ihre eigenen Weinstile bei. Meine Vorlieben liegen bei ihren Weissweinen, die sich zum Wegzischen oder zum Philosophieren eignen. Je nachdem, was für eine Traube sich im Glas ausbreitet. Mein Liebling ist ihr «Clos à l'Abbé», ein Chasselas, der neue Lebensgeister weckt.

2514 Schernelz ob Ligerz, Untergasse 22, 032 315 23 24, www.schernelz-village.ch

Maison de la Tête de Moine

Im Museum Der Nachbar des Klosters von Bellelay ist die «Maison de la Tête de Moine» mit Museum, Laden und Café. Geführt wird der kulinarische Bereich von Madame Amstutz, die früher im Nachbardorf Fornet-Dessous neben der hauseigenen Käserei einen Laden führte. Sie erklärt und empfiehlt den käseaffinen Besuchern das Angebot und gibt all jenen etwas zu probieren, die höflich fragen. Sie schneidet, wägt ab und packt ein. Das Käseangebot wird durch zahlreiche regionale Produkte, aber auch durch Croissants, Kuchen, Brot, Wein und mehr ergänzt. Es ist alles da, um sich fürs Picknick einzudecken.

2713 Bellelay, Le Domaine 1, 032 484 03 16, www.maisondelatetedemoine.ch

Bären Buchsi

Im Wohnzimmer Der «Bären Buchsi» ist die gute Stube für Schlemmer und Schöngeister, eine Begegnungsstätte für das kleine Schwarze und die «Büezerhose», ein friedvoller Gunstplatz für Eingeborene und «fremde Fötzel». Konzerte, Lesungen und Tafelfreuden stehen im Mittelpunkt. Simon Enzler, Pedro Lenz, Michael von der Heide und zahlreiche andere gaben und geben sich hier immer wieder die Türklinke in die Hand. Das Kulturprogramm und das kulinarische Angebot wechseln, die Qualität der Küche bleibt. Claudia Purtschert sei Dank, die hier seit bald zwei Jahrzehnten den Löffel schwingt und die beste Rösti – das behaupte ich einfach mal – mit geschnetzeltem Kalbfleisch an einer Whiskyrahmsauce auftischt. Zu ihr gesellt sich die neue Gastgeberin, Maria Nørregaard, die noch mehr Frauenpower in den «Bären Buchsi» bringt.

3053 Münchenbuchsee, Bernstrasse 3, 031 869 02 99, www.baerenbuchsi.ch

Wüthrich Metzg

Die Post bringt's Es lohnt sich, vor Ort die Metzgerei Wüthrich aufzusuchen, auch wenn die Post die Spezialitäten der Metzgerei nach Hause liefert. Der Besuch sollte aber nicht mit hungrigem Magen erfolgen, ansonsten der Einkaufskorb zwangsläufig übervoll und die Brieftasche leer wird. Was die Wüthrichs und ihr Team in der hauseigenen Produktion herstellen, ist erstklassig. Traditionelle Rezepte und sorgfältig ausgesuchte Rohmaterialien sind ein Teil ihrer Zauberformel. Grundlage der prämierten Spezialitäten ist solides Handwerk von Profis mit Herzblut. Die Würste, Terrinen und Pasteten sind exzellent, und wer ein Faible für Geräuchertes hat, weiss, dass diese Spezialitäten in der hauseigenen Räucherkammer zu dem werden, was sie sind: subtile Geschmacksbomben!

3053 Münchenbuchsee, Oberdorfstrasse 9, 031 869 01 58, www.wuethrich-metzg.ch

Schüpbärg-Beizli

Schöne Aussichten Gut gibt es noch Köche, die in ihrer Küche auf mediterrane Malereien verzichten und das zu Genuss verarbeiten, was ihnen ihre Region bietet. Christoph Hunziker ist so einer, der sich als Glücksfall für die Beiz entpuppt. Und Sarah Näf ist der Glückstreffer für Christoph. Der Kreis schliesst sich. Sie ist die gute Seele des Hauses, offen und herzlich, und hält mit ihrem Master of Science in Business Administration ihrem Christoph den Rücken frei. Darum kocht der Glückspilz so gut, denke ich mal. Er muss nicht noch an den Schreibtisch, sondern kann sich ganz auf Einkauf und Küche konzentrieren. Das «Schüpbärg-Beizli» ist ein angenehmer Ort, mit schöner Aussicht auf Land und Teller.

3054 Schüpfen, Schüpbärg 134, 031 879 01 22, www.beizli.ch

Martin Schlup

Von der Wiese nebenan Landwirt Martin Schlup setzt sich, so seine Werbung in eigener Sache, für eine lösungsorientierte Politik ein. Was auch immer das heissen mag. Doch wenn er so politisiert, wie er zu seinen Viechern schaut, wie er sein Land hegt und pflegt, wünscht man sich mehr von dieser Sorte Politiker. Wer nach oder vor dem Besuch des «Schüpbärg-Beizli» seinen Hofladen aufsucht, sieht: «Nose to Tail» wird hier schon lange praktiziert. Nicht als Trend, sondern aus Respekt vor dem Tier.

3054 Schüpfen, Schüpberg 130, 031 879 01 65 oder 078 698 36 56, www.schuepberg.ch

Restaurant Linde

Alles echt? Die Rösti kommt aus der gusseisernen Pfanne vom Holzherd, das Gemüse von der Wiese nebenan, das Fleisch vom Nachbarn und die Gastgeberin aus Bayern. Alles echt! Die «Linde» bei Boll ist eine Oase im Alltagstrott. Das Haus besticht durch seine Gaststube mit Riemenboden und seinen romantischen Garten. Die Kochsprache von Heinz Spühler ist sorgfältig, die Gastfreundschaft von Marion Spühler herzlich. Die Einheimischen kommen zum Mittagsteller, die Stadtberner zu den Hausklassikern, wie «Suuri Läberli» und Kalbsgeschnetzeltes mit der berühmten Berner Rösti. Wer es leichter mag, bestellt den saisonalen Dreigänger. Die Verdauung kommt mit einem Wacholder auf Trab, und wer noch nicht genug hat, leistet sich am Nachmittag ein Züpfe-Sandwich mit Hamme. Denn nach dem Mittagstisch ist vor dem Zvieri.

3067 Boll, Lindentalstrasse 109, 031 839 04 52, www.linde-lindenthal.ch

Muck's Gelati

Auf Spurensuche mit Dani Obwohl ich einige Jahre in der Region Freiburg–Murten–Seeland zuhause war, hätte ich wohl die Familie Jampen und ihre exzellenten Glaces nie kennengelernt, wäre ich nicht über den «Treffpunkt» mit Dani Fohrler gestolpert, der überschwänglich von den Glaces der «Mucks» schwärmte. So peilte ich also eines Tages Müntschemier an, mit dem Hintergedanken, dass ich mich danach noch an die Mittagstafel ins «Maison Salvagny» in Salvenach setzen könnte. Die Glaces sind in der Tat nicht einfach Glace, sondern geschmackliche Aromenbomben, die mit ungewöhnlichen Kombinationen verblüffen und begeistern. Rüebli mit Haselnuss, Gurke, Spargel, Fenchel oder Stangensellerie mit Apfel, um gerade mal fünf Sorten zu nennen. Was es sonst noch mit der Familie Jampen und ihrem Übernamen «Muck» auf sich hat und wie die Initiantin, Macherin und Lehrerin Ursula Jampen zur Glaceproduktion gekommen ist, ist auf der Website nachzulesen.

3225 Müntschemier, Kerzersstrasse 30, 032 313 20 28, www.mucksgelati.ch

Bären Treiten

«Chumm cho gniesse» So steht's auf der Website, und das befolgt man als Gast auch gerne. Wer in den «Bären» geht, geniesst. Ob auf der langen Bank am Holztisch vor der Beiz oder in der Gaststube, wer kommt, wird mit einem herzlichen Lächeln, mit Charme und mit Qualität verwöhnt. René und Daniela Muster bieten gemeinsam mit Bernhard Gutmann eine taufrische Küche, die klassische Gerichte modern interpretiert, ohne abzuheben. Ihre Kochsprache ist eine perfekte Mischung aus Leichtigkeit und Bodenhaftung. Lieber von hier als von dort ist im «Bären» kein Lippenbekenntnis, sondern täglich gelebte Praxis. Sei das beim Wildschwein, bei den Fischen oder den zahlreichen Flaschen, die von den regionalen Winzern stammen. «Chumm cho gniesse» – sehr gerne und immer wieder.

3226 Treiten, Hauptstrasse 15, 032 313 41 31, www.baeren-treiten.ch

Im Buechibärg

Mehr als man denkt Mittelland und Naherholungsgebiet – geht das? Es geht! Wer von Solothurn durch den Bucheggberg nach Bern fährt, wird dem vorbehaltlos zustimmen. Die offizielle Bezeichnung Bucheggberg benützt allerdings niemand. Hier sind wir im «Buechibärg», der die Kantone Solothurn und Bern miteinander verbindet. Die ganze Region hat sich zusammengetan und eine sinnvolle und prakische Website erstellt. Mit nützlichen Adressen zu Freizeit und Ferien, Geniessen und Einkaufen. Adressen für Käse, Mehl, lokalen Wein – ja den gibt es hier auch –, von Beizen und Bauern, die ihre Produkte direkt ab Hof verkaufen. Es lohnt sich, die Website zu besuchen und dann den Buechibärg zu erkunden. Zu Fuss, mit dem Velo, Töff oder Auto. Wer länger bleiben will, findet im «Gheimtipp» in Leuzigen (siehe rechts) ein gutes Basislager.

Infos zu den angeschlossenen Bauernhöfen über 079 874 77 70 oder www.buechibaerg.ch

Gheimtipp – der Essbahnhof

Bitte einsteigen! Zuerst war er ein echter Geheimtipp, der «Gheimtipp»-Essbahnhof. Selten offen, und wenn, dann nur für Gesellschaften. Ursprünglich war das Haus die Bühne des Stationsvorstehers, heute ist es der Schauplatz von Gastgeber Beat Wyss und Alleinkoch Steven Moy, der eine exzellente Küche auftischt und zu begeistern weiss. Der Gast reserviert, setzt sich und isst, was es gibt. Bevor er sich hinsetzt, geht er mit Beat Wyss in den Untergrund und sucht sich eine Flasche aus. Oder er nimmt gleich den ersten Schluck im Weinkeller. Am Mittag gibt es zwei Menüs, die sich je als Dreigänger präsentieren. Am Abend erhöht sich die Zahl der Gänge, die Qualität bleibt. Ein idealer Ort ist für unkomplizierte Allesesser. Wer sich zu lange dem Glas gewidmet hat, den erwarten in den oberen Etagen vier persönlich eingerichtete Gästezimmer.

3297 Leuzigen, Alte Bahnhofstrasse 28, 032 530 47 14, www.gheimtipp.ch

Wirtschaft zum Löwen

Das Beste von Baum und Feld Der Gast tritt ein und freut sich über den schlichten Gastraum, der hat, was er haben muss, für einmal selbst schöne Lampen, die gutes Licht geben. Die Karte kommt, und die Freude bleibt. Ein übersichtliches Angebot saisonaler Gerichte. Julia Pfäffli kocht eine marktfrische Küche ohne Prahlerei mit Liebe zum Detail. Der Salat ist taufrisch, die Heusuppe aromatisch, das Kotelett ist butterzart, die Pommes frites sind aus den eigenen Kartoffeln geschnitzt, und das frische Apfelküchlein wird «à la minute» zubereitet. Mit von der Partie sind Mutter Ruth und Vater Hans, die überall dort helfen, wo es gerade nötig ist. Die Nachbarin der Wirtschaft ist Julias Schwester, Bäuerin Anja Pfäffli, die Hühner vermietet, Bäume verkauft, Öl presst, mit ihrem Vater Hans Schnaps brennt und alles ab Hof verkauft. Ein Familienbetrieb mit Vorbildfunktion.

3256 Bangerten, Deisswilstrasse 1, 031 869 02 30, www.loewen-bangerten.ch

NEU Il Grano

Auf ein Neues Wenn einer als Stehaufmännchen bezeichnet werden darf, dann Gianclaudio De Luigi, der mit «seinem» «Il Grano» in dreizehn Jahren Höhen und Tiefen erlebt hat. Mit dem Engagement des Spitzenkochs Werner Rothen lief es vor zwei Jahren in eine völlig falsche Richtung. Nicht nur kulinarisch, sondern auch sitztechnisch. Die neuen Stühle mögen bequemer sein, schöner als die Sitzklassiker von Horgen Glarus sind sie nicht, und, was weitaus schlimmer ist, sie zerstören die sakrale Aura des Raums durch ihre klobiges Aussehen. Also her mit den alten Stühlen! Wichtiger jedoch ist, dass man sich von der unpassenden französischen Baukastenküche verabschiedet hat zugunsten von leichten, saisonalen Gerichten ohne viel Rahm und Butter. Dafür verantwortlich ist Monika Gysin (ehemals «L'Ours» in Sugiez), die für ein authentisches südliches Feeling auf den Tellern sorgt. Das «Il Grano», wie wir es lieben, ist wieder zurück. Applaus!

3294 Büren an der Aare, Ländte 38, 032 351 03 03, www.ilgrano.ch

NEU Käserei Oberwil

So einfach Nein, ein Mann grosser Worte ist Jakob Beer nicht. Und für seinen Käse muss er auch keine Werbung machen, der ist so gut, dass die Kunden von allein kommen. Mundpropaganda nennt sich das, was im Zeitalter der elektronischen PR, eine fast vergessene sympathische Form bester Direktvermarktung ist. Natürlich kommen seine Stammkunden wegen seines unverschämt guten Käses, aber allein schon das stattliche Gebäude, in dem sich Käserei und Laden befinden, lohnt die Anreise. Übrigens: Vergessen Sie nicht, dass ein «tränender» Emmentaler im Gaumen Freude bereitet und freudig feuchte Augen verursacht. Auch ohne Geheimrezept.

3298 Oberwil, Im Dorf 3, 032 351 63 35

Gasthof zum Brunnen

Die Schweiz in Küche und Keller Wer Alex Rufibach aufsucht, hat Appetit und Durst. Pinzettenesser, Vegetarier und militante Veganer lassen es bleiben. Die Tiere, die er verarbeitet, durften noch auf der Zunge spüren, wie eine saftige Weide schmeckt, die Fische bezieht er nicht aus der Tiefkühltruhe, sondern fangfrisch aus Schweizer Seen. «Swissness» ist bei ihm kein Lippenbekenntnis, sondern Programm. Seine gut bestückte Weinkarte besteht aus heimischem Schaffen. Allein schon sein Weinkeller lohnt den Besuch. Sparen fürs Alter. Wozu? Wer weiss, wann das Alter beginnt. Das Leben findet an der Tafel statt. Mit Kalbskopf, Kutteln, einem Ragout aus Lunge, Herz und Hirn oder mit einem Ochsenmaulsalat der besseren Art. Lust auf ein paniertes Schweinskotelett oder auf Rufibachs berühmten «Suure Mocke»? Dann nichts wie hin.

3312 Fraubrunnen, Bernstrasse 6, 031 767 72 16, www.suuremocke.ch

Wursthüsli Egger

Alles isst Wurst Würste aus einer anderen Welt. Kein Wunder bei dieser Liebe zum Produkt. Die Räucherkammer befindet sich in einem Bauernhaus von 1726, die Bauernbratwurst von Vater und Tochter Ernst und Christina Egger ist die beste, die ich kenne. Auch der Landjäger, das «Rouchknebeli» oder der Fleischkäse lassen den Wurstliebhaber an das Gute im Menschen glauben. Und so geht das weiter. Im Winterhalbjahr gibt es immer donnerstags wurstfrisch Blut- und Leberwürste.

3373 Heimenhausen, Dorfstrasse 6, 062 961 52 52, www.wursthuesli.ch

Zum Wilden Mann

Per Du mit Gotthelf Im «Wilden Mann» einkehren ist wie Gotthelf lesen. Genauso muss es gewesen sein – damals. Tannenboden und -tische, Holzbänke und -stühle, Schwartenwurst und Essigzwetschgen. Schon die kurze Anfahrt von Wynigen nach Ferrenberg macht gute Laune. Fette Wiesen mit stämmigen Bäumen, blühende Hofgärten, eine freundliche Insel im Emmental. Mittendrin bietet die Familie Friedli eine grundehrliche Gastfreundschaft. Ida Friedli, die gute Seele des Hauses, backt ab und zu das Brot noch selber, Patrick Theiler, der Partner von Gastgeberin Christine Friedli, wird seinem Spitznamen Mr. Rösti gerecht. Die Stimmung wirkt luftig, das Angebot ist stimmig. Spiegeleier, Hamme und Rösti. Viel mehr ist da nicht, muss da auch gar nicht sein. Obwohl Bern nah ist, bleiben die Wallfahrten aus. Vornehmlich an ungemütlichen Nebeltagen wird's hier in der guten Stube urgemütlich. Auf Raucher wartet der Zirkuswagen mit Bollerofen und Sofa. Den Rest machen das Burgdorfer Bier und die Weine aus dem Seeland von Andreas Krebs.

3474 Rüedisbach, Ferrenberg bei Wynigen, 034 415 11 61, www.wilde-maa.ch

Restaurant Dampfschiff

Mit Volldampf Lukas Marti und Simon Burkhalter kennen sich von der Schulbank her und ergänzen sich ideal. Lukas Marti kocht exakt, würzt subtil, und Simon Burkhalter bedient kompetent und herzlich. Wer seinen Weinempfehlungen folgt, trinkt richtig. Den Rest machen die Lage am Wasser und die Patina des Lokals aus. Bei meinem Besuch war die subtile Finesse eines Carpaccios von zweierlei Forellen genauso perfekt wie die sautierten Felchenfilets auf aromatischem Zitronenkräuter-Couscous und die von einem sattgrünen Minzjus parfümierten rosazarten Lammkoteletts, während die Erdbeertrilogie mit dem intensiven Eigengeschmack des Grundprodukts überzeugte. Fazit: Hier schreiben zwei Jungunternehmer nachhaltig Geschichte.

3600 Thun, Hofstettenstrasse 20, 033 221 49 49, www.dampfschiff-thun.ch

Hotel Restaurant Schwert

Gnagi trifft Prada Ob verträumte Romantikerin, kultivierter Fleischtiger, bekennender Vegetarier oder überzeugte Prada-Trägerin – das «Schwert» in Thun lieben alle. Es liegt hinter den Arkaden an der Unteren Hauptgasse in Thun. Schon der Eingang, die Fenster und der flüchtige Blick ins Innere schaffen Vertrauen, das auch bei den Speisen nicht verloren geht. Das Angebot zeugt von einem selbstbewussten Koch, von Frische und saisonalem Denken. So lockt der regionale Spargel tatsächlich im Mai, und zum Kalbsbraten gesellen sich frische Morcheln. Immer im Angebot sind Mistkratzerli und Gnagi mit Brot oder mit Erbsensuppe. Klassiker, die seit jeher zum «Schwert» gehören. Alles perfekt. Schade ist nur, dass die Beiz nachmittags geschlossen ist, wäre sie doch eine ideale Oase, um einen Regentag bei einer guten Flasche zu vertrödeln.

3600 Thun, Untere Hauptgasse 8, 033 221 55 88, www.schwert-thun.ch

Bruni – L'Art du Fromage

Applaus! Christoph Bruni ist ein grossartiger Affineur, der die Produzenten, deren Käse er verkauft, noch persönlich kennt – das ist keine leere Worthülse, sondern gelebter Alltag aus Überzeugung. Sein Käsewagen steht immer am Dienstag- und Samstagmorgen auf dem Bundesplatz in Bern. In Thun kann sich der Käsefreund bei ihm telefonisch anmelden, und wenn er Zeit hat und vor Ort ist, empfängt Bruni seine Besucher in seinem Käseparadies. Kuh-, Ziegen-, Schafs- und Büffelkäse, aber auch Trockenwürste und Rohessfleisch von Stier und Bock, die ohne Transportstress das Zeitliche segnen durften, bietet er an und erklärt dazu, was es mit seinen Produkten auf sich hat. Es gibt Gourmets, die grosse Distanzen zurücklegen und extra nach Bern reisen, um bei Bruni Käse zu kaufen. Und das mit gutem Grund.

3600 Thun, Bürglenstrasse 11,
079 432 99 06, www.bruni.ch

Berggasthaus Wasserngrat

Im Winter immer Geld regelt vieles. Aber das Glück, zum richtigen Zeitpunkt am richtigen Tisch zu sitzen, ist nicht käuflich. Selbst in Gstaad nicht. In der Welt des Luxus strahlt das Berghaus Wasserngrat Wärme aus. Rindszunge, Schafshirn, Kalbskutteln oder doch lieber Entenleber, Kalbstatar, Côte de bœuf. Bei Nik Buchs ist alles möglich, was in Gstaad nicht weiter erstaunt. An einem Ort, wo die Welt verkehrt, Welsch und Deutsch zusammenkommen und ihre Vorlieben pflegen. Im Berghaus Wasserngrat lässt es sich für fünfzig oder für fünfhundert Franken tafeln. Der Gast wählt nach Lust und Laune, das Angebot ist durchdacht und gefällt. In der Wintersaison werden bei schönem Wetter rund dreihundert Essen serviert. In bester Qualität und mit einem ehrlichen Lächeln, das sich die Mitarbeiter nicht antrainieren müssen.

3780 Gstaad, Bissedürriweg 16,
033 744 96 22, www.wasserngrat.ch

Cigares Tobacco

Ais tubäckle Es gibt sie noch, einige kleine, feine Tabakwarengeschäfte, geführt von den letzten Mohikanern der Schweiz, die sich von der Gesetzgebung nicht beeindrucken lassen und ihr Metier weiterhin mit Grandezza pflegen. In Gstaad mit all seinem Prunk und seinem schönen Schein findet sich so eine Trouvaille mitten an der Promenade. Mit erlesenen Kuba-Zigarren, mit Tabak-Hausmischungen, Pfeifen und mit kompetenter Beratung. Egal, ob der Kunde Veloklammern an den Hosen trägt oder mit dem Bentley-Schlüssel in der Hand das Fachgeschäft von Hans-Alexander Fuhrer betritt. Applaus für dieses Bollwerk gegen das Rauchverbot.

3780 Gstaad, Promenade 65, 033 744 47 00, keine Website

MOB 16 Art Bar Restaurant

AWARD 2019

Erste Saane Der Herrgott war's. Sein Handabdruck schuf das Saanenland. Das «Art 16» aber schufen Nik und Simon Buchs, die sympathischen heimischen Jungunternehmer. Im Kamin lodert das Feuer, bis die Glut steht und über ihr die Gstaader Lammkoteletts dem Garpunkt entgegenfiebern. Die Küche von Nik Buchs richtet sich nach der Saison und nach seiner Lust und Laune. Dann kann es durchaus auch mal «Ravgchöch» geben, einen Wintereintopf aus «Raven» (auch als Bodenkohlrabi, Steckrüben oder Navets geläufig), Kartoffeln und Speck, verfeinert à la Nik Buchs. Zur Küche passt perfekt die durchdachte Weinauswahl, die mit spannenden Provenienzen aus der Sparte «Habe ich noch nie getrunken» aufwartet. Das «16 Art» erhält den MOB-Spezialpreis 2019 (mehr dazu auf Seite 17).

3792 Saanen, Mittelgässli 16, 033 748 16 16, www.16eme.ch

Hotel Rosenlaui

Endlich Bergferien Bergferien? Gerne, aber nur von Mitte Mai bis Mitte Oktober. Dann aber täglich. Wer den Spuren von Holmes und Watson folgen, die wunderschöne Bergwelt näher erkunden oder am Ufer des idyllischen Bergbachs einfach mal eine Runde vor sich hin dösen will, der ist im «Rosenlaui» ideal aufgehoben. Wer kommt, der bleibt. Zu schön ist dieses Kleinod, als dass sich der Gast mit nur einer Nacht zufriedengibt. Die Atmosphäre in den Salons und in den mit Originalmobiliar ausgestatteten Zimmern, in denen es zwar kein fliessendes Wasser, aber jede Menge Historie gibt, ist einmalig und führt den Besucher auf eine Zeitreise. Ein eigenwilliger, spezieller, wundervoller Ort für Menschen, die auch mal ohne Handy, TV und Co. auskommen können.

3860 Rosenlaui, 033 971 29 12, www.rosenlaui.ch

NEU Kreuz

Für alle Fälle Mächtig und würdevoll steht es da, das «Kreuz», das mit viel Fingerspitzengefühl und noch mehr Geld renoviert wurde. Auf Anhieb fühlt sich der Gast hier wohl. Er wird herzlich begrüsst, nimmt Platz in der guten Stube, die dazu verleitet, länger sitzen zu bleiben. Die Gästeschar zecht und palavert, es ist ein reges Kommen und Gehen. Die hauseigene Bühne bietet viel Kultur für wenig Geld, die stilvoll eingerichteten Gästezimmer Komfort mit neckischen Details. Und dann ist da noch die Bar, in der täglich ganz schön viel los ist. Wer reserviert, hat Platz, wer spontan anreist, muss auf einen freien Stuhl hoffen. Am dritten Sonntag des Monats wartet ein üppiger Brunch auf die hungrige Gästeschar, unter anderem mit Speck und Rösti, Eiern und ganz viel mehr. Mir gefällt es später besser, bei Kalbstatar, Erbsenschaumsuppe und einem zarten Stück Fleisch vom Fassone-Rind. Die Weinkarte ist gut bestückt, heiter durchmischt, und die Gastgeber scheuen sich nicht, etwa einen süffigen Rosé d'Anjou aus der Loire zu kredenzen.

3360 Herzogenbuchsee, Kirchgasse 1, 062 531 52 30, www.kreuz-herzogenbuchsee.ch

Café Restaurant Chez-le-Baron, Epauvillers (Seite 62)

Boucherie Pierre Bilat

Beim Bilderbuchmetzger Pierre Bilat ist ein Metzgermeister wie aus dem Lehrbuch. Seine roten Backen leuchten, unter der Schürze ist ein leichter Bauchansatz zu erkennen, seine Stirne glänzt, und auf seinen Lippen wartet stets ein Spruch. Er ist ein Mann voller Tatendrang, stets herzlich und hat immer neue Produktideen im Köcher. Zuvorkommend bedient er seine zahlreichen Stammkunden, die bei ihm ohne Murren Schlange stehen. Seine Würste sind genial, und sein Fleisch ist von hier statt von dort. Übrigens: Sternekoch Georges Wenger ist auch einer seiner Stammkunden. Der muss aber nicht hinten anstehen, dem wird geliefert.

2336 Les Bois, Rue du Doubs 1,
032 961 12 85, keine Website

NEU Auberge de la Bouège

Schlafen am Fluss Für romantisch veranlagte Alltagsflüchtlinge kommt hier der ultimative Tipp. Tagesausflügler erobern die verträumte Oase mit dem Auto und setzen bei Le Noirmont den Blinker, Wandervögel marschieren mit gutem Schuhwerk von Goumois den Doubs aufwärts nach La Goule und von dort zur Auberge de la Bouège. Das patinierte Haus stand lange Zeit leer, bis seine ehemaligen Besitzer Kurt Zwingli und Palmira Simoes es zurückkauften und auffrischten. Nun kommen wieder ihre einfachen, subtil zubereiteten Spezialitäten auf den Tisch. Forelle und Beinschinken das ganze Jahr über, Pilzschnitten im Herbst, und ein Fondue gibt's für alle, die Lust auf flüssigen Käse haben. Dass Kurt Zwingli eine Prise Aromat auf seine Forellen streut, ist eine Eigenheit, die nicht allen gefällt und trotzdem allen schmeckt. Die Weinauswahl ist klein, aber durchdacht, die Desserts sind «fait maison», und den Rest macht die einmalige Lage, die es so kein zweites Mal am Doubs gibt. Im Sommer wiegt einen das Quaken der Glockenfrösche in den Schlaf, die Welt scheint heil und der Alltag weit weg.

2340 Le Noirmont, 032 953 30 40,
www.aubergedelabouege.ch

Aux Couleurs du Terroir

Vive le Terroir! Begonnen hat alles mit einem verwitterten Gebäude, das nach und nach sanft renoviert wurde. Von Beginn wurde hier auf regionale Produkte gesetzt. Es ist schlicht grossartig, was Lina, Brigitte und Nancy in ihrer Heimat aufstöbern und ihren Kunden zu fairem Preis verkaufen. Wer einmal vorbeischaut, wird schnell zum Wiederholungstäter. Neu hinzugekommen ist ein schmuckes Restaurant, in dem es sich wundervoll speisen lässt. Abends nur am Donnerstag und Samstag, unter der Woche von Dienstag bis Samstag jeweils mittags. Am Tage des Herrn wird ausgiebig gefrühstückt.

2362 Montfaucon, Communance 12, 032 955 11 03, www.couleursduterroir.ch

Restaurant Komachi

O shokuji o o tanoshimi kudasai «Bon appétit» geht aber auch. Der Koch ist Jurassier, die Gastgeberin Japanerin, die Atmosphäre herzlich, die Beiz klein und die Lüftung schlecht. Wer nach ausgiebigem Tafeln das «Komachi» verlässt, trägt in seinen Kleidern den kulinarischen Querschnitt des Abends, was aber allen egal ist. Die Küche ist vorzüglich, die Speisen sind subtil gewürzt, die Portionen perfekt, und wer sich ein Menü zusammenstellt, kann das ganze «Komachi»-Kochspektrum erleben. Der Wakame-Gurken-Salat, die frittierten Pouletstücke, die gefüllten japanischen Ravioli überzeugen wie alles, was hier aufgetischt wird. Wer Sake kennenlernen will, hat die Gelegenheit dazu. Für bescheidene 18 Franken werden dem Gast zu den Speisen sechs Glas Sake ausgeschenkt.

2800 Delémont, Rue de l'Hôpital 39, 032 423 00 53, www.komachi.ch

Carrément Vin

Santé! Was macht ein Sommelier, der keine Lust mehr hat, den Gästen in der Spitzengastronomie Weine zu empfehlen? Er eröffnet sein eigenes Geschäft. Nico Vioujas hat sich seinen Traum in Delémont verwirklicht, nachdem er sich bei Georges Wenger einen Namen erarbeitet hat. Sein Angebot umfasst eine schöne Anzahl an natürlichen Weinen, die im Trend liegen. Immer mehr Weinfreunde sagen den konstruierten Weinen Lebewohl und öffnen ihren Gaumen für natürliche und vorwiegend schwefelfreie Provenienzen. Vornehmlich am Samstag wird in der Weinhandlung lautstark degustiert, beraten, verkauft, und an den wenigen Tischen der neu hinzugekommenen Weinstube werden regionale Köstlichkeiten aufgetischt.

2800 Delémont, Rue de la Préfecture 16, 032 422 79 37, www.carrementvin.ch

NEU La Claude Chappuis

Aus erster Hand «La Claude Chappuis» ist ein Bauernhof oberhalb von Develier in der Nähe von Delémont mitten in der Natur. Zwar wurde das Haus einmal zu viel renoviert, aber die Herzlichkeit von Personal und Gastgebern macht das wieder wett. Als patinierter Zeitzeuge hat die beeindruckende Holzdecke überlebt, alles andere präsentiert sich aufgeräumt und zweckmässig. Sandra und Jean-Claude Tschirren verstehen es, eine frische regionale Küche zu zelebrieren, sorgfältig gekocht und schön angerichtet. Zum Beispiel ein Kalbsragout mit Stampf und Gemüse, das nach Nachschlag verlangt und rundum glücklich macht. Oder die wunderbaren hausgemachten Pommes frites, die wirklich noch nach Kartoffel riechen und die man am liebsten gleich von Hand von der Platte wegpickt. Das Brot kommt aus dem eigenen Holzofen, die Meringue ebenso. Die Weinauswahl ist ordentlich und setzt mit Klassikern aus der Waadt und dem Wallis trinkfreudige Zeichen.

2802 Develier, 032 422 14 17, www.la-claude-chappuis.ch

NEU Pain et tresse au feu de bois

Höhenfeuer Das kleine Juradorf Bourrignon liegt abseits der Hauptrouten auf einer Anhöhe, unweit von «La Claude Chappuis», zwischen Delémont und dem elsässischen Sundgau. Es ist ein verschlafenes Nest mit einer kleinen, gut funktionierenden Käserei, die zugleich der Dorfladen ist. Der kulinarischn Höhepunkt des Dorfes befindet sich aber an seinem Anfang oder Ende, je nachdem, woher der Brotliebhaber kommt. Es gibt sogar Stammkunden, die extra mit dem Postauto anreisen, nur um die Backstube der Familie Frund zu besuchen und vor Ort einzukaufen. In der kleinen Holzofenbäckerei raucht immer freitags der Ofen, der ein wundervolles Bauernbrot und einen nicht minder guten Zopf hervorbringt. Wem die Reise zu weit ist, hat die Möglichkeit, am Samstag in Delémont auf dem Markt den Stand der Familie Frund zu besuchen, was aber natürlich nicht den gleichen Charme hat.

2803 Bourrignon, Route Principale 47, 032 431 18 37, www.frund-bourrignon.ch

Les Esserts

La Reine du Toétché Auf dem Bauernhof von Thérèse und Samuel Scheurer steht die Backstube mit den drei grossen Holzöfen im Mittelpunkt. Thérèse ist berühmt für ihre Brote, Zöpfe, Meringues, Kuchen, Torten und für den besten Toétché, den ich kenne. Toétché? Das ist ein runder Fladenkuchen aus Mehl, Butter, Eiern, Hefe, Rahm und Salz. Seinen typischen Geschmack verdankt er der Säuerung des Rahms. Vor der Erfindung des Eisschranks setzte sich bei kühler Lagerung das Milchfett als Rahmschicht an der Oberfläche ab und nahm von den Milchsäurebakterien einen fein säuerlichen Geschmack an. Heute sorgen Joghurtkulturen für die Säuerung. Thérèse Scheurer verwendet für ihre Produkte das eigene Mehl, gemahlen von Müller Didier Charmillot in der Mühle von Vicques, die hofeigene Milch und Butter. Alles was der Hof hergibt, wird verwertet. Immer samstags verkauft sie im Hofladen ihre wundervollen Produkte.

2856 Boécourt, Les Esserts 138, 032 426 62 27, keine Website

Auberge du Jura

Lieber Kalbskopf Wer Kalbskopf liebt, sitzt bei Béa Babey richtig. Die Beiz ist ein Epizentrum für Innereien, auch für Kutteln, Schweinfüsse und Zunge. Ein puristischer Ort, mit brummigen Stammgästen und sympathischen Eigenbrötlern, die das Einfache zu schätzen wissen. Den Kalbskopf serviert Béa auf der silbernen Platte mit Karotten, Kartoffeln und einer exzellenten Vinaigrette, wundervoll nach Nelke, Lorbeer, Brühe und Fleisch duftend. In der Auberge wird diskutiert, gelacht, getrunken und ab und zu Akkordeon gespielt. Nichts ist gekünstelt, alle sind willkommen. Béatrice Babey ist eine eigenwillige Gastgeberin, die keine Worte über sich verlieren mag. Wer bei ihr essen will, fragt frühzeitig an, was es gibt, reserviert sich einen Tisch und erscheint pünktlich. Bon appétit!

2882 Saint-Ursanne, Rue du 23 Juin 24, 032 461 35 60, keine Website

Outremont

Von der Natur auf den Tisch Bekannt wurde Thérèse Bähler einem breiten Publikum durch die Fernsehsendung «SRF bi de Lüt – Landfrauenküche». In einer Spezialausgabe gab sie einen Einblick in die kulinarischen Köstlichkeiten, die bei ihr an Weihnachten aufgetischt werden. Gemeinsam mit ihrem Mann bewirtschaftet sie den Bauernhof Outremont. Hier tummeln sich auf fünfzig Hektaren rund vierzig Milchkühe, deren Milch zu Greyerzer AOC verarbeitet wird, sowie Rinder, Kälber und ein paar Bündner Strahlenziegen. Wenn Thérèse nicht im Stall, auf dem Feld oder in der Küche ist, verbringt sie die Zeit im Garten. Dort hegt und pflegt sie ihr Gemüse und ihre Blumen, die sie für ihren Marktstand in Saint-Ursanne zu bunten Sträussen bindet. Von Mitte Juni bis Mitte Oktober verkauft sie dort mit anderen Bäuerinnen immer am Samstagmorgen regionale Spezialitäten.

2882 Saint-Ursanne, Outremont 13, 032 461 31 73, keine Website

Café Restaurant Chez-le-Baron

Um die Ecke schläft die Katze Im Gehege stolziert der Pfau, und in der guten Stube begrüsst Madame Guyot ihre Gäste. Die Gaststube schmücken rund zwanzig Standuhren und zehn Pendulen. Keine tickt gleich, keine hat die genaue Zeit. Wer hierher kommt, hat sie, und wer hier essen will, ruft einen Tag vorher an und bestimmt das Gericht mit oder lässt sich überraschen. Ein Mittagessen im «Chez le Baron» ist eine Reise nach damals. Das abgelegene Gasthaus wird von Tochter Jacqueline und Mutter Janine Guyot geführt. Das Mittagsmahl findet an mit weissen Papiertischtüchern eingedeckten Tischen statt (bei der Reservation verlangen). Das Essen beginnt meistens mit einer Gemüsesuppe, gefolgt von einem Poulet aus dem Ofen. Es kann aber auch ein warmer Beinschinken an einer Sauce Madère sein. Danach wartet ein Früchtekuchen oder eine Cremeschnitte, und der lokale Enzian oder Framboise hilft, das opulente Mahl zu verdauen.

2885 Epauvillers, Chez le Baron 59, 032 461 35 41, keine Website

Restaurant de Clairbief

In einem Bächlein helle Von Soubey führt ein vier Kilometer langer Weg zum Restaurant Clairbief. Was hier zählt, sind Gastfreundschaft und Forellen. Der einstündige wild-romantische Spaziergang am Doubs entlang ist die Zugabe. Seit 2010 führen Marlyse und ihr Mann Philippe Jobet-Krall das beliebte Traditionshaus. Die Stammgäste schwören auf die Qualität der Forellen und die «Beurre noisette» von Patron Philippe, der die Butter beim Erhitzen leicht aufschlägt, bis sie ihre goldbraune Farbe erlangt. Hinzu gibt er einige Tropfen des Forellensuds, den er mit Wasser, Weisswein, Gemüse, Lorbeer und Nelken ansetzt. Nicht selten wählt der Gast gleich das ganze Forellenmenü, das sich aus einem «Carpaccio de truite au basilic», einer «Bisque de truite et sa rouille» und einer «Truite au bleu» zusammensetzt. Wer keine Lust auf Fisch hat, ist mit Cordon bleu oder Entrecôte gut bedient. Zum Aperitif passt die geräucherte Wurst. Dazu wird täglich frisch gebackenes Brot serviert.

2887 Soubey, Clairbief 85, 032 955 12 20, www.clairbief.com

Auberge du Mouton

Der Teller ist rund Die berühmteste Radiostimme der Schweiz, Christoph Schwegler, hat sich in den Ruhestand verabschiedet. Er, der Würste und Etivaz liebt, mag weisse, runde Teller und poliertes Besteck auf patinierten Holztischen. Bei Suppe in der Espressotasse und rechteckigen Tellern hört bei ihm der Spass auf. Eine weisse Stoffserviette muss und ein weisses Stofftischtuch darf sein. Er mag Spaghetti von Martelli, Schnittlauch am Wurst-Käse-Salat und ein Cordon bleu, aus dem der Käse gleichmässig wie Lava fliesst. Und er schätzt einfache, gute Beizen wie das «Mouton» in Porrentruy. David Hickel kocht hier eine fadengerade Terroir-Küche. Genuss ohne Reue auf runden Tellern, die auf blanken Holztischen stehen. So geht das. 32 Plätze hat die Beiz, die täglich besetzt sind. Zwölf Hotelzimmer kommen dazu, mit dem Charme vergangener Tage und dem Komfort von heute. Das «Mouton» ist unsere Auberge 2019 (siehe auch Seite 15).

2900 Porrentruy, Rue du Cygne 1, 032 535 83 57, www.dumouton.ch

NEU Boucherie Müller

In der Räucherkammer Allein die schmackhaften Würste der Boucherie Müller lohnen den Abstecher nach Fontenais. Die «Saucisse d'Ajoie» besticht durch eine feine Kümmelnote, der «Boudin à la crème» hat eine perfekte Konsistenz und ist subtil gewürzt, und das «Atriau», die jurassische Antwort auf die Deutschschweizer Leberwurst, überzeugt mit seiner dezenten Lebernote. Allerdings ist Letzteres keine Wurst, sondern ein Fleischküchlein, das in Schweinenetz eingewickelt ist. «Boudin» und «Atriau» sind in den Wintermonaten erhältlich, während der restlichen Zeit tröstet sich der Jurassier mit den geräucherten Spezialitäten von Patron Pierre Müller. «Jambonneau» (Gnagi), «Côtines» (Rippli), «Bajoue» (Schweinsbacke) und Rindszunge sind zu empfehlen, und wem das nicht reicht, auf den wartet ein ordentlicher Beinschinken und eine vorzügliche hausgemachte Paté.

2902 Fontenais, Bacavoine 157, 032 466 59 78, keine Website

JURA

Ferme La Vaux

Zu Besuch beim Bioschwein In Roche d'Or, einem kleinen Dorf in der Haute-Ajoie im nördlichsten Zipfel des Jura, haben sich vor einem Vierteljahrhundert die Städter Eva und Markus Schöni niedergelassen, um Bauern zu werden. Und sie haben mit ihrer kompromisslosen Arbeit im Einklang mit der Natur die Anerkennung der Einheimischen erlangt. Ihr Betrieb ist Bio-Suisse-zertifiziert, ihr Braunvieh trägt Hörner, und alle ihre Tiere haben ein gutes Leben – bis der Schlachter kommt, der auf dem Bauernhof ein Teil des Lebens ist. In ihrer kleinen Käserei produziert Eva wundervolle Käse, die sie vor Ort, per Post und auf dem Samstagsmarkt in Porrentruy verkauft. Wer die Schönis und ihr Bauernleben näher kennenlernen will, mietet sich in der Ferienwohnung der «Ferme» ein und geniesst einige unbeschwerte Tage in der Mitte von Nirgendwo.

2912 Roche d'Or, La Vaux 1,
032 476 69 39, www.fermelavaux.ch

NEU Table d'hôtes Saveurs Saison

Zu Tisch Wer sich seinen Appetit mit einer leichten Wanderung verdienen will, ohne fortlaufend andere Spaziergänger grüssen zu müssen, der streift bei Bonfol durch die Teichlandschaft. Hier liesse sich zwar auch picknicken, wer aber weiss, dass in Bonfol eine grossartige Köchin ihre Gäste zur Table d'hôte lädt, ist schnell «sur place» und vergisst den Picknickkorb samt Stechmücken, die Teiche ebenso lieben wie romantische Naturgänger. Allerdings, einfach so mal schnell zu Alexa Cuenot gehen, sich an die Tafel setzen und essen, was aufgetischt wird, geht nicht. Ohne Reservation bleibt der Gast aussen vor. Vielmehr noch muss er mindestens drei Copains mitbringen und 48 Stunden vorher anrufen. Das Prozedere lohnt sich, denn was Madame Alexa von Montag bis Samstag mittags oder abends aus ihrer Küche zaubert, ist schlicht grossartig, saisonal und von hier statt von dort. Und wer nach der Tafel noch nicht genug hat, kann seinen Einkaufskorb zücken und regionale Produkte einkaufen. Köstliche Konfitüren zum Beispiel.

2944 Bonfol, Sur la Place 95,
032 474 43 06, www.saveurs-saison.ch

NEU Boucherie Maillard

Die Spürnase Roland Maillard ist ein Metzger mit Leib und Seele, der in seinen Ferien den Metzgereien nachreist, sehr zum Leidwesen seiner Frau. Ob in Italien, Spanien, Frankreich oder Belgien – Monsieur Maillard kauft grosszügig die jeweiligen Spezialitäten der Region ein, verkostet sie und produziert die eine oder andere Köstlichkeit zuhause nach. Dabei tüftelt er und ändert nach Lust und Laune das eine oder andere ab. Seine Tessiner Salametti sind grandios, seine Porchetta besser als das italienische Pendant und seine französischen und jurassischen Spezialitäten sowieso. Einmal gibt's eine Milkenterrine, dann einen Presskopf der Extraklasse oder gar einen «Jambon persillé», wie er nicht besser sein könnte. Das spricht sich herum, nicht nur bei den Einheimischen. So ist der Andrang gross. Vornehmlich samstags, wenn in der Reihe angestanden wird.

2950 Courgenay, Rue Adolphe Gandon 1, 032 471 11 54, www.boucherie-traiteur-maillard.ch

NEU La Petite Gilberte

Eine Strophe, zwei, drei Die Ajoie am äusserten nördlichen Zipfel der Schweiz ist ein reizvoller Fleck, ideal für alle Tourengänger, die auf beschauliche Art und Weise Land und Leute kennen lernen wollen. Ein gutes Basislager ist die «Petite Gilberte». Das in seiner Substanz wundervolle Hotel und Restaurant wurde in den letzten Jahren lieblos geführt, die Küche war nicht der Rede wert. Das Einzige, was Gäste brachte, waren die Historie des Hauses und die rührenden Geschichten über Gilberte, die Tausende Schweizer Soldaten schwärmerisch verehrten. Seit Monsieur und Madame Bernasconi das Haus gekauft haben, lebt es wieder neu auf. Da und dort noch mit einigen Gebresten, aber das wird schon noch werden. Es gibt Rindszunge, Kutteln nach Neuenburger Art, Schweinsfüsse, Entrecôte, Cordon bleu, Forelle, Gemüse und Salate. Wenn jetzt noch das Angebot zugunsten der Qualität verkleinert und die Weinkarte noch einen Schluck spannender wird, dann kommt's gut. Alors: «C'est la petite Gilberte, Gilbert' de Courgenay; elle cherche ses trois cent mille soldats et tous ces officiers ...»

2959 Courgenay, Rue de Petite-Gilberte 2, 032 471 22 22, www.lapetitegilberte.ch

Bishop's Rest

Ein Mosaik Die Ajoie ist ein Mosaik aus Felssockeln, Wäldern, Weihern und Flüssen – ein naturreines Land. Der nördlichste Teil des Schweizer Kantons Jura ist eine entlegene, vergessene und wenig besuchte Region. Gut, das mit der vergessenen Ecke der Schweiz stimmt während elf Monaten. Wenn sich im November in der Ajoie Fuchs und Hase Gute Nacht sagen, sagt das Schwein nichts mehr, sondern schmort im Kochtopf. Es ist die Zeit des Erntedankfestes, es ist die Zeit des heiligen Martin. Wer es ruhiger liebt, sucht sich einen anderen Monat aus. Gerade im Vorfrühling oder im Spätsommer ist es hier sehr beschaulich. Als Basislager für die Erkundung der Gegend bietet sich in Courchavon ein elegantes B&B an. Der sprachgewandte und herzliche Gastgeber Patrick O'Leary hat sein Gästehaus mit Fingerspitzengefühl eingerichtet. Der Garten ist weitläufig, die Zimmer haben Charme, das Ganze ist eine bezahlbare, ruhige Oase und ein idealer Ort für das süsse Nichtstun mit einem Buch, einem Drink und mehr. Und Porrentruy mit der guten Küche der Auberge du Mouton (siehe Seite 63) ist nicht weit.

2922 Courchavon, Pont Calende 43b
032 466 85 81, 079 693 70 03,
www.carpediembnb.ch

Gatto Nero, Basel (Seite 76)

Hasenburg

Tradition in Bestform Basel ohne «Hasenburg» wäre wie Paris ohne «Train Bleu». Beides undenkbar. Wer in Basel Lust auf «Läberli» hat, der isst sie im «Chateau Lapin». Das gehört sich so. Es ist das Verdienst der Familie Rieder, die mit viel Enthusiasmus und noch mehr Geld die Traditionsbeiz renoviert und sie ohne Pomp, dafür mit Klasse wiedereröffnet hat. Statt Pächter zu suchen und die falschen zu finden, haben sie den Betrieb gleich selbst übernommen. So wie das einst die Eltern von Küchenchef und Patron Daniel machten und den legendären Ruf der «Hasenburg» begründeten. Eine Basler Institution, die von morgens bis spät abends pulsiert und über die mit Sperberaugen, Charme und Humor Irma Rieder wacht. «Hier ein flott gezapftes Helles, dort ein kühles Amber, da eine Flasche Roten. Zweimal Wurstsalat, bitte sehr. Zahlen! Komme gleich.» Der normale Alltag, mitten in Basel.

4051 Basel, Schneidergasse 20, 061 261 32 58, www.chateaulapin.ch

Liechti Weine

Plopp! Die Enoteca von Felix Liechti animiert nach einem Blick ins Schaufenster unweigerlich dazu einzutreten. Hier geht die gute Laune weiter, zumal Astrid Salzmann eine herzliche und kompetente Weinexpertin ist, die gerne berät, ihren Kunden aber keine teuren Weine aufschwätzt, sondern auf die Bedürfnisse jedes einzelnen Besuchers eingeht. Wer einmal bei ihr war, kommt immer wieder. Felix Liechti hat in dreissig Jahren ein beeindruckendes Sortiment aufgebaut. Einer meiner Lieblinge ist der Riesling von Clemens Busch, der nicht nur mit Qualität, sondern auch mit einem exzellenten Preis-Leistungs-Verhältnis überzeugt. Das Angebot runden italienische Spezialitäten ab, unter anderem Pasta und eingelegtes Gemüse.

4051 Basel, Schneidergasse 10, 061 261 60 71, www.liechti-weine.ch

Rubino

Für Allesesser Manuela Buser macht keine grosse Geschichte um ihre Person. Sie kocht lieber im Hintergrund, in Spitzenqualität ohne Showelemente. Das Begrüssen überlässt sie ihrem Geschäftspartner Beat Rubitschung, der die Gäste souverän mit einem Menü durch den Abend führt, das Manuela täglich nach Lust und Laune frisch zusammenstellt. Allesesser werden hier glücklich, wobei Vegetarier genauso auf ihre Rechnung kommen. Dazu werden Weine kredenzt, die es nicht überall zu trinken gibt. Pigato und Rosesse aus Ligurien, Freisa aus dem Piemont, Lambrusco aus der Emilia und diverse Flaschen aus unbekannteren französischen Weinregionen, wie etwa den Pyrenäen. Dazu passen Saibling mit Kressemousse, Kalbstatar mit Schalottenconfit, Ricotta-Knusperpuffer oder auch mal Fleischkugeln in Weisswein. Die Beiz ist stimmungsvoll, hell und freundlich und gemütlich zugleich. Kurz, eine kleine Stadtoase mit wunderbaren Gastgebern.

4051 Basel, Luftgässlein 1, 061 333 77 70, www.rubino-basel.ch

Invino Weinladen und -bar

Waldweihnacht in der Stadt Selbst zahlreichen Baslern ist die stimmungsvolle Invino-Weinbar in der ehemaligen Galerie Beyeler nicht bekannt, was angesichts des kleinen Platzangebots auch gut ist. Im Advent verpasst Gastgeber Beat Rubitschung dem Innenhof mit Tannen, Kerzen, offenem Feuer und wärmenden Schaffellen ein festliches Outfit. Waldweihnacht mitten in der Stadt. Den Rest macht der familiäre Service, machen die heissen Marroni und die gepflegte Auswahl an europäischen Weinen, die alle glasweise getrunken werden können. Hinzu kommen kleine Leckereien wie Ententerrine mit Trüffel, eine Portion Greyerzer oder ein Bündner Salsiz der besseren Art. Wer es opulenter mag, kann auf vorzeitige Anfrage ein Fondue geniessen. Beat Rubitschung ist es gelungen, eine spezielle Atmosphäre zu schaffen, die angenehm unspektakulär ist und mit wenig viel erreicht. Was als Zwischennutzung geplant war, hat nun bis 2019 Aufschub erhalten. Möge es hier noch lange so weitergehen.

4051 Basel, Bäumleingasse 9, 061 271 66 33 und 079 611 25 55, www.invino-basel.ch

Restaurant Zum Tell

Schwein gehabt In dieser stimmungsvollen Beiz kommen sich am langen Tisch der Herr Pfarrer und der pensionierte Tramchauffeur bei einer Flasche oder zwei näher. Mit Gastgeber Andy Cavegn erlebt das Traditionslokal eine Renaissance. Die Gerichte sind einfach und gut, Jungkoch Fabien Karlen hat sich innert kürzester Zeit eine Fangemeinde erkocht. Nicht zuletzt auch mit speziellen Anlässen wie etwa der Metzgete, an der es zum Beispiel Grünerbssuppe mit «Örli» und «Schnörrli», Jura-Blutwurst, Fleischküchlein im Schweinsnetz, «Süürkrüüt» mit würziger Kaninchenwurst oder einen Schweinsbraten mit krachender Kruste gibt. Ich liebe den «Tell» in seinen stillen Momenten. Dann, wenn die Beiz noch leer ist und sich die patinierte Stube im Parterre langsam füllt. Später gibt es butterzarte Kalbsleber, dazu etwas Brot, um die Sauce aufzutunken. Und irgendwann kommt der Augenblick, um sich mit einem letzten Glas Cabernet Franc zu verabschieden.

4051 Basel, Spalenvorstadt 38, 061 262 02 80, www.zumtellbasel.ch

NEU einfachwein

Eigensinn Es sind gute Weine, die Kurt Grässli in seinem kleinen, feinen Fachgeschäft verkauft, auch schäumende Weine wie der Lambrusco Grasparossa von Corte Manzini, ein trockener Roter, der sich so wunderbar unkompliziert wegzischen lässt. Einfach macht es Grässli aber seiner Klientel nicht. Man darf ihn durchaus als Original bezeichnen, wie es heute viel zu wenige gibt. Er sagt, was er denkt, auch seinen Kunden, was manchmal dem Verkauf nicht zugute kommt. Er steht für seine Weine ein, und einfachwein-Novizen erklärt er, was im Hause Grässli Sache ist. Recht hat er. Wem es nicht passt, der muss ja nicht bei ihm einkaufen. Schliesslich hat Grässli das Pensionsalter überschritten und muss sich und anderen nichts mehr beweisen. Wer seine Passion und seinen persönlichen Geschmack teilen will, der ist willkommen, alle anderen lassen es lieber bleiben, was bei dieser durchdachten Weinauswahl aber schade wäre. Also, nur Mut!

4051 Basel, Totentanz 5, 061 261 16 00, keine Website

Spezereien & Frohkost Tellplatz 3

Im Laden in der Beiz An jeder Ecke gehen heute neue Läden auf, in denen qualitativ hochstehende Produkte verkauft werden. Auch die Macher von «Spezereien & Frohkost» hatten genug vom kulinarischen Einheitsbrei und wollen mit den von ihnen entdeckten Spezialitäten ihre Kunden glücklich machen. Mit aromatischem Rohmilchkäse, Würsten, wiederentdeckten Spezereien, umwerfenden Destillaten und natürlichen Weinen. Vieles stammt von kleinen, handwerklich arbeitenden Produzenten aus der Region. Wer will, setzt sich nach dem Einkauf an den Tisch, geniesst die Gesellschaft und die hausgemachte Frikadelle oder eine Portion «Spatz».

4053 Basel, Tellplatz 3, 061 500 59 02, www.tellplatz3.ch; www.viertel-kreis.ch

Restaurant zur Wanderruh

Ein Mann, ein Wirt, ein Koch Ein Leben ohne Cordon bleu ist möglich, aber sinnlos. Wer die Mischung aus Käse, Schinken, Fleisch und Panade kennenlernt, verfällt ihr unweigerlich. Leider wird des Schweizers bestes Stück oft mit billigem Industriekäse und banalem Schinken beleidigt. Doch beim Cordon bleu verstehen seine Verfechter keinen Spass, und bei der Frage, welches Fleisch und welche Füllung die richtigen sind, artet die Diskussion mitunter zum Glaubenskrieg aus. Daniel Jenzer beantwortet sie mit seinem Cordon bleu in der «Wanderruh» auf eigenwillige Art. Doch nicht nur das Cordon bleu steht hier im Mittelpunkt, sondern gutes Fleisch im Allgemeinen von Tieren aus artgerechter Haltung. Ein paniertes Steak vom Rind zum Beispiel, ein luftig leichter Hackbraten oder ein butterzartes Geschnetzeltes mit knuspriger Rösti. Klassiker, die Freude machen.

4053 Basel, Dornacherstrasse 151, 061 361 08 88, www.wanderruh.ch

Käppelijoch-Bier

Der Shakespeare unter den Brauern
Wenn Daniel Nüesch braute, war noch vor einigen Jahren das Badezimmer für den Rest der Familie Sperrzone. Der nächste Schritt zum Profibrauer war der Kauf einer Brauanlage, die er von Spezialisten im Frankenland nach seinen präzisen Plänen millimetergenau bauen liess. Danach legte Daniel Nüesch so richtig los und braute, was das Zeug hielt – seine Biere verkaufen wollte er aber nicht. Für ihn waren sie wie Freunde, die man nicht einfach so hergibt. Irgendwann war das Lager randvoll, und er verabschiedete sich doch noch von seinen flüssigen Freunden. So begann sein Geschäft zu florieren. Bis heute, obwohl das «Käppelijoch» seinen Ruf als Insiderbrauerei nie abgelegt hat. Zu kaufen gibt es die Biere auf Voranmeldung direkt bei Daniel Nüesch oder beim Nachbarn nebenan im «Wirth's Huus».

4055 Basel, Colmarerstrasse 16,
079 483 12 60, keine Website

Wirth's Huus

Figugegl Alex Wirth hat schon manchen Käsefreund, der sich nach Vieux-Ferette zum berühmten Maître Affineur Bernard Antony aufmachte, in seinem schmucken Quartierladen mit seiner beeindruckenden Käseauswahl von rund 150 Sorten abgefangen. Hinzu kommen diverse andere Milchprodukte, Weine und Biere (u. a. auch das «Käppelijoch»), Schnäpse, Olivenöle und andere hochwertige Produkte. Berühmt ist es auch für seine Fonduemischungen. Begonnen hat alles mit den Eltern Magdalena und Robert Wirth, die das Geschäft 28 Jahre führten. Magdalena stand im Laden hinter der Theke, Robert versorgte das Quartier mit Molkereiprodukten, zu Beginn noch mit Ross und Wagen, später mit dem Motorfahrzeug. 1980 übernahm Alex Wirth den Betrieb und baute den Verkaufsladen im Jahrhundertwendestil um. Mit Sohn Lucas ist nun die nächste Generation in die Fussstapfen des Vaters gerückt.

4055 Basel, Colmarerstrasse 10,
061 381 85 95, www.kaese-spezialitaeten.ch

Restaurant zur Mägd

Von Holbein bis Giordano Hans Holbeins Bilder hängen im Kunstmuseum, Erasmus von Rotterdams Gebeine liegen im Münster, und Adriano Giordanos Kalbskopf wird in der «Mägd» aufgetischt. In der altehrwürdigen Beiz wird beste Italianità zelebriert. Opulenz und Qualität stimmen. Linsensuppe, panierter Kalbskopf, gefüllter Tintenfisch, Kalbsbrust oder im Winter ein archaischer «Bollito misto» sind nur etwas für Gäste mit Appetit. Wer lärmempfindlich ist, weicht in die kleine Stube aus, das Leben findet aber in der Beiz statt. Romantiker und Sommerfrischler freuen sich an lauen Sommerabenden über den begrünten Innenhof. Am Mittag steht Adriano Giordano mit Argusaugen in der Küche, am Nachmittag bereitet er seine Klassiker vor, am Abend unterstützt er seine Kochcrew, schmeckt ab, würzt nach und schlendert, seinen zahlreichen Stammgästen freundlich zunickend, durchs Lokal.

4056 Basel, St. Johanns-Vorstadt 29, 061 281 50 10, www.zurmaegd.ch

Jakob's Basler Leckerly

Eine Familiengeschichte «Gestatten, ich bin das Honig-Leckerly, das Ur-Leckerly der Familie. Ich komme mit wenigen Gewürzen und ohne Orangeat und Zitronat aus. Dafür habe ich einen intensiven Honiggeschmack, bin weich im Biss, und die unglasierte Oberfläche widerspiegelt die Bescheidenheit, die mich seit meiner Geburt im 18. Jahrhundert prägt. Kurz: Ich bin das klassische Leckerly der Familie.» «Tja, meine liebe Schwester, ich als Schoggi-Leckerly verzaubere unsere Freunde mit einer Mischung aus Honig, Mandeln und Schokolade. Und ich bin wohl mehr Edelbiskuit als Leckerly.» «Das mag ja alles stimmen, aber ich als Mandelgebäck tanze in unserer Familie elegant aus der Reihe. Ich bin weich und feucht und werde als herzhafter Essgenuss beschrieben. Zudem werde ich noch von Hand im Holzmodel geprägt.» Seit mehr als 260 Jahren werden mitten im St. Johann-Quartier in sorgfältiger Handarbeit Leckerly aus hochwertigen natürlichen Rohstoffen hergestellt. Jakob's Basler Leckerly ist die älteste heute noch existierende Biskuitmanufaktur der Schweiz. Seit Januar 2017 haben Charlotte und Andreas Kuster das Unternehmen übernommen. Ihr Ziel ist es, Altbewährtes mit frischem Wind zu beleben. Die Erfolgsgaranten dafür sind die altüberlieferten Rezepte, kostbare Mitarbeiter, beste Zutaten und natürliche Rohstoffe.

4056 Basel, St. Johanns-Vorstadt 47, 061 322 08 18, www.baslerleckerly.ch

NEU Vive Le Vin

Natürlich Heute liegen Naturweine im Trend und werden nicht nur in Weltstädten wie Paris, London und New York, sondern auch in Genf, Zürich, Bern und Basel kredenzt. Noch vor wenigen Jahren verpönt, ist es heute chic, Natur- und Amphoren-Weine zu trinken. Unfiltrierte, zum Teil eigenwillige Tropfen mit Ecken und Kanten und sympathische «Stinker», die dekantiert werden müssen, damit sie ihre Mufftöne verlieren. Auch in dieser Gattung gibt es Könner und weniger Begabte. Philip Gallati verkauft Weine von bodenständigen Winzern. Wunderbare Weine, die teilweise vom ersten Schluck an begeistern oder aber erst beim dritten Glas zugänglich werden oder gar nicht. Da spielt die persönliche Vorliebe. Spannend ist es aber alleweil, Provenienzen aus praktisch allen Regionen Frankreichs kennen zu lernen. Zu meinen Lieblingen gehört etwa ein moussierender Roter aus der Loire, eine Assemblage aus Gamay und Cabernet Franc. Vive le Vin!

4056 Basel, St.-Johanns-Vorstadt 49, 079 794 44 91, www.vivelevin.ch

NEU Bäckerei Kult «Elsi»

Farine, mon Amour Um es gleich vorwegzunehmen, die Bäckerei Kult gehört neben der Boulangerie Croissant Show in La Chaux-de-Fonds zu meinen Lieblingsbäckereien. Ob «Rhybolle Ruch» oder «Hafer-Rogge Bängel», nicht nur die Namen kitzeln, sondern auch der Geschmack beim ersten Hineinbeissen animiert zum Kauf der vorzüglichen Brote. Daneben sind die sympathischen Kult-Bäckerinnen und -bäcker ein wenig verrückt (siehe das hauseigene Video «Farine, mon Amour»), wohltuend anders, was heute dem Konsumenten im industriellen Einheitsbrei vieler Bäckereibetriebe nicht nur im Gaumen gut tut, sondern auch in Geist und Seele. Die Bäckerei Kult ist eine wundervolle Geschichte, die hoffentlich noch lange, lange so weitergehen wird.

4056 Basel, Elsässerstrasse 43 und 4058 Basel, Riehentorstrasse 18, 061 692 11 80, www.baeckereikult.ch

Rhyschänzli und Co.

Ganz schön hungrig Was oder wen? Das fragen sich die Beizengänger in Basel, wenn es darum geht, was die Rhyschänzli-Gruppe als Nächstes übernehmen wird. Im Rhyschänzli Restaurant an der Lichtstrasse ist wohl schon mancher Deal bei einigen guten Flaschen ausgehandelt worden. Das würde zumindest zu Patron Jérôme Beurret passen. Zur Gruppe gehörten heute das Restaurant Union an der Klybeckstrasse, die «Rhyschänzli Buvette Kaserne» am Rhein und der «Union Diner» in der Innenstadt. Hinzu kommen das legendäre «Des Arts», das noch nicht so recht will, wie sich das Beurret vorstellt. Dafür brummen seit Beginn das «Strada 4058» und das renovierte und vom Hauch des Rotlichtmilieus befreite «Klingeli», in dem Lothar Linsmayer gross aufkocht. Vervollständigt wird die Gruppe durch das «Sudhaus» und in La Chaux-de-Fonds durch das Union Restaurant du Théâtre. Dort, in seiner alten Heimat, zeigt Beurret den Einheimischen, wie man das in Basel macht. Und da auch sein Catering-Business markant wächst, hat Beurret gleich noch den Produktionsstandort der Confiserie Beschle der Gruppe einverleibt. Ob das alles gut gehen wird? Die Macher der Gruppe und der Investor, der dahinter steht, sind jedenfalls davon überzeugt, und bis anhin läuft es auch wie am Schnürchen. Ja, und dann wäre da noch der brachliegende «Ackermannshof», der, so wird gemunkelt, demnächst auch unter die Fittiche der «Rhyschänzli»-Gastronomen kommen wird. Basel ist gespannt und wartet. Wer nun vollends den Überblick verloren hat, dem empfehle ich zum Schluss ganz einfach das «Rhyschänzli» und das «Klingeli», meine zwei bevorzugten Beizen der Gruppe.

4056 Basel, Lichtstrasse 9, 061 272 23 23, www.rhyschaenzli.ch

Zum Bier-Johann

Noch ein Bier, das rat ich dir In einer einzigen Beiz achtzehn Biere im Offenausschank, das gibt es in Basel tatsächlich. Im «Bier-Johann» werden nicht irgendwelche Allerweltsbiere ausgeschenkt, sondern Biere, die zu schade für den Durst sind und von den Trinkern in Gaumen und Nase Aufmerksamkeit erfordern. Es ist reine Passion, dank der es diese Oase für Bierkenner und -freunde gibt – und für jene, die es werden wollen. Mathias Thüring und Julia Füzesi sind kompetente Gastgeber, die Fäden in der Hand hat der Bierexperte und diplomierte Bier-Sommelier Andreas Klein, der sich mit dem «Bier-Johann» einen Traum verwirklicht hat. Zum Offenausschank gesellen sich über zweihundert Biere in Flaschen. Hinzu kommt ein kleines, sinnvolles Angebot für den Appetit. Logisch, dass dabei Weisswürste nicht fehlen dürfen.

4056 Basel, Elsässerstrasse 17,
061 554 46 44, www.bierjohann.ch

Gatto Nero

Leben im Quartier Zehn Jahre hat Matthias Tedesco nach der richtigen Beiz gesucht und sie auf vierzig Quadratmetern gefunden. Klein, fein, gut. Das ist das «Gatto Nero». Geschmorte Rinderbacken, Trippa toscana und Kalbskopf der besseren Art halten sich die Waage mit gebratenen Sardinen, Fischsuppe und einem Geflügelfrikassee. Auf den Tisch kommt, was der Markt hergibt. Im «Gatto Nero» sitzen die Gäste eng. Wer seiner Angebeteten einen Heiratsantrag macht, muss damit rechnen, dass er Szenenapplaus erhält. Und wenn an lauen Sommerabenden mehr Leben im Quartier ist, findet das Gesellschaftskino vor den Augen der Gäste statt. Ein Maserati kurvt, die Feuerwehr hornt, das Tram quietscht, Passanten flanieren, Junge, Alte, Schöne und weniger Schöne. Wer will da noch nach Italien?

4057 Basel, Oetlingerstrasse 63,
061 681 50 56, keine Website

Wencke Schmid Grell

Kunst für den Gaumen Wencke Schmid kam als Tochter einer Hamburgerin und eines Münchners in Berlin zur Welt, landete als Teenager eher zufällig auf der Nordseeinsel Langeoog und liess sich zur Konditorin ausbilden. Zurück auf dem Festland besuchte sie Kurse in Aktzeichnen und lernte Grafikerin. Dann wanderte sie in die Schweiz aus, nach Basel, wo sie in der Bäckerei Schmutz koscher backen lernte. Ihr damaliger Mann, ein Bildhauer, brachte ihr das Modellieren bei. Schmid verbindet ihre Backkunst mit den gestalterischen Fähigkeiten. Ihre Kreationen sind kleine Kunstwerke, die nicht nur schön aussehen, sondern auch ganz wunderbar schmecken.

4057 Basel, Oetlingerstrasse 63,
079 776 89 18, www.wenckeschmid.ch

BBB Brau-Bude-Basel

Tolle Schäumereien Sage und schreibe 99 Hektoliter Bier braute die BrauBudeBasel im letzten Jahr, was rekordverdächtigen 33 000 Gläsern Bier entspricht. Das hat auch mit der hauseigenen «Birreria» zu tun, in der die BBB-Macher immer am Donnerstag und Freitag einem breitgefächerten, gut aufgelegten Stammpublikum ihre Schätze kredenzen. Und wer mal keine Lust auf Bier hat, der tröstet sich mit einem Wein von Ziereisen aus Efringen-Kirchen oder mit Mauler-Schaumwein aus dem Val de Travers. Nicht nur die exzellenten Biere bereiten Freude, auch die Atmosphäre ist angenehm entspannt, was auch mit der Herzlichkeit der Gastgeber zu tun hat. Mein Lieblingsbier ist das Northern English Brown Ale, ein bernsteinfarbenes, vollmundiges und süffiges naturtrübes Spezialbier.

4057 Basel, Oetlingerstrasse 84,
061 681 38 02, www.braubudebasel.ch

Café Bistrot Flore

Bonjour et Bonsoir Der ausgebildete Opernsänger Miron Landreau hat einen ehemaligen Blumenladen in ein französisches Bistro verwandelt. Die Weinkarte ist einmalig, es finden sich Provenienzen, die sich in der Stadt sonst nirgendwo trinken lassen. Bläst der Patron einmal im Monat zur «Grande Bouffe», ist der Laden bis auf den letzten Stuhl besetzt. Das «Flore» ist eine Oase, die so quer in der Landschaft steht wie keine zweite. Hier treffen sich Tagediebe, Augenmenschen, Schwätzer, Zuhörer, Schöngeister, Zecher und zivilisierte Trinker, tauschen sich aus, streiten und versöhnen sich. Alte Tische und Stühle stehen im Raum, an denen über das Leben sinniert wird. Patina liegt in der Luft, an den Wänden hängt Kunst, das Ganze ist eine Gesellschaftsbühne der besseren Art. Gäbe es das «Flore» nicht, müsste es erfunden werden.

4057 Basel, Klybeckstrasse 5,
077 454 94 72, www.florebasel.weebly.com

Über die Gasse

Organisch, biologisch, biodynamisch
Die traditionell und ursprünglich arbeitenden Winzer, die mit dem Wissen von heute ihre Naturweine (Vins naturels) herstellen, nehmen bei Miron Landreau einen wichtigen Platz ein, hat doch diese in ganz Europa um sich greifende Bewegung in den letzten Jahren beachtliche Weinergebnisse erzielt. Diese Winzer gehen noch einen Schritt weiter als in der Biodynamik und lassen dem Wein seinen freien Lauf, mit möglichst wenig Eingriffen. So werden neben der Spontanvergärung mit natürlichen Hefen und dem Verzicht auf jegliche Schönung oder Filtrierung keine Sulfite zugesetzt. Und wenn doch, dann nur in homöopathischen Dosen. Das Resultat sind teilweise völlig andere Weinerlebnisse. Verkauf über die Gasse im: Café Bistrot Flore, Adresse siehe links.

NEU Zum Wilden Mann

Im Quartier Wer Lust auf ruhige Nebenschauplätze im Quartier hat, weit weg von den unzähligen Freizeit-Ultras am Rhein, ist hier richtig. Caroline Hügi Mazzotti und Marco Mazzotti haben den «Wilden Mann» entrümpelt, ihn von Kitsch und Plunder befreit, den talentierten Jungkoch Sebastian Hartmann mit an Bord geholt und die patinierte Beiz eröffnet. Gemütlich ist es in der Stube, in der ein schwarzer Flügel und eine Benno-Hunziker-Fotografie des Wilden Manns ins Auge stechen. Im idyllischen kleinen Garten findet jeweils donnerstags die Tavolata statt, mit einem Tisch, einem Menü und mit drei Weinen zu den Speisen. Ansonsten werden Klassiker geboten, die von Hartmann leicht und luftig umgesetzt werden, und die wohltuend ohne Schnickschnack auskommen. Da gibt es etwa «Ghackets und Hörnli», Polenta mit Coniglio, ein Risotto mit Salsiccie und «Frites maison» mit einem Siedfleischsalat. Langeweile kommt im «Wilden Mann» nicht auf. Erst recht nicht an den Kulturabenden, wenn Marco Mazzotti den Flügel anwirft und von Saxophon und Kontrabass begleitet wird.

4057 Basel, Oetlingerstrasse 165,
061 601 24 19,
www.restaurant-zumwildenmann.ch

Restaurant Rostiger Anker

Junge, komm bald wieder Mitten im Basler Rheinhafen, am Dreiländereck, wo Schlepp- und Lastkähne sich das Wasser mit Möwen, Enten, Schwänen, Weissfischen und neuerdings auch wieder mit Lachsen teilen, liegt der «Rostige Anker». Wer ihn sucht, folgt einfach den durstigen Matrosen oder fährt gleich mit dem «Rhytaxi» direkt vor die Beiz. Was aus der kleinen Küche kommt, hat Qualität und schmeckt – der Hafen, der Sonnenuntergang und die gelöste Stimmung machen den Rest. Das «Supplément» sind Taucher, die plötzlich aus dem Hafenbecken steigen, Matrosen, die an den Tischen Seemannsgarn spinnen oder ein Frachter, der direkt vor der Haustüre ankert und damit den Gästen Sicht und Sonne nimmt. Dafür lässt sich die Schiffswand mit dem aktuellen Angebot bekritzeln. Dumm, wenn das Schiff unerwartet im Mittagstrubel den Anker lichtet und mit dem aktuellen Speise- und Getränkeangebot wegtuckert. Ahoi.

4057 Basel, Hafenstrasse 25a,
061 631 08 03, www.rostigeranker.ch

Consum

Der Primeur Weinbar-Klone kommen und gehen. Das Original aber bleibt, hat eine gute Substanz und eine spannende Auswahl an Weinen. Hinzu kommt ein exzellentes Angebot an Käse, Würsten und Schinken. Alles passt zusammen. Auch das mechanische Kunstwerk hinter dem Tresen, die rote «Berkel». Die heute nicht mehr produzierte Wurst- und Schinkenschneidemaschine ist Kult und mehr Skulptur als Werkzeug. Zipp, Zipp – der «San Daniele» wird klangvoll aufgeschnitten und stilvoll serviert. Dazu werden Chutney und «Gschwellti» gereicht. Wer keine Lust auf Fleisch hat, schwelgt im Käsesortiment. Der Laden läuft, die Korken knallen, das Bier schäumt. Das «Consum» ist eine pulsierende Begegnungsstätte. Und obwohl die Preise von einem gesunden Selbstbewusstsein zeugen, entsteht nie das Gefühl, zu viel bezahlt zu haben.

4058 Basel, Rheingasse 19, 061 690 91 30, www.consumbasel.ch

Roter Bären Restaurant & Bar

Bärenhunger erlaubt Der «Rote Bären», den die umtriebige Cécile Grieder gemeinsam mit ihrer Schwester Madeleine führt, steht mitten im Rotlichtmilieu. Sie haben das heruntergewirtschaftete Lokal ausgemistet, renoviert und ihm ein unverwechselbares Gesicht gegeben. Innert kürzester Zeit hat sich die Adresse zum Insidertipp gemausert. In der Küche schwingen Roger von Büren und Lorenz Kaiser die Kochlöffel und überzeugen die Gäste mit ihrem schnörkellosen Stil. Gerechnet wird in Tellern. Der Gast wählt aus dem Angebot aus und bestimmt seine Anzahl Teller. Eine Aufteilung in Vor- und Hauptspeisen gibt es nicht, der Preis ist fix. Fünf Teller kosten bescheidene 69 Franken, bei drei Tellern (Fr. 49.–) wird der Gast satt. Das letzte Mal war das eine geräucherte Rande, gefolgt von Steinbutt, Meerbarbe, Honigpoulet und geschmorter Schweinsbacke. Ab 22.30 Uhr gibt es Drinks und Tapas an der Bar.

4058 Basel, Ochsengasse 17, 061 261 02 61, www.roterbaeren.ch

Restaurant Schliessi

Stille Wasser Motorisiert ist die «Schliessi» nicht zu erreichen. Fahrverbot, sagt das Verkehrsschild. Vom Tierpark Lange Erlen spaziert man in einer Viertelstunde hin. Gesegnet mit einem sonnigen Freiluftplatz am Wasser, mit einem Kaminfeuer für trübe Tage, mit zwei Ohrensesseln und mit Gastgeber und Quereinsteiger Marco Mazzotti, der ein perfektes Risotto mit würziger Salsiccia zaubert oder auch mal am Klavier jazzig in die Tasten haut. Das kulinarische Angebot variiert. Es gibt Wollschwein, Frikadellen oder eine im Ofen gebackene Bioforelle mit Randen-Chutney und Topinambur-Stampf. Ein sehr individueller Ort mit dem gewissen Etwas, wo der Gast bei einer Flasche Wein von Nachbar Karlheinz Ruser aus Tüllingen gerne sitzen bleibt. Im Winter um 18 Uhr, im Sommer um Mitternacht schliesst die «Schliessi», und der Rückweg wartet. Taxi bestellen geht aber auch.

4058 Basel, Wildschutzweg 30, 061 601 24 20 und 076 426 10 07, www.restaurant-schliessi.ch

NEU Damatti Bar

Südwärts Kultur wird in der Damatti-Bar gross geschrieben. Immer dienstagabends geht hier in Kooperation mit dem Jazzcampus so richtig die Post ab. Dazu eine Runde Italianità mit gehaltvollen Tramezzini, Panini und einem Moretti-Bier oder mit einer Flasche Spumante. Am Morgen kommen die Kaffee- und Teeliebhaber genauso auf ihre Rechnung wie am Abend die Freunde einer gepflegten Aperitif-Kultur. Davon zeugt auch das Angebot, bei dem für Neulinge der «Americano», ein herrlich erfrischender Drink aus Campari, Vermouth und Soda, ein guter Einstieg ist. Die Damatti-Bar ist eine unprätentiöse Wohlfühloase mit Piazza und plätscherndem Rundbrunnen für zwischendurch und immer wieder.

4058 Basel, Kirchgasse 1, 061 534 17 89, www.damatti.it

Weinbau Ruser

Grenzgang Es soll noch Winzer geben, die nicht am Wein herumdoktern: Kein Glattschmirgeln auf den gerade herrschenden Geschmackstrend. Kein Aufzuckern, um Alkohol und Wucht vorzutäuschen. Keine Schönung und natürlich auch keinerlei nachträgliche Süssung. Genau so einer ist Karlheinz Ruser. Er ist kein «Winemaker», sondern ein grundsolider Weinbauer. Einer, der knackig frische Weine mit wenig Alkohol produziert. Klar, nicht jeder Jahrgang ist bei ihm federleicht, seine Blauburgunder am allerwenigsten, wird doch das Markgräflerland aufgrund seiner zahlreichen Sonnentage vollmundig die Toskana Deutschlands genannt. Sein Gutedel (Chasselas) und sein Müller-Thurgau lassen sich aber locker zum Frühschoppen entkorken. Karlheinz Ruser beweist auf sympathische Art, dass auch die Deutschen trockene Weine machen können. Die Basler Grenzgänger danken es ihm als treue Kunden.

D-79539 Lörrach-Tüllingen, Sodgasse 7, 0049 7621 496 20, www.weinbau-ruser.de

Blumer B&B

Angekommen Regula Blumer ist mit ihrer Familie und Labrador Rocky vom Land in die Stadt gezogen. Sie hatte sich zum Ziel gesetzt, in der Kulturstadt Basel ein spezielles Bed and Breakfast anzubieten. Das Resultat kann sich sehen lassen. Ihre drei Gästezimmer haben Blick auf den Margarethenpark oder den begrünten Hinterhof. Hinzu kommen ein gemütlicher Salon mit Kachelofen und ein lichtdurchfluteter Frühstücksraum. Das Haus wurde 1898 im neubarocken Stil erbaut und von Regula Blumer mit sicherer Hand renoviert und eingerichtet. Im Sommer lädt der lauschige Hofgarten zum Faulenzen ein. Bis zum Bahnhof sind es gerade mal fünf Gehminuten. Messezentrum, Altstadt, Museen, Theater und Sportstadium sind bequem mit öffentlichen Verkehrsmitteln zu erreichen. Das perfekte Zuhause von zuhause.

4053 Basel, Gundeldingerstrasse 119, 061 911 99 64 und 079 126 98 92, www.blumer-bnb.ch

✦ Gasthof Neubad

Vom guten Leben Es ist immer zweischneidig, wenn Köche mit Punkten oder mit einem Stern belohnt werden. Vornehmlich dann, wenn eigentlich klar ist, dass ihre Küche mehr Punkte wert ist. Julie und Philipp Wiegand sind zwei starke Persönlichkeiten, die Bewertungen entgegennehmen und dennoch allein der Sache, dem Genuss dienen. Sie sind jung, zeigen Leidenschaft und Begeisterung, ohne abzuheben. Ihre beruflichen Stationen beeindrucken, und Genussmenschen freuen sich, dass es ihnen gelungen ist, das «Neubad» zu mieten, zu entstauben und erfolgreich zu führen. Wer einen neugierigen Gaumen hat, wird hier glückliche Augenblicke mit Gerichten erleben, denen der Spagat zwischen Tradition und Innovation perfekt gelingt.

4102 Binningen, Neubadrain 4,
061 301 34 72, www.gasthofneubad.ch

Studinger

Der etwas andere Dorfladen Biel-Benken breitet sich rasant aus, seine Grünflächen schrumpfen. Mitten im Kern finden sich noch einige Bauernhöfe, die bleiben, genauso wie der kleine Tante-Emma-Laden von Sibylle und Christoph Studinger, der auf den ersten Blick etwas verstaubt wirkt. Tomatenbüchsen, Waschpulver, eine Zahnbürste. Wer keinen zweiten Blick riskiert, verpasst eine «Schlaraffia». Hinter der Theke steht Meister Studinger, der empfiehlt, berät, hier einen Scherz und dort ein Kompliment macht. Die Käselaibe türmen sich in Reih und Glied. Wer das erste Mal hier einkauft, bringt Zeit mit. Es warten ausgewählte Produkte von kleinen Manufakturen. Senf, Salz, Joghurt, Alp- und Käsereibutter, Brot, Biomehl, Konfitüren, Biere, Würste, Schinken, Kaffee. Viel Gutes von einem unabhängigen Detailhändler, der den Goliaths im Handel mit seinem Qualitätsdenken die Stirn bietet.

4105 Biel-Benken, Kirchgasse 23,
061 721 13 18, keine Website

Restaurant Bad

Zum Fressen gern Vor fünfzig Jahren gehörten Kutteln, Herz und Lunge bei uns zum kulinarischen Alltag. In den Achtzigern machten Nouvelle Cuisine und Hochkonjunktur den Innereien und den minderen Fleischteilen in unserer Küche den Garaus, nur gerade Leber und Niere konnten sich halten. Ganz anders in Italien und Frankreich, wo Kutteln, Andouilette und Co. zum kulinarischen Kulturgut gehören. Im nördlichen Piemont wird an kalten Tagen die «Finanziera» aufgetischt, ein beliebter Eintopf aus Innereien, Hoden, Hirn, Kalbsfilet, Hahnenkämmen, Steinpilzen, Parmesan, Marsala, Öl und Essig, der auch in Spitzenlokalen serviert wird. Einen solch tierischen Gesamtüberblick findet man bei uns selten. Zu den Vorreitern in der Region Basel gehört Michael Matter, der auf Vorbestellung ein viergängiges Menü vom Kalbshirn kocht: gegartes Hirn an Vinaigrette auf getoastetem Schwarzbrot und mit gebratenen Steinpilzen auf einem Rührei mit Crème fraîche, dann in Olivenöl kross gebratenes Hirn mit Wintersalat und zum Abschluss Hirn an einer Cognac-Senfsauce mit Schwarzwurzeln im Blätterteig. Klingt ungewohnt und schmeckt unverschämt gut. Das «Bad» ist unsere Beiz des Jahres (siehe auch Seite 11).

4124 Schönenbuch, Brunngasse 2, 061 481 13 63, www.bad-schoenenbuch.ch

NEU Paphos Weine

Die grossen Unbekannten Unter Weinkennern zählt Zypern zu den ultimativen Geheimtipps. Seine Provenienzen sind Entdeckungen abseits der ausgetretenen Strassen. Bernhard Furler hat sich diesen Weinen verschrieben, doch seine Passion lässt ihn manchmal fast verzweifeln. Das zypriotische Weinwunder wird zwar von der Fachpresse (Vinum, Handelszeitung, Sonntagszeitung) gelobt, aber bisher kaum bestellt. «Was der Bauer nicht kennt ...». Man kann den Weintrinker nicht zu seinem Glück zwingen. Er hat seine Vorlieben, seine Präferenzen. Doch es lohnt sich, im Online-Shop von «Paphos Weine» oder an einem der stimmungsvollen Anlässe von Bernhard Furler auf Entdeckungstour zu gehen. Seit Jahren arbeitet er mit den besten Kellereien der neuen Winzerelite Zyperns zusammen, die in den ökologisch vielfältigen Rebbergen bis auf 1500 Meter ü. M. ihre exklusiven autochthonen Rebsorten kultiviert. Handwerklich sorgfältig gemachte Weine, die in kleinen Stückzahlen abgefüllt werden, kurz, Raritäten zu fairen Preisen.

4132 Muttenz. 061 461 71 63, kein Ladengeschäft, Onlineshop: www.paphosweine.ch

BASELLAND

Wein Feer

Der Naturbursche Martin Feers Lebenselixier ist die Natur. Er ist Forstwart, Winzer und Weinhändler. In den Reben geht er in seiner Passion auf. In Waldenburg hat er Frühburgunder angepflanzt, zwar mit kleinem Ertrag, aber die Weine sind frisch, mineralisch und überzeugen mit filigranen Noten. Im Tessin stehen seine Rebstöcke oberhalb von Giubiasco im Steilhang. Die Trauben werden in Bottichen auf den Schultern ins Tal getragen. Schwerarbeit. Sie ergeben herrlich fruchtige, leichte Weine mit Biss. Wenn er nicht in den Reben ist, weilt Martin Feer gern am Doubs, beobachtet Frösche und sammelt Pilze, vorzugsweise Morcheln und Steinpilze. Oder er geniesst Kutteln in seiner Lieblingsstadt Florenz. Auch Naturburschen machen manchmal eine Auszeit von der Natur.

4142 Münchenstein,
Emil-Frey-Strasse 81a, 061 411 11 38 und 079 322 07 94, www.wein-feer.ch

Weinbau Simmendinger

Der Frischling Seinen ersten Beruf als Offsetdrucker hat Sascha Simmendinger seiner Passion zuliebe an den Nagel gehängt, was vernünftig scheint. Seine Provenienzen beeindrucken mit Frucht und Frische. Das einzige Problem bis anhin war, dass seine Produktion nicht mit dem Durst seiner Kunden mithalten konnte. Heute nimmt er sich mehr Zeit für Reben, Weine und Kunden. Blauburgunder und Chardonnay sind seine Klassiker, Cabernet Jura und Johanniter seine Exoten. Apropos Exoten: Sein Traum ist, sich als Winzer im kanadischen Okanagan Valley in British Columbia niederzulassen. Wir werden sicher noch mehr von ihm und seinen Weinen hören. In Deutsch oder auf Englisch.

4142 Münchenstein, Schmidholzstrasse 42, 061 702 00 25, www.simmendinger.ch

NEU Restaurant Gartenstadt

Mama Mock Astrid Mock ist die Fröhlichkeit in Person. Sie ist hübsch, herzlich, unkompliziert und um ihr Team besorgt wie eine liebevolle Mama. Das kommt dem Gast zugute, der sich gut aufgehoben fühlt. Hinzu kommt eine leicht verspielte Küche, die Freude macht. Das von Hand geschnittene Tatar wird mit Rucolapesto und Käsespänen serviert, die scharf angebratene Jakobsmuschel thront auf einem Couscoussalat, der Tomatensalat schmeckt tatsächlich nach Tomaten und statt dem obligaten Mozzarella gibt's eine Burrata, die cremigere und aromatischere Variante aus Apulien. Und sonst? Die Forellenfilets werden mit kross gebratener Haut und einem vorzüglichen Limettendip angerichtet, und im Cordon bleu verbirgt sich neben Schinken, Zwiebeln und Tomaten ein würziger Jumi-Käse. Dazu wären statt der industriell gefertigten hausgemachte «Frites» oder «Pommes Alumettes» eine Überlegung wert. Das kleine, durchdachte Weinangebot überzeugt mit korrekten Preisen.

4142 Münchenstein, Emil-Frey-Strasse 164, 061 411 66 77, www.restaurantgartenstadt.ch

Metzgerei Jenzer Fleisch & Feinkost

Der Musterknabe Was Grossmutter noch wusste, ist im Zeitalter von Facebook und Co. wieder hochaktuell. Den Konsumenten wird schmackhaft gemacht, die Lebensmittelverschwendung am Tier lustvoll zu bekämpfen. «Nose to Tail» nennt sich das Neudeutsch, was zur Folge hat, dass Kutteln, Kalbskopf, Nieren und Backen wieder auf den Tellern landen. Nur Edelstücke konsumieren ist nicht mehr «comme il faut». Will der familiäre Metzgereibetrieb heute gegen den Grossisten und dessen Einheitsbrei überleben, benötigt es innovative Ideen. Die Jenzer Fleisch & Feinkost steht für eine artgerechte Tierhaltung ein, bietet eine Spitzenfleischqualität und Innovation. Das fängt beim «Bluthund» an und hört mit dem Rohschinken vom Alpenschwein auf. Übrigens: Allergiker werden von der Familie Jenzer ernst genommen und umfassend über den Inhalt ihrer Produkte informiert.

4144 Arlesheim, Ermitagestrasse 16, 061 706 52 22, www.goldwurst.ch

NEU Gasthof zum Ochsen

Fleischeslust Der «Ochsen» in Arlesheim wurde erfolgreich ins 21. Jahrhundert geführt. Die Räumlichkeiten und Zimmer wurden modernisiert, ohne dass ein moderner Einheitsbrei entstanden wäre. Das Haus strahlt Würde und Urbanität aus, die Gästeschar ist bunt durchmischt, und der neue Küchenchef Jean-Luc Wahl zelebriert eine traditionelle, sorgfältig zubereitete Küche, die ihr Schwergewicht auf erstklassiges Fleisch legt, was nicht weiter verwundert, gehört der «Ochsen» doch der Metzgerfamilie Jenzer (siehe links). Im Sommer kann es durchaus mal ein Wurstsalat sein. Allerdings mit Onsenei, Belper Knolle und Tête de Moine, was überrascht und gefällt, genauso wie der Kalbsburger oder die Spare Ribs von der Witzwiler Freilandsau, in Weizenbier und Sesam mariniert und drei Stunden im Ofen gegart. Natürlich fehlt im Angebot der Ochse nicht, sei es Backe, Carpaccio oder die exzellente Ochsenschwanzsuppe. Die Weinauswahl ist mit grossen Namen und schweren Kalibern vertreten; wer einfacher, leichter, filigraner und lokaler trinken will, ist mit den Provenienzen von Sascha Simmendinger gut bedient.

4144 Arlesheim, Ermitagestrasse 16, 061 706 52 00, www.ochsen.ch

NEU Predigerhof

Werden sie Sponsor Der «Predigerhof» ist mehr als eine Beiz. Mensch, Natur und Tier sind hier im Einklang. Meistens. Ausser am Sonntag, dann ist der Ansturm manchmal gross (Basel ist nah). Wer Zeit und Musse hat, kommt unter der Woche und lässt die Ruhe des Ortes auf sich wirken. Der Start des ambitionierten Projekts – das notabene durch den Kauf von Aktien unterstützt werden kann – war zwar etwas holprig, mittlerweile sind die Mängel behoben, und der Laden läuft wie geschmiert. Das bunt zusammengewürfelte Gartenmobiliar ruft allerdings nach Ersatz etwa durch schöne Blechtische und Holzstühle. Egal. Gratulation zu diesem Haus, zur innovativen Küche unter der Leitung von Janis Wicki, der in der Sparte Lammhaxe und Schmorbraten genauso zuhause ist wie bei Wurstsalat und Siedfleischsalat mit pochiertem Meerrettich-Ei. Auch Vegetarier werden im «Predigerhof» ernst genommen und verwöhnt. Die Gastgeber Christine Krieg und Tom Wiederkehr verstehen es zudem, spannende Weine zu kredenzen, etwa den Amphoren-Wein von Kultwinzer Markus Ruch aus dem Klettgau.

4153 Reinach, Predigerhofstrasse 172, 061 262 21 12, www.prediger-hof.ch

Kulturhotel Guggenheim

Mooi Das ist holländisch und heisst schön, attraktiv, erfreulich, gut, hübsch ... was das Kulturhotel Guggenheim als Gesamtkunstwerk auch ist. Die patinierten Zimmer überzeugen durch einen guten Mix aus Alt und Neu, im Restaurant Mooi beeindrucken Farben und Einrichtung die bunte Gästeschar. Und dann wäre da noch der Garten, der eine Oase für sich ist, der Kinderwagen-Parkplatz und vieles mehr. Yvonne und Eric Rütsche gelingt es, einen Ort zu schaffen, zu dem man sich immer wieder hingezogen fühlt. Für einen kulturellen Abend, einen Pulled Pork Burger oder Humus mit hausgemachter Focaccia. Den Mittagstisch gibt es zum Freundschaftspreis, etwa mit geräuchertem Schweinshalsbraten oder gratinierte Polenta-Ecken. Die Abendkarte ist klein, das Angebot durchdacht, die Lammhaxen exzellent. Angebot, Preis und Stimmung stimmen.

4410 Liestal, Wasserturmplatz 6/7, 061 534 00 02, www.guggenheimliestal.ch

Hauptstross 100 und Bio-Laden 29

Schottische Preise Das Hauptquartier von Guido Stohler und Genio Haas liegt an der Hauptstrasse 100 in Ziefen. In einem patinierten Bauernhaus, in dem sie ihre einmalige Sammlung an Single Malts untergebracht haben. Immer freitags ab 20 Uhr hat die Whiskybar, die sich über zwei urige Stuben verteilt, geöffnet. Hier trifft sich eine fröhliche Runde von Heimwehschotten. Und die wissen bekanntlich, wie sparen geht. An zahlreichen Samstagen finden Tastings und Konzerte statt. Wer Freude am Lebenswasser hat, der kommt und bleibt sitzen. Oft länger, als ihm lieb ist. Nur gut, dass sich die Bushaltestelle direkt vor dem Haus befindet. Nun haben sich die zwei Berufsschotten im Bio-Laden 29 in Liestal eine Dependance eingerichtet. Für alle die kaufen, aber nicht sitzen bleiben wollen.

4410 Liestal, Zeughausplatz 29; Whiskybar: 4417 Ziefen, Hauptstrasse 102; 061 931 16 62 und 079 435 76 62, www.hauptstross100.ch

Bad Schauenburg

Chapeau! Das Bad Schauenburg ist Fredi Härings Lebenswerk. Vor vier Jahren hat er seinen grössten Coup eingefädelt. Die damalige Besitzerin Novartis hat das Traditionshaus an den regionalen Unternehmer Peter Grogg verkauft, der das Bad Schauenburg komplett saniert und erweitert hat. Die ehemalige denkmalgeschützte und brachliegende Scheune ist nun das Restaurant Zum Schauenegg, eine Einkehr für zwischendurch und immer wieder. Die nach Süden ausgerichtete Sonnenterrasse zieht Tagediebe, Wanderer und Ausflügler an. Sie freuen sich über die intakte Natur, den begehbaren Kräutergarten und über eine exzellente, einfache Regionalküche für den kleinen und grossen Appetit. Die Arbeiten am Erweiterungsbau und die umfassenden Sanierungen am Haupthaus sind abgeschlossen. «Bad Schauenburg» zeigt sich in neuem Glanz, und Spitzenkoch Francis Mandin freut sich über seine neue Rolls-Royce-Küche. Geleitet wird das Haus von Stéphanie Häring, der Tochter von Fredi Häring, und Maître d'hôtel Urs Hischier, der seit dreissig Jahren mit an Bord ist. Zwei sympathische Gastgeber, die auch dann nicht nervös werden, wenn Fredi Häring im Haus zugegen ist und die Gäste weiterhin herzlich begrüsst. Dank Peter Grog ist das «Bad Schauenburg» im 21. Jahrhundert angekommen.

4410 Liestal, Schauenburger Strasse 76, 061 906 27 27, www.badschauenburg.ch

Siebe Dupf

Auf zu neuen Ufern An Weinhändlern besteht in der Region Basel zwar kein Mangel, aber seit seiner Neuausrichtung befindet sich das Traditionshaus Siebe Dupf auf der Überholspur, was auch mit dem Ehrgeiz des Verwaltungsrats zu tun hat. «Siebe Dupf» steht heute ein für ein gehobenes, spannendes und interessantes Sortiment. Gleich ob Tischwein oder Etikette, bei «Siebe Dupf» liegen Flaschen in den Regalen, bei denen nicht nur Burgunder-Freaks feuchte Augen bekommen. Kommt hinzu, dass die Weine der Eigenkelterei von Kellermeister Thomas Engel nicht nur die Region, sondern auch ein internationales Fachpublikum ins Staunen versetzt. An den Decanter World Wine Awards 2017 hat Thomas Engel gleich sieben internationale Wein-Auszeichnungen auf einen Streich geholt. Gute Aussichten.

4410 Liestal, Kasernenstrasse 25, 061 921 13 33, www.siebe-dupf.ch

Osteria Tre

Zu Tisch Flavio Fermi ist ein Spitzenkoch. Ohne Zweifel. In seiner Kochsprache schleicht sich keine Monotonie ein. Er pflegt keine Baukastenküche, bastelt nicht zu viel auf dem Teller, baut keine Türmchen, sondern setzt mit Raffinesse und Leichtigkeit fadengerade das Produkt in den Mittelpunkt. Mit Verstand und Gespür vereint er das, was sich zu vereinen lohnt. Bei Flavio Fermi in der Osteria Tre in Bad Bubendorf zu sitzen, ist Lebensqualität und zugleich eine Lernstunde für den Gaumen, die Freude bereitet. Freude macht auch sein Kochbuch mit klaren Bildern, klarer Küche und klarer Sprache. Ein Buch, das nicht in die Bibliothek, sondern auf den Küchentisch gehört. Ein Buch zum Lesen, Nutzen und Anwenden. Ein Buch für Menschen, deren Verstand durch den Magen geht.

4416 Bubendorf, Kantonsstrasse 3,
061 935 55 55, www.badbubendorf.ch

BASELLAND

NEU Metzgerei Häring

Der Schlachter Rolf Häring ist Metzger mit Leib und Seele. Er berät seine Kunden gerne und sagt ihnen, woher sein Fleisch stammt. Er ist ein grundehrlicher Verfechter seines Berufsstandes, der immer wieder für unkonventionelle Ideen gut ist. So hat er zum Beispiel in einem geschützten Rahmen eine öffentliche Schlachtung von Schweinen durchgeführt, um seinen Kunden und den Bewohnern der Region vor Augen zu führen, dass hinter jedem Stück Fleisch ein Tier steht, das sein Leben für unseren Genuss hergibt. Mit dem Aufschrei der Möchtegern-Tierschützer, die ihm Prügel und Schlimmeres androhten, hatte er allerdings nicht gerechnet. Wer Rolf Häring vorwirft, es sei ihm nur um eine grosse Gratis-PR-Show gegangen, der versteht nichts vom Metzgerhandwerk und nichts von Rolf Häring. Der Rummel hat sich inzwischen wieder gelegt und die, die dabei waren, wissen nun wohl wieder, dass Fleisch von hier aus artgerechter Haltung sich besser isst als irgendein Fleisch von irgendwoher.

4450 Sissach, Zunzgerstrasse 8,
061 971 12 56, keine Website

Metzgerei Rickenbacher

Von der Wiese nebenan Thomas Rickenbacher macht keine grossen Worte zu seiner Arbeit. Gar Werbung für sich und seine Metzgerei? Gott bewahre! Wer zu ihm kommen will, findet seinen Laden, der im abgelegenen Dorf Oltingen zuhause ist. Hier wird das lokale Vieh ohne Transportstress vor Ort geschlachtet, der Metzger kennt seine Bauern, sie kennen ihn, und eine grosse Stammkundschaft kennt den Laden und nimmt den Weg für seine Qualitätsprodukte gerne in Kauf. Wurstliebhaber gehen nicht ohne Cervelat nach Hause. Und über den Rest des Einkaufs entscheidet die persönliche Tagesform.

4494 Oltingen, Hauptstrasse 19,
061 991 04 30 und 079 333 56 46,
www.metzgerei-rickenbacher.ch

Gasthof zum Rössli

Allein auf weiter Flur Um halb neun öffnet das «Rössli». Arbeiter, Briefträgerinnen und Frühtauwanderer – es ist eine bunte Gesellschaft, die sich am Stammtisch trifft, austauscht und über die Hausmetzgete vom Wochenende sinniert. Judith Gysin ist stolze Besitzerin und Gastgeberin des «Rössli». Dass es dazu kam, hat sie ihrer Hartnäckigkeit, ihrer Familie, ihren Freunden und Bekannten zu verdanken, die sie bei der Verwirklichung ihrer Visionen unterstützten. Der Aufwand hat sich gelohnt. Die Beiz floriert und die «Frites maison», das Holzofenbrot, die Forelle und der Braten sind beliebt und bei zahlreichen Gästen gesetzt. Dass nun die patinierten Tische (ausser dem Stammtisch) mit lila Stofftüchern zugedeckt werden, gefällt vielen, aber nicht allen und schon gar nicht mir. Gottlob wird am Sonntag noch in Weiss eingedeckt.

4495 Zeglingen, Hauptstrasse 57,
061 981 51 51, www.roessli-zeglingen.ch

Kloster Schönthal

Im Kloster Der ehemalige Werber John Schmid hat vor Jahrzehnten das Kloster Schönthal mit viel Sachverstand in eine Kunstoase verwandelt. Rund um die Liegenschaft führt ein kilometerlanger Skulpturenweg durch die sattgrüne, hügelige Landschaft. In der ehemaligen Klosterkirche finden im Sommerhalbjahr Ausstellungen zeitgenössischer Künstler statt. Wer länger an diesem Kraftort bleiben will, reserviert sich eines der vier geschmackvoll eingerichteten Gästezimmer. Das grosszügige Bad wird geteilt. Hinzu kommen eine perfekt ausgestattete Küche für Selbstversorger, ein patiniertes Esszimmer und ein verträumter Innenhof mit grossem Holztisch, der sich für warme Sommerabende anbietet.

4438 Langenbruck, Schönthalstrasse 158, 061 706 76 76, www.schoenthal.ch

Baseltor, Solothurn (Seite 98)

Wirtshaus zur Säge

Vive la différence Patrick Zimmermann (ehemals Stucki, Basel) kocht in der «Säge» auf hohem Niveau, und ab und zu zelebriert er eine «Cochonaille» der Extraklasse, keine Metzgete im herkömmlichen Sinn: Kalte und warme Würste zur Einstimmung, die beste Blutwurst, die ich kenne, dann eine gebratene Tranche Leber und Leberwurst mit lauwarmem Randensalat, gefolgt von einer im Barolo geschmorten Backe auf Senflinsen aus der Auvergne. Es folgen ein knuspriger Schweinebauch und eine aromatische Kinnbacke an Majoran-Speck-Sauce. Das Plat principal ist ein zartes Kotelett vom Ormalinger Jungschwein mit Kümmelwurst und Sauerkraut. Wem nicht nach Schwein zumute ist, sondern nach französischer Spitzenküche trachtet, der besucht ihn an einem anderen Tag. Dann, wenn er Störfisch-Carpaccio mit Blinis, Entenleber auf Quittengelee und Taubenbrust mit Kürbisbrunoise kocht. Auch gut.

4112 Flüh, Steinrain 5, 061 731 17 17, www.säge-flüh.ch

Metzgerei Schaad

Grenzgänge Die Bauernbratwurst von Martin Schaad ist ein Prunkstück, das sich aus Schweinefleisch, Halsspeck, gedämpften Zwiebeln, frischen Eiern, Salz, Pfeffer, Majoran und einigen geheim gehaltenen Zutaten zusammensetzt. Er, der sich mit Qualität und Engagement an der Grenze zum elsässischen Sundgau behauptet, ist auch bekannt für die mit feinen Rauchnoten aromatisierte Cervelat oder die im November angebotenen Blut- und Leberwürste. Einen Namen hat er sich auch mit Tüfteleien gemacht: Mit einem «Buurehamme» vom Bierschwein, seinem berühmten Fleischkäse, der mit Käse angereicherten Elsässer Bratwurst und mit diversen anderen Eigenkreationen. Vor hundert Jahren hat mit Sophie und Otto Schaad-Stöcklin alles begonnen. 1990 übernahm Martin mit seiner Frau Mireille von seinen Eltern Bethli und Max den Familienbetrieb. Mit Kevin hat nun der nächste Schaad das Steuer übernommen.

4112 Flüh, Steinrain 4a, 061 731 10 18, www.metzgerei-schaad.ch

Restaurant Kreuz

Ins «Kreuz» am Tage des Herrn Metzerlen ohne Kirchenglockenspiel wäre wie die römisch-katholische Kirche ohne Papst. Genau gegenüber der Kirche steht das «Kreuz». Ideal für den Frühschoppen, den Sonntagsbraten, für eine Vesper oder ein tradionelles Mahl. Seit dem 18. Jahrhundert ist das «Kreuz» im Besitz der Familie Schaffter. Stefan Schaffter führt die gemütliche Landbeiz seit 1993 in der siebten Generation gemeinsam mit seiner Partnerin Veronika Meier. Hier trifft sich ab und zu die Solothurner Regierung zum Schwatz und mehr, und manchmal ist der Herr Pfarrer auch mit von der Partie und freut sich genauso über eine Rauchwurst, übers Suppenfleisch, das Mistkratzerli oder die genialen Hacktätschli, die jeden dritten Donnerstag im Monat aufgetischt werden. Wer nett fragt, bekommt dazu «Frites faites maison».

4116 Metzerlen, Hauptstrasse 5, 061 731 14 95, www.kreuz-metzerlen.ch

Kulinarische Werkstatt

Bei Rotbäckchen Ihre roten Bäckchen und ihre blauen Augen leuchten um die Wette. Ihr Lachen ist ansteckend, ihr Humor subtil. Ida Schaffter ist gelernte Krankenschwester und heute Bäuerin mit Herzblut. Sie ist Mutter, Bäckerin, Einmachfrau und Joker im Stall und auf der Leiter. Kurz, eine Frau für alle Fälle. Ihr Mann Kurt wird mit ein Grund für ihre Leidenschaft sein. Und wohl auch die grosse Liebe – bei fünf Kindern, von denen die Älteste, Annekäthi, auf dem Hof mitarbeitet und ihn übernehmen wird, was die Eltern freut. Die Kulinarische Werkstatt ist ein grandioser Hofladen, mit Broten und Zöpfen, mit Konfitüren aus Früchten von Hochstammbäumen, mit Fleisch von artgerecht gehaltenen Tieren von der Weide nebenan. Und auf Vorbestellung ist kulinarisch fast alles möglich: Wildkräuterterrinen, Tomatenbrot und so einiges mehr.

4116 Metzerlen, Hauptstrasse 3, 061 731 23 36, www.chirsgartehof.ch

Restaurant Lämmli

Wiederbelebt Das «Lämmli» in Metzerlen ist ein Ort für Schlemmer und zivilisierte Zecher. Hier werden weder Coca-Cola noch Sinalco aufgetischt, sondern neben Wein, Bier und Wasser hauseigener Sirup aus Löwenzahn, Holunderblüten oder Rhabarber. Auf die Teller kommen keine Edelstücke, sondern Schweinsbraten, Kalbszunge, Kalbskopf, Kutteln, Ragout, Siedfleisch und im Winter auch das eine oder andere Suppenhuhn. Liefert der Nachbar Traugott Meyer ein Lamm, wird es bis auf den letzten Knochen verwertet. Bernhard Weber ist kein Mann der grossen Worte. Er steht lieber in der Küche am Herd als bei den Gästen am Tisch. Oft zieht es ihn hinaus in die Natur, um Kräuter und Beeren zu sammeln. Seit Kurzem noch mehr als sonst. Bernhard Weber hat seine Beiz seinem Mitarbeiter Danny Mossmer übergegeben und hilft im Hintergrund ab und zu noch mit. Die Nachfolge ist geregelt, das «Lämmli» blökt weiter.

4116 Metzerlen, Rotbergstrasse 6, 061 731 14 92, www.laemmli-metzerlen.ch

NEU Zeltner Destillerie

Prozente Bis Ende 2017 stand der heute 95-jährige Kultbrenner Ruedi Zeltner in seiner bald hundertjährigen Destillerie in Dornach und brannte für seine Kunden die angelieferte Maische. Aber irgendwann muss Schluss sein. Um die beliebte Lohnbrennerei dem Schwarzbubenland zu erhalten, gründete Istvan Akos (von Unser Bier) mit 21 Freunden der Destillerie eine Aktiengesellschaft. Sie ging mit viel Elan an die Arbeit, stellte den Islamwissenschaftler Antonio Esposito als Brenner ein und verpflichtete Sonja Arnold-Kézdi als Geschäftsführerin. Sie renovierte den Verkaufsladen und richtete einen Veranstaltungsraum für Aperitifs, Whisky-Sessions und Treberwurst-Essen ein. Sie überarbeitete den Auftritt, gestaltete neue Etiketten und modernisierte die Website. Der grosse Einnahmeverlust, den der Jahrhundertfrost von April 2017 verursachte, konnte mit der Vergrösserung der Aktiengesellschaft auf heute 430 Mitglieder aufgefangen werden. Prost, Cin cin, Santé, Slainthé.

4143 Dornach, Schulgasse 2, 061 701 13 76, www.zeltnerdestillerie.ch (mit Web-Shop)

Landgasthof Roderis

Ausgebaut Anita Stämpfli und Franco Pittaro rühren gemeinsam mit Sara Stämpfli mit der grossen Kelle an. Die alte Scheune des Hauses wurde abgerissen, an ihrer Stelle sind Wohnungen entstanden, im Dachstock des alten Landgasthofs haben sieben Hotelzimmer Platz gefunden, und die störenden Kunststofffenster wurden durch Holzfenster ersetzt. Ein Teil des Gartens ist durch ein elektronisch ausfahrbares Faltdach regensicher gemacht. Der erste Stock beherbergt einen stimmungsvollen Saal, und die kleine Raucher-Lounge ist dadurch ins Parterre umgezogen. Soweit der Plan. Ob dieser bis zum Erscheinen dieses Buches umgesetzt ist, wissen nur die Götter, und die sagen nichts. Zum Schluss wird das Bijou wieder ein Bijou sein, da sind sich Franco Pittaro und seine Fangemeinde sicher. In der Zwischenzeit lassen sich die Stammgäste nichts anmerken und delektieren sich in der guten Stube, unter dem Lindenbaum oder eben unter dem Faltdach an Forelle, Rehhackbraten, Mistkratzer und anderen schönen Dingen.

4208 Nunningen, Eichelbergstrasse 6, 061 791 03 21, www.roderis.ch

Chrüterhäx

Hexentanz Die gelernte Zahnarztgehilfin Beate Beckmann hat den Zahnarztstuhl gegen den Moorboden ausgetauscht und sich den Wildkräutern zugewandt. In ihren Kursen führt sie ihre Teilnehmer zu Fuss ins wildromantische Kaltbrunnental mit plätscherndem Bach und rauschendem Wasserfall, mit alten Bäumen, sattgrünem Moos und mächtigen Felsen. Und überall spriessen Wildkräuter. Nicht nur Bärlauch, der hier in rauen Mengen wächst, sondern je nach Saison Gundelrebe, Labkraut, Brennnessel, Geissfuss und Wiesenschaumkraut. Aus der Wurzel eines Farns zaubert Beate Beckmann «Waldlakritze-Chrömli», aus anderen Kräutern Brennnessel-Quiche, Taubnessel-Chnöpfli, Löwenzahn-Quarkfladen, Blütenbutter, Lavendelecken. Übrigens: Auch Schlüsselblümchen darf man ernten, zumindest die falschen. Die echten sind geschützt und lässt man stehen.

4204 Himmelried, Seewenstrasse 350, 076 453 40 51, www.chrueterhaex-bio.ch

Baseltor

Nicht lange nachdenken Das «Baseltor» ist eine Beiz für den täglichen Gebrauch. Geeignet für den Mittagstisch und für das kurze oder lange Abendmahl, ohne dass man dabei gleich verarmt. Hier beschallen allein die Gäste das Lokal. Ansonsten bespielt wohltuende Stille den Hintergrund. Kein Klaviergeklimper, kein Pop, keine Arien, kein gar nichts. Die Speisekarte ist frei von Gesülze und überzeugt mit klaren Ansagen. Das Küchenteam ist auf seiner Höhe, bestückt mit Profis, die frei von Allüren und ohne Brimborium kochen, sich dabei öfter mal an Neues wagen, ohne die hauseigenen Klassiker aus den Augen zu verlieren. An einem lauen Abend habe ich hier gebackene Zucchiniblüten, frittierte Thonmoussekugeln, Kaninchenleber, Pasta mit Gartenkräutern und Lammgigot gegessen. Begleitet haben mich Riesling und Lambrusco. Wunderbar war's.

4500 Solothurn, Hauptgasse 79, 032 622 34 22, www.baseltor.ch

Feinbäckerei Studer

Hausgemacht Studer oder Müller? Das ist hier die Frage. Die einen schwärmen für das knusprige Holzofenbrot der Bäckerei Müller beim Friedhofsplatz (die endlich ihre Nachfolger gefunden hat, siehe Seite 101), die anderen schwören auf das Solothurner Brot der Feinbäckerei Studer, deren Laibe unter anderem im «Baseltor» grob geschnitten auf den Tisch kommen und von den Gästen gleich korbweise weggeputzt werden. Einheimische und Besucher freuen sich über beide Bäckereien und suchen sich aus den zahlreichen Qualitätsprodukten ihre Lieblinge heraus. Am Samstag ist Studers Russenzopf ein Argument, ihn zwingend aufzusuchen.

4500 Solothurn, Hauptgasse 83, 032 623 31 26, www.feinbaeckerei-studer.ch

SOLOTHURN

La Couronne

«Très sympa» Endlich ist die «Couronne» wieder eine Krone. Den Machern ist ein grosser Wurf gelungen. Alt und Neu, geglückt vereint, beglücken den Gast. Hotel und Restaurant präsentieren sich luftig elegant, die Raumaufteilung und die Möblierung der Bar sind eine Überlegung wert. Die Küche überzeugt mit einem nicht alltäglichen Angebot französischer Spezialitäten wie bretonische Paté, grillierter Oktopus, gebackene Milken, geschmorte Schweinsbacke und Kutteln in Weisswein-Rahmsauce. Die Weinauswahl ist ungemein spannend, mit viel «Grande Nation» und «Welsch». Für ein Glas und ein «Salü» eignet sich die Bar, zu einem Glas Wein passen Muscheln oder eine Quiche. Es ist alles da, wonach der kleine Hunger begehrt. «Vive la différence!»

4500 Solothurn, Hauptgasse 64,
032 625 10 10,
www.lacouronne-solothurn.ch

Cherzen-Jeger

Eine Zeitreise «Der dümmste Ausspruch, den ich überhaupt kenne, ist der, das Leben sei zu kurz, um schlechten Wein zu trinken. Mir ist das Leben wirklich lang genug, um schlechten Wein zu trinken. Jedenfalls trinke ich lieber schlechten Wein als keinen», so Solothurns berühmtester Denker, Peter Bichsel. Guten Wein kauft man bei Urs Jeger, den die Stadt als «Cherzen-Jeger» kennt. Sein wundervoller Laden ist patiniert und stimmungsvoll. In ihm finden sich diverse Liköre, auch relativ unbekannte Spezialitäten wie einen «Pommeau de Normandie» oder eine kleine durchdachte Auswahl an schottischen Single Malts unabhängiger Abfüller sowie auserlesene Bordeaux-Weine. Auch Schleckmäuler kommen nicht zu kurz, gehören doch diverse Schokoladensorten von Spitzenproduzenten zum Sortiment. Im Advent kommen «Pain d'épices» und englischer Früchtekuchen samt Brandy-Butter dazu.

4500 Solothurn, Hauptgasse 36,
032 622 31 70, www.kerzenjeger.ch

Restaurant Stalden

Kein Platz für Etikettentrinker Nein, eine Bilderbuchbeiz ist der «Stalden» von Franz Schäfer und Esther Bucher nicht. Dafür hat sie andere Qualitäten. Wo in der Schweiz lassen sich Ruché, Grignolino, Freisa und Pelaverga trinken, und zum Abschluss eines frugalen Mahls eine Flasche Brachetto d'Aqui köpfen? Eben! Dazu Fenchelsuppe mit Absinth, überbackene Champignons, mit Honig karamellisierte Kürbisschnitze oder ein confierter Entenschlegel auf weissen Bohnen. Alles reichlich, gut und bezahlbar. Die kleinen Zweier-Bistrotische und die Bestuhlung erinnern an Paris und sind etwas unbequem; der Kluge kommt zu dritt oder zu viert und reserviert einen der grossen runden Tische oder wartet auf den Sommer und macht es sich dann auf der romantischen Terrasse bequem.

4500 Solothurn, Stalden 23, 032 517 95 00, www.restaurant-catering-wein-stalden.ch

Die Grüne Fee

Für Dichter und Denker Absinth ist weit mehr als ein Getränk. Seit über zweihundert Jahren – von seiner Entdeckung bis zum Verbot und zu seiner Renaissance – ist der ehemalige Treibstoff des Fin de Siècle Kult. Roger Liggenstorfer schenkt in seiner Bar über vierzig Absinthes aus, und wer will, deckt sich für zuhause gleich mit einigen Flaschen samt Zubehör ein. Wohl kein anderer Deutschschweizer weiss mehr über dieses Kultgetränk zu erzählen. Davon zeugt auch sein Buch «Absinthe. Die Wiederkehr der Grünen Fee», in dem er Hintergründe, Historie, Geschichten und Legenden zur Grünen Fee ausbreitet. Den Schlusspunkt setzt ein Bonmot des legendären Dichters und Bonvivants Oscar Wilde: «Das erste Stadium ist wie normales Trinken, im zweiten fängt man an, ungeheuerliche, grausame Dinge zu sehen, aber wenn man es schafft, nicht aufzugeben, kommt man in das dritte Stadium, in dem man Dinge sieht, die man sehen möchte, wundervolle, sonderbare Dinge.» Santé!

4500 Solothurn, Kronengasse 11, 032 534 59 90, www.diegruenefee.ch

NEU Müller-Beck

Endlich Das Aufatmen war im November 2017 gross, als bekannt wurde, dass Ruth und Richard Felder von der Bäckerei Müller endlich ihre Nachfolger gefunden haben, ist doch ganz Solothurn Fan ihrer Holzofenprodukte. Sieben lange Jahre mussten sie suchen, bis sie in Katrin Aeschbacher und Christian Peters die Richtigen gefunden hatten. Seitdem läuft's rund und weiter, und die Stimmung in der Bäckerei ist auch dann entspannt, wenn der Laden aus allen Nähten zu patzen droht und die zahlreichen Stammkunden Schlange stehen, was hier eigentlich Alltag ist. Der Holzofen ist das Herzstück der Bäckerei; er ist ständig unter Feuer, die Temperatur darf während der Produktionszeit nicht unter 150 Grad absinken. Gebacken wird bei rund 270 Grad, und 40 Tonnen Holz werden jährlich verfeuert. Für die wundervollen «Chnebeli», dazu eine Cervelat und ein «Öufi»-Bier, lasse ich jedes Entrecôte links liegen. Aber auch die Bierstängel und die «Meitschibei» mit ihrer hausgemachten Nussfüllung sind die reine Verführung.

4500 Solothurn, Pfisterngasse 12,
032 622 23 44, keine Website

NEU Taverne Amphorea

Griechischer Wein In der alten, wundervoll patinierten spanischen Weinhalle war die «Amphorea» sechzehn Jahre beheimatet. Bis der Umbau kam und Regula und Stylianos die Koffer und ihre Gäste gleich mit packten und in das ehemalige «Buechibärgerstübli» zügelten, was sich als Glückstreffer für Haus, Beiz, Gäste und Gastgeber erwies. Zwar ist die Atmosphäre etwas aufgeräumter und schicker, aber nach wie vor stehen Schlichtheit und Unkompliziertheit im Vordergrund, weit weg von jeglicher gastronomischer Uniformität. Die Küche ist gut wie eh und je, ja, zeichnet sich sogar durch eine Prise mehr Sorgfalt aus. Fisch und Meeresfrüchte, Lammspiesse und -koteletts, Fleischküchlein, Tsatsiki und Co. lassen Ferienstimmung aufkommen. Am späteren Nachmittag spontan auf eine Runde Ouzo vorbeizukommen, geht aber auch. Vielleicht verbunden mit einer Runde Backgammon und ein paar kleinen Vorspeisen. Bis der Abend kommt und die hungrigen Gäste an ihren reservierten Tischen Platz nehmen wollen. Daher fertig spontan, das nächste Mal wird reserviert.

4500 Solothurn, Stalden 31,
032 623 67 63, www.taverna-amphorea.ch

Restaurant Vini-Al Grappolo

Barock, Rock und Wein Gäbe es diese Beiz mit Weinhandlung nicht, müsste sie erfunden werden; sie hat sich in dreissig Jahren zur Solothurner Institution entwickelt. Hier kann man ruhige oder lebhafte Momente erleben. An einem sommerlich schönen Samstagnachmittag hat der Gast den Innenhof oft für sich allein. Dann, wenn die Stadt im und am Fluss ist, ist die kleine rote Gartenbank frei, der violett schäumende, knackig frische Lambrusco im Glas und die «Antipasti»-Platte auf dem Tisch. Salami, Rohschinken, Mortadella, eingelegtes Gemüse, Käse und herrliches Brot von der Holzofenbäckerei Müller. Unerreichte Normalität, die euphorisch stimmt. Reden gibt Durst, Zuhören auch. Wasser ist gut, Wein im «Vini» ist besser, der oft von den Gästen gleich gekauft und mit nach Hause genommen wird.

4500 Solothurn, Prisongasse 4, 032 623 55 45, www.algrappolo.ch

NEU Restaurant Hofbergli

Zu Fuss Hier gibt's jede Menge Alpensicht. Dazu vielleicht einen Hackbraten mit Stampf oder eine Käseschnitte der besseren Art. Im Winter kommt Fondue (nur auf Vorbestellung) auf den Tisch oder das, wonach den gebürtigen Schaffhausern Gabi Fischer und Andreas Deola gerade zumute ist. Alles wird liebevoll gekocht und aufgetischt. Bekannt ist das «Hofbergli» auch für sein ausgiebiges Frühstück mit Rösti und Speck und für die hausgemachte «Züpfe». Kuchen, sorgfältig zubereitete «Zvieri-Teller» und bodenständige Suppen runden das durchdachte Angebot ab. Beim Einkauf werden regionale und biologische Produkte bevorzugt, ohne dass ein grosses Tamtam darum gemacht wird. Der Betrieb umfasst 44 Hektaren Land mit Weiden, Heuwiesen, Wald und zufriedenen Viechern. Auch die Gäste sind zufrieden. Ob nun Wanderer, Tagesausflügler, Hündeler, Romantiker oder Kletterer – im «Hofbergli» kommt man sich an den langen Tischen näher.

Ob Günsberg (SO), 4539 Farnen, 032 637 15 03, www.hofbergli.ch

SOLOTHURN

Roschtig Nagu

Nagel mit Kopf In der Mitte macht sich ein rostiger Nagel breit, um die Ecke kurvt Christine Stoller mit einer Burewurst, und mittendrin sitzen die zahlreichen Stammgäste vom «Roschtig Nagu» in Schnottwil, der einmal ein «Rössli» war. Die neue Gastgeberin hat aber nicht nur den Namen geändert, sondern die patinierte Beiz wieder zum Blühen gebracht. Mit einfachen Gerichten, mit einer moderaten Preispolitik und mit natürlichem Charme, bei dem der Gast schnell einmal zum Wiederholungstäter wird. Das Kotelett an einer sämigen Biersauce mit Speckkartoffeln ist die opulente Hausspezialität, die auch regionale Persönlichkeiten wie den Musiker Urs Jenni (Les Amis du Jura) magisch anzieht. Haus, Garten, Küche und Wirtin sind für passionierte Beizengänger Gründe genug, um bald einmal nach Schnottwil zu fahren.

3253 Schnottwil, Bernstrasse 62, 032 353 12 73, keine Website

Salmen

Kulinarisches Kammerspiel Im «Salmen» kocht Daniel Bitterli eine innovative Küche, die gefällt und überzeugt. Bio-Entrecôte an einer delikaten Béarnaise-Sauce mit Frühkartoffeln und aromatischer Spargel mit Biss. Schlicht perfekt, auch wenn ich mir zu diesem Klassiker lieber «Frites faites maison» wünsche, zumal die Schwiegermutter von Daniel Bitterli Belgierin und eine ehemalige Michelin-Sterne-Köchin ist – und die Belgier sind nun einmal die Schöpfer der Fritten. Auf der Weinkarte gibt es einen genialen Riesling, das «Piesporter Goldtröpfchen», bei dem nur der Name abschreckt, nicht aber sein fantastisches Spiel von Süsse und Säure. Beim Roten lohnt es sich, in der Region zu bleiben und sich an den herb-fruchtigen Sissacher Blauburgunder der Familie Wiedmer zu halten. Zum vollendeten Glück fehlen nur noch die im belgischen Pferdefett frittierten Pommes frites.

4600 Olten, Ringstrasse 39, 062 212 22 11, www.salmen-olten.ch

Dorf Beck

Unser tägliches Brot Das Allerweltsdorf Kappel, nahe beim Autobahnkreuz Egerkingen, hat rund 3000 Einwohner und einen 719 Meter hohen Hausberg namens Born, auf dem eine über 150 Jahre alte Kapelle thront. Viel mehr ist da aber nicht. Was so nah bei Olten überrascht, ist die gute Infrastruktur des Dorfes. Es hat eine intakte «Chäsi» mit über achtzig Käsesorten, einen innovativen Metzger namens Hans Friedli, vier Beizen, aus denen das «Kreuz» von Edith und Peter Weber hervorsticht und eine Holzofenbäckerei, mit Brot der besseren Art und Berlinern, für die Kundschaft von Olten und Aarau her anreist, was angesichts der beschränkten Öffnungszeiten (Mo bis Sa von 5.30 bis 11.45 Uhr) schon alles über die Qualitätsprodukte von Bäcker Stefan Hunziker sagt. Leider habe ich bis heute den sagenhaften Berliner nicht degustieren können. Entweder war er ausverkauft oder noch nicht fertig. Was ich aber vorbehaltlos empfehlen kann, ist das Basler und das Marbacher Brot. Mit gutem Brot fängt nämlich alles an.

4616 Kappel, Dorfstrasse 48, 062 216 27 37, keine Website

NEU Landgasthof Kreuz

Der Platzhirsch Ein echtes Stück Heimat bietet der Landgasthof Kreuz in Kappel. Es ist weder eine überdekorierte Beiz im helvetischen Folklorebarock noch ein überkandidelter Gourmetschuppen. Vielmehr ist das «Kreuz» eine sympathische Einkehr für Gäste, die sich nichts beweisen müssen. Hier wird seriös und tagesfrisch gekocht. Die Küche verzichtet auf mediterrane Malereien und verarbeitet ihre regionale Ware zu einfachem Genuss. Der Gast ist sicher vor jenen Irrungen, die ihm heute oft als Kreativküche angedient werden. Das «Kreuz» ist bei Jung und Alt beliebt, täglich gut besetzt und eine Anlaufstelle für Fremde und Einheimische. Das Personal ist gut geschult, herzlich und aufmerksam. Mama Rösly Weber hat den Grundstein zum Erfolg des Landgasthofs gelegt, ihre Schwägerin Edith Weber ist die umsichtige Gastgeberin, die berät, empfiehlt und zuhört, und ihr Sohn Peter Weber kocht gut, führt, kontrolliert und bildet aus. Kurz, das «Kreuz» ist seit über 350 Jahren eine lebendige Begegnungsstätte.

4616 Kappel, Mittelgäustrasse 20, 062 216 03 16, www.kreuz-kappel.ch

Metzgerei Bleicher

Zipfeltreffen Regula und Peter Bleicher haben sich den Traum der eigenen Metzgerei verwirklicht. Seit Januar 2017 sind sie die neuen Besitzer der ehemaligen «Mühle-Metzg» in Härkingen. Das junge Paar ist voller Tatendrang und Herzlichkeit. Ihre Würste sind natürlich hausgemacht und überzeugen durch subtile Aromen. Wer nicht so recht weiss, was er zuhause in die Pfanne hauen oder in der Kasserolle schmoren soll, wird durch die zwei innovativen Besitzer kompetent beraten. Kurz, die Metzgerei Bleicher ist ein Betrieb, der überzeugt und diverse Gründe für einen Stopp in Härkingen bietet. Allein schon der Fleischkäse lohnt die Anreise.

4624 Härkingen, Fulenbacherstrasse 6, 062 388 99 88, www.metzgerbleicher.ch

Silberdistel

Der Bauer macht's Die landwirtschaftlichen Betriebe von Cäsar und Oliver Bürgi sind biologisch-dynamisch zertifiziert. Wer sieht, welches Vertrauen die Tiere zu den Bauern haben, weiss, dass Demeter mehr als nur ein Label ist. Und wer hinter die Kulissen blickt, freut sich darüber, wie sorgsam sie mit ihrem Vieh umgehen es hegen und pflegen. Auf den beiden Höfen leben Red-Angus-Mutterkühe mit ihren Kälbern, Muttersauen und ein Turopolje-Eber, Mastschweine und Rothirschkühe samt Stier und Nachwuchs. Die Vierbeiner geniessen viele Freiheiten, von denen andere Zuchttiere nur träumen können. Hinzu kommen grosse Weiden und gute Luft. Geschlachtet werden die Tiere gemeinsam mit Metzger Urs Schwander, in der hofeigenen Wursterei werden daraus Rauchwürste, Salami, Cervelat, Bratwürste, Rohesspeck und andere Köstlichkeiten, alles ohne Nitrit. Wer persönlich mehr erfahren will, kann bei Cäsar und Oliver an einem Seminarwochenende teilnehmen.

4718 Holderbank, Obere Wies, 079 743 88 13, www.silberdistel-kost.ch

SOLOTHURN

Barmelhof

Schwein gehabt Wer im Altweibersommer im «Barmelhof» einen Stuhl ergattert, hat bereits im Frühling reserviert oder Schwein gehabt, ganz im Gegensatz zum Schwein. Die Luft auf dem «Barmelhof» riecht würzig, der Raum ist in Dampf gehüllt, die Schlachter sind zufrieden. Was das Geheimnis meiner Lieblingsblutwurst aus der Deutschschweiz ist, habe ich bisher nicht herausgefunden. Heidi Basler, die Köchin, schweigt dazu ebenso hartnäckig wie Störmetzger Markus Pfister und alle anderen fleissigen Helfer. Es ist eine verschworene Gemeinschaft, die sich in diesen Tagen gegenseitig hilft, den Appetit der zechenden Gästeschar zu stillen, die lacht, trinkt, singt und Nachschlag bestellt. Leberwürste, Koteletts, Rauchwürste, Speck, Apfelschnitze, Rösti, Sauerkraut – die Metzgete im «Barmelhof» bietet diverse kulinarische Nebenrollen. Meine Hauptdarstellerin bleibt aber die Blutwurst.

5015 Erlinsbach, Barmelhofstrasse 49, 062 844 22 71, keine Website

Genusswerk

Handwerk Wer traditionell hergestellte, geschmacklich authentische Lebensmittel zu schätzen weiss, findet im Hausladen des «Hirschen» von Albi von Felten eine «Schlaraffia». Mit viel Liebe zum Detail stellen verschiedenste Produzenten, meist aus kleinen Manufakturen, geniale Produkte her. Unter der Ägide von Silvana von Felten entstehen zusammen mit den Produzenten immer wieder neue Ideen für grandiose Delikatessen. Es sind Spitzenprodukte aus der näheren und weiteren Umgebung, die mit Leidenschaft und solidem Wissen produziert werden. Jedes Produkt wird nur in kleinen Mengen hergestellt und ist dadurch etwas ganz Spezielles. Probieren Sie doch mal das Schmalz vom Wollschwein. Pur oder mit Äpfeln und Zwiebeln verfeinert. Oder Hagebuttensenf, Steinpilzsalami und andere schöne Dinge

5015 Erlinsbach, Hauptstrasse 125, 062 857 33 33, www.genusswerk.ch

Übernachten
im Schwarzbubenland (SO)

Gasthaus Kreuz

Aufgeräumte Nostalgie Damit die Zimmer mit ihren Stuckaturen und ihren Holzböden so bleiben dürfen, wie sie schon immer waren, befinden sich die Toiletten und Duschen auf der Etage. Das nimmt der unkomplizierte Gast gerne in Kauf bei diesem stimmungsvollen Haus, zu dem auch noch ein Restaurant gehört, das zeitweise geöffnet hat. Zum Frühstück werden Produkte aus der Region aufgetischt und ein gutes Holzofenbrot aus Wahlen.

4228 Erschwil, Schmelzistrasse 9, 061 721 51 86, www.dev.viasurprise.ch/gasthaus-kreuz

Übernachten
im Kanton Solothurn

Au jardin

Auf dem Parkett Natürlich bietet Solothurn einige wundervolle Übernachtungsmöglichkeiten. «Couronne», «Baseltor», «Altes Spital» oder «Roter Ochsen» sind alles Adressen, die man nur empfehlen kann. Wer das Einfache, das Spezielle ausserhalb des Stadtrummels sucht, wird in Zuchwil fündig. Mitten in einem verwunschenen Garten steht ein geschichtsträchtiges Einfamilienhaus, das durch seine Schlichtheit überzeugt. Alle drei Zimmer bieten Aussicht in den Garten und bestechen durch einen wunderschönen alten, frisch geschliffenen und geölten Parkettboden. Das Haus verfügt zudem über ein Frühstückszimmer, ein Wohnzimmer und eine Küche für Gäste, die etwas länger bleiben wollen. Das sind immer mehr. Eine frühzeitige Reservation lohnt sich.

4528 Zuchwil, Ulmenweg 13, 076 342 56 64 oder 078 624 49 26, www.bnb-au-jardin.ch

Restaurant Ochsen, Oberzeihen (Seite 115)

NEU Landgasthof Adler

Der «Adler» ist gelandet Die Besitzer, die Ortsbürger von Kaiseraugst, haben den altehrwürdigen Landgasthof gekauft und ihm ein Totallifting verpasst. Sie sind stolz auf ihren Coup und haben in Toni Brüderli und Barbara Nebiker zwei Gastronomen gefunden, die garantieren, dass der «Adler» so gut funktioniert wie ein Bentley mit Chauffeur. Die Kastanienbäume bieten den Rahmen für eine romantische Frischluftoase, und im Innern sorgt die Gaststube mit Kachelofen, Stammtisch und Eckbank für ungekünstelte Behaglichkeit. Die Speisekarte kommt, die Vorfreude hält an: Aspik vom Tafelspitz, Wurstsalat, eine grobe Schweinsbratwurst, pochierter Saibling, Pilz-Crêpes, Wiener Schnitzel und Cordon bleu sind Klassiker, die einem Landgasthof gut anstehen. Wer entspannte Gaumentänze sucht, findet sie im hauseigenen À-la-carte-Restaurant. Im «Adler» wird keine Pinzettenküche auf die Teller drapiert, sondern lustvoll und geschmackvoll gekocht. Hinzu kommt eine durchdachte, spannende Weinauswahl von Barbara Nebiker, die als diplomierte und versierte Sommelière ihren Gästen gerne Weine von unbekannten Winzern ausschenkt.

4303 Kaiseraugst, Dorfstrasse 35,
061 813 72 12, www.adler-kaiseraugst.ch

Café Wolke 7

«God save the Queen» Endlich, endlich habe ich das ultimative Café in der Provinz gefunden und schwebe bei meinem Besuch bereits nach wenigen Augenblicken auf Wolke sieben. Hier wird dem Afternoon Tea gehuldigt, der von 14 bis 16.30 Uhr nach allen Regeln der Kunst zelebriert wird und an das britische Original sehr nahe herankommt. Vielleicht sollten sich die Verantwortlichen des renommierten «Trois Rois» in Basel einmal die Zeit für einen Ausflug nach Möhlin nehmen; das würde ihrem Afternoon Tea gut tun. In einer kunterbunten Atmosphäre mit herzlichen Gastgebern wird im Café Wolke 7 der Mittag oder der Nachmittag zur Therapie für Körper und Seele. Frühaufsteher haben allerdings Pech. Das Café öffnet erst um 9 Uhr.

4313 Möhlin, Bahnhofstrasse 84,
061 851 21 71, www.cafe-wolke7.ch

NEU Einfach Anders

Der normale Alltag Ob die Macher von «Einfach Anders» tatsächlich so viel anders sind, weiss ich nicht. Im Grunde ist das «Einfach Anders» ziemlich normal. Bio ist heute in vielen Gasthäusern Alltag, Schiefertafel statt Karte ist gang und gäbe, und dass der Salat vom Bauern (in diesem Fall Studer) kommt, haben die Pioniere der Regionalküche schon vor einem Vierteljahrhundert geschrieben. Klar, die Küche kocht frisch, oft regional, aber ob das genügt, um «anders» zu sein? Dennoch: Ich liebe das Lokal, weil es mich an ein englisches Pub erinnert, weil Gastgeber, Team und Gäste ihren Teil zu einer unkomplizierten, stimmungsvollen Atmosphäre beitragen und weil es sich hier ganz wunderbar verhocken lässt. Und nicht zuletzt weil die legendären Poulet-Flügeli samt Originalrezept vom «National» in Olten hier in Aarburg eine neue Bleibe erhalten haben. Allein schon deswegen gehört das «Einfach Anders» in dieses Buch. Wie wäre es mit Natur- und Amphoren-Weinen und einigen Bieren aus der Romandie? Das wäre dann in Aarburg wirklich ganz schön anders.

4663 Aarburg, Städtchen 5, 076 237 31 00, www.wirsindeinfachanders.com

Brauerei Degen Bier

Nicht von der Stange Der Schweizer Biertrinker bevorzugt Klasse statt Masse. Das erklärt auch den Erfolg der Klein- und Kleinstbrauereien. Bier liegt im Trend und ist heute weitaus mehr als nur ein banaler Begleiter zum Cervelat an einem Fussballmatch. Bier brauen kann jeder. Es braucht nicht viel, um eine trinkbare Brühe herzustellen. Biere mit Qualität zu brauen, benötigt aber Fingerspitzengefühl, Talent, Leidenschaft, Wissen und Können. Claude Degen bringt alles unter einen Hut und überzeugt mit seinem «Pale Ale Kobra», das 2011 zum Schweizer Bier des Jahres gewählt wurde und immer zu haben ist. Trinkselige Höhepunkte, bei denen Degen Tabus bricht, tüftelt und experimentiert, sind seine Unikat-Biere, deren Spezialsude er jeweils nur einmal braut und nur in limitierter Menge zur Verfügung stellt.

4800 Zofingen, Trilapark C3, Untere Brühlstrasse 11, 079 767 99 39, www.degenbier.ch

Chuchifabrik

Ab in die Fabrik Wer am Mittagstisch in der «Chuchifabrik» Lust auf ein spezielles Menü hat, meldet sich 48 Stunden vorher telefonisch an und sagt, was er gerne zwischen den Zähnen spüren will. Dann kann es schon mal vorkommen, dass australische Short-Ribs von den Luma-Fleischveredlern aus Schaffhausen aufgetischt werden. Die Kochsprache in der «Chuchifabrik» hat es in sich, die Köche getrauen sich was, auch beim Würzen. Das Ganze bereitet viel Freude und erinnert an diverse junge britische Köche, die in der Provinz Grosses leisten, was als Lob zu verstehen ist. Ich denke da an den sensationellen Burger vom Angus-Rind vom Biohof Scheibler aus Oftringen. Dazu ein aromatisches, frisch gezapftes Bier von Claude Degen, und jede Alltagsdepression ist wie weggeblasen. Nicht verpassen sollten Gaumentänzer die regelmässig stattfinden Gourmetabende. Die Website weiss mehr dazu.

4800 Zofingen, Untere Brühlstrasse 11, 076 671 56 51, www.chuchifabrik.ch

Da Luigi

Angekommen Im «Alimentari» von Luigi Bello kommt der Gast mit italienischen Gaumenkitzlern dem Süden sehr nahe und verzehrt sie gleich vor Ort oder kauft sich ein Stück Italianità für zuhause ein. Luigis Spezialitäten bestechen durch ihre Schlichtheit und kommen ohne jegliche Showelemente aus. Das Ganze ist ein Stück authentisches Italien mitten in Zofingen. Für das Auge fehlen nur noch Wäscheleine und Unterwäsche über der Vorderen Hauptgasse. «Viva Luigi, viva Italia!»

4800 Zofingen, Vordere Hauptgasse 42, 062 751 13 40, www.daluigizofingen.com

Murer-Bier

Der Wassermann Marcel Maurer ist nicht nur ein talentierter Brauer, Brenner und Techniker, sondern auch ein Wassermann, was wörtlich zu verstehen ist. Seine Apparaturen verwandeln Wasser aus dem Zürichsee in Trinkwasser und seine Wasserfilter geben das perfekte Wasser für die Kaffeemaschine zuhause. Dies ist kein billiger Werbespot für einen Freund, sondern das Ergebnis diverser Selbstversuche. Nur ein Punkt ist mir noch nicht klar – wann wird der Wassermann übers Wasser gehen? Bis es soweit ist, werde ich weiterhin sein erstmals 2004 gebrautes Murer-Bier trinken. Danach wird es wohl Wein sein.

4803 Vordemwald, Langenthalerstrasse 3, 062 958 10 00, www.murerbier.ch

Bio-Forellenzucht Flückiger

Im Bächlein helle Hier leben die Forellen in einer nahezu naturbelassenen Umgebung. Allerbeste Wasserqualität, Aufzucht in Naturweihern, eine niedrige Besatzdichte, eine Mindestlebensdauer von 18 Monaten und der Verzicht auf jeglichen Einsatz von Chemie ergeben ein wertvolles Nahrungsmittel mit festem Fleisch und bestem Geschmack. Das Futter aus natürlichen Rohstoffen stammt aus kontrolliert biologischer Produktion, das für Forellen unerlässliche Fischmehl wird aus Abfällen der Speisefischproduktion gewonnen. So wird Nachhaltigkeit garantiert, und es entstehen keine unerwünschten Nebenwirkungen auf Tier, Mensch und Umwelt. Keine Phrasen, sondern bei Susanne Flückiger Alltag und eine Herzensangelegenheit. Die Bio-Regenbogen- und Bachforellen sind schlichtweg delikat. Daneben gibt es auch noch nach altem Familienrezept geräucherte Forellenfilets, die Schleckmäuler schwelgen lassen.

4813 Uerkheim, Hinterhubelstrasse 9, 062 721 46 46, www.bioforellen.ch

Bar Garage Aarau

Dem Volke dienen Bei diesem Boxenstopp wird nicht das vier- oder zweirädrige Motorvehikel aufgetankt, hier tanken vielmehr die Gäste selbst auf. Neben Wein werden unter anderem auch Biotta-Säfte kredenzt, die von verklärten Philosophen und lokalen Koryphäen bei der Diskussion über die Leichtigkeit des Seins geschlürft werden. Wem die Gesellschaftsstudie zu langweilig ist, findet diverse spannende und überraschende Leseangebote. Kurz, die «Garasche» ist die etwas andere Adresse in Aarau und ideal für einen sonnigen Vorfrühlingstag am Donnerstag. Dann, wenn zu Mittag die gemeine Suppe im Mittelpunkt steht. Apropos Mittelpunkt: In dem stehen immer wieder Manuel Stirnemann, Chefkoch und Patentinhaber, und die kochende Gärtnerin oder gärtnernde Köchin Rebecca Moser – ja, und vor allem und natürlich «das Volk», dem hier noch gedient wird.

5000 Aarau, Kirchgasse 6, 062 823 56 14, www.heartbeat-aarau.ch/detail/garage

Tuchlaube

Schöner trinken! Mit dieser Ansage werden die Gäste nicht etwa aufgefordert, das Sabbern am Glas zu unterlassen. Vielmehr weisen die Macher der «Tuchlaube» damit darauf hin, dass sie eine individuelle Trinkkultur zelebrieren. Gin-Trinker werden hier genauso glücklich wie Kaffeetrinker. Und für Nachteulen ist der Caffè freddo, ein doppelter Espresso mit etwas Zuckersirup und viel gehacktem Eis, der Morgen-Sommerdrink schlechthin. Wer's zuhause nachmachen will – die Hausmischung der «Tuchlaube» kann im Kilopack vor Ort gekauft werden. Sie wurde gemeinsam mit Angelo Staeldi von «Kaffeepur» entwickelt. Er bezieht den sortenreinen Rohkaffee von ausgewählten kleinen Plantagen zu fairem Preis und röstet die Bohnen jede Woche schonend im aargauischen Niederrohrdorf. Und sonst? Auch die Esskultur wird hier vorbildlich zelebriert. Schweinshohrücken in Apfel-Senfsauce oder für Vegetarier ein lauwarmer Süsskartoffel-Federkohl-Salat. Eine der angesagten Adressen in Aarau.

5000 Aarau, Metzgergasse 18, 062 824 24 34, www.tuchlaubeaarau.ch

NEU Gasthaus zum Ochsen

Wiederbelebt Manchmal sind es banale Zufälle, die einen zu einer neuen Beiz führen, zum Beispiel Stau auf der Autobahn. So kam ich zum proper renovierten «Ochsen» in Schöftland, bin mit Inhaber Daniel Frey ins Gespräch gekommen und sitzen geblieben. Das taufrische Gemüse stammt aus dem eigenen Gemüseanbau und -handel, was Vegetariern wie auch Salat- und Gemüseliebhabern zugute kommt. Ich bin zwar ein Wurstliebhaber, aber die knackigen Kopfsalatherzen und das pochierte Ei mit Spinat und Kräuterfrischkäse samt lauwarmem Brioche haben es mir genauso angetan wie das zarte Siedfleisch an Meerrettichsauce mit Gartengemüse. Das Weinangebot dürfte noch etwas mehr Aargau bieten. Thomas Litwan und Ni&Ro stehen für hervorragende Provenienzen, die gut zum Haus passen würden. Der «Ochsen» besticht durch Gaststube, Weinkeller und Garten – und wer gleich mit einigen Freunden kommt, setzt sich in der ehemaligen Küche an den langen Tisch und gibt Gastgeber und Koch Daniel Rall eine Carte blanche.

5040 Schöftland, Dorfstrasse 11,
062 721 12 12, www.zum-ochsen.ch

Altbachmühle Wittnau

Direkt von der Mühle Vater Dölf Tschudi kann sich ein Schmunzeln nicht verkneifen und gibt unumwunden zu, wie es ihn freut, dass seine erwachsenen Kinder mit ihm am gleichen Strick ziehen und sich mit Herzblut in den Familienbetrieb hineinknien. Freiwillig, was eine gesunde und nachhaltige Basis für die Zukunft ist. Die Altbachmühle der Familie Tschudi klappert in achter Generation. Vor einigen Jahren haben sie ihr 250-Jahr-Jubiläum gefeiert, was ohnehin Bände spricht. Qualität ist das oberste Anliegen der Familie Tschudi. Das war schon immer so und wird auch immer so bleiben. Denn was nützt eine hohe Backkunst, wenn das Mehl nichts taugt? Wer denkt, Mehl ist Mehl, der bestelle bei Tschudis Burenmehl, Zopfmehl oder Roggenmehl – und wird staunen, was für ein anderes, wundervolles Brot damit aus dem Ofen kommt. So haben auch einige regionale Bäcker mit dem Mehl der Altbachmühle das «Jurapark-Brot» lanciert, das sich in der Region innert kürzester Zeit zum Verkaufsschlager gemausert hat.

5064 Wittnau, Hauptstrasse 41,
062 871 12 19, www.altbachmuehle.ch

Fricks Monti

Alles ausser gewöhnlich Nicht nur das «Monti» ist aussergewöhnlich, auch Martina Welti und Philipp Weiss sind eigenwillige und umtriebige Gastgeber in der Fricktaler Beizen- und Kulturszene, die von heimischen Stammgästen und unkomplizierten Städtern aus Aarau, Zürich und Basel gerne besucht wird. Der lebendige Mix aus Bar, Restaurant, Kino, Theater und Kulturbühne im «Fricks Monti» ist perfekt. Übrigens: Romantiker buchen die Kino-Balkon-Loge mit einer Flasche Champagner und sehen sich mit feucht-fröhlichen Augen und innigen Liebesschwüren an einem Liebesfilm nach Programmansage satt. Kann Wunder bewirken.

5070 Frick, Kaistenbergstrasse 5, 062 871 04 44, www.fricks-monti.ch

Restaurant Ochsen

Starke Stücke Im «Ochsen» lockt der Sonntagsbraten nicht nur am Tage des Herrn. Mit Esther Villiger, der sympathischen Gastgeberin und Köchin des Hauses, locken aber noch ganz andere wunderbare kulinarische Stücke. Über dem offenen Feuer werden bei ihr Lammgigot, Hohrücken, Roastbeef, Zwerchfell vom Rind, Kalbsbrust oder mal eine Keule vom Wollschwein butterzart gegart. Die Qualität des Fleischs, das Esther Villiger aus artgerechter Tierhaltung bezieht, die perfekte Zubereitung und das Ergebnis auf dem Teller lassen einen an das Gute im Menschen glauben. Genauso begeistern auch der lauwarme Gemüsesalat, das Peperoni-Rüebli-Curry mit glasierten Apfelscheiben und Korinthen, die Ochsenherztomaten mit gerösteten Auberginen und die sensationelle Wildterrine. Allein schon der sorgfältig zubereitete Blattsalat animiert dazu, ganz schnell wiederzukommen.

5079 Zeihen, Oberzeihen, Weizacher 2, 062 876 11 35, www.ochsen-oberzeihen.ch

Hirschen

Leistungsträger im Dorf 2015 hat sie das Gastronomiemagazin «Salz & Pfeffer» auf die Titelseite gehievt. Das ehrt das Können von Nadja Schuler. 2016 liess sie sich dazu überreden, in der SRF-Sendung «Mini Beiz, dini Beiz» mitzuwirken, was ihren Bekanntheitsgrad für den Augenblick zwar gesteigert hat, aber zu einer Gratwanderung mutierte. Die Momentaufnahme wurde jedenfalls der subtilen Kochsprache von Schuler und der individuellen Gastgeberrolle ihres Mannes Stephane Wirth nicht gerecht. Sei's drum. In der Dorfbeiz fühlt sich mancher Gast weitaus wohler als im gedrechselten Gourmetabteil. Was auf den Teller kommt, zeugt von Raffinesse und Klasse. Spargelmousse mit Pumpernickel-Thymian-Gebrösel oder ein Kalbssteak mit Morcheln und Erbsenpüree zum Beispiel. Der «Hirschen» ist eine Beiz für zwischendurch und immer wieder. Kulinarisch langweilig wird es dem Gast hier jedenfalls nie.

5234 Villigen, Hauptstrasse 42,
056 284 11 81, www.hirschen-villigen.ch

Zum Blauen Engel

Alles bleibt anders Versteckt und unscheinbar steht er zwischen Häusern, Scheune und Stall. Kein Hinweisschild führt zu ihm. Braucht ein Engel auch nicht. Schon gar nicht, wenn er blau ist. Wer nicht weiss, wo er steht, übersieht den «Blauen Engel» glattweg. Christophe Martin, den Freunde und Stammgäste «Kiki» nennen, ist Romand, aber schon zu lange in der Deutschschweiz verwurzelt, als dass er sich als gastronomischer Quereinsteiger von den Aargauern ins Bockshorn jagen liesse. Jedenfalls haben sie sich sehr schnell an ihn und er hat sich ebenso schnell an die Einheimischen gewöhnt. Der «Blaue Engel» überzeugt mit Speis und Trank und Gastfreundschaft. Mit einem Lächeln zur Begrüssung, mit Holzofenbrot, lokalen Freilandeiern, Wein, Bier, Hausschnäpsen, mit Kotelett oder ganz banal Specksalat oder Rauchwurst. Die ganze Region erfreut sich an der blühenden Speisewirtschaft und dem hauseigenen Rebensaft. Vor allem jeweils am kulturellen dritten Donnerstag im Monat. Dann, wenn es um 14 Uhr «Zuelose» heisst.

5235 Rüfenach, Zehntenweg 5,
056 284 13 54, www.blauerengel.ch

NIRO Weingut

Weine, die nach Trauben schmecken Die Winzerin Nicole Robatel kultiviert nach biodynamischen Grundsätzen auf 2,7 Hektaren Reben der Traubensorten Pinot Noir, Cabernet Sauvignon, Riesling-Sylvaner, Sauvignon Blanc, Räuschling, Cabernet Jura und Elbling. Sie setzt keine synthetischen Spritzmittel ein, verzichtet auf Insektizide und Herbizide. Ihre Reben stärkt sie mit Hornmist und Kiesel und spritzt sie mit Baldrian, Brennnessel und Ackerschachtelhalm, was den zahlreichen Zuwachs an Schmetterlingen, Grashüpfern und Feldhasen erklärt. Die Rotweine lässt sie ohne Hefezugabe spontan vergären, filtriert sie nur wenn nötig und füllt sie mithilfe der natürlichen Schwerkraft ab. Das Resultat sind filigrane, mineralische, frische und authentische Weine, die sich wundervoll trinken. Bei diesen Weinen kann man auch mal eine zweite Flasche riskieren, ohne gleich befürchten zu müssen, in den Seilen zu hängen.

5276 Wil, Kapellenstrasse 61,
062 875 00 66, www.ni-ro.ch

Gasthaus Bären

Alles echt bis auf die Bären Der «Bären» ist eine unscheinbare Beiz, mit einfachem Interieur, neckischen Details, viel Dekor und noch mehr Stoffbären, die an jeder Ecke lauern. Esther Keller dekoriert mit Leidenschaft. Was aber zählt, sind ihre exzellenten Speisen, sorgfältig angerichtet, vorwiegend regional, gut gewürzt, perfekt in den Garzeiten, kurz, mit Liebe gekocht. Der Service unter der Leitung des Patrons ist herzlich und zuvorkommend, der Gast ist willkommen, der Neuankömmling wird oft zum Wiederholungstäter. Im Eingangsbereich steht das «Chochichäschtli», ein Schrank voller hausgemachter Leckereien zum Mitnehmen: Sirupe, Konfitüren, Chutneys, eingelegtes Gemüse oder Tomatensauce. Nicht verpassen sollte man den wunderbaren Kalbskopf nebst anderen Spezialitäten und, je nach Saison, die selbst produzierten Glaces, die Weinsuppe, die Hettenschwiler Spargeln, das Gitzi oder im November die delikate Metzgete.

5277 Hottwil, Dorfstrasse 19,
062 875 11 45, www.baeren-hottwil.ch

Kündigbräu

Es raucht gewaltig René Kündig gehört zu den Kleinbrauern der ersten Stunde in der Schweiz. Seine diversen Biere sind exzellent. Vor allem sein Rauchbier, das den Vergleich mit dem Bamberger Original nicht zu scheuen braucht, ist grandios und harmoniert hervorragend mit geräuchertem Fisch auf Pumpernickel-Brot mit Essiggurke. Pur trinken geht natürlich auch, wäre aber schade. Seine Seminare sind gefragt und vermitteln, was es heisst, aus natürlichen Zutaten ein hervorragendes Bier zu brauen.

5323 Rietheim, Hauptstrasse 30,
056 249 16 13, www.kuendigbrau.ch

Müller Metzg

Von Freilufttieren Für einmal ist es kein geschäftstüchtiges Geplapper, sondern eine Tatsache. Wer bei Thomas Müller Fleisch kauft, erfüllt die Sorgfaltspflicht eines jedes Fleischessers, will heissen: Das Fleisch, das Müller verkauft, stammt aus artgerechter Haltung. Die Kälber wachsen bei ihren Müttern auf der Weide auf, bei Müttern, die stolz ihre Hörner tragen und nicht verstümmelt wurden. Bernhard Kohler aus Hottwil sei Dank, der seine Tiere gleich selbst zum nahegelegenen Schlachthaus bringt. So gehen seine Tiere in Würde und ohne Stress ihren letzten Gang. Würden wir alle bei Metzgern wie Thomas Müller einkaufen, ja, dann würden wir tatsächlich zu Besseressern mutieren. Übrigens: Neben dem Zerlegen der Schweine, Kälber und dem Natura-Beef aus Hottwil wird das Fleisch bei Thomas Müller bis zur perfekten Reifung gelagert, zum Teil fünf Wochen lang.

5400 Baden, Weite Gasse 12,
056 222 69 04, www.mueller-metzg.ch

Scandinavian Deli

Smaklig måltid Dass die Nationalfarben Schwedens Gelb und Blau sind, wissen die meisten Eidgenossen, dass «Smaklig måltid» Guten Appetit heisst, wissen schon nicht mehr so viele. Hippe Gourmets schwärmen von der aussergewöhnlichen Küche von Magnus Nilson, der in seinem «Fäviken Magasinet» in Jämtland so eigenwillig und genial kocht, dass ihn die halbe Welt in der schwedischen Pampa aufsucht. Und etwas südlicher, in der Provinz Schonen, zelebriert der Schwede Daniel Berlin eine grandiose nachhaltige Küche, die zahlreiche Genuss-Öko-Freaks anzieht. Wem diese Ausflüge zu weit und zu teuer sind, der besucht Baden. Das «Scandinavian Deli» in der Badener Altstadt von Ewa Jönsson begeistert mit Gastfreundschaft, Smørrebrød, Elch-Roastbeef, Gravad Lax und Kanelbullar.

5400 Baden, Untere Halde 7,
056 558 75 75, www.scandinavian-deli.ch

Stadtbistro Isebähnli

Chapeau! Pius Bieri, der seit 1993 zum Inventar des Hauses gehört, und Jean Michel Vionnet haben das «Isebähnli« 2014 von René Felder übernommen und führen es mit Nonchalance, Routine und Können weiter. Sie sind der Tradition verbunden, was nicht Stillstand bedeutet. Im Gegenteil. Seit über zwei Jahrzehnten existiert das Stadtbistro in seiner heutigen Form. Traditionell, gemütlich, unscheinbar und trotzdem lebendig und frisch. Pius Bieri hat selbst in hektischen Momenten alles unter Kontrolle, Angestellte, Bestellungen, Küche und Gäste. Jean Michel Vionnet beweist, dass er bei namhaften Köchen sein Handwerk gelernt hat. So ist seine geschmorte Schweinskopfbacke zwar sehr aromareich und kräftig im Geschmack, liegt aber trotzdem nicht schwer auf. Weniger Butter ist mehr, lautet seine Devise. Er ist ein Glücksfall für das Stadtbistro und seine Gäste. Die Klassiker des Hauses werden heute subtiler und feiner zubereitet. Sei es das knusprige Wiener Schnitzel, das Beefsteak Tatar, der Linsensalat oder die berühmten Tomatenspaghetti. Das kurze Fazit: Alles bleibt anders. Nur besser.

5400 Baden, Bahnhofstrasse 10,
056 222 57 58, www.stadtbistro.ch

Cortis Schweizer Weine

Schweizer Wein, ich weiss warum Daniel Cortellini, Weinhändler und passionierter Kolumnist, weiss das schon lange. Gehen Sie bei ihm vorbei, lassen Sie sich von ihm persönlich beraten, was der Beginn einer langen Bekanntschaft werden kann. Aber melden Sie sich vorher telefonisch an – der Hausherr ist gerne mit seinem Zweirad strampelnd unterwegs. Auch zu seinen Weinbauern. Und das kann dauern.

5400 Baden, Rathausgasse 5, 056 222 56 66, www.cortis.ch

NEU Rebstock

Aufgeweckt Schon der kleine Sommergunstplatz vor der Beiz zeigt an, dass es gut kommt. Es ist eine Beiz für alle Fälle, mit Bier von Jérôme Rebetez aus dem Jura und Destillaten von Lorenz Humbel aus Stetten. Die Palette der einfachen, gut gekochten Gerichte reicht vom indischen Gemüseteller bis zu Sushi, für die der «Rebstock» auf Profi Tosho Yakkatokuo zurückgreift, der Garant für Authentizität ist. Daneben warten Cordon bleu und Hackbraten oder hausgemachte Pastetli. Das Weinangebot ist klein, besticht aber mit einigen ausgewählten Provenienzen wie dem Rosso di Montefalco von Filippo Antonelli aus Umbrien oder einem Riesling vom Weingut von Othegraven, das TV-Moderator Günter Jauch von seiner Oma übernommen hat, was nicht heissen soll, dass der Wein nicht gut ist. Im Gegenteil. Wer einen filigranen Wein zu schätzen weiss, soll sich unbedingt eine Flasche gönnen. Das kurze Fazit: Kostgänger mit dem Sinn fürs Wesentliche fühlen sich im «Rebstock» wunderbar aufgehoben.

5400 Baden, Untere Halde 21, 056 221 12 77, www.rebstockbaden.ch

NEU Chriesihöger.li

Stubebeiz Sonja Leissing ist Journalistin, Stylistin, Rezeptautorin und Hobbyköchin. Und was für eine. Und Simi Simonet ist Handwerker, Künstler, Architekt, Bauführer und Koch. Und was für einer. Es gibt nicht viel, was er nicht kann. Die zwei Wirbelwinde zaubern für 25 (Minimum) bis 500 Gäste (Maximum) ein Catering hin, das rundum begeistert. Selbst die verwöhnten Gaumen des Schweizer Fernsehens beanspruchen ihre Leistungen. Nach Jahren des Planens und der Renovation – selbst ausgeführt, versteht sich – ist die «Stubebeiz» in Rieden hinzugekommen, in der die beiden ab einer Gästezahl von 25 Personen ihren Herd anwerfen und gross auftischen. Persönlich, herzlich, eigen. Allesesser sind glücklich, Vegetarier werden nicht mit schlappem Gemüse beleidigt, sondern mit spannenden Gerichten verwöhnt, die weit über den Gemüseteller hinaus reichen. Wer kommen will, trommelt seine Freunde zusammen, ruft an, reserviert, bespricht, in welche Richtung es gehen soll, und los geht's.

5415 Rieden bei Baden, Landstrasse 24, 056 282 02 66, 079 648 41 54, www.chriesihöger.li

NEU Wirtschaft zum Jägerhuus

Mit Herzblut Seit vier Generationen ist die Wirtschaft im Besitz der Familie Minikus, ein Relikt, ein Aussenposten, ein Gasthaus wie aus dem Bilderbuch. Mit Ecken und Kanten, aber in der Summe eine stimmungsvolle Einkehr, die man nicht nur der Küche wegen besucht. Es herrscht eine unverkrampfte Stimmung, es ist mehr Kommen als Gehen – wer nicht reserviert, hat oft Mühe, einen Stuhl zu ergattern. Das «Jägerhuus» ist ein besonderer Ort hoch oben über Baden, eine Insel unter Kastanienbäumen, mit Holzboden und Holzfensterrahmen, die zur Zeit der Metzgete aus allen Nähten zu platzen droht. Diese ist über die Region hinaus bekannt und begeistert mit grandiosen Leber-, Blut-, und Bratwürsten. Zur Wirtschaft gehört der hauseigene Hof, der vom Junior betrieben wird, mit glücklichen Tieren und guten Produkten, die im Hofladen gekauft werden können und in der Wirtschaft in die Pfannen kommen. Die Küche hält sich an Bewährtes. Lammkoteletts, Rindfleisch, Bratwürste und auffallend gute Suppen sind die Zutaten einer jahrzehntelangen Erfolgsgeschichte.

5415 Hertenstein, Weidweg 4, 056 282 36 46, www.zumjaegerhuus.ch, http://homepage.swissonline.ch/wuerenlos/BB/Jaegerhuus.html

Zum Blauen Engel, Rüfenach (Seite 116)

✶ Wirtshaus zur Heimat

Kulinarische Kammerspiele Die «Heimat» ist eine Wirtschaft mit verspielter Küche, im besten Sinne. Als Quereinsteiger hatten Ursula und Marco Gelmi 2007 die «Heimat» gekauft und dort piemontesisch gekocht, bis sie die Beiz 2016 kurzerhand an Tim Munz verpachtet haben, der nun ein neues, verspielteres Kochkapitel aufgeschlagen hat. Er überrascht seine Gäste immer wieder mit unkonventionellen Kombinationen, setzt etwa asiatische Gewürze ein, ohne damit zu übertreiben, und bleibt seiner Kochsprache treu, ohne dabei in Routine zu verfallen. Wer einen neugierigen Gaumen hat, vertraut ihm und lässt sich mit acht kleinen Gängen verwöhnen. Beste Voraussetzungen, um zum Wiederholungstäter zu werden. Mit Melina Rychener hat Tim Munz nicht nur seine Lebenspartnerin, sondern auch eine Persönlichkeit gefunden, die vor und hinter den Kulissen die «Heimat» auf Kurs hält.

5420 Ehrendingen, Dorfstrasse 22, 056 210 38 28, www.zurheimat.ch

Feinkosten in der «Heimat» by Marco Gelmi

Norditalien im Glas Während acht Jahren war die «Heimat» in Ehrendingen der nordöstlichste Zipfel des Piemonts. Tempi passati. Marco Gelmi kocht nur noch im Piemont oder an speziellen Veranstaltungen. Was geblieben ist, ist seine Enothek in der Garage hinter der «Heimat», die begehbare Weinkarte der Beiz, die Marco Gelmi nach wie vor unterhält. Mit viel Engagement und noch mehr Vergnügen wird der Kontakt und der Austausch mit den Produzenten gesucht und gepflegt. In der Enothek finden sich zudem auserlesene Destillate und Delikatessen.

Adresse siehe links, 079 285 10 82, www.feinkosten.ch

LägereBräu

Ein Bier, das rat ich dir Mir hat es das bernsteinfarbene Klosterbier «Stella Maris» angetan. Doch alle Biere, die Marco Wipfli braut, animieren dazu, sie zum Essen zu geniessen, so wie es die Belgier seit jeher tun. Und selbst jene, die es mit Bier nicht so können, kommen mit der alkoholfreien Fassbrause auf ihre Rechnung. Zivilisierte Bier-Connaisseurs halten sich vornehmlich an die Spezialitäten des Hauses: an das «Tequila I.P.A.» oder das freche «Whiskey Porter», zwei edle Hopfentropfen, die in 75-cl-Champagnerflaschen abgefüllt werden und oft schnell ausverkauft sind.

5430 Wettingen, Klosterstrasse 40, 056 426 19 54, www.laegerebraeu.ch

Holzofen-bäckerei Erne

Mit gutem Brot fängt es an Es sind nicht wenige Brotliebhaber, die in die Holzofenbäckerei von Ruth Erne pilgern. Sie backt am Montag rund zweihundert und am Donnerstag rund tausend Brote. Allerdings ist das bei ihr mit den Öffnungszeiten so eine Sache. Die sind rar. Nur am Montag und am Donnerstag hat ihre Backstube jeweils von 13 bis 18 Uhr geöffnet. Sonst bleibt's beim Träumen, oder man geht am Samstag nach Baden auf den Markt und besucht die Bäckerin an ihrem Stand.

5467 Fisibach, Belchenstrasse 117, 079 293 40 86, www.holzofenbrot-backstube.ch

Humbel Spezialitäten-brennerei

Alles klar Die Spezialitätenbrennerei Humbel ist schweizweit bekannt und selbst im Ausland berühmt. Die sortenreichen Kirschbrände sind das Markenzeichen der Brennerei, aber nicht nur. Mittlerweile gehören neben den Obstbränden auch Armagnac, Wodka und Whisky zur Produktepalette, die Lorenz Humbel teilweise mit diversen Partnern produziert. Alles wird sorgfältig und in Spitzenqualität hergestellt. Ein Besuch vor Ort lohnt sich.

5608 Stetten, Baumgartenstrasse 12, 056 496 50 60, www.humbel.ch

NEU Krone

Auf Kurs Lorenz Humbel ist Brenner aus Leidenschaft. Er wird für seine Destillate überhäuft mit Auszeichnungen, und seine Website ist voll mit Empfehlungen vorzüglicher Restaurants, die seine Brände ausschenken. Da kann es doch nicht sein, dass gerade in seinem Dorf die Dorfbeiz geschlossen ist. Gesagt, getan. Lorenz Humbel, sonst ein vernünftiger Mensch, hat sympathisch unvernünftig gehandelt und im Frühling 2018 die «Krone» wieder eröffnet. Eine Beiz mit Charakter, Patina und Qualitätsdenken, in der nicht nur die hauseigenen Schnäpse kredenzt werden, sondern auch gute Weine und gutes Bier zu Preisen, die allen Trinkfreudigen Freude machen. Die Gastgeberrolle teilt er sich mit Nicole Lüthy, die mit ihrer Herzlichkeit mit dazu beiträgt, dass sich das ganze Dorf gerne in der «Krone» trifft, auch mal länger und später. Zur Eröffnung gab es Randensuppe, Hackbraten vom Wasserbüffel mit Stampf und Saucen-Seeli, eine Mousse und Glückwünsche. So geht Erfolg im Dorf.

5608 Stetten, Oberdorfstrasse 6, 056 496 05 05, www.krone-stetten.ch

NEU Käserei Duss

Welche Düfte Von einem meiner besten Freunde, der in Wohlen lebt, begnadeter Hobbykoch ist und mit kesser Lippe und spitzer Feder sagt, was kulinarisch Sache ist, habe ich den Tipp zur Käserei Duss bekommen. Ihre Philosophie überzeugt, sie arbeiten kompetent, begeistern ihre Kunden mit exzellentem Käse, sind motiviert und halten die Tradition hoch, ohne die Innovation aus den Augen zu verlieren. Ein Kompliment an alle Mitarbeitenden der Käserei. Über 170 Käsesorten warten hier darauf, entdeckt zu werden. Käse von hier und von dort und von weiter weg. Einen Emmentaler haben sie zum Beispiel, so einen richtigen, alten, schön tränenden Emmentaler. Und erst die Berg- und Alpkäse. Hinzu kommen diverse Nebenprodukte wie Konfitüren, Polenta und andere schöne Dinge. Auch hier zählt die Qualität. Gut so.

5610 Wohlen, Jurastrasse 8,
056 622 11 56, www.duss-wohlen.ch

Bänziger

Offen für Offene Seit Jahren kocht Martin Bänziger auf hohem Niveau in einem stimmungsvollen Gasthaus. Ohne Firlefanz, geradlinig und sehr schmackhaft. Hinzu kommt ein Weinangebot, das nicht nur mit fairen Preisen überrascht, sondern auch mit einer durchdachten Auswahl an zahlreichen Provenienzen. Wer zu Marianne Müller und Martin Bänziger kommt, gibt dem Koch am besten eine Carte blanche oder gönnt sich das vorgeschlagene Menü, das ab zwei Personen aufgetischt wird. Wem das zu viel ist, wählt à la carte, bei der die einzelnen Positionen leicht dazu animieren, zu viel zu bestellen. Also doch gleich das Menü? Wobei Artischockenböden auf Salat und Lamm-Hacktätschli auf Couscous ebenso reizvoll tönen … Kurz: Martin Bänziger kocht seit Jahren eine inspirierende Küche, der selbst die Nörgeleien und Sticheleien von Gault-Millau nichts anhaben können.

5703 Seon, Seetalstrasse 43, 062 775 11 39,
www.restaurant-baenziger.ch

NEU **Weinhandlung am Küferweg**

Kultur im Glas und auf der Bühne
Diese Weinhandlung näher vorzustellen, ist eigentlich Wasser in den Hallwilersee getragen. Sie ist wie eine gut geölte Maschine, die leise schnurrt, kein grosses Aufheben um sich macht und trotzdem immer in den Medien präsent ist. Die Feste, die sie in der «Konservi» organisiert, sind legendär und werden von trinkfreudigen und kulturell interessierten Weinnasen rege besucht. In über 500 Gastronomiebetrieben und in über 600 Fachgeschäften werden ihre Weine verkauft. Hinzu kommen unzählige Private, die der Weinhandlung seit dreissig Jahren die Treue halten und sich wie ich erfreuen zum Beispiel an den Provenienzen der Familie Brezza aus dem Piemont, von Dominique und Eric de Suremain aus dem Burgund, von Christian Rossel aus dem Neuenburgischen und von Marie-Thérèse Chappaz aus dem Wallis. Die hauseigenen Verkaufsstellen sind in Seon und Obfelden.

5703 Seon, Seetalstrasse 2, 043 322 60 00, www.kueferweg.ch

Bären

Ein toller Hecht Max Eichenberger ist die lebende Fischkochlegende vom Hallwilersee. Sicher gibt es kreativere Köche, aber keiner trägt schönere rote Hosenträger, und keiner kocht den Hecht besser als er. Obwohl er auf die achtzig zugeht, will er von Pensionierung nichts wissen. Kürzer treten, die Öffnungszeiten reduzieren? Na ja, wenn es denn sein muss. Es muss! Die Stammgäste sind allein schon glücklich, dass der «Bären» überhaupt noch offen hat. Der ausgebackene Hecht und die Felchen an brauner Chilibutter lohnen die Wartezeit, für die der «Bären»-Max berühmt-berüchtigt ist. Das stört allerdings nur den unwissenden Frischling, den Erstbesucher, der sich noch über so einiges anderes wundern kann. Über die natürliche Herzlichkeit der Gastgeberin Dora Eichenberger oder über die Tatsache, dass Max die Gräten einzeln mit Pinzette und Lupe aus den Fischen holt, was dann eben dauert. Volle Beiz hin oder her. Kurz, wer in den «Bären» geht, hat und nimmt sich Zeit oder lässt es gleich bleiben. Der «Bären» erhält unsere Auszeichnung 2019 für das Lebenswerk (siehe auch Seite 13).

5708 Birrwil, Dorf 4, 062 772 11 29, www.baeren-birrwil.ch

Tuch & Laube

War da was? Dieses Bed & Breakfast gehört für mich zu den schönsten der Schweiz, obwohl es einfach ist. Die Lage, der Stil und die Patina des Hauses machen gemeinsam mit den Hausbewohnern und Gastgebern den Unterschied. Die Aare ist nur ein paar Schritte entfernt, wobei nachts das Rauschen vom Stadtbach herrührt, der auf (!) der Stadtmauer unter den Fenstern vorbeifliesst. Das alles bekommt der Gast zum Freundschaftspreis. Wundervoll!

5000 Aarau, Stadthöfli 7, 076 335 62 68, www.tuchundlaube.ch

Bären, Birrwil (Seite 127)

Café Bar Salü

«Une pour la route» Zivilisierte Trinker, Früh- und Spätgänger, Überhocker und andere sympathische Zeitgenossen bilden das bunt durchmischte Stammpublikum im «Salü», das sich seine Lippen mit Espresso, Latte, Bier, Wein & Co. benetzt. Je nach Tageszeit und Gemütsverfassung. Die Gäste begrüssen sich, hören zu oder weg, lachen, scherzen, zechen und essen eine Kleinigkeit für den Hunger zwischendurch. Monica und Richard Beaudoux, die Macher dieser stimmungsvollen Einkehr verstehen es mit Flair und Fingerspitzengefühl, Treffpunkte zu schaffen, denen jeder passionierte Beizengänger mit der Zeit hörig wird. Es geht gar nicht anders, als dass man sich im «Salü» und im «Café de Ville» wohl fühlt. Und, einmal im «Salü» erst verhockt, entsteht bei mir immer wieder ein Fernweh, das mich in Richtung Westen nach Frankreich zieht. Santé!

6003 Luzern, Waldstätterstrasse 5, 041 210 67 77, www.cafedeville.ch

NEU Helvetia

Heil dir Helvetia Wer es sich an einem lauen Tag unter den Kastanienbäumen vor der Beiz bequem macht, verspürt eine Brise Ferien im Gesicht. Auf dem Teller und im Glas wird's schon helvetischer. Irgendwie auch logisch bei einer Helvetia. Es sind denn auch Schweizer Alp- und Bauernbetriebe, Fischer, Winzer, Brau- und Brennmeister, die ihre Produkte liefern und somit die Vielfalt der Region und der Schweiz im Allgemeinen repräsentieren. Grosses kulinarisches Kino ist zum Beispiel die «Kalberei». Dafür muss ein Bergkalb aus der Region das Zeitliche segnen, damit eine illustre Gesellschaft auf der Zunge und im Gaumen spüren darf, wie gut artgerechte Tierhaltung schmeckt. Davon gibt's zum Beispiel Sulzterrine vom Kalbskopf, Kalbshaxen-Ravioli oder einfach eine wundervolle Kalbsbrustschnitte. Und wenn ich erst an das Kalbsleber-Parfait mit gebackenen Kalbsnieren oder an das Kalbssiedfleisch denke! Dazu trinke ich gerne einen Heida der Domaine Rouvinez aus Saxon. Kompliment an Koch und Ideengeber.

6003 Luzern, Waldstätterstrasse 9, 041 210 44 50, www.helvetialuzern.ch

Italo Hispano Comestibles

Stillleben vor und hinter der Theke Ein Besuch im Comestibles Italo Hispano, der nur einige Schritte von der Bar «Salü» entfernt ist, gehört für mich in Luzern immer dazu. Das ist nicht irgendein Spezialitätenladen mit diesem und jenem, sondern eine Schlaraffia par excellence. Und mittendrin Andrea Baumgartner, die fragt, berät, schneidet, einpackt und kassiert. Gutes aus Italien und Spanien, noch etwas Griechenland, und die Ferien sind ganz nah. Wer Appetit auf ligurische Oliven, Südtiroler Speck, spanische Pata Negra oder Freude hat an einer gepflegten Auswahl an Schaf- und Kuhkäse aus dem Piemont und frische Pasta, morbide Salami und Co. zu schätzen weiss, ist bei Andrea Baumgartner und Philipp Fekete in den besten Händen.

6003 Luzern, Moosstrasse 15,
041 210 18 68, www.italohispano.ch

Bäckerei Konditorei Odermatt

Der Quartierbäcker Paul Odermatt ist ein Bäcker, wie es sie früher in jedem Quartier gab. Wer die Bäckerei betrat, war zuallererst vom Anblick der duftenden Auswahl betört. Gut, nicht mehr am späteren Nachmittag, da waren die Regale vorwiegend leer und die Bäckerei ausverkauft, was für die Qualität der Produkte sprach. Heute sind die meisten Quartierbäcker verschwunden. Kein Wunder, wenn selbst zuhause das Brot aus der Tiefkühltruhe kommt. Was tun? Kaufen Sie Ihr Brot bei Bäckern wie Paul Odermatt oder Toni Arnold, ebenfalls ein grossartiger Luzerner Quartierbäcker in der Obergrundstrasse.

6003 Luzern, Bundesstrasse 25,
041 210 78 78, www.beck-odermatt.ch

Restaurant Neustadt

Ganz Schweiz Luzern ist mehr als See, Raddampfer, Altstadt und knipsende Asiaten. Die Foto- und Fondueplausch-freie Zone beginnt auf der anderen Seite der Reuss – in der Neustadt. Ein pulsierendes Quartier, das zwar von Trends nicht verschont bleibt, aber eine Traditionsbeiz hat, wie sie sich der Purist wünscht. Im «Neustädtli» wird gegessen, getrunken, gejasst und politisiert. Zu Beginn der Achtziger reiste Gastgeber Roland Odoni ins Piemont, nach Verduno ins Real Castello. Ein einfaches Schloss, etwas angestaubt mit einem liebenswerten Hausherrn, damals noch ein Geheimtipp. In dieser heilen Welt kam Roland Odoni auf die Idee, seinen Lebensmittelpunkt in die Neustadt zu zügeln. Er übernahm das Restaurant Neustadt von Theddy Furrer, entstaubte es und begann zu wirten. Das war vor über zwanzig Jahren. Seitdem brummt der Laden. Das hat mit ihm, der Herzlichkeit seiner Mitarbeiter und mit seinem wunderbar normalen Angebot zu tun; allein der Hackbraten lohnt den Besuch.

6003 Luzern, Neustadtstrasse 21, 041 210 23 71, keine Website

Kostgeberei

Köstlich! Er ist kein Macher, kein Aufschneider, er ist ein Mann der leisen Töne und der schlichten Küche. «Nose to Tail» war schon immer sein Ding, vegetarisch sowieso, die Beiz täglich offen halten, das dann lieber doch nicht. Die Familie hat Vorrang. Mittlerweile hat Simon Kraft seine «Kostgeberei» noch von Mittwoch bis Freitag offen oder für eine unkomplizierte Tafelrunde ab zehn Gäste auch ausserhalb der Öffnungszeiten. Wer mit 40 Nasen antanzt, hat die «Kostgeberei» für sich. Seine kalte Gemüsesuppe ist legendär, der grüne Salat ist immer frisch und knackig, das Siedfleisch zart, die Couscous-Schnitte luftig und das rote Thai-Curry scharf. Simon kocht, wie es ihm passt, und kocht er für eine Gesellschaft, spricht er sich mit ihr vorher ab. Kurz, die «Kostgeberei» ist die etwas andere Beiz in Luzern, bespielt von einem wundervollen Menschen, der sich von Trends und Moden schon vor Jahren verabschiedet hat. Probieren Sie die Kalbsbacke mit Oliven-Kartoffelstock und trinken Sie eine Flasche Regent dazu, und Sie wissen was ich meine.

6003 Luzern, Ulmenstrasse 14, 041 360 34 13, www.kostgeberei.ch

Gänterli Bio-Laden

Bio-Opa-Gänterli Seit 1979 existiert dieser Bioladen in Luzern, der einer der ersten dieser Art in der Schweiz gewesen sein dürfte. Antiquiert ist deswegen nichts. Der Kunde wird freundlich und auf Augenhöhe bedient, es wird nicht missioniert, sondern empfohlen, gelacht und verkauft. Es ist stets ein spezieller Moment, in den Laden einzutreten – die Fensterfront, die Türe, alles ist liebevoll herausgeputzt, alles steht in Reih und Glied und ist sorgfältig angeschrieben. Das Gemüse ist taufrisch, das Angebot vielfältig und speziell. Wer bewusst einkauft, verzichtet auf die Nullachtfünfzehn-Körperpflege-Produkte des Grossverteilers, sondern kauft im «Gänterli» Rigi-Seife vom Haldihof und die wunderbaren nach Bergsommer riechenden Salben und Gels aus Soglio im Bergell. Und sonst? Wein, Tee und mehr, Nüsse, Pasta, Kräuter und Gewürze, alles da. Gutes Brot ebenso, «Gänterli» nur weiter so (dieser Kalauer sei erlaubt).

6003 Luzern, Vonmattstrasse 50,
041 240 59 12, www.gänterli.ch

NEU Die Kneipe

Stimmungsvoll Die Kneipe ist kein Rückzugsort für heimwehkranke Deutsche, sondern eine liebevoll eingerichtete und patinierte Quartierbeiz, in der Suppe und Salat in Schüsseln adrett angerichtet, perfekt gewürzt und aufgetischt werden. Dazu gibt's Brot, das diesen Namen verdient, und ohne die kleinen belegten Brote geht ein Besuch schon gar nicht. Alles einfach gut und frisch. Die Weinauswahl hält sich an Spanien, Italien und Portugal, mir persönlich fehlen einige filigrane Leichtfüsser, die sich unkompliziert wegzischen lassen. Was die beiden Gastgeberinnen Claudia Egli (Küche) und Irène Bergmann (Service) bieten, verdient Anerkennung und ein reges Kommen. Dass die Gastgeberinnen explizit auf ihrer Website erwähnen, dass sie sagen, was sie denken, ist nicht als Drohung zu verstehen, sondern unterstreicht die Unkompliziertheit dieser Kneipe.

6003 Luzern, Klostergasse 5,
041 541 50 15, www.die-kneipe.ch

Café de Ville im Schwanen

Vive la différence Très chic ist es, bei Altmeister Richard Beaudoux in seinem Café de Ville einzukehren. Nicht nur für Habitués, sondern auch für Otto Normalverbraucher mit dem Sinn fürs Frankophile. Denn gegessen wird hier französisch. Dies immer von Montag bis Freitag den Tag hindurch. Abends ist die Küche zu, und die Beiz schliesst um halb acht. Am Samstag ist eine Stunde früher Schluss, und am Sonntag wird gebruncht. Vor und nach der Kirche. Für den kleinen Hunger warten Austern, eine Omelette, zubereitet nach allen Regeln der Kunst, oder perfekte Käsekroketten. Bei grossem Appetit sind Tafelspitz, Kalbshacktätschli, Quiche und andere schöne Dinge eine schmackhafte Alternative. Wer Lust hat, den Abend stilvoll zu beenden, geht nach dem Café in die Bar und sagt sich und dem Nachbarn bei einem Glas oder zwei «Salü».

6004 Luzern, Schwanenplatz 4, 041 410 11 77, www.cafedeville.ch

Max Chocolatier

Schleckmäuler aufgepasst Max König ist ein Meister seines Fachs. Nach der noblen Nachbarschaft und den verführerischen, vergänglichen Kunstwerken von Max könnte seine Schokoladenmanufaktur auch ein Juweliergeschäft sein. Pralinen, Schokolade, es ist alles da, in einer Perfektion, die für die Deutschschweiz einmalig ist. Wieso nicht gute Freunde zu einem unvergesslichen Erlebnis einladen? Max König organisiert Führungen und bietet Degustationen in Luzern oder Zürich an. Wer den entsprechenden Geldbeutel hat, kann den Ort auch frei wählen. Wer sich steigern will, kombiniert die Schokolade mit Champagner, Port oder Whisky oder einfach «nur» mit Wein. Nebenbei: Wer alles über Schokolade und mehr über Max König erfahren will, bestellt sich die Ausgabe 33 des Kulturreisemagazins «Transhelvetica», sofern sie nicht vergriffen ist, und liest den Artikel von Herausgeber und Chefredaktor Jon Bollmann über Max und seine Schokolade. Es lohnt sich.

6004 Luzern, Schweizerhofquai 2, 041 418 70 90, www.maxchocolatier.com

Jazzkantine

Wein und Jazz Die «Jazzkantine» war schon in den Achtzigern eine beliebte Einkehr. Bei einer Flasche Riesling x Silvaner und delikaten Bruschette zu einem grandiosen Konzert mit Dave Liebmann und der Big Band der Hochschule Luzern habe ich sie wiederentdeckt. Der neue innovative Gastgeber Dominik «Domi» Meyer versteht es, frischen Wind in die Bude zu bringen, mit Farbe und einer eindrücklichen neuen Bar, ohne das Bewährte zu beleidigen. Domi Meyer gelingt nicht nur der Spagat zwischen Alt und Neu auf spielerische Art und Weise, sondern er setzt mit dem Einsiedler Bier auch auf süffige Innerschweizer Akzente, was sich auch im Weinangebot zaghaft bemerkbar macht. Hier dürfte aber ruhig noch etwas mehr heimisches Schaffen ausgeschenkt werden, etwa von Luzerner Winzern wie Bisang, Ottiger und Brunner. Was aus der Küche kommt, bereitet Freude und schmeckt.

6004 Luzern, Grabenstrasse 8,
041 410 73 73, www.jsl.ch/kantine.htm

Chäs Barmettler

Schweizer Käse Die Bevölkerung der Schweiz umfasst rund 8,5 Millionen Einwohner, die jährlich um die 186 750 Tonnen Käse konsumieren. Mit etwas mehr als 22 Kilogramm pro Kopf ist die Schweiz eine Nation von Käseliebhabern. So weit die Switzerland Cheese Marketing in ihrem Bericht zur Käselage der Nation. Das freut nicht nur die Käser, das freut auch die Käsehändler. Wie etwa Thomas und Marianne Barmettler, die in der zweiten Generation den Betrieb von Adolf und Marlies Barmettler übernommen und vor fünf Jahren das Geschäft an der Hertensteinstrasse vollständig umgebaut haben. Die Auswahl ist enorm, im Speziellen sind die zahlreichen Berg- und Alpkäse der Innerschweiz vertreten. Die Luzerner sind jedenfalls heilfroh, dass sie noch so ein gut sortiertes Fachgeschäft mitten in der Stadt haben.

6004 Luzern, Hertensteinstrasse 2,
041 410 21 88, www.chäs-barmettler.ch

Stiefel's Hopfenkranz

Luigina und Moritz Einfach macht es einem Moritz Stiefel nicht. Zu oft hat er in den letzten Jahren die Stiefel geschnürt und ist von einer Beiz zur anderen gehüpft. Und als er noch den Hügel zum «Gütsch» erklomm, dachte manch einer, ob ihn nun alle guten Geister verlassen haben, sich derart unpassende Stiefel anzuziehen. Kochtechnisch hätte er den «Gütsch» problemlos gestemmt, denn am Herd ist Moritz unbestritten ein Könner, aber das ganze Drumherum war nun wirklich nichts für ihn. Vor etwas mehr als zwei Jahren hat er den «Hopfenkranz» übernommen, und es hat von Beginn an funktioniert. Die Bude wird gestürmt, Moritz zeigt sich in Form, und mittendrin steht seine Frau Luigina, die dafür sorgt, dass Moritz die Stiefel im Schrank lässt und die ständigen Wechsel ein Ende haben. Der «Hopfenkranz» ist eine wundervolle Luzerner Beiz, ohne jeden Punktezirkus, dafür mit einer lustvollen, spannenden und taufrischen regionalen Küche.

6004 Luzern, Zürichstrasse 34, 041 410 78 88, www.hopfenkranz.ch

Geissmatt

Ein Menü Bruno Rampinelli ist Koch und Gastgeber in Personalunion. Den Tag hindurch kocht er mit Felice, am Abend tischt er mit seiner Frau Marie-Angela lustvoll auf, palavert mit seinen Gästen, empfiehlt und kredenzt die Weine, scherzt, lacht, schenkt ein und nach. Die Idee eines fixen Menüs ist ihm im legendären «Baldoria» in Ascona gekommen, das seit jeher seinen Gästen keine Auswahl lässt. Und genauso verhält es sich bei Bruno. Seit acht Jahren sind die Rampinellis auf der «Geissmatt», in diesem kunterbunten und doch so stilvollen Restaurant. Selbst ein verwöhnter Gaumen wie der von Gastro-Freelancer Hubert Germann fühlt sich bei Bruno wohl und ist zufrieden mit dem Rauchlachs auf Randentatar, mit der frischen Pasta von der Bottega della Pasta von Roger und Charlie (www.safra.ch), mit der Tagliata di Manzo vom Schweizer Weiderind, der klassischen Panna Cotta und dem Schafskäse Robiola Bosina. Dazu einen Traminer aus dem Südtirol, gefolgt von einem Nebbiolo aus dem Piemont. Wie auch immer, es lebt, es trinkt, es isst sich gut in der «Geissmatt».

6004 Luzern, St. Karlistrasse 13A, 041 361 13 13, www.geissmatt.ch

Moosmatt

Schönes im Quartier Die «Moosmatt» ist eine schöne, patinierte Beiz, in der man gerne am langen Tisch in der Mitte sitzt und sich einer Runde Gesellschaftsstudie hingibt. Auf weissen Tellern wird sorgfältig angerichtet, die Küche kann was, und die Website verspricht nicht zu viel, wenn sie von einem meisterlichen Spagat zwischen Quartierbeiz und Speiselokal schreibt. Zum Pflichtprogramm gehören für zahlreiche Stammgäste das Tatar, die Fleischbölle und das Cordon bleu. Die Weinkarte wartet mit spannenden Provenienzen auf, wobei die Preispolitik dazu animiert, zu viert nur eine Flasche statt zwei zu bestellen, was nicht so recht zur «Moosmatt» passen will und eine Überlegung wert wäre.

6005 Luzern, Moosmattstrasse 64, 041 310 73 80, www.moosmatt-luzern.ch

Ueli-Hof

Einer wie keiner Um alle Vorzüge des Ueli-Hofs umfassend erklären zu können, reicht hier der Platz nicht. Also lasse ich es lieber. Besuchen Sie die Website und informieren Sie sich über den Vorzeigebetrieb, der nicht nur vom Respekt den Tieren gegenüber spricht, sondern ihn vorlebt. Schon von Beginn an und aus Überzeugung. Besuchen Sie den Hof Mättiwil, lassen Sie sich den Betrieb zeigen, wie die Tiere gehalten werden – und Sie werden vom Vegetarier zum Flexitarier. Wie früher, als Fleisch noch keine Alltagsware war. Oder besuchen Sie eine der Metzgereien in und um Luzern. Es lohnt sich.

6005 St. Niklausen/Luzern, Mättiwil, 041 911 22 20, www.uelihof.ch

Libelle

Gelandet Die «Libelle» ist eine wundervolle Quartierbeiz, die pulsiert. Ein soziales Projekt und doch eine selbsttragende Beiz. Es schmeckt hier nach Teamgeist und Sachverstand. Nach einer Wiedergeburt des selbst gekneteten und gebackenen Brots. Nach Blumenkohlsuppe in der Schüssel statt Schaumsüppchen in der Espressotasse. Es geht hier nicht um Themen-Gastronomie, sondern um ehrliche Gastfreundschaft, die ein soziales Projekt beinhaltet, die frömmlerische Heuchelei aber vor der Türe lässt. Gastfreundschaft wird in der «Libelle» aufrichtig gelebt und nicht antrainiert. Bei plötzlichem Andrang gehören Wartezeiten auch mal dazu. Egal. Die «Libelle» zeigt exemplarisch, wie vital eine Quartierbeiz sein und wie zeitgemässe Gastronomie über ein Quartier hinausstrahlen kann. Und was es sonst noch mit der «Libelle» auf sich hat, beschreibt der Luzerner Künstler Felix Kuhn in schönen Worten auf der Website.

6006 Luzern, Maihofstrasse 61,
041 420 61 61, www.restaurantlibelle.ch

Horn + Milch

Kühe verstehen Reto und Sabine Buchli-Haldemann haben sich mit ihrem kleinen Unternehmen ganz und gar der Kuh mit Hörnern verschrieben. Sie stehen für einen von Grund auf artgerechten und natürlichen Weg ein. Mehr dazu auf ihrer Website. Nur so viel sei hier zitiert: «Jedes Individuum besitzt genau jene Eigenschaften, welche für seinen Lebenszweck und seine Entwicklung notwendig sind. Und hierzu gehören bei der Kuh die Hörner. Welche Funktionen diese Hörner nebst der besseren Kristallisationsstruktur der Milch, der Mithilfe bei der Verdauung sowie dem sozialen Verhalten der Kuh zudem eine Rolle spielen, können wir nur erahnen. Die Kuh ist ein intelligentes Wesen. Sie hat eine Seele, Gefühle und einen eigenen Charakter. Es liegt in unserer Verantwortung, den Kühen mit Horn Schutz und Pflege ihrer natürlichen Ganzheitlichkeit zu bieten.» Nebenbei: Spenden kann man auch. Details dazu auf der Website.

6006 Luzern, Büttenstrasse 25a,
079 868 60 03, www.horn-milch.ch

NEU Beau Séjour

La Vie est belle Einen grossen Koffer für die Abendgarderobe braucht es für das «Beau Séjour» nicht, aber genügend Durst und die Lust, in Luzern unkompliziert und vergnüglich Gast auf Zeit zu sein. Wunderschöne Räume, eine Aura vergangener Tage, perfekt eingebunden im Heute, mit Gästen, die sich nicht zu wichtig nehmen und ohne steife Oberlippe auskommen. Schöne Zimmer und grosszügige Suiten warten zu korrekten Preisen darauf, bewohnt zu werden. Wer sich einen ersten Eindruck verschaffen will, klickt auf der Website die Rubrik «So sieht's aus» an und wird feststellen, dass das Haus tatsächlich ein wundervolles «Petit Grand Hotel» ist. Wetten, dass wir uns bald am Vierwaldstättersee sehen. Vielleicht bei einer Flasche Crémant de Bourgogne Rosé von Guy Amiot et Fils?

6006 Luzern, Haldenstrasse 53,
041 410 16 81, www.beausejourlucerne.ch

Ochsen

Der vergessene «Ochsen» Schön, wenn mich eine alte Freundin nach Jahren fragt: «Kennst du …» und mir den stimmungsvollen und schönen «Ochsen» in Littau ans Herz legt, den ich jahrelang verpasst habe. Irène und Roland Haldi sind Gastgeber, wie man sie sich wünscht. Sie sind unkompliziert und kompetent, begrüssen herzlich ohne steife Oberlippe, empfehlen, ohne aufzudrängen, und lachen, ohne künstlich zu wirken. Wer Schnecken mag, sollte bei ihnen mit einem halben Dutzend starten und mit einem herzhaften «Söppli» fortfahren. Das gute Brot macht den Rest, bevor die Kalbsbacke mit einer perfekten Rösti lockt. Wer die Weine von Inès und Thomas Bisang aus Dagmersellen noch nicht kennt, dem sei der Rosé, eine Cuvée aus Blauburgunder und Zweigelt, empfohlen. Süffig, gehaltvoll, verspielt.

6014 Luzern-Littau, Cheerstrasse 2, 041 250 23 22, www.ochsenlittau.ch

Gasthof Ochsen

Kalbskopf statt Espuma René Adler hat den 1516 erstmals erwähnten Gasthof Ochsen von seinem Vater Hansjörg übernommen und führt ihn heute mit zwei Jungköchen erfolgreich weiter. René steht am Herd und in der Beiz, sitzt am Schreibtisch und sucht Weine aus, kauft ein und geht zur Jagd. Er ist gemeinsam mit Lisa, die seit siebzehn Jahren im «Ochsen» arbeitet, die gute Seele des Hauses. Die Wildgerichte stammen aus heimischer Jagd und gehören wie die opulente Metzgete (am letzten Januar-Wochenende), die «Moules et Frites» (im Frühling) oder die «Stobete» (immer am 7.12) zu einigen von ganz vielen Höhepunkten, die im «Ochsen» lustvoll zelebriert werden. Und sonst? Sauerkrautsuppe, Jambon persillé, Entrecôte vom Jungrind mit Steinpilzen, Markbein vom Rind mit Thymian und geröstetem Ruchbrot, Rindskutteln oder Kalbskopf sind schöne kulinarische Momente in einer lebendigen Beiz, die durch alle Gesellschaftsschichten hindurch frequentiert wird.

6023 Rothenburg, Flecken 32, 041 280 12 72, www.ochsen-rothenburg.ch

Metzgerei Stutz

Zum Knabbern Richard Stutz ist ein innovativer Metzger voller Ideen, mit deren Umsetzung er seine Stammkunden immer wieder überrascht. Genauso überrascht sind die Erstbesucher der Metzgerei vom zuvorkommenden Service durch Monika Imboden und Martina Stutz. So viel Herzlichkeit ist für geschädigte Städter fast schon gewöhnungsbedürftig. Nicht verpassen sollte der Neuling die «Knabberli», die im Nu zwischen den Zähnen zergehen. Gönnen Sie sich einen Biss vor Ort, und lassen Sie sich von Richard oder Martina Stutz erklären, was diese Spezialität mit Schweden auf sich hat. Sie werden ein weiteres Mal überrascht sein. Nicht zu vergessen die «Chäs-» und Chiliwürste. Sie schmecken ausgezeichnet.

6023 Rothenburg, Bertiswilstrasse 75, 041 280 11 92, www.bertiswiler-metzg.ch

Bacchus Bistro und Genussmanufaktur

Ein Freund Swissness à la française mit einer Prise Italianità und dazu alles Gute aus dem Alpenraum, so beschreiben Werner Tobler und Partnerin Uschi Frapolli ihr Angebot. Und so schmeckt es auch. An Ostern habe ich in ihrem «Bacchus» ein zartes, knuspriges, feines, leichtes Gitzi gegessen. Zuvor gab's einen Wildkräutersalat mit poschiertem Ei, ein Feuilleté aus Spargeln und Morcheln und Zander mit Blattspinat. Das Finale bildeten Bergkäse und Schlorzifladen und ein Rhabarberkompott der Extraklasse. Grandios! Zum Restaurant gesellt sich Werners Hausladen mit einem durchdachten Angebot all dessen, was es so zum Leben braucht. Bestückt mit diversen Hors-d'Œuvres und allem, was es zu einem Apéro riche benötigt. Dass die angebotenen Käse, Würste, Brote, Kuchen, Torten und anderen Köstlichkeiten durch Spitzenqualität überzeugen, versteht sich bei einem Tobler von selbst. Nicht anders verhält es sich mit dem Weinangebot, das die Herzen der Weinliebhaber höher schlagen lässt.

6024 Hildisrieden, Sempacherstrasse 1, 041 530 00 30, www.bacchus-bistro.ch

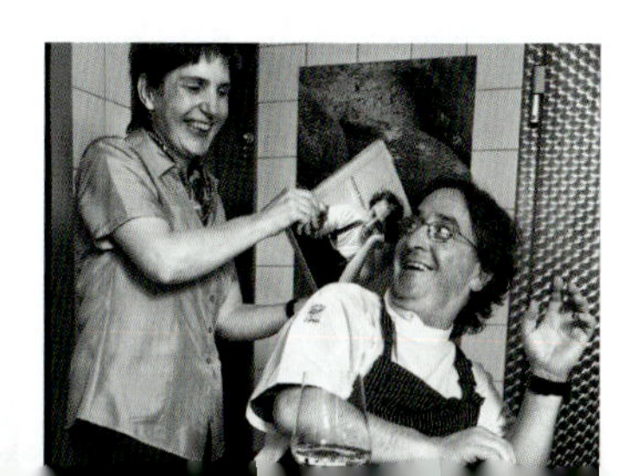

NEU OX'n

Grandios Werner Tobler, der eine vorzügliche Küche im «Bacchus» in Hildisrieden zelebriert, ist ein langjähriger Freund und einer meiner Lieblingsköche. Als kulinarische Spürnase hat er mir unlängst vom «OX'n» und seiner Küche vorgeschwärmt. Ebenso hat mir Adrian Padun, ein Esser mit Appetit und zivilisierter Trinker vor dem Herrn, einen Besuch wärmstens ans Herz gelegt. Gesagt, getan, und wie nicht anders zu erwarten, habe ich meine helle Freude an Beiz, Service und Küche. Endlich wieder einmal junge Gastrosophen, die ihre modern interpretierten Klassiker ohne Schnickschnack auf einfachen weissen Tellern und mit klassischem Besteck auftischen. Der «OX'n» schreibt sich nicht nur speziell, er ist es auch. Gratulation an die vor Ideen sprühenden Jungunternehmer Sebastian und Samuel Rensing und Katharina Käser. Meine Empfehlung: Hingehen und verschiedene Vorspeisen teilen oder der Küche gleich eine Carte blanche geben. Es wird grossartig werden, versprochen.

6214 Schenkon, Dorfstrasse 23a,
041 921 20 00, www.oxn-schenkon.ch

Eigenbrötler Backwerke

Brot gut, alles gut! Seine Brote sind beste Handarbeit, die im Holzofen zu dem wird, was den Namen Brot verdient. Daniel Amrein nimmt sich für seine Brote viel Zeit, er hat Geduld und das Auge fürs Detail. Wer einmal von seinen Broten gekostet hat, wird zum Wiederholungstäter, bestellt sie online, fährt auf den Wochenmarkt nach Luzern, zur Filiale im Burgrain nach Alberswil oder besucht ihn in seiner Bäckerei in Wauwil. Hier hat Daniel Amrein Claus Heuft beauftragt, ihm aus Beller Tuff (Vulkangestein) den ultimativen Holzofen zu bauen. Das Resultat dieser Handwerkskunst ist beeindruckend und lässt das Bäckerherz von Daniel Amrein noch höher schlagen. Das Ergebnis sind noch traumhaftere Brote, die er nach alter Tradition unter natürlicher Triebführung produziert. Mit hauseigenen Sauer- und Vorteigen, mit einheimischem Getreide und Obst und mit Milchprodukten aus regionaler biozertifizierter Landwirtschaft von Kühen mit Hörnern. Alles in bester Handarbeit, natürlich und ökologisch. Und das Gute zum Schluss: Seine Söhne Sven und Kevin ziehen und backen mit.

6242 Wauwil, Dorfstrasse 10,
041 980 32 12, www.eigenbroetler.info

Landgasthof Ochsen

So eine Wurst Fleischkäse, Schwartenmagen, Brat- und Brühwürste sind Chefsache. Die werden im Haus vom Patron persönlich produziert und können auf Anfrage auch als Notvorrat nach Hause mitgenommen werden. Philipp Blum-Iff ist ein Bilderbuchmetzger, der nicht nur gute Würste herstellt, sondern auch gut kocht. Seine Frau Claudia leitet den Service, alles geht Hand in Hand, die Gäste kommen und gehen, der freundliche Service bleibt. Vespern und schlemmen geht hier genauso gut wie nur auf ein Bier und einen Schwatz oder Jass oder beides. Der «Ochsen» nimmt seine soziale Rolle als Gasthaus ernst, der Laden brummt bereits ab 9 Uhr, wenn die Handwerker ihren ersten Schwartenmagen verdrücken. Auch Schlipsträger stoppen hier für eine Wurst oder für eine der saftigen Frikadellen. Alles da, alles gut und alles in allem eine unkomplizierte Einkehr, in der Angebot, Stimmung und Gäste passen.

6265 Roggliswil, Niederwil 16,
062 754 13 40, www.ochsen-roggliswil.ch

Brunner Weinmanufaktur

Beim Weingärtner Das ökologische Flaggschiff der Weinmanufaktur von Mathias Brunner ist der zwei Hektaren grosse Bio-Streuobstgarten mit 55 Hochstammobstbäumen. Die daraus entstehenden Produkte wie Destillate, Säfte, Moste, Honige sind so weit wie möglich naturbelassen und schlicht hervorragend. Darunter ein grandioser leicht moussierender Apfelwein aus den Sorten Berner Rose (70 %) und Sauergrauech (30 %). Ein ausserordentlich fruchtiges und intensives Geschmackserlebnis. Hinzu kommt die hauseigene Essigmanufaktur, eine Leidenschaft von Mathias Brunner. Und dann wäre da noch das eigentliche Kerngeschäft, das Herzstück des Unternehmens, die drei Weingüter mit vier Hektaren Rebfläche in den Regionen Baldeggersee und Sempachersee. Sie liefern die Basis für die filigranen und finessenreichen Weine, die über ungemein viel Substanz verfügen und mit ausgeprägter Terroir-Note überzeugen.

6285 Hitzkirch, Kommendeweg 3,
041 910 20 11,
www.brunner-weinmanufaktur.ch

Rast Kaffee

Weiter geht's Der Kaffeecrack Markus Rast hat seine Kaffee-Rösterei an die vierte Generation weitergegeben. Evelyne und Beatrice Rast sind mit Leidenschaft und Herzblut dabei. Beatrice im Einkauf und Evelyne bei den Kunden und in den Kaffeeschulungen. Adrian, der Dritte im Bunde, ist für das Kaffeerösten zuständig. Keinen «Katzenkaffee», der ist ja bereits kalter Kaffee, und auch der «Vogelkaffee», ein Kaffee, der den Umweg über den Verdauungsapparat des Vogels macht und ein unglaublich intensives Aroma hat, ist bei der Familie Rast Schnee von gestern. Seit hundert Jahren ist Rast Kaffee schon unterwegs, und wenn das so weitergeht, kommen noch weitere hundert dazu. «Wir leben Kaffee», sagt die vierte Generation. Eben!

6031 Ebikon, Zugerstrasse 9, 041 210 58 66, www.rast.ch

Haldihof

Ein- und Ausblicke Eine Naturstrasse führt zur ultimativen Schlaraffia am Vierwaldstättersee. Vor einigen Jahren hat der Computerspezialist Bruno Muff den Hof gekauft und sein Geld statt in Aktien lieber in einen wundervollen Bauernhof an Traumlage investiert, was durchaus Freude macht und nachhaltiger ist, auch wenn die Arbeit als Bauer anstrengend ist. Der Hofladen mit den eigenen Produkten ist rappelvoll, und bei zahlreichen Kunden entscheidet das Budget im Hosensack, was in den Einkaufskorb kommt. Am Kornelkirschen-Brand führt aber kein Weg vorbei. Nur Siruptrinker werden sich davon nicht beeindrucken lassen. Vor der Hofladen-Tour setzt man sich zwingend an einen der Blechtische und beobachtet bei einem Kaffee und einem Stück Kuchen Land und Leute. Was für ein magischer Ort.

6353 Weggis, 041 390 45 90, www.haldihof.ch

Wissifluh

Nächster Halt «Wissifluh» Die Gastgeber Sylvia und Jürg Trionfini sind aufgeschlossen, das Haus ist patiniert, und die Aussicht auf Land und Teller stimmt fröhlich. Wer mit Alltagsmief auf die «Wissifluh» fährt, wird ganz schnell durchlüftet oder käseweiss, je nachdem, wie gut er sich für die abenteuerliche Gondelfahrt eignet. Apropos Käse: Hier oben gibt es den besten Käsekuchen, den ich kenne, mit Zigerkraut gewürzt und mit einen taufrischen Salat mit Wildkräutern und Blüten serviert. Das sieht nicht nur schön aus, sondern schmeckt auch unverschämt gut. Am Abend warten Älplermagronen, «Zwibeleschweizi» und ein Apfelmus, das keinen Büchsenöffner sah. Oder vielleicht ein Ragout vom Wollschwein oder gar ein zartes Stück Fleisch vom Grauvieh. Alles vom eigenen Hof. Die Köchin bestimmt, der Gast lässt sich überraschen. Dazu eine Flasche Wein und einen der legendären Sonnenuntergänge.

6354 Vitznau, 041 397 13 27, www.wissifluh.ch

Be und Mee

Magisch Magisch, mystisch, je nach Wetterlage und Nebelschwaden, nach Sonnenschein und Regen oder eingehüllt in die weisse Pracht, die sich hier seltener zeigt als auch schon. Es ist eigentlich egal, zu welcher Jahreszeit und bei welcher Wetterlage man sich hier in der ehemaligen Kapuzinerklause auf dem Berg bei Sandra Gisler und Susan Zurmühle eine Auszeit vom Tal gönnt. Die Lage ist betörend, das Haus hat Charme und Patina, die farbenfrohen Gastgeberinnen zaubern täglich ein vorzügliches Biofrühstück auf den Tisch. Kurz: Das Ganze ist eine angenehme Bleibe für unkomplizierte Ferienkünstler. Für eine Nacht, ein Wochenende oder in der Ferienwohnung gleich für ein paar Tage.

6356 Rigi-Kaltbad, Staffelhöheweg 11, 041 397 03 90, www.be-mee.ch

Gasthaus zur Linde, Sarnen

Sennerei Flüeler

Den Berg hinauf Natürlich kennen alle die Fluonalp und ihren Käse und vor allem ihre berühmten Älplermagronen. Den Ort hier also extra vorzustellen, wäre Wasser in den Alpnachersee getragen. Also lasse ich es bleiben und empfehle Ihnen stattdessen zwei etwas weniger bekannte und weniger touristische Adressen. Wer auf die Lütoldsmatt pilgert, kommt automatisch am Alpnacher Grund direkt bei der Sennerei von Agnes und Oskar Flüeler vorbei, die mit wundervollem Sbrinz, halbhartem Alp- und Ziegenkäse ihre Besucher begeistern. Hinzu kommen diverse Spezialitäten aus der Region und eine hervorragende Butter. Weiter oben folgt dann die Lütoldsmatt, eine reelle Bergbeizenidylle mit kleiner, dunkler Gaststube und einer Panoramabühne im Freien für Sonnentage. Heile Welt, ganz ohne Alpdudelei garantiert. Die Bergbeiz ist von Mai bis Oktober in Betrieb; wer sicher sein will, dass sie geöffnet hat, ruft vorher die Nummer 041 670 11 85 an.

6055 Alpnach, Grunderbergstrasse 7,
041 670 16 22, www.flueler-kaese.ch

Gasthaus zur Linde

Herzlichen Glückwunsch Die «Linde» in Sarnen ist nicht irgendeine Beiz, sondern eine Obwaldner Institution, in der es bereits frühmorgens zur Sache geht. Seit über 500 Jahren. Der Kaffee «mit Schuss» dampft, das Bier schäumt, es wird gelacht, ein Jass und Sprüche geklopft. An den langen Tischen sitzt das ganze Dorf, ab und zu schaut auch der Herr Pfarrer auf ein Glas vorbei, seine Schäflein zum sonntäglichen Kirchbesuch mahnend. Doch auch über die Beiz wacht der liebe Gott, hängt doch sein Sohn friedlich in der Herrgottsecke. Einmal, nach der Fasnacht, war er allerdings verschwunden. Nach einer Woche hatte Jesus von seinem Ausflug genug und kehrte in seine Ecke zurück, um weiterhin zuzusehen, wie an den Tischen unter ihm lebensfroh gezecht wird. Die heiteren Runden laben sich an Kutteln, Rauchwürsten und am «rässen» Fondue. Manchmal findet in der «Linde» auch spontan eine «Stubete» statt, bei der es hoch zu und her geht. Es wird musiziert, gesungen und gejodelt, was Instrumente und Kehlen hergeben.

6060 Sarnen, Lindenstrasse 10,
041 660 43 55, keine Website

Seiler Käserei

Wer hat's erfunden? Anlässlich des 10. Swiss Cheese Award (was für ein gestelzter Name) wurde der «Seiler Raclette geräuchert» von Felix Schibli zum Sieger in seiner Kategorie gekürt. Wenn das keine Ansage ist! Sein milderer Bruder, der Seiler Bratkäse, wird übrigens seit Jahrhunderten nach traditionellem Rezept hergestellt und ist ein Klassiker der Schweizer Käsekultur. Ursprünglich wurde er von Obwalder Alpsennen am offenen Feuer erhitzt und direkt aufs Brot abgestrichen. Heute wird er gerne als idealer Käse für die klassische Käseschnitte verwendet.

6060 Sarnen, Bitzighoferstrasse 11,
041 660 80 40, www.seilerkaese.ch

Hotel Peterhof

Der unbekannte Klassiker Das Schmuckstück des Hauses ist der Garten vor dem Haus mit den vier alten Kastanienbäumen, die an heissen Tagen wohltuend Schatten spenden und für ein stetes laues Lüftchen sorgen. Die Hotelzimmer sind einfach und sachlich-modern renoviert, aber doch so, dass man sich immer noch wohlfühlt. Die Gaststube verbindet Alt und Neu, was zwar nur teilweise gelungen ist, aber nicht weiter stört. Die Gerichte werden sorgfältig und klassisch zubereitet. Seezunge und Forelle sind ein sicherer Wert. Das Geschirr ist nostalgisch und passt perfekt zum Ganzen. Wer eine spektakulär unspektakuläre Einkehr sucht, ist bei Irene und Moritz Rogger wunderbar aufgehoben.

6060 Sarnen, Bergstrasse 2,
041 660 12 38, www.hotelpeterhof.ch

NEU Restaurant Pappalappa

Abgeklärt Peter «Muffi» Muff hat vor Jahren dem Gasthaus Landenberg, diesem altehrwürdigen Sarner Flaggschiff, neues Leben eingehaucht, und seitdem führt er das Haus erfolgreich durch alle gastronomischen Untiefen. Im ersten Stock wird eine gute Küche zelebriert, die Weinauswahl ist durchdacht und überzeugt mit fairen Preisen. Im Parterre hat sich das «Nachtrestaurant» mit denkwürdigen Festen zum ultimativen Treffpunkt der Region entwickelt. Wer wissen will, wer mit wem und warum, verweilt hier abends bei Cocktails, Sandwiches und kleinen Pizzen. Wer vornehmlich seinen Gaumen befriedigen will, der geht ins «Pappalappa» im ersten Stock, wo Zander auf Ratatouille, Obwaldner Rindstatar, Blutwurst-Strudel, zarte Kalbsleber und am Knochen gereifter Lammrücken aufgetischt werden. Speisen, die auch nach Erhalt der Rechnung nicht aufstossen. Im Sommer setzen die Zigarrenfreunde in der Havanna-Open-Air-Bar ihre Rauchzeichen. Mag sein, dass in Obwalden nicht alle Wege nach Sarnen führen, aber am «Landenberg» führt kein Weg vorbei.

6060 Sarnen, Jordanstrasse 1,
041 660 12 12, www.muffis.ch

Sarner Dorfmarkt

Nur von Mai bis Oktober Alles was die Region hergibt, inklusive Gemüse und Frischkäse von Elmar Burch, finden hungrige Mägen und kulinarische Spürnasen jeweils am Samstagvormittag auf dem Wochenmarkt auf dem Dorfplatz von Sarnen, der erst vor etwas mehr als dreissig Jahren ins Leben gerufen wurde. Nach einem anfänglich harzigen Start ist der Markt heute aus dem Dorfleben nicht mehr wegzudenken. Apropos Leben: Wer das eine oder andere Obwaldner Original sehen und vielleicht kennenlernen will, besucht zuerst den Markt und stärkt sich danach in der «Linde». Mehr Obwalden geht nicht.

6060 Sarnen, Dorfplatz

✦ Gasthaus Engel

Ein Koch für alle kulinarischen Fälle
Raphael Wey ist ein exzellenter Koch und ein neugieriger Mensch, der sich mit neu aufkommenden Trends eingehend auseinandersetzt. Doch was bei ihm zählt, ist die saisonale Küche. Seine Gerichte bestechen durch Fantasie und überraschen den Gaumen mit verblüffenden Kombinationen. Trotz aller Tüftelei gelingt ihm der Genuss-Spagat für Puristen und Gourmets mit Präzision und Liebe zum Detail. Auch zur Jagdzeit, wenn er Carpaccio vom Reh mit Pfifferlingen und Steinpilzsalat, Randensuppe mit Kardamom oder Waldpilzravioli mit Nussbutter und Kräutern auftischt. Zur Steigerung des Wohlgefühls trägt der herzliche Service unter der Leitung von Jeannine Wey bei. Kurz, der «Engel» ist so wohltuend unkompliziert, dass man ihn übersättigten Foodies als therapeutische Einkehr nur empfehlen kann.

6072 Sachseln, Brünigstrasse 100, 041 660 36 46, www.engel-sachseln.ch

Übernachten im Kanton Obwalden

NEU Schwand Beitz mit Zimmer

Erläböppis Wenn ich so was lese, klingeln bei mir die Alarmglocken, denn nur zu oft verbirgt sich hinter einer solch munteren Ansage blosse Abzockerei, verpackt in eine grosse Show, die bei einem Besuch wie eine Luftblase verpufft. Aber hier ist das anders. Das «Schwand» macht tatsächlich echt Freude und lässt seine Gäste ankommen und zurücklehnen. Das Haus überzeugt mit seinen Zimmern, seiner Gaststube, mit der einfachen, guten Küche von Marcel Krauer und mit der umsichtigen und herzlichen Gastgeberin Kristin Felder, die ihre Gäste sicher im Griff hat. Ja, und wer einen «Schwiizer Papier-Flüger»-Wettbewerb lanciert und organisiert, der kann nur gut drauf sein, was einem spätestens beim Rindstatar mit Cognac, verbunden mit einer Flasche Païen, auf der Terrasse mit Blick auf Land und Teller bewusst wird.

6390 Engelberg, Schwand 1, 079 690 96 13, www.schwandengel.ch

Bistro 54, Stans (Seite 154)

Alpwirtschaft und Hof Unterlauelen

Eine Familiengeschichte Wer Frieden, Herzlichkeit, Spezialitäten vom Hof und eine gute Küche sucht, der wird in der Nähe des Pilatus auf Nidwaldner Boden bei Familie Keiser fündig. Hier befinden sich die Alpwirtschaft und der Hof Unterlauelen, die mit dem Auto nur über das luzernische Eigenthal und auf den letzten zwei Kilometern zu Fuss zu erreichen sind. Das lohnt sich aber allein schon fürs «Ofätori», Kartoffelstock, angereichert mit Speck, Ei und Alpkäse, oder fürs «Stunggis», ein Eintopfgericht aus Jungrindfleisch, Speck, Kartoffeln und Gemüse. Für den Proviant im Rucksack warten im Hofladen diverse lokale Spezialitäten wie Trockenfleisch, Käse und einiges mehr. Bei Postkartenwetter verwandelt sich die Alp in ein fröhliches Festgelände. Besonders munter geht es an der Stubete, der Bärgchilbi, am Samichlausmärcht und an der Metzgete zu und her, beschaulich ist es an Silvester, wenn die Sterne am Himmel um die Wette funkeln und der Schnee alle Geräusche schluckt.

6013 Eigenthal, 041 497 26 25, www.unterlauelen.ch

Gasthaus Trogen

Einfach Madeleine Eigentlich müsste das Gasthaus Trogen oberhalb von Obbürgen schon seit längerer Zeit vom Bagger platt gewalzt sein. Nur haben die Besitzer, denen der halbe Bürgenstock gehört, ganz andere Prioritäten, als sich mit ihren Nebenschauplätzen zu befassen, haben sie doch ihr Resort mit Hotels, Residenzen und edlen Restaurants eröffnet. Müllers wirten derweil lustvoll weiter und gehen mit einer Vertragsverlängerung bis 2025 in die nächste Runde. Madeleine kocht ohne Firlefanz mit dem, was die Produzenten der Region hergeben. Wollschwein, Angus-Rind, Kalb, Hecht, Felchen und mehr. Ab und zu verbindet sie heimische Produkte subtil mit asiatischen Aromen. Joe tischt salopp auf, entkorkt, schenkt ein und nach. Meine Empfehlung: Reservieren Sie zwingend, kommen Sie ab vier Personen, und lassen Sie der Köchin (für mich die beste der Zentralschweiz) freie Hand. Zu teuer wird es sicher nicht, die Müllers denken moderat. Möge es mit ihnen noch lange so weitergehen.

6363 Obbürgen, 041 661 00 10, www.gasthaustrogen.ch

Melachere

Für Stadt und Land In der Schweiz sterben nicht nur die alten Gastgeber, sondern auch die alteingesessenen Wirtshäuser. Doch noch gibt es sie, die patinierten Beizen und ihre Macher, die sich gegen das Gewieher der nationalen Amtsschimmel zur Wehr setzen. Dieses Buch beweist es. Alles andere als kapituliert hat auch Rolf von Holzen, der die «Melachere» als Stanser Institution führt, in der noch zivilisiert geraucht werden darf. Doch es werden nicht nur Rauchzeichen gesetzt. Vor einigen Jahren hat er mit der Kochlegende Franzsepp Egli die Idee eines Mittagstischs nicht nur gesponnen, sondern auch gleich mit ihm umgesetzt. Seitdem wird täglich gefuttert wie bei Muttern. Nur besser. Der Mittagstisch ist zugleich Begegnungsort, ein Moment des Glücks, eine Stunde der Zufriedenheit. Es besteht also Hoffnung. Beizen wie die «Melachere» sind Monumente gegen die Anschnallpflicht in der Badewanne.

6370 Stans, Schmiedgasse 10, 041 610 13 80, www.melachere.ch

Restaurant Stärne

Gut Ding will Weile haben Obwohl sich Richter, Ärzte und Politiker im «Stärne» treffen und ausgiebig tafeln, harzt es noch etwas mit dem Zustrom der Gäste. Dabei kocht Enrico Rambow herzhaft und gut. Die Gurken-Joghurt-Kaltschale mit Minze oder der Rettichsalat mit getrockneter Birne und Belper Knolle lesen sich vielleicht banal, munden auf der Zunge jedoch genial. Das Rindstatar vom Schweizer Weiderind, das Ossobucco vom Kalb und der luftig leichte, schlicht exzellente Hackbraten sind perfekt. Rind aus Argentinien und Fisch aus Russland, die ab und zu aufgetischt werden, braucht es jedoch nicht. Dann lieber ein Mitzkratzerli oder eine Bratwurst von hier statt von dort. Oder gleich fleischlos, was im «Stärne» gekonnt zelebriert wird. Etwa mit einem aromatischen gebackenen Stanser Ziegenkäse mit Bienenhonig. Wie auch immer, es gibt einige Dörfer und Städte in der Schweiz, die sich glücklich schätzen würden, einen «Stärne» zu haben.

6370 Stans, Spielgasse 2, 041 610 11 78, www.staerne-stans.ch

Dorfplatz 9

Einer für alle, alle für einen Selbst am Sonntagmorgen, von 8 bis 12.30 Uhr, haben die vier Detaillisten, die sich zum «Dorfplatz 9» zusammengeschlossen haben, ihren Laden geöffnet. Käse, Früchte, Gemüse, Wein, Brot und Würste, Fleisch und mehr. Wer kommt, hat die Qual der Wahl und lässt sich von den kulinarischen Gelüsten oder dem Inhalt der Brieftasche leiten. Bedient wird er von kompetenten Mitarbeitenden, deren Herzlichkeit nicht antrainiert, sondern ehrlich ist, was das Ganze umso sympathischer macht.

6370 Stans, Am Dorfplatz 9,
041 619 09 99, www.dorfplatz9.ch

Bistro 54

Pilgerziel für Banker Die Besitzerin ist die Nidwaldner Kantonalbank, das «Bistro 54» ihre Hauskantine. Philipp Rüedi und Fabian Kündig sind Verfechter der traditionellen Bistroküche. Dass sie noch so jung sind, mag etwas erstaunen, interessiert die Gäste aber nicht weiter. Vielmehr sind sie froh, dass im «Bistro 54» gekonnt Klassiker gekocht werden, teilweise modern interpretiert, aber nie abgehoben oder abgedreht. Es kommen Onglet, Bavette, Paupiette, Soupe de Poisson, Filet de Canard, Entrecôte und mehr auf die Teller. Dazu werden zu vernünftigen Preisen Saint Joseph, Châteauneuf du Pape, Cahors oder Chenin Blanc ausgeschenkt. Es ist also alles da, was im Gaumen Freude macht. Das kleine Fazit zum Schluss: Das «Bistro 54» hat Charakter und besticht durch Küche, Keller und die herzliche Gastfreundschaft der Jungunternehmer.

6370 Stans, Stansstaderstrasse 54,
041 611 02 23, www.bistro54.ch

Wanghof

Schlafen im Bergheu und mehr Der «Wanghof» ist mehr als einfach nur ein Bauernhof am Fusse des Stanserhorns. Wer hier übernachtet, erhält zugleich einen Einblick in das Leben der Familie Odermatt. Auf Kinder und Ewigverliebte wartet das Bergheu, wer es weniger abenteuerlich bevorzugt, kann im Doppel- oder Familienzimmer nächtigen. Das reichhaltige Frühstück und die Herzlichkeit der Familie ist für alle da. Im Hofladen verkaufen Odermatts Produkte aus eigener Herstellung. Ein Ort für einen Boxenstopp auf der Reise in den Süden oder um einige Tage friedvoll und entspannt zu verbummeln.

6370 Stans, Wang 1, 041 610 01 46, www.wanghof.ch

Drachenried-Laden

Von der Erde in den Einkaufskorb Die Sprüche auf der Website klingen nach Marketing, wer aber die Bauern hinter dem Projekt kennenlernt, weiss, dass es keine gedrechselten Werbesprüche sind, sondern zur festen Überzeugung der «Drachenrieder» gehört. Das Resultat überzeugt. Von den Freilandeiern, dem Baumnusspesto über die Mehle und Öle bis hin zum Getränke-, Fleisch- und Fruchtangebot – die kreative und innovative Art der sechs Bauernbetriebe ist ansteckend. Wer in der Nähe wohnt, kauft hier unweigerlich ein, und wer vom Norden in den Süden oder umgekehrt unterwegs ist, für den lohnt sich der kleine Umweg in diese Einkaufsoase für Besseresser alleweil. Nebenbei: Haben Sie schon mal Löwenzahnwein getrunken? Eben!

6372 Ennetmoos, Mittler-Aegerten, 041 611 19 61, www.drachenried.ch

Schlüssel

Schlüsselfertig Im «Schlüssel» kommt das auf den Tisch, was der Hausherr kocht und was er seinen Gästen empfiehlt. Vor Jahren war Daniel Aschwanden damit in der Schweiz noch ein Exot, heute gehört es bei zahlreichen Jungköchen zum guten Ton, am Tisch zu erklären, was bei ihnen Sache ist. Im Zeitalter der Allergiker und Unverträglichen, die meinen, bei einem wohltuenden Zwiebelfurz gleich allergisch auf alle Knollen zu sein, wird diese Einfachheit wohl nicht die Regel werden, und es wird auch weiterhin Speisekarten geben. Es braucht daher schon einen Charakterkopf, um sich gegenüber den Gästen durchsetzen zu können. Wer ein Allesesser ist, kann sich bei Daniel Aschwanden entspannt zurücklehnen, den Koch gewähren lassen und in aller Ruhe aus der grossartigen Weinkarte wählen, die mit diversen Provenienzen von Winzern mit kleinem Namen und grossem Inhalt überzeugt. Der herzliche Service von Gabrielle Aschwanden und die stilvollen Gästezimmer lassen einen hier gerne zum Wiederholungstäter werden.

6375 Beckenried, Oberdorfstrasse 26.
041 622 03 33, www.schluessel-beckenried.ch

Jagdboutique im Schlüssel

Halali! Daniel Aschwanden ist nicht nur ein passionierter Koch, sondern auch Jäger. Da verwundert es nicht, dass er seinen Spezereiladen in eine Jagdboutique verwandelt hat. Zwar gibt es hier auch spezielle Gewürze, Messer und die eine oder andere Berkel-Maschine zu kaufen, im Mittelpunkt stehen aber Objekte rund ums Thema Jagd: Gläser mit Hornstiel, diverse Geweihe und für angehende Jäger oder solche, die unblutig etwas Jagdfeeling nach Hause holen möchten, ein Geweih-Baum. Auf zum frohen Halali!

Adresse siehe links

Pilgerhaus

Einatmen und ausatmen Corine Don hat während Jahren das «Pilgerhaus» geformt und dem Haus ihre persönliche Note verpasst. Die gebürtige Holländerin hat mittlerweile die Zelte abgebrochen, ihr Mobiliar ist geblieben, und die neuen Geister, Anna-Barbara Kayser und Paul Buchmann, haben Einzug gehalten. Ihnen zur Seite steht ein motiviertes Service- und Küchenteam. Das Speiseangebot ist übersichtlich, es wird sorgfältig und mit regionalen Produkten gekocht. Freude bereitet auch der Sonntagsbraten, der am Tage des Herrn nicht nur den Herrn Pfarrer in gute Laune versetzt. Wer einige Tage ausspannen will, wählt ein Doppelzimmer mit Dusche und WC, und wer dem Schönwetter-Rummel auf dem Berg entgehen will, sucht das Haus an Nebeltagen auf. Dann, wenn einem der magische Ort fast allein gehört und das Warten auf die ersten Sonnenstrahlen einen ganz speziellen Reiz haben. In der nahen Klosterapotheke kann man diverse Teemixturen, Magentropfen und den unwiderstehlichen Goldlikör als Mitbringsel für die Daheimgebliebenen kaufen.

6383 Niederrickenbach,
Klosterweg 8, 079 600 58 11,
www.pilgerhaus-maria-rickenbach.ch

URI

Bergkäserei Aschwanden

Im Bergheu Nein, nicht die Bäuerin oder der Bauer, sondern der Käse liegt im Bergheu, genauer gesagt der «Miudä», also der Milde. Dann gibt's da auch noch den «Wirzigä» und einige andere wundervolle lokale Käse. Begonnen hat alles mit Grossvater Aschwanden, der vor über 75 Jahren die frische Rohmilch zu Seelisberger Bergkäse zu verarbeiten begann. Heute pflegt die Familie Aschwanden in der dritten Generation mit Leib und Seele ihre Laibe. Viel hat sich seit damals nicht verändert. Der Bergkäse wird nach wie vor nach dem alten Familienrezept mit frischer Bergmilch ohne thermische Behandlung traditionell im Kupferkessel hergestellt. Nur die Infrastruktur der Käserei hat sich den heutigen Bedingungen angepasst: Der Kupferkessel ist grösser und wird nicht mehr mit Holz beheizt, sondern mit Strom, produziert von den eigenen Sonnenkollektoren, unterstützt durch Wasserstrom aus Uri. Nachhaltiger geht's nicht.

6377 Seelisberg, Zingelstrasse 3, 041 820 30 60, www.bergkaese.ch

Rütlihaus

«Wir packen für Sie» Natürlich freut sich der «Rütlihaus»-Wirt über jeden Besucher, der seine Wirtschaft aufsucht, doch zahlreiche Rütli-Pilger picknicken lieber auf der heiligen helvetischen Wiese, statt in die Beiz einzukehren. Und da der Wirt nur so von Ideen sprudelt, ärgert er sich nicht darüber, sondern versucht sie mit seinen Picknickkörben einzufangen. Die Körbe präsentieren sich mit reichlichem Inhalt zu fairem Preis. Einfach am Vorabend anrufen und der persönliche Korb wird für den nächsten Tag gepackt. Das Rütli ist ein Ort der Geschichte und Geschichten. Dazu passt die patinierte Wirtschaft mit einem sympathischen Gastgeber, der sorgfältig, frisch und gut kocht. Es gibt würzige Hacktätschli, Ragout vom Bio-Hochlandrind, Fisch aus dem Vierwaldstättersee, Wurstsalat mit Alpkäse oder einfach Ziegenfrischkäse aus der Region. Nur die Auswahl der Weine ist eine halbe Sache. Neben Luzern, Wallis, Waadt und Tessin hätte die Schweiz durchaus noch mehr zu bieten.

6441 Rütli, 041 820 12 74, www.ruetlihaus.ch

Restaurant Tellenbräu

Hut ab In Altdorf ist Tell nie weit. Besten Anschauungsunterricht, wie die Telljünger ihr Bier trinken, erhält der Fremde im «Tellenbräu». Eine Beiz für Znüni, Zvieri oder Feierabendbier, für den kleinen und den grossen Appetit. Mit sympathischen Gastgebern und der Küche von Oliver Recht, die ohne Schere und Plastikbeutel auskommt. Letztes Mal gab's eine Apfel-Curry-Suppe und ein Urner Schnitzel, gefüllt mit Bergkäse und Rohschinken an Rotweinjus. Untermalt wird die Beizenkultur durch alte Tische und Stühle, historische Bilder, Stukkatur und die Rosette an der Decke des Hauses. Es sind Kleinigkeiten, die das «Tellenbräu» so speziell machen. Wer einen beschaulichen Zweiertisch sucht, sucht vergebens. Hierher kommen Gäste, die gerne mit dem Tischnachbarn reden und um eine pointierte Antwort auf einen Spruch vom Stammtisch nicht verlegen sind. Wissen die Urner eigentlich, was sie da für ein Schmuckstück haben?

6460 Altdorf, Tellsgasse 6, 041 870 10 49, www.tellenbrau.ch

Fomaz

Die Welt zu Gast Die sympathischen Macher des «Fomaz», eines Flüchtlings-Integrations-Projekts des Roten Kreuzes, wirbeln mit ihrem stimmungsvollen Lokal die Urner Beizenszene ganz schön auf. «Fomaz» bedeutet auf Rätoromanisch Heisshunger, und für den ist hier gesorgt. Daniel Metzger hat das Privileg, zu kochen, was ihm schmeckt. In früheren Jahren im Sterne- und Punktesegment zuhause, wollte er aus der klassischen Küchenhierarchie ausbrechen und seine berufliche Erfahrung mit einem sozialen Engagement verbinden. In der Praxis hört sich das heute so an: Satay-Poulet-Spiess mit Erdnusssauce, Orangen-Fenchel-Salat, Rindsfilet-Tatar, Schwarzwurzelsuppe mit «Dürrs», Entrecôte, Ofenschlupfer (wie beim Grosi) und Lebkuchenmousse mit Zwetschgenkompott. Im «Fomaz» wird saisonal und vornehmlich mit regionalen Produkten gekocht. Der Mittagstisch wird einfach bespielt, die grosse Bühne erlebt der Gast abends und bei schönem Wetter auf der einzigartigen Dachterrasse.

6460 Altdorf, Tellsgasse 11, 041 870 08 07, www.fomaz.ch

Weingut zum Rosenberg

Wein aus Uri Kein Scherz, sondern eine bekömmliche Tatsache. Das Weingut zum Rosenberg liegt mitten in Altdorf am Hang des ehemaligen Kapuzinerklosters. Vor gut zwanzig Jahren sind in dieser Lage der Gemeinde Altdorf und der Korporation Uri auf einer Fläche von 1,3 Hektaren Reben gesetzt worden. Dazu gehören Blauburgunder, Diolinoir, Grauburgunder und Solaris. Weine, die durch ihre Struktur und Frische überzeugen.

6460 Altdorf, Kapuzinerweg 19, 079 398 81 48, www.weingut-zum-rosenberg.ch

Kaffee Kra

Locker vom Hocker Das «Kra» in Altdorf ist eine kleine, sympathische und unkomplizierte Oase für Müssiggänger und andere. Ideal für ein einfaches Gericht, ein Feierabendbier oder für ein individuelles Konzert im kleinen Rahmen. Hier fängt Uri an. In einem Ort, wo so einiges anders ist als anderswo. So kommt der Sankt Nikolaus nicht zu Fuss, sondern fährt mit der Kutsche vor, und sein Gewand ist nicht rot, sondern blau. Blau macht im Sommer auch dass Kaffee Kraa, es schliesst gleich für zwei Monate. Leider.

6460 Altdorf, Schützengasse 6, kein Telefon, www.kaffeekra.ch

Kleinbrauerei Stiär Biär

Äs Roots Die Biere der Kleinbrauerei überzeugen nicht nur eingefleischte Bierfreunde, sondern auch mich. Erst recht, seit die Macher auf ihrer Website meine Sprüche verwenden, was mich natürlich freut: Zu ihrem «Roots» sage ich, sagen sie, sagen wir: «Über die britische Küche lässt sich streiten, dafür schmeckt das Bier umso besser. Für unser englisches Ale lässt jeder Brite seinen Tee stehen.»

6460 Altdorf, Moosbadweg 14,
041 870 65 80, www.kleinbrauerei.ch

Baggenstos Spezialitäten

Kaffeeduft sucht Birnenbrot Die Baggenstos Spezialitäten AG ist ein Familienunternehmen, das auf eine lange Tradition und auf bewegte Zeiten zurückblickt. 1905 von Meinrad Baggenstos als kleine Vorzeige-Bäckerei gegründet, hat sich der Betrieb nach diversen Tiefschlägen wieder erholt, stabilisiert und sich zu dem Birnenbrot-Produzenten gemausert. Biräweggä, Dörrobst-Biräweggä, Ürner Fiigä-Paschtetä oder einfach nur der gute Nussgipfel lohnen den Besuch in der Produktionsstätte in Seedorf.

6462 Seedorf, Dorfstrasse 65,
041 870 38 38,
www.baggenstos-spezialitaeten.ch

URI

Alp Honegg

Bergkräuter und Alpschweine Wer nicht schwindelfrei ist, geht zu Fuss vom Talboden den Berg hoch. Alle anderen fahren mit der Mini-Seilbahn von Seedorf nach Gitschenberg. Von der Bergstation geht es in einer Viertelstunde zur Alp Honegg. Hier wird der Wanderer von Kühen, Alpschweinen und von der Familie Gisler begrüsst. Martha und Sepp verarbeiten gemeinsam mit Sohn Roger in der Saison rund zwei Tonnen Alpkäse, den sie vor Ort und im November am Urner Alpkäse-Markt verkaufen. Es ist eine eigene Welt, so hoch auf der Alp, mit Blick auf die Bergwelt und auf die Betonpiste der Autobahn, die durchs Tal zum Gotthard führt und für einmal ganz klein und unbedeutend wird.

6467 Schattdorf, 041 870 78 94 und 079 659 12 88, www.urner-alpkaese.ch

Beck Uri: Tresch und Rösing

Da steckt Uri drin Kleine Bäckereien haben es heute nicht einfach zu bestehen. Lukas Tresch und Bernhard Rösing haben sich gegen den drohenden Untergang gewehrt und sich vor neun Jahren zusammengetan. Ganz nach dem Motto: «Gemeinsam sind wir stark.» So ist der Beck Uri entstanden. Die bestehenden Standorte Erstfeld und Amsteg sind geblieben, die Geschichte geht erfolgreich weiter, und ich kann weiterhin in den aus Änis-Teig gepressten und mit Nuss gefüllten «Uri-Stier» beissen.

6472 Erstfeld, Schlossbergstrasse 4, 041 880 21 37, www.beck-uri.ch

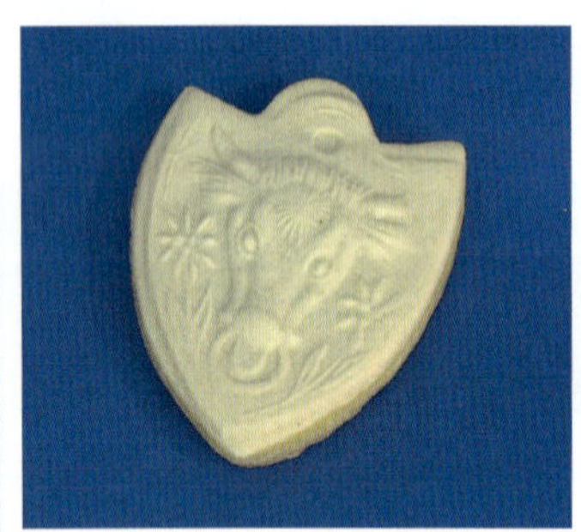

Hotel Stern und Post

Phoenix aus der Asche Langsam, aber sicher wird aus dem Geheimtipp Hotel Stern und Post eine trendige Adresse. Nach langem Dornröschenschlaf haben Remo Vetter und Rolf Welti das wundervolle Haus wach geküsst und nach und nach liebevoll restauriert. Fachgerecht, mit Fingerspitzengefühl, viel Enthusiasmus und noch mehr Geld. Terrasse und Garten sind weitere Gründe, hier länger als eine Nacht zu bleiben. Vielleicht, um am nächsten Tag das Maderanertal zu erkunden oder einfach, um im stilvollen Haus die Seele baumeln zu lassen. Dazu passt die leichte Küche, die vorwiegend mit regionalen Produkten kocht. Mit gehaltvollen Jus, hausgemachter Pasta, Forellen aus Uri und einem «Bunet», das den Vergleich mit dem der piemontesischen Nachbarn nicht zu scheuen braucht. Besonderes Lob verdient die Weinkarte, die mit unbekannteren Provenienzen überrascht. Oder haben Sie etwa schon Weine aus Quinten oder Altendorf getrunken?

6474 Amsteg, Gotthardstrasse 88, 041 884 01 01, www.stern-post.ch

Gasthaus im Feld

Einfach nur gut Das Gasthaus im Feld ist die Adresse im Kanton Uri für eine risikofreie Komforteinkehr. Die Stuben sind gepflegt, aber nicht überladen, der kleine Garten ist ein Gunstplatz, die Autobahn ist vergessen und unhörbar. Die Küche von Beat Walker pendelt zwischen Tradition und Innovation, hebt nicht ab, aber fordert, ist eingefahren, aber nicht festgefahren. Rindstatar mit Apfel-Ingwer-Ragout, Hecht-Carpaccio, Risotto mit Lauch und Kartoffeln, Kalbskopfbacke und andere schöne Dinge. Obwohl die Küche von den Genussfibeln hoch bewertet wird und obwohl Marco Helbling und Beat Walker in der oberen Liga mitspielen, bleibt alles erfrischend normal und herzlich. Das Ganze wird durch einen Service abgerundet, der aufmerksam ist, ohne aufdringlich zu sein. Kurz, das Gasthaus im Feld ist ein Platz für Feinschmecker, die eine exakte Küche ohne Prahlerei schätzen.

6482 Gurtnellen, Dorfstrasse 56, 041 885 19 09, www.feld.ch

The River House

Die Alternative zu allem Im «River House» wird eine gewisse Extravaganz, aber ganz ohne steife Oberlippe, gepflegt. Das Ganze findet in einem gekonnten Stilmix statt. Holztäfelung, Gebälk und altes Mauerwerk sind bei der Renovierung des 250 Jahre alten Hauses erhalten geblieben und wurden kombiniert mit modernen Elementen in hochwertigem Design. So ist eine kleine, spezielle Oase entstanden, die sich wohltuend von den grossen Namen mit ihrem genormten Luxus abhebt. Der Betrieb ist jung, locker und unkonventionell, geht offen auf seine Gäste zu, die sich genauso wohl fühlen wie die sympathischen Gastgeber Sarah und Kevin Obschlager. Die zum Haus gehörende «Alte Apotheke» ist der perfekte Ort, um bei einem Glas die Einheimischen näher kennen zu lernen.

6490 Andermatt, Gotthardstrasse 58, 041 887 00 25, www.theriverhouse.ch

Löwen

Gut gebrüllt Die Glarnerin Nicol Altmann und der Franzose Cédric Bertrand haben sich mit dem «Löwen» in Mollis ihren Traum der eigenen Beiz verwirklicht. Die Wirtschaft hat Stil, die Herzlichkeit der Gastgeber ist echt, der Service von Nicol ist kompetent und die Küche von Cédric ist gut. Klassiker wie Kalbsfilet mit Morcheln oder Wolfsbarsch beherrscht er perfekt. Ab und zu werden Austern angeboten, die genauso gut schmecken wie die eine oder andere Glarner Spezialität. Das Glück wäre für mich vollkommen, wenn Cédric, der aus dem berühmten Périgrod stammt, noch einige Spezialitäten aus seiner Heimat auftischen würde: Frittierter Entenmagen auf Friséesalat zum Beispiel oder ein in Gänseschmalz eingelegter Entenschlegel, serviert mit in Gänseschmalz gebratenen Kartoffeln – eine Kalorienbombe zwar, aber himmlisch. Und als Wein dazu ein Bergerac oder Cahors.

8753 Mollis, Bahnhofstrasse 2,
056 610 33 33, www.loewen-mollis.ch

Confiseur Ammann

Für Schleckmäuler Es ist müssig darüber zu diskutieren, welche Glarner Bäckerei die beste Glarner Pastete und das beste Glarner Birnbrot herstellt. Wer nach einem ausgiebigen Mittagessen im «Löwen» noch eine Glarner Spezialität mit nach Hause bringen will, geht noch schnell zum Ammann-Beck, der ausgezeichnete Glarner Pasteten, Pastetli und Birnbrote herstellt. Die Pastetli sind eine feine Butterblätterteig-Spezialität, je hälftig gefüllt mit einer hausgemachten Mandel- und Zwetschgenfüllung. Die Bäckerei Confiserie wird in der dritten Generation von Peter Ammann geführt, der das Unternehmen weit über die Kantonsgrenzen hinaus bekannt gemacht hat. Und gutes Brot backen kann er auch.

8753 Mollis, Oberrütelistrasse 7,
055 612 12 32, www.ammann-confiseur.ch

GLARUS

Schwert

Der Langstreckenläufer Kein Jungspund mehr, sondern ein geerdeter Spitzen- und Vorbildkoch, sozusagen ein kulinarischer Langstreckenläufer ist Jürg Weber im «Schwert» in Netstal. Vom Punkte-Karussell hat er sich schon lange verabschiedet. Das Kochen hat er dabei nicht verlernt. Im Gegenteil. Seine Kochsprache ist stärker denn je und überzeugt mit einer klaren Ansage für Zunge und Gaumen, die einfach nur Freude bereitet. Ihm zur Seite stehen Kochgehilfe Bedri Kelmendi, Allrounder Mbye Mbegereh und Kochlehrling Mirco Andretta. Und ohne seine Frau und gute Seele des Hauses, Marlène Weber, würde im «Schwert» gar nichts gehen. Der Service ist unkompliziert, herzlich und aufmerksam, die Stimmung ungezwungen, das Essen sehr sorgfältig zubereitet, und der Schabziger fehlt auch nicht. Kein Firlefanz, kein Getöse, einfach nur perfekte Qualität zu fairem Preis.

8754 Netstal, Landstrasse 13a, 055 640 77 66, www.schwert-netstal.ch

Molki Milch und Fleisch

Glarner Handwerk Das Arsenal der breit ausgelegten Spezialitäten bereitet helle Freude. Glarner Schüblig, Kalberwurst und ein überdurchschnittlich guter Cervelat sind nur drei exzellente Beispiele einer grossen Palette von hausgemachten Würsten. Schöpfer der fleischigen Wunder ist Matthias Schnyder, ein Metzgermeister wie aus dem Bilderbuch, der noch so einige andere exzellente Qualitätsprodukte herstellt. Brot, Käse und weitere Milchprodukte ergänzen das durchdachte Angebot.

8754 Netstal, Landstrasse 11, 055 640 22 55, keine Website

Berghotel Mettmen

Mitten in der Natur Romano und Sara Frei-Elmer haben sich mit ihren Kindern Nik und Nora ihren Traum verwirklicht. Ihr Berghotel Mettmen ist eine Oase für kleine und grosse Alltagsfluchten. Enthusiasmus, gepaart mit Bodenhaftung, haben die Investoren überzeugt, sechs Millionen in das Projekt zu stecken. Der grösste Luxus aber ist die Natur, in die das Berghotel eingebettet ist, die Aussicht ins Tal ist schlicht grandios. Hinzu kommen eine stilsichere Architektur und eine zeitlose, mit Fingerspitzengefühl ausgewählte Einrichtung, die dem Ganzen das gewisse Etwas verleiht. Ergänzt wird das Äussere durch die gute Küche von Romano, der eine einfache, nachhaltige Kochsprache zelebriert und traditionelle Gerichte luftig und leicht interpretiert. Wer den Weg zum Berghotel Mettmen findet, kommt mit Zeit, und wer sie nicht hat, findet sie hier, inmitten der allgegenwärtigen Bergwelt.

8762 Schwanden, Mettmen 2,
055 644 14 15, www.berghotel-mettmen.ch

Bergli Alp

Anders baden Wer seine Psyche mit einem nervenstärkenden, antidepressiv wirkenden Lavendelbad aufbauen will, liegt hier richtig. Wer die Muskeln entspannen will, steigt ins Olivenölbad, und für Gelenke, Nerven und Rücken ist ein Lindenblütenbad das Richtige. Pflegend und beruhigend für die Haut sind Rosenblütenölbad oder Honigbad, und das Stutenmilchbad wirkt durch die Zugabe von ätherischen Ölen zugleich entspannend und erfrischend. Daneben gibt es auch noch Alpkäse, und wer den Schlafsack mit dabei hat, darf bleiben, beste Hausmannskost inklusive. Einen kleinen Haken hat das Ganze allerdings – der Aufstieg zum Glück ist steinig und steil und dauert gute 90 Minuten. Zeitaufwand und Mühe, die sich aber auch für alle Weicheier lohnen.

8766 Matt, Dorfstrasse 77, 076 580 14 92, www.molkenbad.ch

Landvogthaus

Einmal Landvogt sein Das «Landvogthaus» wird im Kanton Glarus noch immer als Insidertipp gehandelt. Nicht einmal die Glarner wissen, dass im Grosstal ein einmaliges Privathotel steht, in dem Gäste geschichtsträchtig und komfortabel logieren können. Christian Behring ist stolzer Besitzer und Verwalter auf Zeit, der es als seine Pflicht ansieht, das Landvogthaus als Gebäude von nationaler Bedeutung für zukünftige Generationen zu bewahren, zu pflegen und die Werte der Nachhaltigkeit zu leben. Hier kann man sich auf eine Zeitreise begeben und an einem ungewöhnlich beruhigenden Ort entspannen. Vielleicht ergeht es Ihnen wie dem Paar, das mitten im Winter bei Christian Behring anklopfte, zögernd eintrat, zuerst das ganze Haus besichtigen wollte – und dann gleich eine ganze Woche geblieben ist.

8772 Nidfurn, Vordergut 1, 055 644 11 49, www.landvogthaus.com

NEU Don's Deli

Goede eetlust Die gebürtige Holländerin Corine Don ist in der Innenschweiz kein gastronomisch unbeschriebenes Blatt. Was sie unter ihre Fittiche nimmt, ist erfolgreich. Das war «Im Hof» in Zug so und verhielt sich mit dem «Pilgerhaus» in Maria-Rickenbach oben auf dem Berg nicht anders. Dann hatte Madame genug von all dem und schaltete auf Müssiggang. Etwas Ayurveda hier, etwas Yoga und Krafttraining dort, eine Runde Reisen nah und fern. Doch so ganz ohne Beiz geht für Corine Don nicht. Flugs schrieb sie ihr Konzept aufs Papier, plante, organisierte, plünderte das Sparschwein und eröffnete ihr «Don's Deli», das halb Laden, halb Beiz und immer voll ist. Kein Wunder, bei dem Anspruch, den Corine Don an die Qualität hat. Mit von der Partie ist ein motiviertes Team mit tausend kulinarischen Ideen und «Adelheid», eine wundervolle Stephan-Herter-Assemblage aus Cabernet Sauvignon und Pinot Noir. Das Wurstbrett, das marinierte Ofengemüse mit Dip und die herausragende Quiche machen Lust auf mehr. Arth hat eine neue Anlaufstelle für Genussmenschen – bei Ihrem Besuch daher unbedingt Appetit und Einkaufskorb mitbringen.

6415 Arth, Rathausplatz 3, 041 855 04 04, www.don-s.ch

Brasserie Engel

La Douce France Wer Sehnsucht nach «La Douce France» verspürt, muss nicht mehr in den TGV nach Paris steigen, sondern fährt mit dem Bummler nach Schwyz. Bettina und David Debuyser zelebrieren in ihrer Brasserie eine wohltuende Gastlichkeit und eine authentisch bourgeoise Küche mit Spezialitäten, die nicht nur französisch klingen, sondern auch so schmecken. Schwarzwurzeln an Himbeer-Nuss-Vinaigrette mit Pinienkernen, ein Salade périgourdine, bestehend aus geräucherter Entenbrust, Entenleberterrine und Entenhals. Aber auch Ochsenschwanzsuppe, Carbonade flamande, in Bier geschmortes Rindfleisch mit «Frites faites maison» oder Rindsfilet mit frittiertem Markbein und Schalotten in Rotweinjus sind Versuchungen, die Lust auf mehr machen. Schleckmäuler fragen die Chefin nach den hausgemachten Pralinen, Weinliebhaber freuen sich über einen Vosne-Romanée von der Domaine Guyon zu freundschaftlichem Preis, und Bierfreunde halten sich an einen nordfranzösischen Hopfensaft. Ein sympathisches kulinarisches Gesamtkunstwerk für Fleischfreunde.

6430 Schwyz, Schulgasse 13, 041 811 12 42, www.restaurant-engel-schwyz.ch

Brasserie Engel, Schwyz (Seite 169)

Hofgemeinschaft Urenmatt

Nachhaltig Eine nachhaltige Produktion bedeutet für Edi Baumann und Lukas Vogler den schonenden Umgang mit den Ressourcen der Natur. Sie sind bestrebt, die natürlichen Kreisläufe zu nutzen und möglichst wenig Altlasten zu hinterlassen. Da sie rund 50 000 Kilowattstunden Solarstrom im Jahr produzieren, können sie ihren Betrieb inzwischen schon fast als unabhängige Stromversorger betreiben. Wer keine Lust hat, den Vorzeigebetrieb zu besuchen, geht am Samstag auf den Schwyzer «Wuchemärcht». Lukas Vogler nimmt sich sicher Zeit für einen kurzen Schwatz und wird Ihnen liebend gerne Gemüse, Fleisch und Eier von seinem Hof verkaufen. Und das nicht nur Bio-Freaks.

6432 Rickenbach, Urenmatt,
041 811 13 26, www.urenmatt.ch

Metzgerei Heinzer

Die Metzgerei im Kanton Reden macht Appetit. Zuhören auch. Wer über den Bundesbrief, über Schwyz oder übers Wetter und somit automatisch auch über die Muotathaler Wetterfrösche philosophiert, landet irgendwann bei der Metzgerei Heinzer. Die Brüder Markus und Rainer führen die von ihren Grosseltern 1920 gegründete Metzgerei in der dritten Generation als innovativen Betrieb. Mir haben es der Landjäger, die Bresaola, das Bauern-Schwynigs und das berühmte «Wetterschmöckerli» angetan.

6436 Muotathal, Hauptstrasse 23,
041 830 12 30, www.heinzermetzgerei.ch

NEU Restaurant Beaufort

Ahoi Werner Maus ist nach seinem Abgang im Altdorfer «Esstragout» im «Beaufort» in Brunnen vor Anker gegangen. Wortwörtlich, können doch die Freizeitkapitäne mit ihren Schiffen hier anlegen, sich den Picknickkorb mit Leckereien aus Werners Küche füllen lassen und weitertuckern. Mit dem Auto vorfahren und sich auf der Terrasse in der Sonne oder in der gemütlichen Beiz mit Köstlichkeiten verwöhnen lassen, geht aber auch. Wie wär's mit den hausgemachten Würsten, die Werner Maus mit Freund und Metzgermeister Georg Reichmuth aus Schwyz fabriziert, oder einer Runde «Fritto misto» und dazu vielleicht ein belgisches «Geuze»? Mit an Bord und am Herd ist Thomas Krall, die rechte Hand von Werner Maus, der in den Töpfen nach dem Rechten sieht, wenn der Patron seinen Gästen erklärt, was im neuen «Beaufort» Sache ist. Eine Beiz am See, die einfach nur Freude bereitet.

6440 Brunnen, Gersauerstrasse 91, 041 820 05 05, www.restaurant-beaufort.ch

Kaiserstock

Nicht weitersagen Nein, Rummel liegt den Gislers nicht. Als sie das erste Mal von GaultMillau erwähnt wurden, passte ihnen das gar nicht. Mir passte es auch nicht, war doch der «Kaiserstock» vor der Punktevergabe der ultimative Geheimtipp der Region. Heute sitzen bei Gislers eher Foulard-tragende Cabriolet-Fahrer als rote Wandersocken. Dennoch sind dem Ort die sympathischen Eigenheiten erhalten geblieben. Robert Gisler nutzt die persönlichen Beziehungen zu Metzger, Jäger und Bauer und stellt von Grund auf alles selber her. Damit entzückt er nicht nur die Schwyzer und Urner, sondern auch zahlreiche Städter, die gerne nach Riemenstalden pilgern oder auf dem Weg in den Süden einen kulinarischen Zwischenstopp einlegen. Wegen dem butterzarten Ochsenschwanz zum Beispiel. Wer kommt und den Berg hochfährt, bringt Zeit mit und lässt sich von Veronika Gisler-Fankhauser herzlich bedienen. Auch so schmeckt der Kanton Schwyz.

6452 Riemenstalden, Kaiserstock, 041 820 10 32, www.kaiserstock.ch

Ziegenhof

Ein Stück Heimat Als ich mich durch die Website des Agrotourismus Kanton Schwyz und des Vereins Ländlicher Marktplatz Urschwyz pflügte, ist mir der «Ziegenhof» aufgefallen, der ganz in der Nähe des «Kaiserstock» liegt. Unter der Marke «Urschwyz» werden Regionalprodukte und Agrotourismus-Dienstleistungen vermarktet. Und das ist eine ganze Menge, die hier vermarktet wird. Die Fülle an guten Adressen ist überwältigend, im wahrsten Sinne des Wortes. Das Studium lohnt sich. Zurück zum «Ziegenhof», dessen Erzeugnisse zum Besuch animieren. Der Name ist Programm, beim dem der Ziegenweichkäse und das Ziegentrockenfleisch zu meinen Favoriten gehören.

6452 Riemenstalden, Loosberg,
041 820 56 59, www.urschwyz.ch

Hotel Sankt Joseph

Attolini «eisgekühlt» Wird es wärmer, kommt die Zeit für die Glacés von Werner Attolini, die schon an diversen Eis-Concours prämiert wurden. Im hauseigenen Hotel St. Joseph direkt am Klosterplatz in Einsiedeln lässt es sich als unkomplizierter Gast gut verweilen. Wer Lust hat, bleibt länger und übernachtet in den einfachen, preiswerten Zimmern, herzlich umsorgt von der Familie Attolini. Am Morgen ist der Gang in die kleine Café-Bar unumgänglich. Hier lesen die Einsiedler ihre Zeitung, und wenn sie nicht lesen, üben sie sich in einer Runde Tratsch und Klatsch und erzählen, was es an Neuigkeiten in Sachen Kloster gibt. Einsiedeln ist ein gut durchmischter Ort mit Pilgern, Weltenbummlern, Trendsettern und Glacé-Schleckern oder anders formuliert: Einsiedeln ist das Rom der Schweiz. Und mittendrin die Familie Attolini.

8840 Einsiedeln, Am Klosterplatz,
055 412 21 51, www.sankt-joseph.ch

Platzhirsch

Mit Herz und Hirsch Von der Wand grüsst der silberne Hirschkopf, und auf der Website prangt er mit der roten Tolle. Das Röhren übernehmen Inhaber Christoph und Teilhaber und Sommelier Josef. Die sympathischen Gastgeber begrüssen ihre Gäste jovial per du. Das Interieur ist brav (das muss in Zug wohl so sein), sodass sich der trinkende Gast voll und ganz auf sein Glas und dessen Inhalt konzentrieren kann. Hundert Positionen laden zum zivilisierten Trinken ein. Josef betreut die Gäste perfekt, ist hier und da und überall, entkorkt, schenkt ein und nach. Ein Profi eben. Apropos Profi: Josef Pargfrieder ist Weinhändler, Weinakademiker und diplomierter Sommelier. Neben dem «Platzhirsch» ist er auch in seiner kleinen Vinothek Josef anzutreffen, die mit grossen und kleineren Namen überrascht. Da finden sich elegante Franzosen (Pouilly Fumé) und namhafte Österreicher (Riesling Smaragd) zu fairem Preis, was in Zug nicht selbstverständlich ist. Und sonst? In der Küche wirken Owen und Mike, die das Tatar von Hand schneiden und einige wenige Speisen zubereiten: geräucherter Lachs, Vitello tonnato, Rohschinken mit Melone, Gazpacho und der Sommer-Evergreen Mozzarella mit Tomate. In der Summe eine angenehme Einkehr, die keine neuen Trends setzen will, aber mit Angebot und Interieur grundbürgerliche Vorlieben widerspiegelt.

6300 Zug, Zeughausgasse 10, Hirschenplatz, 041 710 27 27, www.platzhirschzug.ch, www.vinothek-josef.ch

Scherbengraben

Bei Ruben Ruben ist ein gutmütiger, verfressener Labrador, der den schönen Dingen zugetan ist. Das ist so, weil er unter einem Dach mit Eugen Hess und Christoph Sigrist lebt. Zwei ehemalige Spitzengastronomen und Schöngeister, die seit 1993 die Tischkultur und die feine Lebensart zelebrieren und in ihrem «Scherbengraben» in Zug zeigen, wie schön eine gedeckte Tafel aussehen kann und was in einer stilsicher eingerichteten Küche nicht fehlen darf. Ihr Flair zu schätzen weiss auch Sternekoch Andreas Caminada, der in seinem neuen Restaurant Igniv im Grand Resort Bad Ragaz auf die Beratung von Eugen Hess und Christoph Sigirst zurückgegriffen hat. Ihr Sortiment umfasst neben zeitlosem Design auch aktuelle Teile, die aber nie einem kurzlebigen Trend entsprungen sind. Hinzu kommt Kunsthandwerk aus den Bereichen Keramik, Porzellan, Glas und Leinengewebe, dekorative Gebrauchsgegenstände wie Vasen, Teelichter, Kerzenständer sowie ein kleines Angebot an Pfannen, Messern und weiteren Küchenartikeln, die mit Design und Qualität überzeugen. Nicht unerwähnt lassen möchte ich die mit natürlichen Essenzen versehenen Duftkerzen.

6300 Zug, Grabenstrasse 1, 041 711 17 65, www.scherbengraben.ch

Gasthaus Rathauskeller

Vom Gourmettempel zur Beiz Der «Rathauskeller» hat sich vom Punktezirkus verabschiedet und die Trennung zwischen Bistro und Gourmetstube aufgehoben. Seitdem läuft der Laden wieder, gehört doch der «Rathauskeller» zu Zug wie der «Train Bleu» zu Paris. Damit wir uns richtig verstehen, der «Rathauskeller» ist nicht zur Vesperstube mutiert, sondern bietet eine gehobene Frischküche, die zwischen südafrikanischer Langustine und Niederwiler Saibling balanciert. Professionell und meistens gut, Schwankungen gibt's, wenn sich der Patron eine Auszeit gönnt. Die Bandbreite bei den Klassikern reicht von der Gänseleberterrine bis zu den Kutteln mit Kartoffelstock. Dazu werden Weine kredenzt, deren stärkste Flaschen aus der Abteilung Frankreich kommen. Wer am Samstag in Zug weilt, besucht zwischen 9 und 14 Uhr den hauseigenen Marktstand, der mit auserlesenen Köstlichkeiten aufwartet, kauft ein oder schlürft in der Saison einige Austern mit einem Glas Champagner. Man gönnt sich ja sonst nichts.

6301 Zug, Ober Altstadt 1, 041 711 00 58, www.rathauskeller.ch

Confiserie Treichler

Wer macht die Beste? Bei einer Zuger Kirschtorte verstehen ihre Anhänger keinen Spass. Und bei der Frage, welcher Kirsch, welche Füllung denn nun die richtige sei, kann die Diskussion zum Glaubenskrieg ausarten. Wer stellt nun in Zug die beste Kirschtorte her? Mit dieser Frage kann man sich nur in die Nesseln setzen. Denn jeder kulinarisch affine Zuger weiss das. Ich weiss es nach einem Monat Kirschtortenessen immer noch nicht. Und trotzdem habe ich mir für eine entschieden, nämlich die von der Confiserie Treichler. Warum? Weil das Kirschdessert 1915 von Heiri Höhn erfunden wurde, der dann 1943 das Geschäft seinem Chefkonditor Jacques Treichler übergab. «Treichler» ist also das Erfinderhaus der Zuger Kirschtorte und dokumentiert in seinem «Zuger Kirschtorten Museum» die Erfindungsgeschichte der Spezialität in 200 Originalexponaten, darunter auch ein Originalkleid von Hollywoodstar Audrey Hepburn, die in den 1960er-Jahren regelmässig in Zug weilte und bei «Treichler» am Bundesplatz Kirschtorten einkaufte.

6300 Zug, Bundesplatz 3, 041 711 44 12, www.treichler-zuger-kirschtorte.ch

Biohof Zug

Wallfahrtsort für Biofreunde Der Biohof Zug verkauft nicht nur frisches Gemüse, gute Backwaren und lokales Fleisch, sondern bittet in der «Schüür 59» am Dienstag und Mittwoch auch zum Mittagstisch. Blumenkohlcurry mit Kichererbsen und Polenta könnten Fleischtiger als Drohung interpretieren, doch so mancher von ihnen wäre überrascht, wie gut fleischlos schmecken kann. Wer unter der Woche keine Zeit hat, tröstet sich am Samstag mit dem wunderbaren Hefeschneck – einer der Besten, der mir je zwischen die Zähne gekommen ist. Bei schönem Wetter warten auf hungrige Tagediebe lauschige Gartenplätze mit Ausblick auf See und Berge.

6300 Zug, Artherstrasse 59, 041 711 97 02, www.biohofzug.ch

ZUG

NEU Heiner's Destillate

Cheers Noch vor wenigen Jahren war es für den Gin-Liebhaber ein Leichtes, an der Bar einen Gin Tonic zu bestellen. Heute ist es komplizierter, da die Auswahl an Gin-Sorten explodiert. Nicht anders verhält es sich mit den Tonics und mit den Ingredienzen, die mittlerweile den Weg ins Gin-Glas finden. Noch selten wird in unseren Breitengraden der Gin pur getrunken, was je nach Gin aber durchaus lohnend sein kann. Grossartig sind zum Beispiel die zwei Gins «6317» und «Minimalist» von Heiner's Destillate, die mit Tonic, aber auch pur getrunken werden. Passionierte Gin-Trinker hoffen, dass Cordula und Thomas Heiner auch noch den Sloe Gin (Schlehdorn) in ihre Produktepalette aufnehmen werden. Wer exzellente Fruchtschnäpse liebt, wird bei ihnen fündig in den Sparten Kernobst (Roter Williams), Steinobst (Dollenseppler), Beeren (Himbeere) und Wildfrüchte (Holunder). Auch die Liköre (Quitte) wissen zu begeistern. In der Abteilung Geiste überraschen sie mit Rezepturen etwa für Absinth und Ingwer.

6300 Zug, Hofstrasse 9, 041 710 25 28, www.heiners-destillate.ch

NEU Klosterhof

Saisonal Was für ein Frieden! Sowohl bei den Tieren wie auch in der Familie von Bea und Christian Horat-Grob mit Eltern, Geschwistern und Verwandten, die ihnen tatkräftig zur Seite stehen, was der Umfang des Betriebes auch erfordert. Zwanzig Milchkühe mit ihren Kälbern, fünfzig Hühner und einige Kaninchen leben auf dem siebzehn Hektar grossen Klosterhof. Hundert Mutterschafe grasen auf dem dazugemieteten sechseinhalb Hektar grossen Tschuepishof. Hinzu kommen 430 ökologisch wertvolle Hochstammbäume (und das mitten in Zug): Nuss-, Kirsch-, Apfel-, Birnen- und Zwetschgenbäume. Der Hofladen hält sich an Natur und Saison. Peperoni, Ananas oder andere Exoten sucht der Kunde vergebens. Dafür bekommt er einen Korb voller Qualität und Herzlichkeit. Die Schnäpse werden selbst gebrannt, das Fleisch stammt aus artgerechter Haltung aus dem eigenen Betrieb, ebenso Konfitüren, Honig, Sirupe und noch so einige andere Köstlichkeiten mehr. Das lockt nicht nur Herrn und Frau Zug, sondern auch nachhaltig denkende und einkaufende Genussmenschen aus der näheren und weiteren Umgebung auf den Hof.

6300 Zug, Klosterstrasse 6, 041 711 05 24, www.klosterhof-zug.ch

Sihlmatt

In einem Bächlein helle Idyllisch am Ufer der Sihl gelegen, steht das für seine Forellen national bekannte «Sihlmätteli». Mittlerweile haben neue Hände mit neuen Ideen das Zepter übernommen und das in die Jahre gekommene Haus in ein Bijou verwandelt. Sie haben viel Zeit, Geld und Nerven investiert, um aus dem «Sihlmätteli» eine «Sihlmatt» zu machen, die mit einer guten, überraschenden Küche überzeugt und mit herzlichen Gastgebern empfängt. (Völlig unverständlich sind mir diverse unfreundliche Kommentare auf Tripadvisor. Ob sie wirklich die gleiche Beiz meinen?) Mich hat ein wunderbares Cevice von Saibling und Kirschen, ein aromatisches Tatar vom Zuger Rind, luftig leichte Hacktätschli und eine gebratene Forelle überzeugt. Preislich alles im Rahmen. Auf ein Neues! Und, liebe «Trip»-Schreiberlinge, bitte nicht vergessen: «C'est le ton qui fait la musique.»

6313 Menzingen, Sihlmatt, 041 755 12 44, www.sihlmatt.ch

NEU Charly Iten Art affairs

Beim Japaner Charly Iten ist ein in Japanologie und ostasiatischer Kunstgeschichte promovierter Experte für Japan, seine Kultur und den Sake – das japanische Nationalgetränk mit langer Geschichte und tiefer Verbindung mit der Kultur und Seele des japanischen Volkes. Er ist Certified Sake Sommelier, unterrichtet japanische Ess- und Trinkkultur und allgemeine Verhaltensregeln. 2018 ist er an die London Sake Challenge, Europas ältesten Sake-Wettbewerb, als Jurymitglied berufen worden, was eine besondere Ehre ist. Als Sake-Händler hat Charly Iten sein Sortiment gezielt auf Premium-Produkte ausgerichtet; es umfasst aktuell mehr als 80 Positionen, aus allen sechs Premium-Typen und zahlreichen Unterkategorien. Neben der Beratung für Privat- und Gastronomiekunden bietet er Degustationen, Sake-Foodpairing-Workshops sowie Schulungen für Private und Gastronomen an. Hinzu kommen Japanreisen, bei denen der Sake im Fokus steht. «Yoi no tame ni!» «Zum Wohl» geht aber auch.

6314 Unterägeri, Buchholzstrasse 32, 041 750 70 89, 079 524 19 31, www.ci-artaffairs.ch

Schiess

Suppenkasper Die Wirtschaft Schiess ist eines der ältesten Gasthäuser im Kanton Zug. Die Liegenschaft befindet sich seit 1893 im Besitz der Familie Schiess. Und so wie Böbbi Schiess in seinem Bildhauer- und Steinmetzbetrieb im linken Hausteil Künstler seines Metiers ist, ist es Roman Buchle in der Küche. Mit Liebe zum Detail und einer gehörigen Portion Kreativität zaubert er gemeinsam mit Ramona Roth Cocktails aus Kunst, Kultur und Genuss auf die Teller. Klingt etwas abgehoben, schmeckt aber ganz wunderbar. Roman wird scherzhaft auch als Suppenkasper bezeichnet, da es im «Schiess» täglich eine spezielle Suppe gibt. Suppen aus Bananen und Curry, Apfel und Ingwer, Karotten und Orangen, Rotkraut, Randen, Rüben, Bier und Co. Ramona wiederum ist für die exzellenten Desserts zuständig, während Claudia Buchle-Barbara gemeinsam mit Daniela von Arx ihre Gäste herzlich und zuvorkommend bedient und verwöhnt. Das Weinangebot ist spannend, und wer weiss, dass Eva Schiess (www.uvaeva.ch) für die Auswahl zuständig ist, wundert sich über gar nichts mehr. Einzig bei den Tessinern müssten es für mich nicht Gialdi und Brivio sein, da finden sich unbekanntere Namen wie Ostini und Bettoni mit spannenden Alternativen (siehe Seite 238 und 262). Der «Schiess» ist eine Wirtschaft mit Charakter und herzlichen Gastgebern, die regional und qualitätsbewusst einkaufen.

6330 Cham, Schulhausstrasse 12, 041 780 11 87, www.wirtschaft-schiess.ch

City-Hotel Ochsen

Obstsalat Das Tagesgericht von Matthias Hegglin ist Obstsalat. Mit viel Trauben. Eigentlich nur mit Trauben. Fermentierten Trauben. Okay, vielleicht ist es Wein. Es ist Wein. Und alle Weinfreunde, die in Zug im «Ochsen» übernachten, werden nicht darum herumkommen, im Weinschmöker des Hauses zu lesen. Patron Matthias Hegglin ist ein sympathischer Weinspinner, ein Freak, der seine Passion mit seinen Gästen teilt. Gehen Sie auf die Website und blättern Sie in der Weinkarte. Sie werden Freudentränen aus ihren Augen wischen und sofort ein Zimmer buchen, sich durch die freundschaftlich kalkulierte Weinkarte trinken, zwischendurch einen Teller Kalbsleber essen und danach selig schlafen und von fermentierten Trauben träumen.

6300 Zug, Kolinplatz 11, 041 729 32 32, www.ochsen-zug.ch

Restaurant Eglihof, Zürich (Seite 189)

NEU Lotti

Ohne Mani Der Vater der Wirtin ist Zürichs Gastro-Urgestein René Zimmermann, dessen Ideen schon immer der Zeit voraus waren – man denke nur an die «Alpenrose» oder den «Neumarkt», ein Selbstläufer, der nie verstaubt, sondern sich immer wieder neu erfindet. Da verwundert es nicht, dass das «Lotti» von Beginn an ein Erfolg war. Für die meisten Zürcher wird es wohl keine Neuentdeckung mehr sein, für den Rest der Schweiz schon. Wer auf der Flucht vor dem Alltag ist, findet hier Unterschlupf. Etwa bei Brioche mit Entlebermousse (Tierfreunde, bitte genau lesen!) von nicht gestopftem Federvieh, geröstetem Markbein, aromatischen Hacktätschli und butterzartem Pulpo (aus nachhaltigem Fang) vom Holzgrill mit Orangen-Fenchel-Salat. Wer Allesesser ist und Geselligkeit schätzt, setzt sich zur «Tavolata» und isst sich für bescheidenes Geld querbeet durch das attraktive Speiseangebot. Am Samstag wird von 10 bis 17 Uhr gebruncht, bevor es ab 18 Uhr mit dem Abendessen weitergeht. Kompliment an Gastgeberin Anna Zimmermann und an Koch Ralf Weber.

8001 Zürich, Werdmühleplatz 3, 043 399 01 01, www.lotti-lokal.ch

Wirtschaft Neumarkt

«Intelligenter Genuss ist unbeschwerter Genuss» René Zimmermann ist nicht nur weise, sondern auch eine Schnapsnase, was als Kompliment und nicht als Beleidigung zu verstehen ist. Er schreibt eine Schnapskolumne, bietet in seiner Wirtschaft eine spannende Schnapsauswahl, lässt mit Schnaps kochen und ist auch sonst ein Zeitgenosse, bei dem das Riechorgan eine wichtige Rolle spielt. Seit Jahren überzeugt der «Neumarkt» mit Qualität auf dem Teller und mit guter Stimmung in der Beiz. Lieblingsplätze sind der Innenhofgarten und die Café-Bar, wo man so wunderbar verhocken kann. Die Gerichte sind subtil gekocht, sorgfältig zubereitet und sec angerichtet. Artischocken-Ravioli, Pastetli, Kalbsgeschnetzeltes, Hackbraten und mehr. Die Weinkarte ist eine Runde Schweiz, mit wundervollen «Möschten» zu korrekten Preisen, was auch für die Kalkulation der Gerichte zutrifft. Kurz, die Wirtschaft Neumarkt wird vom Charakter des Gastgebers geprägt, und das ist gut so.

8001 Zürich, Neumarkt 5, 044 252 79 39, www.wirtschaft-neumarkt.ch

Bederhof

Ein sicherer Wert Der «Bederhof» ist ein gutes Beispiel der lebendigen und lustvollen Gastronomie in der Holzklasse. Und mittendrin Erik Haemmerli, der umtriebige Patron, der auftischt, was ihm passt, und zugleich weiss, was sich der Gast wünscht oder was er hören will. Die «Bederhof»-Klassiker sind unverwüstlich, prägnant, treffend und bleibend. Ich kenne keinen Stammgast, der nicht über das legendäre Rindsfilet Robespierre schwelgt und zugleich weiss, dass er sich im «Bederhof» vor einer Überdosis Kräuter nicht zu fürchten braucht. Eher vor Kutteln, Kalbskopf und Co. Apropos Kräuter: Tolerante Vegetarier werden nicht mit schlappem Gemüse drangsaliert, sondern mit aromatischem Gemüseragout oder einer ganzen Artischocke mit Vinaigrette verwöhnt. Nicht wegzudenken sind an diesem stimmungsvollen Ort «Ghackets und Hörnli» und das Wiener Schnitzel mit Kartoffelsalat.

8002 Zürich, Brandschenkestrasse 177, 044 285 15 00, www.bederhof.ch

ZÜRICH STADT

Bäckerei Jung

Wenn der Vater mit dem Sohne Eine Auseinandersetzung mit dem Herrn Papa hat den jungen Bäcker-Konditor Bernd Jung vor Jahrzehnten dazu veranlasst, spontan die Koffer zu packen und in die Schweiz zu reisen, wollte er doch schon immer einmal das Matterhorn in Zermatt sehen. Angekommen ist er in Zürich, was sich für die Stadt und für Bernd Jung zum Glückfall entwickelt hat. Der Freigeist hat aus nichts ganz viel aufgebaut. Seine Brote sind legendär, seine Spezialitäten, wie die schmackhaften Sandwichs, sind bei Jung und Alt beliebt. Für das Früchtebrötli besteht bei mir Suchtpotenzial. Versuchen Sie es einmal zu einem reifen Rohmilch-Camembert. Sie werden staunen.

8002 Zürich, Tessinerplatz 12, 044 201 70 32, www.jung.ag

Jdaburg

Es war einmal Nach langer Suche und dem Zusammenspiel diverser Zufälle war sie geboren, die neue «Jdaburg». Die Jungunternehmer Gian und Nico Gross, die zugleich seit Juli 2017 im «Rosengarten» wirten, legten im Frühjahr 2015 los, zahlten Lehrgeld, bekamen gute und weniger gute Kritiken, hielten inne und verbesserten ihr Angebot, das heute mit leichten Gerichten überzeugt. Mit hauchdünn aufgeschnittenem kurz gegartem Rindfleisch, mit Tomaten-Brot-Salat, frischen Sardellen, geschmorten Lammhaxen und andere schönen Dingen. In der «Jdaburg» wird die Qualität nicht nur hochgehalten, sondern sie wird stets kontrolliert und hinterfragt. Beim Kaffee ist der Massstab Italien. Eine neue Kolbenmaschine, eine gute Bohnenmischung, frisch gemahlen von zwei separaten Mühlen mit unterschiedlicher Einstellung für Kaffee und Espresso. Die Bohnen beziehen sie von der Zürcher Rösterei Stoll, den Grappa direkt aus einer kleinen Brennerei im Piemont. Eine rundum stimmige, überzeugende Adresse.

8003 Zürich, Gertrudstrasse 44, 044 451 18 42, www.jdaburg.ch

Da steckt Natur drin Roger E. Baumann (REB) setzt sich seit über einem Vierteljahrhundert intensiv mit Wein und Weinkultur auseinander. Seine Leidenschaft hat er zum Beruf gemacht und vor fünf Jahren die eigene Weinhandlung eröffnet. 2015 hat er das «Diploma in Wines and Spirit» erworben, eine der weltweit renommiertesten Weinausbildungen. Er kennt all seine Winzer persönlich und bietet Provenienzen an, die erfrischend anders sind als die herkömmlichen Industrieweine und aufgemotzten Aromabomben. «REB Wein» hat sich auf Säfte aus dem Veneto und Piemont, aus dem Languedoc-Roussillon und dem Südwesten Frankreichs sowie den spanischen Regionen Aragon und Kastilien-Léon spezialisiert. Hinzu kommen einige wunderbare Juraweine, die in der Schweiz noch recht stiefmütterlich behandelt werden. Diverse seiner Provenienzen sind vegan (enthalten also keine Milch- oder Eiprodukte zur Weinschönung) und werden als solche gesondert ausgezeichnet.

8003 Zürich, Idastrasse 50, 079 309 39 44, www.rebwein.ch

Köchlistube

Im Quartier Die «Köchlistube» gehört zur aussterbenden Spezies von Beizen, die ein lebendiger Treffpunkt im Quartier sind, in dem sich Gott und die Welt und noch mehr Zürcher treffen und über Gott und die Welt palavern. Je nachdem herzlich, freundschaftlich, banal oder geistreich. Sie gehört unter Artenschutz gestellt und sollte von ihren Gästen gehegt und gepflegt werden. Die «Köchlistube» ist für ihre einfache, gute Küche bekannt, paniertes Schnitzel und Cordon bleu haben hier Kultstatus. Unter der Woche geht's um neun Uhr morgens los, am Samstag erst um 17 Uhr, und am Sonntag wird geruht. Eine Stange hier – kommt gleich, zwei Schnitzel paniert, wie gewünscht. Zwischendurch ein Jass, ein Schwatz, es klopft, es plaudert, und der «Kaffee fertig» dampft aus dem Glas. Der normale Alltag mitten im Kreis 3.

8003 Zürich, Köchlistrasse 6, 044 242 80 68, keine Website

Bachser Märt Kalkbreite

Gutes im Korb Auf einem beindruckenden Tisch wird im Bachser Märt Kalkbreite ein reichhaltiges Angebot an Gemüse, Früchten und Kräutern in Bio- oder Regioqualität angeboten. Teigwaren, Hülsenfrüchte, Reis, Salz, Öl, Essig, Zucker Kaffee, Tee, Milch, Frühstücksflocken, Wein und Schnaps, es ist alles da, was der normale Haushalt braucht. Das Käseangebot überzeugt, auch bei diversen Spezialitäten kommt Freude auf. Das Ganze ist eine angenehme Einkaufsmöglichkeit, bei der die Abwesenheit von Eile und Not unglaublich beruhigt.

8003 Zürich, Badenerstrasse 171, 044 201 04 25, www.bachsermaert.ch

Macelleria Salumeria Fulvi

Come prima Qualität ist kein Zufall bei Patron Giuseppe Fulvi, der im «Chreis Cheib» lust- und gehaltvoll eine grosse Scheibe Italianità zelebriert. Mit Schweinsohren, Schwartenmagen, Spanferkel, exzellenten Brüh- und Trockenwürsten und mit einer Mortadella, die nicht nur ins Auge sticht, sondern auch den Gaumen betäubt. Mehr Lokalkolorit geht fast nicht – und damit wird die Metzgerei, die zugleich eine pulsierende Klatschbörse ist, für zahlreiche Heimwehitaliener zum Ausflugsziel, zumal Italien nicht gleich um die Ecke liegt. Allerdings ist das «Italia» (siehe Seite 187) nicht weit, das auch so eine grandiose Adresse ist, wenn es ums Essen, Trinken und Feiern geht.

8004 Zürich, Schöneggstrasse 28, 044 242 89 57, www.macelleria-fulvi.ch

Gamper

Bitte vor dem Essen lesen Der Schweizer Durchschnittsbürger investiert zwanzig Prozent seines Einkommens in Freizeit, Luxus und Ferien, aber nur acht Prozent für seine Ernährung. Wer sagt, er könne sich Fleisch aus artgerechter Tierhaltung nicht leisten, soll sich doch überlegen, ob es zwingend täglich Fleisch braucht. Marius Frehner setzt in seinem «Gamper» auf Qualität und auf ein kleines Angebot. Er kocht saisonal, frisch und reduziert seine Gerichte auf das Wesentliche. Wer bei ihm essen will, der kommt und schaut, ob ein Stuhl frei ist. Reservieren geht nicht. Die Menükarte ändert wöchentlich, manchmal überrascht Marius Frehner seine Gäste mit spontanen Änderungen. Den Sterne- und Punktezirkus hat er an seinen letzten Stationen zurückgelassen, kochen tut er heute nur noch, worauf er Lust hat. Auberginensalat an Senf-Honig-Sauce, Erbsenschaum mit Stunden-Ei, Lamm am Knochen oder Zwerchfell vom Rind mit Krautstiel zum Beispiel. Das Ganze bereitet Freude. Hingehen und ausprobieren.

8004 Zürich, Nietengasse 1, 044 221 11 77, www.gamper-restaurant.ch

John Baker Helvetiaplatz

O-Ton Dieser Text von «John Baker» liess mich schmunzeln und sagt alles, was es über diese Bäckerei zu sagen gibt. Daher hier im O-Ton: «Wir müssten an dieser Stelle endlos darüber schwadronieren, wie enorm toll John Baker ist. Wie grossartig es ist, dass nur regionale, ökologische Bioware verarbeitet wird, der Weizen von glücklichen Feldern stammt und das Schwein freiwillig in die Metzgerei gerannt ist, um endlich Teil eines unserer Sandwiches zu werden. Die Hefe ist natürlich kein speed-gezüchtetes Gen-Monster, nein, unser Bäcker hat Marvin Gaye aufgelegt und eine Duftkerze angezündet und ist dann diskret verschwunden, damit die Pilze ganz in Ruhe süsse Vermehrung betreiben konnten. Ach, und wie fantastisch nachhaltig und ökologisch ist unsere Idee, Kundinnen und Kunden, die keine Tüte wollen, einen Preisnachlass zu gewähren? Und im Winter gibt es nun mal keine Sonnenblumenkerne in der Schweiz, und bei John Baker nimmt man dann eben nicht einfach welche aus China, sondern, genau: keine! So wird ein sonnenblumenkernfreies Brötchen ganz schnell zum Statussymbol für den aufgeklärten Geist. Und weil es doof wäre, die Brötchen, die saisonal sonnenblumenkernfrei sind, weil wir die Umwelt nicht belasten wollten mit Sonnenblumenkernen-Transporten rund um den Erdball, dann mit einer Benzinschleuder auszuliefern, machen wir das mit dem Elektrovelo. Und natürlich respektieren wir jeden Ernährungsfimmel und haben deshalb auch etwas für Veganer, Laktose-Intolerante (obwohl wir grundsätzlich voll gegen Intoleranz sind) und Glutenunverträgliche. Und ja: Wir arbeiten an einem No-Carb-Brot.»

8004 Zürich, Molkenstrasse 15, 044 281 92 92, www.johnbaker.ch

Comestibles Granada

Mehr als nur Serrano Maria-Dolores Turienzo bedient ihre Kunden mit Grandeza. Neben delikatem Serrano-Schinken führt sie noch diverse andere spanische Leckerbissen. Der trockene Manzanilla lässt die Tränen der Heimweh-Spanier versiegen, die sich bei ihr immer wieder gerne mit schweinischen Delikatessen eindecken und dabei erklären, warum sie den Manzanilla dem Fino-Sherry vorziehen. Ein Besuch bei Señora Maria-Dolores lohnt sich aber auch für den Bacalao, die wunderbare Sobrasada, eine luftgetrocknete Wurst, die man aufs Brot streicht oder – Schleckmäuler aufgepasst – für Turrón, weißen Nougat, der dem piemontesischen Torrone sehr nahe kommt.

8004 Zürich, Hohlstrasse 4, 044 242 16 90, keine Website

NEU Ristorante Italia

Bella Italia Mir gefallen einfache Beizen mit klarer Ansage, in denen nicht der Firlefanz im Vordergrund steht, sondern der Inhalt von Teller und Glas. Das «Italia» ist so eine Oase, die seit Jahrzehnten nicht mehr sein will, als das, was sie ist. Es ist nicht irgendeine Beiz, es ist eine Institution, die verbindet und Freunde schafft. Zu essen gibt es gut und reichlich, ein herzhaftes Stück Italien eben. Mit gekochtem Schinken, Spanferkelbraten, Salami und Blutwurst. Begleitet von gutem Brot und noch besserer Focaccia. Kartoffelstampf mit Stockfisch, Carne cruda vom piemontesischen Rind und marinierte Sardellen, so wie sie sein müssen. Als «Primi» warten luftig-leichte hausgemachte Gnocchi, Pasta aus Ligurien mit ligurischem Basilikum, Kartoffeln und grünen Bohnen oder einfach eine Portion Rigatoni mit einem Sugo di salsiccia. Und dann gibt es Wollschweinkoteletts, gebratenen Tintenfisch und das eine oder andere «Dolce». Tutto bene? Tutto!

8004 Zürich, Zeughausstrasse 61, 043 233 88 44, www.ristorante-italia.ch

Metzg

Sperrzone für Veganer Ende 2015 hat Marlene Halter ihre «Metzg» eröffnet, die sich innerhalb kürzester Zeit zum «Place to be» entwickelt hat. Der Name ist Programm. Fleischesser finden in der «Metzg» ihr kulinarisches Paradies, Veganer kommen erst gar nicht hierher, und Flexitarier lassen sich zu einem Happen überreden. Gastgeberin Marlene Halter zieht den Schweinskopf einem Poulet vor, liebt Fleisch und isst Fleisch von Viechern, die artgerecht gehalten wurden. Sie kauft das Fleisch von Bauern, die ihre Tiere liebevoll, mit Wissen und Einsatz aufziehen. Die «Metzg» ist eine Bereicherung für die Beizenszene und für den Gast, ja, sie ist so beliebt, dass sie in Zürich bereits kopiert wird (Butchers Table). Ich bleibe beim Original und setze mich gerne mit einem Ochsenkotelett oder einem Markknochen vom Grill auseinander oder freue mich über ein aromatisches Schmorgericht. Zahlreiche Stammgäste gehen in die «Metzg», um ihren Fleischvorrat aufzustocken, und genehmigen sich spontan einen Happen, oder sie reservieren sich einen Platz auf der Holzbank, gehen essen und sehen dabei in der Fleischvitrine noch ein saftiges Stück für den nächsten Tag. Beide Varianten gehen hier ganz wunderbar. Die «Metzg» erhält unsere Auszeichnung Schön schräg 2019 (siehe auch Seite 14).

8004 Zürich, Langstrasse 31, 044 291 00 88, www.metzg-grill.ch

Caduff's Wine Loft

Ein Bündner in Zürich Viele reden von Qualität, Beat Caduff, Koch, Jäger und Weinhändler, verlangt sie und bekommt sie. Er ist ein leidenschaftlicher Mensch, dem Kompromisse zuwider sind. Er schwafelt nicht von artgerechter Tierhaltung, sondern er kauft sie ein. Wenn er nicht gerade an einem neuen Rezept tüftelt, Rieslinge verkostet oder über Wildgerichte nachdenkt, betreibt er Wing Chun, trinkt Sinalco-Cola mit frischem Orangensaft oder besucht mit seiner Frau Natascha Frankreich und seine Spitzenköche. Natürlich hat Beat Caduff auch einen Online-Shop, was logisch ist für einen umtriebigen Bratkünstler. Er verkauft Spitzenmesser für ambitionierte Hobbyköche, Gewürze und Weine, die einen zu Freudentränen rühren. Preislich und geschmacklich. Wer Zeit mitbringt und sich telefonisch mit Beat Caduff bespricht, dem zeigt er gerne sein Flaschenreich, vornehmlich bestehend aus Rieslingen und Burgundern der Extraklasse. Zu viel Lob, zu viel des Guten? Gehen Sie hin, geniessen Sie die unverkrampfte Atmosphäre in der «Wine Loft» und lassen Sie sich von der Küche verwöhnen. Bleibt nur noch die Frage: Was um alles in der Welt ist Wing Chun?

8004 Zürich, Kanzleistrasse 126, 044 240 22 55, www.wineloft.ch

Eglihof

Im Aussenposten Was macht der Fremde mit Appetit in Zürich? Er fährt über die Gleise in die Stadtwüste, isst im «Eglihof» und freut sich über die ländlichen Preise. Mittags wird zügig, aber ohne Hektik aufgetischt, abends folgt die Kür, oft mit Stammgästen, von Fotografen und Werbern bis zu Handwerkern und Müssiggängern, die sich hier verwöhnen lassen. Gastgeberin Eveline Maeder ist die Ruhe selbst, hat Küche, Koch, Gäste und Extrawünsche sicher im Griff. Wer das erste Mal die Beiz betritt, staunt über die hellgelben Wände und Decken, über Kunst, Plunder und den graziösen Kronleuchter. Das Ganze ist sympathisch schräg, witzig und wohltuend trendlos zugleich. Hier fühlt man sich gut aufgehoben, was mit der Herzlichkeit von Eveline Maeder zu tun hat und mit der guten Küche von Bruno Gertiser, die zwischen Tradition und Innovation hin und her pendelt. Ob Soupe de poisson, Ostergitzi oder Kalbshaxe, ob mit einem Abstecher nach Ligurien oder ins Piemont, es schmeckt.

8004 Zürich, Eglistrasse 2, 044 493 44 44, www.eglihof.ch

Welschland

Welschland liegt in Zürich Das Welschland liebe ich und bereise es gerne, und habe ich keine Zeit, um gen Westen zu fahren, mache ich einen Abstecher nach Zürich, um im «Welschland» einzukaufen. Der kleine, sympathische Laden mit den herzlichen Mitarbeitern bereitet rundum Freude und offeriert wunderbare Produkte aus der Romandie. Brüh- und Trockenwürste, Fondue, eine durchdachte Auswahl an exzellentem Käse, Weine, Eau-de-vie und so einiges Welsches mehr.

8004 Zürich, Zweierstrasse 56, 043 242 98 50, www.welschland.com

Hermanseck

Im Quartier Das «Hermanseck» ist eine sympathische Quartierbeiz, die funktioniert, die selbst für luxusmüde Golfer ein angenehmer Fluchtort ist, um hier glücklich beim hauseigenen Bier ein Tatar oder ein Cordon bleu vom Kalb einzulochen. Die Weinkarte ist klein gehalten, dürfte für mich allerdings noch zwei, drei filigrane Weine bieten, was aber bei ihrem exklusiven Bier egal ist. Michael Imfeld gelingt es, das kleine Schwarze mit der Latzhose und die Heiland-Sandale mit dem Church-Schuh zu verbandeln. Wenn jetzt Stephan Györi noch die Fritten von Hand schnipselt oder die Kartoffel durch die Presse lässt und das Tatar von Hand schneidet, dann wird das «Hermanseck» endgültig zum Musterknaben.

8004 Zürich, Birmensdorferstrasse 58, 044 241 28 20, www.hermanseck.ch

Josef

Bei «Josef» und Marcello Einem Zürcher das «Josef» näher vorstellen zu wollen, wäre Wasser in die Limmat getragen. Dass das «Josef» mittlerweile mehr als eine patinierte Beiz mit hippen Gastgebern und coolen Gästen ist, wissen viele, dass in der Küche seit einigen Jahren Marcello Drovandi Pereiro das Zepter führt, ist weniger bekannt. Der in Malaga aufgewachsene Koch, hat seine Sporen im legendären «El Buli», im «Celler de can Roca» und im «Mugaritz» bei Andoni Aduriz abverdient. Seine Leidenschaft spiegelt sich bei ihm nicht in Worten, sondern in seinen Gerichten. Zum Beispiel einem Felchentatar mit lauwarmem Markbein, Reischips mit Saiblingsrogen oder Hohrücken vom Jungbullen mit Lardo, Topinamburpüree, Kefen und Datteln. Zum Dessert gibt's bei Marcello vielleicht eine Käsecreme mit Birnen oder ein Apfelsorbet mit karamellisierten Kernen. Möge der sympathisch bescheidene Koch dem «Josef» noch lange erhalten bleiben.

8005 Zürich, Gasometerstrasse 24, 044 271 65 95, www.josef.ch

Morgillo Comestibles

Mit Mani Auch wenn das Frühstück erst kurze Zeit zurückliegt, kommen Müssiggänger und andere Tagediebe auf ihrer Einkaufsrunde nicht an den besten Sandwichs der Stadt vorbei, die in ihrem charmanten kleinen Laden von der liebenswerten Claudia Morgillo zubereitet werden. Denn sie wissen, was schon Mani Matter wusste: «Was isch es Sändwitsch ohne Fleisch – 's isch nüt als Brot. Was isch es Sändwitsch ohne Brot – 's isch nüt als Fleisch. Ersch wenn d mit Fleisch dys Brot beleisch, ersch wenn d mit Brot umgisch dys Fleisch, berchunnsch es Sändwitsch: Brot und Fleisch.»

8005 Zürich, Gasometerstrasse 30, 044 272 46 81, keine Website

Restaurant Alpenrose

Mit Kissen Flauschige Kissen hatten die legendären Vorgängerinnen Tine Giacobbo und Katharina Sinniger in ihrer «Alpenrose» keine auf den Stühlen, dafür Qualität in Form von aromatischen, manchmal opulenten Gerichten auf den Tellern. Die Macher der Stiftung Arbeitskette haben mutig das Erbe der legendären Damen angetreten, haben den Namen der Beiz nicht angetastet, das eine oder andere leicht verändert und aufgefrischt, zum Teil die Tische weiss eingedeckt, aber vieles beim Alten belassen. So wie einst halt. Kurz, die «Alpenrose» hat weder ihre patinierte Schönheit verloren noch hat die Qualität der Gerichte nachgelassen, die sich in einer ähnlichen Art präsentieren wie eh und je. Mit Hackbraten, geschmorten Kalbsbacken und Bündner Spinatnocken. Das Konzept einer Schweizer Küche mit Schweizer Weinen funktioniert. Der Laden brummt. Alles ist gut.

8005 Zürich, Fabrikstrasse 12, 044 431 11 66, www.restaurantalpenrose.ch, www.arbeitskette.ch

Im Viadukt

Feine Kost Das «Viadukt» ist ein Sammelsurium des guten Geschmacks. Zahlreiche Genussläden bieten alles an, was das Schlemmerherz begehrt. Benötigt wird dafür ein gut gefüllter Geldbeutel, sind doch die Preise hier selbst für Zürich satt. Einsame Spitze ist für mich das British Cheese Center, das zahlreiche delikate Käsesorten aus Grossbritannien anbietet, die belegen, was die Briten beim Käse alles drauf haben. Geräucherter Cheddar, Schaf und Geiss aus den Yorkshire Dales zum Beispiel. Beim Blick auf den Kassenzettel könnten die ausgewählten Käse bereits schwer aufliegen. Klar, nichts ist umsonst und Spitzenqualität hat ihren Preis, aber ein paar Rappen weniger würden dem Ganzen gut tun. Trost spendet dann das eine oder andere Glas im Restaurant Markthalle, der Hausbeiz des Viadukts. Bis die Rechnung kommt …

8005 Zürich, Im Viadukt, www.im-viadukt.ch

NEU Restaurant Schlüssel

Schlüsselposition Nein, der patinierte, stimmungsvolle «Schlüssel« benötigt keine Werbung, keine Schönschreiberei, kein gar nichts. Der Laden ist stets ausgebucht, und wer nicht reserviert, bleibt aussen vor, was schade wäre, hat die Beiz doch alles, was eine gute Beiz haben muss. Rieslingsuppe, Schweinskotelett aus der Region, geschmorte Kalbsbacken, Hacktätschli an Rotweinsauce, Räuschling, Riesling, Humagne Rouge und einige bezahlbare Flaschen aus den Nachbarländern – es ist alles da. Erst letzthin habe ich den «Schlüssel» drei international tätigen deutschen Gastronomie-Inspektorinnen empfohlen. Die von Haus aus kritischen Damen schwärmten von ihrem Besuch in den höchsten Tönen und waren von Küche, Service und Atmosphäre sehr angetan, was zeigt, dass aufrichtige Gastronomie Zukunft hat.

8008 Zürich, Seefeldstrasse 177, 044 422 02 46, www.restaurant-schluessel-zuerich.ch

NEU Du Théâtre

Eine Runde Welt «Züri Gschnätzlets» ist gut, aber was wäre die Stadt an der Limmat ohne Antipasti und Pasta, ohne Sushi und Wok? Obwohl ich ein Verfechter einer rudimentären, einfachen Küche bin, sind Momentaufnahmen, wie sie das «Du Théâtre» ermöglicht, ganz wundervoll. Der Koch ist Japaner, Ideengeber ist der bekannte Gastronom Jürg Müller, dessen Konzept einer Fusion-Küche zwischen Sashimi und Vitello Tonnato bestens funktioniert. Das Lokal ist stimmungsvoll, das Personal aufmerksam, die Gerichte überzeugen mit Qualität und verblüffen immer wieder mit Kombinationen, die nie zu viele Aromen miteinander vermischen. Selbst Omnivoren, die mit veganen Speisen nicht viel am Hut haben, laben sich zu Beginn an einem Gurken-Algen-Salat oder wählen gleich Sepiasalat, Cevice oder Sardinen aus der Dose (unbedingt ausprobieren!), bevor dann ein Beef Tatar oder Filet Robespierre die Fleischeslust stillt. Die Weinkarte lässt keine Wünsche übrig und lässt den Puls jedes Riesling-Freunds höher schlagen.

8008 Zürich, Dufourstrasse 20, 044 251 48 44, www.du-theatre.ch

Rosengarten

Auf den Spuren der Eltern Der Garten ist wunderschön, die Gastgeber sind jung und mutig und wissen, was sie wollen. Gian und Nico Gross verwöhnen ihre Gäste mit Wurst-Käse-Salat, Siedfleisch vom Tafelspitz, Quarknocken an Salbeibutter und so einigem mehr. Am Samstag wird der Eintopf im Topf serviert. Wie früher, nur besser. Starmetzger Ludwig und Sohn David Hatecke liefern das Fleisch aus dem Bündnerland, was zeigt, das die jungen Herren im Qualitätsdenken alte Hasen sind. Nur bei den Weinen dürften sie noch etwas frecher werden und einige Provenienzen auf die Karte setzen, die Zürich noch nicht kennt. Apropos kennen: Von 1984 bis 1988 wirteten ihre Eltern erfolgreich im «Rosengarten», hörten auf und zogen ins Piemont, weil sie ihre Buben nicht in der Beiz aufwachsen lassen wollten. Jetzt ist die Jungmannschaft an die einstige Wirkungsstätte ihrer Eltern zurückgekehrt, und der Laden läuft auf Hochtouren wie einst im Mai.

8032 Zürich, Gemeindestrasse 60, 044 251 37 36, www.rosengarten.ch

Haltbarmacherei und Sorbetto Glaceladen Rotbuch

Roman und Heinz Der eine war Kaufmann in einer Grossbank, der andere Koch und Hotelfachmann. Der eine betreibt eine Manufaktur für Biosirupe und -konfitüren und stellt vorzügliche Limonaden her, der andere produziert seit zwanzig Jahren Glaces der besseren Art. Roman Treichler ist ein junger, erfolgreicher Mikrounternehmer, dem es auf der Bank zu langweilig wurde. Er wollte mit seinen Händen Sinnvolleres tun, als Geld zu zählen, und erinnerte sich an seine Omi Trudi, in deren Küche es beim Einmachen immer so wundervoll duftete.
Heinz Entzeroth ist als Kleinunternehmer ein alter Hase, produziert bis zu fünfhundert Liter Glace täglich, beliefert dreihundert Kunden und hat sich vom Einmann- zum dreizehnköpfigen Betrieb mit zwei Läden entwickelt. Im Glaceladen Rotbuch legt er selbst Hand an und verkauft Glaces, bei denen er immer wieder mit neuen Aromen aufwartet. Kurz, ob Roman oder Heinz, hier haben sich zwei verschiedene Charaktere und Generationen gefunden, die auf Natur und Handarbeit und vor allem auf Geschmack setzen.

8037 Zürich, Rotbuchstrasse 66, 043 268 91 11, www.haltbarmacherei.ch und www.sorbetto.ch

Bertrams Confiserie

Mr. Windbeutel Website? E-Mail? Gott bewahre. Die Confiserie von Bertram Beerli ist eine Reise nach damals, mit viel Nostalgie an den Wänden und viel Frische auf den Tortenplatten. Allein schon sein Laden lohnt den Besuch an der Nordstrasse, wobei es allerdings die Öffnungszeiten zu beachten gilt. Das Angebot ist klein und durchdacht. Bekannt ist Bertram Beerli für seine saisonalen Spezialitäten, wie Erdbeer- und Beerentorte. Berühmt ist er für seine Windbeutel oder, etwas feiner ausgedrückt, für seine Profiteroles, die ein einziges süsses Märchen sind. Bertram Beerli ist ein Einzelkämpfer, er arbeitet und lebt in einer stilvollen Wohnung, in die auch sein Laden integriert ist. Und obwohl eine grosse Stammkundschaft zu ihm pilgert (es soll Kunden geben, die täglich kommen), hat es ihn nie gereizt, sein Geschäft auszubauen.

8037 Zürich, Nordstrasse 187, 044 361 26 09, keine Website

Hotel Florhof

Unter dem Himmel von Zürich Klar, es gibt hippere Adressen, um in Zürich zu übernachten, als den patinierten «Florhof». Aber keine hat einen schöneren Garten, wird so persönlich geführt und bewegt sich in einer Preiskategorie, die noch bezahlbar ist. Die Zimmer glänzen mit Parkettboden und stilvollen Möbeln, der herzliche und unkomplizierte Service trägt einen gebührenden Anteil zum Wohlfühlfaktor bei. Das hauseigene Restaurant besticht mit seiner fadengeraden Küche, die ohne überflüssigen Schnickschnack auskommt. Gebratener Tintenfisch auf Tomatenkompott, Entenleberterrine und geschmorter Schweinebauch mit orientalischen Gewürzen überzeugen. Hinzu kommt eine überlegte Auswahl an Weinen, die Freude bereiten, auch deshalb, weil sie fair kalkuliert sind. Kurz, der «Florhof» ist eine Ausnahmeadresse in Zürich.

8001 Zürich, Florhofgasse 4, 044 250 26 26, www.hotelflorhof.ch

Restaurant Bergwerk

Von Tante Myrta zu Onkel Roger Vor einigen Jahren hat Roger Küng das «Bergwerk» von der legendären Myrta Wetzel übernommen und führt es in ihrem Sinn weiter, was die treuen Stammgäste beruhigt und Myrta freut. Tatsächlich wird diese Wirtschaft durch den Charakter des Gastgebers geprägt, ihr Bühnenbild verkörpert Heimat. Das Angebot ist unprätentiös, aber vor allem gut und reichlich. Das kommt an und gefällt selbst verfressenen Stadtbernern(!), die mich auf dieses Juwel aufmerksam gemacht haben. Berühmt ist die Beiz für ihre Wähen, die sich salzig und süss, luftig und opulent präsentieren. Hier wird ohne verkrampfte Spielereien gekocht und aufgetischt. Der Kalbshackbraten gehört zum Pflichtprogramm, das US-Rindsfilet spricht mehr Cowboys an als regional denkende Genussmenschen. Die Weinauswahl bietet knackig frische Weine von hier und schwere Alkoholbomben von dort, die dann optimal zum US-Rindsfilet passen. Das Konzept stimmt, alle sind glücklich. Eine schöne Arena für luxusmüde Städter und fröhliche Einheimische.

8107 Buchs, Krähstelstrasse 29,
044 844 17 50, www.bergwerk-buchs.ch

Brüederhof

Sieben Tage die Woche Täglich von 7 bis 19 Uhr, zwölf Stunden lang, ist der Hofladen auf dem Brüederhof geöffnet. Wer den entdeckt, vergisst den Grosshändler und kauft hier nachhaltig zu fairem Preis ein. Gemüse, Salat, Kartoffeln, Eier, Milch, Quark, Rahm, Joghurt, tiefgekühltes KAG-Freiland-Fleisch oder auf Vorbestellung Mischpakete vom Schwein, Kalb und Rind. Am Donnerstagmorgen wartet das Vollkornbrot, am Samstag der unverschämt gute Zopf. Das Ganze begann 1923 mit Alois Günthardt und wird heute in der vierten Generation von Simon und seiner Frau Martina weitergeführt. Auf dem Brüederhof leben Milchkühe mit Hörnern, Mastschweine, die noch so richtig die Sau rauslassen dürfen, Legehennen, die gar nicht wissen, wie gut es ihnen geht, und Katzen, die vor sich hin dösen oder Mäuse fangen. Hätten wir nur solche Bauernbetriebe, wäre es in der Welt um einiges besser bestellt.

8108 Dällikon, 044 844 02 60,
www.bruederhof.ch

Karl Abegg Metzgerei und Delikatessen

Der Musterknabe Seit knapp zwanzig Jahren arbeitet die Metzgerei Karl Abegg nach den Richtlinien von KAGfreiland, dem tierfreundlichsten Biolabel der Schweiz. Zu seinen Spezialitäten gehören unter anderem seine Eberfleischprodukte. Wer erstklassisches Fleisch mit gutem Gewissen essen will, kauft hier richtig – oder anders formuliert, wer bei einer ausgewogenen Ernährung Wert auf Nachhaltigkeit und auf Lebensmittel aus umweltfreundlicher Viehwirtschaft legt, findet es auch im Bio-Online-Shop der Metzgerei Abegg.

8135 Langnau am Albis,
Neue Dorfstrasse 20a, 044 713 20 26,
www.metzgabegg.ch

NEU Restaurant Schauenberg

Aussicht auf Land und Teller Der gepflegte Landhaustil dieser Ausflugsbeiz mag für passionierte Beizengänger etwas gar kühl ausgefallen sein, er harmoniert nach der Renovation aber bestens mit der Küche und den Gastgebern, die beim Umbau mitgestalten durften. Die saisonale Küche pflegt die Klassiker, aber bietet auch Ambitioniertes. Neben einem sorgfältig geschmorten Rindsragout gibt es auch frittierten Blumenkohl mit Oliven, Joghurt, Petersilie und Schwarzkümmel. Nicht nur in der Küche gehen Christof und Nicole Pannwitz andere Wege, auch die Weinauswahl zeugt in der Sparte Naturweine von Mut. Wer einen Cidre von Jacques Perritaz (Seite 292) oder die biologischen, heute Demeter-zertifizierten Weine von Guido Lenz aus Uesslingen (Seite 214) anbietet, setzt auf Qualität und Neugier des Gastes. Nicole Pannwitz ist eine herzliche Gastgeberin, die gerne empfiehlt und erklärt. Das Konzept der drei Stuben für Snacks, Klassiker oder delikate Mehrgänger geht auf, den Gästen gefällt's.

8354 Hofstetten bei Elgg, Tiefenstein 1,
052 364 35 34,
www.restaurant-schauenberg.ch

Fritz Lambada

Rochade Simon Schneeberger hat die Koffer gepackt, sich verabschiedet und seine Kocherfahrungen an seinen Nachfolger, den bisherigen Sous-Chef Michael Dober, weitergegeben. Seine Fantasie und sein Können haben das «Fritz Lambada» einzigartig gemacht. Mit Michael Dober, der selbst in Oslo im Drei-Sterne-Restaurant Maaemo am Herd stand, verlustiert sich die Küche weiterhin nicht an Edelprodukten, sondern rüttelt den Gaumen seiner Gäste wach. Einfach etwas weniger dogmatisch. Mit Milken und Fisch, Kaninchen-Rillette und Serviettenknödeln oder ganz banal grandios mit Sauerteigbrot und Rindermarkbutter. Das kurze Zwischenfazit: Winterthur ist nicht Oslo, und der helvetische Gaumen scheint nicht immer so offen und so neugierig zu sein wie der nördliche und will auch partout nicht verstehen, warum ein vegetarisches Menü gleich teuer ist wie eines mit Fleisch. Diesen Gästen rate ich, einmal selbst in die Küche zu stehen und fleischlos zu kochen. Sie würden staunen und rüsten und schwitzen und schweigen.

8400 Winterthur, Theaterstrasse 17, 052 212 00 22, www.fritzlambada.ch

NEU Restaurant Post

In der Holzbankklasse Volken ist ein kleines Dorf. Hier kennt und grüsst man sich und trifft sich in der Dorfbeiz, die aussieht, als sei sie einem Heimatfilm entsprungen. Im Mittelpunkt steht aber nicht nur die patinierte Beiz, sondern die Wirtin und Köchin Anna Erb, die eine grundehrliche Küche zelebriert und mit Sorgfalt zubereitete Gerichte auftischt. Es ist eine Küche ohne Firlefanz, aber mit Geschmack, die der abgeklärte Gourmet sucht, aber selten findet. Die Produkte sind einheimisch, der Räuschling im Glas und für die Sauce, in der die Kutteln schmoren, ist selbst gekeltert wie alle Weine, die in der «Post» ausgeschenkt werden. Es gibt Kalbsleber, Kutteln, Schwartenmagen, Selbstgeräuchertes, Rindszunge mit Bohnen und auf Vorbestellung für eine grössere Tafelrunde auch mal hausgebackenen Speckzopf oder Zwiebel- und Spinatwähe. Speisen und Weine sind mit Augenmass kalkuliert, was den Volkemer genauso freut wie den luxusmüden Städter.

8459 Volken, Flaachtalstrasse 30, 052 318 11 33, www.post-volken.ch

Restaurant Augarten

Am Tage des Herrn Peter Schnaibel hat sich von der Trendmetropole Zürich verabschiedet und kocht seitdem in der Provinz im «Augarten» in Rheinau wunderbar befreit auf. Hinzu gesellt sich eine kleine Brauerei, in der Marco Maier Bier braut, das für den Durst allein zu schade ist und sehr gut als Essbegleiter funktioniert. Am Sonntag zelebriert der «Augarten» Omas Küche mit Suppe, Salat, Sonntagsbraten und Kuchen. Ideal für jene Gäste, die vom modischen Brunchen die Nase voll haben. Im Keller lagern die Flaschen der Lokal-Matadoren Saxer, Pircher und Strasser, die wunderbar trinksame und zahlbare Weine produzieren. Der «Augarten» ist eine Adresse für zwischendurch und immer wieder. Seinen besonderen Reiz spielt er für mich am Sonntag aus, wenn man mit Freunden oder Familie stundenlang genussvoll am Mittagstisch verweilen kann.

8462 Rheinau, Untere Steig 15, 052 319 12 67, www.augarten-rheinau.ch

Hopfentropfen

Hopfen und Malz Schaubrauerei, Hofladen und Lehrpfad – alles da, um problemlos einen gemütlichen Nachmittag zu verplempern. Agrotourismus auf eine gute Art, die Freude bereitet. Und was es mit dem Hopfen als Heilpflanze auf sich hat, lässt sich in einem zweistündigen kurzweiligen Seminar ergründen.

8476 Unterstammheim, Kollbrunn 422, 052 745 27 19, www.hopfentropfen.ch

Nudelwerkstatt La Martina

Die Handwerker Es sind immer wieder die kleinen, unscheinbaren Adressen, die Appetit machen. So wie diese Nudelwerkstatt. Um eine optimale Qualität zu garantieren, walzt Peter Gschwend seine Nudeln. Dadurch werden sie weder bei der Verarbeitung noch bei der Trocknung erhitzt. Im Gegensatz zu konventionell hergestellten Nudeln, die gepresst werden: Durch Pressung entsteht Wärme, was den Geschmack verändert. Das verhält sich übrigens beim Käse, beim Weg von der Rohmilch zur pasteurisierten Milch nicht anders. Neben Nudeln wird in der Werkstatt auch noch hauseigener Pesto produziert, der sich kalt oder warm und mit Rahm verfeinert zur Pasta perfekt eignet. «Wer Zeit hat, lebt», so das Lebensmotto von Peter Gschwend. Man glaubt es ihm aufs Wort, so wie er sich nach der Arbeit eine Zigarette anzündet, ein Glas Wein einschenkt, mit seiner Frau Edith witzelt und über die Kunst des Nudelmachens philosophiert.

8623 Wetzikon, Zentralstrasse 24, 044 930 78 08, www.nudelwerkstatt.ch

Bier Factory

Swiss-Beer-Abo An Ideen fehlt es dem ehemaligen Chemiker, Biotechniker und heutigen Braumeister Stephen Hart nicht. Seine Biere sind exzellent und überraschen immer wieder. Die Bier-Factory hat mittlerweile Kultstatus, und das von Hart im Schlosshof Rapperswil organisierte «Craft Bier Festival» zieht Bierfreunde aus der ganzen Schweiz an. Ein weiteres seiner Projekte ist das Swiss-Beer-Abo, bei dem die Kunden monatlich per Post ein Sixpack mit aussergewöhnlichen Schweizer Bieren erhalten.

8645 Rapperswil-Jona, Eichwiesstrasse 6, 055 210 96 22, www.craftbier.ch

Vinatur

Zu Pferd Naturweine können grossartige oder sehr eigenwillige Trinkerlebnisse oder beides sein. Sie können herausfordern, irritieren oder überfordern. Was in Frankreich in den Achtzigern im Beaujolais begann, hat den Weg nach Spanien, Italien und auch in die Schweiz gefunden. Und in Georgien, wo die Wiege des Weins steht, gab es schon immer Naturweine, nur sind diese Weine in der Schweiz kaum vertreten, abgesehen von einem Freak, der sie in Basel (Vive le Vin, siehe Seite 74) anbietet. Es ist nicht nur der Wein, es ist auch die Methode, wie die Trauben in die Flasche kommen. Das fängt mit Pferd und Pflug an und hört beim Weglassen von Zusätzen auf. Vinatur hat diverse grossartige Weine im Köcher. Es lohnt sich, eine Selektion zu bestellen.

8704 Herrliberg, Felsenaustrasse 2, 078 912 14 45, www.vinatur.ch

Rössli Beiz

So geht das Das «Rössli» ist so legendär wie schön, patiniert und lebendig zugleich, mit Gastgebern, die ihre Gäste ernst nehmen, sofern sich diese zu benehmen wissen. Seit dem 16. Jahrhundert wird hier gewirtet, gezecht, palavert und gelebt. Heute mit einem kalten, dünn aufgeschnittenen zarten Kalbsbraten an einer Kräutervinaigrette, mit einem Cordon bleu, gefüllt mit Bündner Rohschinken und Bergkäse, oder mit einem hervorragenden Ragout vom regionalen Lamm, geschmort in einem Mix aus Zimt, Koriander und Feigen, was verwegen klingt und wunderbar schmeckt. Dazu ein leichtes Couscous mit Minze und Olivenöl, und alles ist gut. Nicht vergessen werden darf der Hausklassiker, ein Hackbraten von Rind und Kalb, an dem der gute Jus problemlos ohne Trüffelöl auskommen würde. Kultur wird hier gross geschrieben, zahlreiche Veranstaltungen waren und sind legendär. Das «Rössli», eine Beiz für alle Fälle.

8712 Stäfa, Bahnhofstrasse 1, 044 926 57 67, www.roesslibeiz.ch

NEU Pastiamo Comestibles

Fatto in Pastiamo An Delikatessenläden mangelt es der Schweiz nicht. Oft vergeht einem aber der Appetit bei deren Preispolitik. Qualität hat ihren Preis, das ist nichts Neues, auf das Wie und die richtige Auswahl aber kommt es an, und da sind Boris Bühler und Ralph Sudan Weltklasse. Die zwei Spürnasen zelebrieren eine ausgesuchte Feinkost, die in der Region in dieser Form einzigartig ist. Es macht hier doppelt so viel Spass einzukaufen und Geld loszuwerden als anderswo. Die Käse sind perfekt affiniert und haben die richtige Reife, die Salume sind schön weich oder hart, je nach Vorliebe, die Olivenöle kommen ab Fass. Delikatessen im Glas oder doch lieber Biofrischfleisch aus artgerechter Haltung, das ist hier die Frage. Da gäbe es aber auch noch exzellente Antipasti, feine Panini, hausgemachte Gnocchi und eine gepflegte Weinauswahl, der man beim Aperitif zu Leibe rücken kann. Den ersten Kaffee gibt es ab neun Uhr, die Leidenschaft der Gastgeber immer und erst noch gratis.

8712 Stäfa, Bahnhofstrasse 1,
044 926 61 81, www.pastiamo.ch

Alte Post

Eine Zeitreise Die «Alte Post» ist so einfach wie wünschenswert und besticht mit einem Weinangebot, das so mancher gedrechselten Gourmetküche gut anstehen würde. Es gibt nicht mehr viele solcher Beizen in der Schweiz. Patiniert, mit herzlichen Gastgebern, die kochen, was sie können, und nicht mehr sein wollen, als sie sind. Sabina und Franz Lehner macht es Spass, statt einer aufgeblasenen Gastronomie Biobrot und Butter, Bratwurst und Kartoffelsalat oder eine Rösti mit geschnetzeltem Rindfleisch vom lokalen Angus aufzutischen. Ein Gunstplatz ist der verträumte Garten, der sich ans Haus anschmiegt und an heissen Tagen für wohltuenden Schatten sorgt. Das Ganze ist eine einmalige Mischung aus Mensch, Atmosphäre und Raum zum Atmen.

8914 Aeugstertal, Pöstliweg,
044 761 61 38, keine Website

Gasthof Hirschen

Romantik am Rhein Eglisau ist wie geschaffen für eine erholsame Zeit am Wasser. Zwar wurde dem Flecken das Stadtrecht bereits im Mittelalter verliehen, doch Eglisau ist mehr ruhige Idylle als Stadt. Berühmt ist die Region auch für ihre Weine, allen voran die bereits mehrfach ausgezeichneten Provenienzen von Urs Pircher. Eine begeh- und bewohnbare Oase direkt am Rhein ist der «Hirschen». Das Haus wurde mit Sachverstand und Augenmass renoviert und gehört zu den schönsten und stimmungsvollsten Gasthäusern der Schweiz. Mit Geschick und Können wurden Originalteile der Raumausstattung an ihren ursprünglichen Standort zurückgeführt. Im Innern dominiert das Historische, perfekt ergänzt mit Zeitgenössischen. Mit wunderschönen Zimmern samt Rheinblick und einer Terrasse, auf der es sich an lauen Sommerabenden verträumt Tafeln lässt. Romantik pur!

8193 Eglisau, Untergass 28, 043 411 11 22, www.hirschen-eglisau.ch

D'Chuchi

In der Küche Auf die Idee muss erst mal einer kommen, in einer düsteren Hintergasse eine Beiz zu übernehmen und sicher zu sein, dass die Sache funktioniert. Jan Schmidlin und Andrea Zürcher führen heute die Beiz erfolgreich weiter, die vor einigen Jahren Patrick und Patrizia Schindler mutig eröffnet hatten. Die Kocherei von Jan Schmidlin überrascht, überzeugt und hat ihren Preis. Wie seine Kürbis-Vorspeise, die mich begeistert hat. Ein Gericht, das eine Dreiviertelstunde Produktionszeit benötigt. Den Kürbis schneidet er in mittelgrosse Stücke, würzt ihn mit Zimt Muskatnuss, Fenchelsamen und Nelken, beträufelt die Stücke mit etwas Honig und röstet sie im Ofen unter dem Grill. Danach kühlt er sie ab. Vor dem Anrichten kommen Lardo-Tranchen hinzu, dann wird das Ganze kurz im Ofen erwärmt, mit Ricotta und gerösteten Haselnüssen angerichtet und mit einem Honig-Senf-Dressing beträufelt.

8200 Schaffhausen, Brunnengasse 3, 052 620 05 28, www.dchuchi.ch

Daniele

Der Quergeist Die Sensibilisierung für den kulinarischen Genuss hat Daniele Peruch von seiner Mutter Elsa, das Talent für die Mechanik von seinem Vater Giacomo. Er ist ein exzellenter Frischteigwarenproduzent, der seine Spezialitäten mitten in der Schaffhauser Altstadt verkauft. Seine hauseigene Pasta ist über die Stadtgrenzen hinaus bekannt und in zahlreichen Restaurants exklusiv vertreten. Soweit, so gut. Aussergewöhnlich ist aber seine grandiose Essigmanufaktur. Er ist ein Verfechter und Experte für Aceto balsamico und Apfelessig. Wer seine Essige verkostet, wird über diese Schweizer Spitzenqualität nur staunen und Modena, den Olymp der Essigmacher, ganz schnell vergessen.

8200 Schaffhausen, Fronwagplatz 7, 052 625 82 70, www.shop-daniele.ch

Chäs Marili

Spezialist in Sachen Käse All jenen, die die Käseauswahl in Beat Hostetters Käseladen sprachlos macht, erklärt der Patron wortgewaltig, sachkundig und geduldig jeden einzelnen Käse. Das kann dauern. Und an den Samstagen wird der Laden sowieso von seinen Stammkunden in Beschlag genommen. Ob Frischkäse oder Käse mit Edelpilz, mit Schimmel- oder gewaschener Rinde – es ist alles da und in einem perfekten Reifestadium. Wer keine Zeit hat vorbeizuschauen, bestellt online, was aber nicht das Gleiche ist.

8200 Schaffhausen, Fronwagplatz 9, 052 625 16 37, www.chaes-marili.ch

Schützenstube

Bühne frei Coca-Cola sucht der Gast in der «Schützenstube» vergebens. Dafür gibt es Ketchup und Pommes frites, hausgemacht, versteht sich. Wie alles hausgemacht ist bei Annegreth Eggenberg, die schon seit Jahren «Nose to Tail» zelebriert und nicht nur darüber sinniert. Sie setzt konsequent auf Qualität und hat ihre Prinzipien. US-Beef? Nein, danke! Warum auch, wenn der Fleischveredler gleich um die Ecke ist. Saisonal und frisch auf den Tisch ist hier keine Phrase, sondern gelebter Alltag. Mit zahlreichen vegetarischen Gerichten, mit Klassikern wie ausgebackenem Fisch mit handgeschnittenen Pommes frites und Sauce Tartare oder herzhaften Kutteln an sämiger Tomatensauce. Je nach Saison und nach Lust und Laune der Köchin. In der Beiz sorgt Anita Schwegler für das Wohl der Gäste und empfiehlt neugierigen Weinnasen unbekannte Ostschweizer Provenienzen. Und sonst? In der patinierten Stube haben im Winter die Abende des «Vorstadt-Variétés» Kultstatus und sind bei den Schaffhausern beliebt und schnell ausgebucht.

8200 Schaffhausen, Schützengraben 27, 052 625 42 49, www.schuetzenstube.ch

NEU Café Noordlicht

Lichtblick Cafés hat die Schweiz viele. Viel zu viele. Oft ist der Kaffee mehr schlecht als recht, geschweige denn gut, das Angebot vorwiegend Convenience, und das angebotene Brot verdient den Namen Brot nicht. Und auch sonst macht sich häufig mehr Tristesse breit als eine aufgeräumte Atmosphäre. Doch es gibt Ausnahmen. Eine davon findet sich in Schaffhausen. Annegreth Eggenberg, die wunderbare Köchin der «Schützenstube» hat mich auf dieses Kleinod aufmerksam gemacht. Wer sich tagsüber in Schaffhausen bewegt, sollte sich für das «Noordlicht» genügend Zeit nehmen und Appetit mitbringen. Das Rührei mit Speck und Bagel (aus Hefeteig) und andere Köstlichkeiten zeugen vom Qualitätsdenken der Macher wie auch die Tatsache, dass den kleinen und grossen Siruptrinkern die Flaschen von Le Sirupier de Berne (siehe Seite 34) kredenzt werden.

8200 Schaffhausen, Fronwagplatz 28, 052 630 05 02, www.kleines-glueck.ch/noordlicht

NEU Riiläx

Hereinspaziert Das mit dem Spazieren ist so eine Sache. Das Industriegebiet, in dem sich das «Riiläx» befindet, hat nicht den morbiden Charme, den abgetakelte Industriegebiete so an sich haben. Doch Durst und Appetit locken, und ist man erst einmal vorne am Rhein, wird's gemütlich und entspannt. Da muss einem nicht einmal der Name der Beiz auf die Sprünge helfen. Das «Riiläx» hat den Charme des Unvollendeten, ist wie eine leicht chaotische Stube, geschmückt in verschiedenen Stilen. Am Mittag brummt der Laden, die Arbeitstätigen der umliegenden Firmen wollen schnell und effizient versorgt werden. Am Abend wird es persönlicher, intimer mit Kalbsbrust, Hacktätschli und Co. Den Gastgebern Angelica und Huby (das zwanglose Du ist hier Programm) gelingt es mit dem «Riiläx», eine unkomplizierte, angenehme Einkehr zu schaffen, die eine durchdachte Weinauswahl mit 40 Provenienzen und unter der Woche neben dem Znüni (ab 9 Uhr) auch immer etwas für den kleinen Appetit anbietet.

8200 Schaffhausen, Rheinweg 1, 044 558 82 27, www.riilax.ch

Luma Beef

Die Fleischkäser Affineure veredeln Käse. Der Biotechnologe Lucas Oechslin und der Wirtschaftswissenschaftler Marco Tessaro veredeln auch. Und zwar Fleisch. Sie taufen es «Luma» wie Lu(cas) und Ma(rco) und sind erfolgreiche Jungunternehmer. Das Geschäft birgt Risiken: Ist es in ihrem «Fleischtresor», im Kühlraum zu warm, wachsen die Bakterien, die das Fleisch verderben, schneller als der von ihnen verflüssigte und gesprühte Schimmelpilz. Ist es im Kühlraum zu kalt, beschädigen Eiskristalle die Zellen. Doch die zwei Jungunternehmer haben Nerven aus Stahl, einen guten Thermostat und mit Tim Kantermann einen Fleischhüter, der ihre Ware umsorgt, hegt und pflegt. Das Geheimnis liegt in der langsamen, traditionellen Reifung des Fleischs am Knochen. So wie das unsere Vorväter schon taten. Hinzu kommt die Verfeinerung durch den Edelschimmelpilz, den Lucas und Marco in der Natur entdeckt und im Labor gezüchtet haben. Ein Pilz, der dem Fleisch auf natürliche Art seine Zähheit nimmt, es butterzart macht und ihm eine nussige Note verpasst. Wenn das so weitergeht, müssen sich die Fleischgiganten USA und Grossbritannien warm anziehen, ist es doch den «Luma-Boys» durchaus zuzutrauen, dass sie die Fleischtiger in Übersee und auf der Insel nachhaltig bezirzen werden.

8212 Neuhausen am Rheinfall,
Gewerbestrasse 6, 052 670 02 11,
www.luma-dac.com

Bad Osterfingen

Einfach, oder? Man nehme ein wundervolles Haus mit einem romantischen, stilvollen Garten, eine vorzügliche Küche, in der die Spätzli frisch geschabt werden, das eigene Brot aus dem Holzofen kommt, die Pommes frites handgeschnitzt sind und wunderbar zum Sonntagsbraten passen, und das Beizenglück ist vollkommen. Alles frisch, alles fein und dies bereits in der dritten Generation. Wer bei Ariane und Michael Meyer nicht glücklich wird, wird es nirgends. Ganz einfach!

8218 Osterfingen, Zollstrasse 17,
052 681 21 21, www.badosterfingen.ch

Weingut Bad Osterfingen

Seit 1472 Die Seligkeit vollkommen machen die Weine von den eigenen Reben. Natürlich hat der «Zwaa» Kultstatus und wird von Connaisseurs geschätzt, mir persönlich schmeckt der einfache Blauburgunder am besten. Von Mittwoch bis Sonntag können die Weine direkt vor Ort degustiert und gekauft werden.

Adresse siehe Seite 207

NEU Stube und Trotte Rüdlingen

Alte Bekannte Das Leben bringt Veränderungen mit sich. So auch in der «Stube» in Rüdlingen, wo Hanny Matzinger in Pension gegangen ist und der «Stube» schmerzlich fehlt. Die Stammgäste sind zum Teil nicht mehr so glücklich, der Service und manchmal auch die Küche geben sich launisch, die natürliche Herzlichkeit fehlt. Einbildung? Ich denke nicht. Vielleicht wäre es an der Zeit, die Geschäftsphilosophie zu überdenken. Das wundervoll renovierte Haus benötigt eine kochende Persönlichkeit, die den Spagat zwischen Tradition und Innovation mit Leichtigkeit, Esprit und Bodenhaftung meistert.
Apropos Pension: Immer am Donnerstag bespielen Gabi Winzeler und Ueli Münger, die sich im Dezember 2017 von ihrem «Wii am Rii» in Schaffhausen in den Ruhestand verabschiedet haben, die Trotte der «Stube» gleich nebenan mit ihrem berühmten «Schniposant»-Klassiker, bestehend aus einem grandiosen Wiener Schnitzel und hausgemachten «Frites». Wem das nicht passt, hat zwei, drei Alternativen, doch welcher Genussmensch freut sich nicht über ein Wiener Schnitzel, das nach allen Regeln der Kunst zubereitet wird?

8455 Rüdlingen, Hinterdorfstrasse 25, 044 867 01 30, www.stuberuedlingen.ch
Trotte: Jeweils am Donnerstag von 16 bis 21 Uhr oder nach Absprache. Reservationen 079 259 92 47, Infos unter www.wiiamrii.ch

Hotel Parkvilla

Bei Max Schlumpf Zum perfekt zubereiteten Frühstücksei gibt es stilvoll den Perlmuttlöffel, zum banalen Brot etwas stillos die portionierten Hero-Konfitüren. Widersprüche werden in der «Parkvilla» von Inhaber und Gastgeber Max Schlumpf liebevoll kultiviert – und gehen im Ohrensessel bei einem Glas Portwein oder zwei schnell vergessen. Wer in der «Parkvilla» übernachten will, soll sich eines der besten Zimmer leisten und die Dachkammern meiden.

8200 Schaffhausen, Parkstrasse 18, 052 635 60 60, www.parkvilla.ch

NEU In The Green

Angekommen Im südlichsten Zipfel des Kantons Schaffhausen, eingebettet zwischen sanft hügeligen Rebbergen und mächtigem Rhein, liegt das schmucke Dorf Rüdlingen. Die Einheimischen sind stolz auf den historischen Dorfkern, auf die zahlreichen alten Fachwerkhäuser und die majestätisch auf dem Hügel thronende Kirche. Und dafür dass zahlreiche Besucher Rüdlingen gleich dem Kanton Zürich und seinem Weinland zuschlagen, hat man hier nur ein mildes Lächeln übrig. Wer in Rüdlingen einkehrt (siehe Seite 208), ist gesellig, und wer gesellig ist, trinkt gerne, und wer trinkt, fährt nicht mehr. Was tun? Ein gutes Basislager, um etwas länger zu bleiben und die Gegend zu erkunden, ist das historische Bauernhaus von Denise Frei, die ihr Kleinod luftig-leicht und modern eingerichtet hat. Hier fühlt sich der Gast gut aufgehoben.

8455 Rüdlingen, Schnaihalde 50, 079 621 01 16, www.inthegreen.ch

Seegarten, Ermatingen (Seite 213)

Leue

«Üsi Beiz» Diessenhofen, auf halbem Weg zwischen Stein am Rhein und Schaffhausen, hat Charme und besticht durch sein mittelalterliches Gesicht. Beeindruckend ist die 86 Meter lange gedeckte historische Holzbrücke, die zum deutschen Rheinufer führt. Kulinarisch berühmt ist der Ort durch seine zwei Vorzeige-Genusslokale «Schupfen» (etwas ausserhalb) und «Krone», die berühmt für ihre Fischgerichte sind. Wem nicht nach einer gedeckten Tafel zumute ist, sondern mit den Einheimischen in Kontakt kommen will, der steuert den «Leue» an. Der pulsierende Ort lockt mit einer gepflegten Bierauswahl. Hinzu kommen einige Weine, Salzstängel, Bretzel, Weisswürste. Ab und an gibt's ein indisches Buffet, eine Musiknacht und vieles mehr. Kurz, der «Leue» ist in der Region die etwas andere Beiz, in der die Gedanken frei und der Austausch gross ist.

8253 Diessenhofen, Hauptstrasse 26,
052 533 21 49, www.leue-event.ch

Gourmet am Rhein

In der Feinkost-Manufaktur Lust auf Back- und Kräutertage mit Helga Maurer? Oder einfach nur einige Köstlichkeiten wie Liköre, Essige und Öle, Konfitüren, Salze und Gewürze, Sirupe und anderes Feines aus ihrer Manufaktur, die bei ihr im Hausgang gekauft werden können? Öffnungszeiten gibt es keine. Also immer vorher anrufen und nachfragen, was die Kräuterfee gerade so an Lager hat.

8253 Diessenhofen, Rhyäcker 9,
052 657 33 81, www.gourmetamrhein.ch

Anker

Ahoi Auf den ersten Blick ist es im «Anker» wie in zahlreichen anderen Dorfbeizen: Die Bedienung steht etwas missmutig hinter dem Buffet, die Beiz ist leer. Doch schon der erste Biss in den wunderbaren salzigen Bierstängel hebt die Stimmung. Der lokale Blauburgunder von Othmar Lampert schmeckt, wie ein einfacher, guter Landwein schmecken muss, der Salat ist taufrisch, Suppe und Kalbsbratwurst solide, die Rösti gut. Alltag im «Anker» von Rös Ulmer, die sich 2011 ihren lang gehegten Wunsch der eigenen Beiz erfüllt hat. Sie bekocht heute fünf Tage in der Woche ihre Stammgäste und erhält damit eine lebendige Dorfbeiz am Leben, in der zudem noch geraucht werden darf. An den Wochenenden zaubert Rös alte vergessene Gerichte auf die Teller, wie Kalbskopf oder ein Ragout aus Lunge und Herz. Auf Voranmeldung und ab acht Personen ist man beim lokalen Hecht oder Felchen mit dabei. Übrigens: Wer den «Anker» am See sucht, sucht vergebens. Er liegt versteckt in einer Seitengasse und ist für Seebären wie Landratten nur zu Fuss erreichbar.

8266 Steckborn, Spiegelgasse 7,
052 761 13 90, www.anker-steckborn.ch

Bulant's Käsespezialitäten

Vom «Milchlädeli» zum Käsespezialisten 150 exzellente Käse warten darauf, von Käseliebhabern oder solchen, die es werden wollen, entdeckt zu werden. Der hier ebenfalls angebotene in Portwein eingelegte Stilton ist allerdings eine Unsitte. Denn erst wer auf der Zunge und danach im Gaumen ein kleines Stück Stilton mit einem halben Fingerhut voll Portwein zusammenführt, wird die geniale Vermählung von Blauschimmelkäse und Portwein so richtig erleben. Im Übrigen aber macht das Angebot Spass, und speziell überzeugen die perfekten Reifegrade der Käse.

8266 Steckborn, Obertorstrasse 9,
052 761 23 81, www.bulant.ch

Jakob Meier

Wein von hier Ob Berlinger Müller Thurgau oder Eschenzer Grüner Veltliner, ob «Sändli» Blauburgunder oder Berlinger Pinot Gris, die Weine von Jakob Meier überzeugen mit subtilen Noten, Frucht und Frische. Weitere Erklärungen benötigen diese wunderbaren Säfte nicht. Zum Wohlsein!

8267 Berlingen, Herbigstrasse 42, 052 761 19 84, www.meier-wein.ch

Seegarten

Geruhsame Einkehr Rund 11 000 Tonnen Egli werden jährlich in die Schweiz importiert. Die Nachfrage nach Schweizer Wildfang ist gross, der Ertrag zu klein. Dazu hat auch die frühere Überdüngung der Schweizer Seen beigetragen, die zum Aussterben diverser Felchen- und Saiblingsarten führte. Heute sind es, bildlich gesprochen, die Berufsfischer und Fischköche, die aussterben. Und wenn sich Jungköche mit Fisch auseinandersetzen, dann meist mit Edelfischen. Kabeljau oder Steinbutt zum Beispiel. Fische, die zu Ruhm, Punkten und Sternen führen. Dass es auch ganz anders geht, zeigen Myrtha Graf und Luzia Graf Meier gemeinsam mit Rolf Meier in ihrem unprätentiösen «Seegarten» in Ermatingen. Im Innern wartet die gute Stube mit niederer Decke, Kachelofen, Stammtisch und familiär-ländlicher Stimmung. Das Angebot ist so klein, wie die Küche gross ist und nach dem, was der Tagesfang von Berufsfischer Rolf Meier hergibt. Eine Friteuse sucht der Gast in der Küche vergebens. Was an Fisch auf den Tisch kommt, wird in Butter gebraten. Hinzu kommt eine ansprechende Weinkarte, die mit exzellenten lokalen Gewächsen überzeugt.

8272 Ermatingen, Untere Seestrasse 39, 071 660 06 21, www.seegarten-ermatingen.ch

Restaurant Frohsinn

Frohlocken! Bereits in der dritten Generation führen Ruth und Markus Rindlisbacher den pulsierenden «Frohsinn» in Uesslingen. Eine auf den ersten Blick unscheinbare, durchschnittliche Landpartie. Der Unterschied beginnt aber bereits beim Sandwich, das nicht lieblos mit Industrieschinken, sondern mit den eigenen, subtil geräucherten Spezialitäten wie Speck, Coppa oder Rohschinken belegt ist. Alles was Ruth Rindlisbacher aus ihrer Küche zaubert, ist frisch, regional und saisonal. Schon ein einfacher Käsesalat, eine Portion Kutteln oder eine Gemüsesuppe werden zum Geschmackserlebnis. Von der goldbraunen Rösti und dem knusprig-saftigen Schweinsbraten ganz zu schweigen. Bei allen Gerichten fallen die sorgfältige Zubereitung und die Geschmacksintensivität auf. So auch bei der hervorragenden Hühnersuppe, die nicht durch den Würfel, sondern durch das Suppenhuhn entstanden ist. Oder beim Suppenfleisch und dem wunderbaren mit Speck anstelle von Schinken gefüllten Cordon bleu.

8524 Uesslingen, Iselisbergstrasse 2, 052 746 11 10, www.frohsinn-uesslingen.ch

Biolenz Naturweine

Der andere Winzer Guido Lenz ist ein Biowinzer der ersten Stunde, einer der «Vin naturel» seit Jahren produziert, bevor irgendjemand in der Schweiz auch nur daran gedacht hat. Sein «Macvin» (eine Spezialität des französischen Jura) verblüfft nicht nur seine Kunden, sondern auch deren Erfinder rund um Arbois. Sie attestieren dem Schweizer Macvin Spitzenklasse. Alle anderen Weine gilt es direkt bei Lenz zu degustieren. Die Zuneigung mag erst beim zweiten oder vierten Glas oder gar nicht kommen. Ich schätze seine Weine, vor allem seinen roten Schäumer, viele Etiketten-Trinker haben aber ihre liebe Mühe mit seinen eigenwilligen Erzeugnissen.

8524 Uesslingen, Schulstrasse 9, 052 746 11 84, www.biolenz.ch

Wirtschaft zum Hirschen

Thurgau gefühlsecht Der «Hirschen» ist ein rares Exemplar einer Dorfwirtschaft mit Herz und Tradition. Eine wundervolle Beiz abseits von jeglichen kulinarischen Eskapaden in der Abgeschiedenheit der Thurgauer Provinz, die aber regional weit über den Geheimtipp hinausgewachsen ist. Die Spezialitäten des Hauses sind schnell aufgezählt, wobei das so eigentlich nicht stimmt, nur kehre ich immer wieder zu dem luftigen Hackbraten zurück. Und ohne Süssmostcreme geht es auch nicht. Speziell ist das Hechtessen, mit Fischen aus dem Buchemer Hasensee, gefangen von Angler-Stammgästen. Nicht anders verhält es sich in der Saison mit den Buchemer Spargeln, die von Edi Ritter gestochen und von Yvonne Harder mit Biss gekocht werden. Und ab und an landet eine heimische Wildsau in der Küche, aus der Schnitzel, Kotelett und Ragout entstehen. In der ausgebauten Festscheune – der Name ist Programm – finden zahlreiche Hochzeiten, Taufen und andere Feste statt. Dann ist dezenter Rummel angesagt, wobei es unter der Woche so zugeht wie immer – friedlich und behäbig. (Bild links)

8524 Buch bei Frauenfeld,
Hauptstrasse 17, 052 746 14 28,
www.hirschen-buch.ch

Morgensonne

Am Tage des Herrn Mitten durch das verwinkelte Dorf Wilen verläuft die Grenze zwischen den Kantonen Thurgau und Zürich. Die «Morgensonne» ist grenzenlos und für alle offen. Denn wichtiger als die Politik, ist eine gut funktionierende Dorfbeiz. Die «Morgensonne» hat nur sonntags und am ersten Mittwochabend des Monats geöffnet. Und einmal im Jahr, im Januar oder Februar, wird am Mittwoch und Donnerstag die berühmte Metzgete der Familie Stürzinger zelebriert, von Schweinen aus eigener Haltung: Blut- und Leberwurst, Rippli, Gnagi, Chesselifleisch, Speck, Bratwurst, Leber und Geschnetzeltes. Und die Koteletts? Die haben schlicht auf dem Kochherd keinen Platz mehr und werden eine Woche später, wiederum am Mittwoch, aufgetischt. Und sonst? Sommerfrischler genehmigen sich vor dem Beizenbesuch ein erfrischendes Bad im Dorfsee an romantischer Lage, den sie sich mit Hecht, Zander, Rotfedern, Rotaugen, Schleien, Brachsmen und Karpfen teilen. Angeln ist allerdings den Einheimischen vorbehalten.

8525 Wilen bei Neunforn,
Dorfstrasse 38, 052 745 12 33,
www.wirtschaftzurmorgensonne.ch

Klosterladen Kartause Ittingen

In der Kartause Hotel, Restaurant, Kultur geniessen, Feste feiern und mehr. Die Kartause ist Kulturzentrum und Gutsbetrieb zugleich und noch so einiges mehr. Hier werden Biere und Weine produziert, Forellen gezüchtet, Käse und Fleischspezialitäten aus der hofeigenen Metzgerei hergestellt. Eine Schlaraffia der speziellen Art.

8532 Warth, 052 748 44 11, www.kartause.ch

Öpfelfarm

Wie früher, nur besser Begonnen hat alles 1994, als Monika und Roland Kauderer auf die Idee vom eigenen Hofladen kamen. Als erste Direktvermarkter der Region traten sie mit einem professionellen Marketing auf und investierten in Werbung. Denn, wenn sie etwas machen, dann richtig. Privat wie beruflich. Privat haben sie sich zu einer sechsköpfigen Familie gemausert, beruflich sind sie ein erfolgreiches Kleinunternehmen. Von Beginn an haben sie alles auf eine Karte gesetzt, Eltern und Schwiegereltern eingespannt, keine Kompromisse gemacht und auf Qualität gesetzt. Es hat sich gelohnt. Heute haben sie ihren Obstbaubetrieb verpachtet und konzentrieren sich ganz auf die Produktion ihrer zahlreichen Spezialitäten, von getrockneten Mirabellen und Dörrbirnen über Früchtebrot bis zur zartbitteren «Öpfelschoggi» und noch so manchem mehr. Übrigens: Die «Öpfelringli» sind heute nicht mehr nur im Thurgau, sondern in der ganzen Schweiz erhältlich.

9314 Steinebrunn, Olmishausen 18, 071 470 01 23, www.oepfelfarm.ch

Michelas Ilge

Buongiorno Arbon Die Beiz in der Kappellgasse öffnet bereits um halb neun und wird von den Einheimischen schon morgens rege frequentiert. Das Gleiche am Nachmittag, wo sich Sanitär und Kaminfeger zu einer Flasche Brachetto von Giacomo Bologna aus Rocchetta Tanaro treffen. Michela Abbondandolo war zehn Jahre lang Privatköchin eines Barons, hat Kapaune mit Trüffel gefüllt und ein gutes Leben geführt, bis sie sich zur eigenen Beiz entschloss. Ein Glücksfall für Arbon. Genussmenschen geben Michela eine Carte blanche und lassen sich überraschen. Mit einem toskanischen Brotsalat, einer Gemüsesuppe und einem Wachtelei, etwas Ratatouille mit Büffelmozzarella, gefolgt von einem Risotto nero mit Felchen vom Bodensee und einer Tagliata di Manzo mit Tomatensalat. Zum Dessert ein Kaffeeparfait mit Amaretti, ein Grappa, die Rechnung. Basta e grazie.

9320 Arbon, Kappellgasse 6, 071 440 47 48, www.michelasilge.ch

Linde

In die Wiege gelegt Vorneweg etwas Familiengeschichte: Papa Walter Tobler ist Wirt des legendären «National» in St. Gallen, ausgebildeter Biersommelier und Initiant der «Huus-Braui» in Roggwil. Onkel Werner schreibt Kochbücher und kocht im «Bacchus» in Hildisrieden ganz wunderbar (siehe Seite 141). Bei so viel gastronomischem Blut erstaunt es nicht, dass Sohn Christian als Bratkünstler zur Welt kam. Gemeinsam mit seiner Frau Ramona hat er seine berufliche Karriere im «Ochsen» in Lömmenschwil erfolgreich lanciert – und beendet. Denn da gab es plötzlich die Möglichkeit der eigenen Beiz. Also hat Papa Walter gehandelt und die «Linde» in Roggwil gekauft, renoviert und mit Sohn Christian glanzvoll eröffnet. Dieser versteht es, Innovation und Tradition gekonnt zu verbinden. Im Herbst zelebriert er eine grandiose Metzgete: Blut-, Leber- und Bratwurst, geschnetzeltes Schweinefleisch, Kotelett, Kesselfleisch, «Suuri Läberli», «Wädli», Rippli und «Schnörrli». Nicht zu vergessen Apfelmus, Sauerkraut und die knusprige Rösti. Ab und zu kitzelt Christian Tobler seine Stammgäste mit Themenabenden. «Bier und so» lautet zum Beispiel ein Motto.

9325 Roggwil, St. Gallerstrasse 46, 071 455 12 04, www.linde-roggwil.ch

Huus-Braui

Bier her, oder ich fall um Die Biere der «Huus-Braui» sind international unbekannt, national unbedeutend, aber regional verwurzelt und schmecken unverschämt gut. Wie auch die Bretzel und die Würste, die dazu aufgetischt werden. Wer auf der Durchreise ist und Durst verspürt, legt hier eine bierische Schnupperpause ein und atmet den unverwechselbaren Duft von Hopfen und Malz ein.

9325 Roggwil, Schlossgässli 2,
071 450 06 36, www.huus-braui.ch

Übernachten im Kanton Thurgau

Hotel Wunderbar

Einfach wunderbar im «Wunderbar» Die ehemalige, stillgelegte Kantine der Fabrik Saurer haben Eva Maron und Simone Siegmann mit viel Geschmack, Arbeit und Feingeist in das Hotel Wunderbar verzaubert. Mit gerade mal neun Zimmern und einer Röhre (wörtlich zu verstehen), einem wunderbaren Garten, diversen Kunstwerken und einem herben Hausbier inklusive. Mit gefallen alle Zimmer, sehr wohl fühle ich mich im «Philosoph» und im «Garten», dieses mit direktem Zugang ins Grüne. Von Oktober bis März finden verschiedene Konzerte statt. Das Haus lebt, macht Spass und bereitet viel Freude.

9320 Arbon, Weitegasse 8,
071 440 05 05, www.hotel-wunderbar.ch

NEU Schäfli

Futtern wie bei Muttern, nur besser Gastgeberin und Köchin Tanja Büsser philosophiert nicht über eine marktfrische Küche, sie kocht sie. Was sie auf die Teller zaubert, hat Hand und Fuss und schmeckt. Ihr Stil ist heiter und undogmatisch, ab und zu gewagt, aber immer zwischen gut und besser. Das «Schäfli» ist ein kleines kulinarisches Wunder, nicht wegen der Raffinesse der Speisen, die sie bewusst in Grenzen hält, sondern wegen der verwendeten Zutaten. Die verarbeiteten Produkte kommen alle von Kleinproduzenten, die Tanja Büsser in ihrer Freizeit aufstöbert. Fleisch, Fisch, Gemüse, Früchte und Käse, nichts kommt aus industrieller Produktion. Glücklich sind hier Allesesser und reife Beizengänger, die der Köchin freie Hand lassen. Und bei Extrawünschen fragt man bei der Reservierung einfach nach. So holt man sich Gäste ins Haus, so schmeckt Terroir: Birnensuppe, Albeli-Filet, Schinken-Carpaccio, Haxe vom Bündner Grauvieh und und und ...

8730 Uznach, Städtchen 28,
055 290 26 90, www.restaurant-schaefli.ch

Perronnord

Bitte einsteigen! Der Blick fällt auf den Bahnhof. Menschen kommen und gehen, dass «Perronnord» bleibt. Und mit ihm ganz viele Stammgäste, die hier bei einem Glas oder zwei in den Abend einsteigen – und einfach sitzen bleiben. Hier findet das Leben in all seinen Facetten statt. Tagediebe, Augenmenschen, Schwätzer, Zuhörer, Hobbypsychologen, Schöngeister, Zecher und zivilisierte Trinker treffen sich, tauschen sich aus, streiten, versöhnen sich oder lauschen der Musik, die Patron Jürg Schmid aus der Jukebox drückt. Er und Fredi Birrer, der bodenständige Koch und Geschäftspartner von Jürg, bieten ihren Gästen eine einfache, gute Küche, deren Pièce de Résistance einige Schweizer Klassiker sind. Frikadelle und Cordon bleu gehören genauso zum kulinarischen Programm wie an kalten Tagen ein Pot-au-feu oder ein Stück Fleisch mit Brot. Gäbe es das «Perronnord» nicht, müsste es erfunden werden.

9000 St. Gallen, Rosenbergstrasse 48,
071 220 11 30, www.perronnord.ch

Schwarzer Adler, St. Gallen

Restaurant Baratella

Italien liegt in St. Gallen Die Zutaten sind einfach: Eine wunderschöne Gaststube, eine Küche, die perfekt zubereitete Klassiker kocht, und ein Serviceteam, das ohne steife Oberlippe auskommt. Einer dieser exzellenten Klassiker ist das Mistkratzerli, das sich innen saftig-zart und aussen schön knusprig präsentiert. Oder die «Costoletta Papagallo», die aus einem 260 Gramm grossen Stück Schweinefleisch besteht und mit Schinken und Käse gefüllt wird. Da wären aber auch noch die «Piselli alla Mamma Dorina», Erbsen mit Speck und Zwiebeln. So einfach wie wunderbar, genauso wie das Bollito misto, das vornehmlich in den Wintermonaten am Samstagmittag aufgetragen wird. Das «Baratella» ist wie ein Kleintheater. Ein perfekt funktionierender Familienbetrieb, in dem auf der Bühne St. Galler Dialekt und hinter den Kulissen italienisch palavert wird. Tutto bene? Tutto!

9000 St. Gallen, Unterer Graben 20, 071 222 60 33, www.restaurantbaratella.ch

Schwarzer Adler

Im ersten Stock und höher Der «Schwarze Adler» kann mit der schönsten Innenhofterrasse der Stadt punkten. Die Beiz wird von allen Schichten genutzt, von Jung und Alt, von Links und Rechts, von Vereinen, Einzelgängern und erstaunlich vielen Frauen. Vielleicht hat das auch mit der Köchin und Gastgeberin Bernadette Eberle zu tun, die eine leichte Küche zelebriert, an der Vegetarierinnen Gefallen finden, zumal sie auch ohne Fleisch innovativ kocht. An einem lauen Frühlingsabend steht eine Salbeirolle auf dem Programm, bestehend aus einer Salbei-Ricotta-Füllung in hausgemachtem Nudelteig mit Tomatensauce und Parmesan oder panierter Mozzarella auf Spargeln an einer Dörrtomaten-Knoblauch-Vinaigrette. Zwei Gerichte, die locker ohne Fleisch auskommen, wobei im «Schwarzen Adler» Fleischtiger nicht darben müssen: Lammrückenfilet, Kalbssteak oder Schweinsschnitzel lassen sie hörbar aufatmen.

9000 St. Gallen, Marktplatz 12, 071 222 75 07, www.schwarzeradler.ch

Praliné Scherrer

Süss – und anders Intensiv, reich, anders. So schmecken die Pralinen und Truffes von «Praliné Scherrer» in St. Gallen, die ohne Konservierungsstoffe hergestellt werden. Das junge Team von Vittoria Hengartner ist erfinderisch, ohne dabei die Tradition aus den Augen zu verlieren. Handwerkskunst, Liebe zum Detail und überraschende Ideen sind ihre Zutaten für diverse neue Pralinen- und Truffesorten. Und wer einen erlesenen Single Malt zuhause hat, kann ihn gleich mitbringen und bei Scherrer seine eigenen Whisky-Truffes kreieren lassen, was alles andere als eine Schnapsidee ist.

9000 St. Gallen, Marktgasse 28, 071 222 18 52, www.praline-scherrer.com

NEU Kaffeehaus

Windgeflüster und Donnergrollen Das ist der Titel eines musikalischen Geschichtenabends mit Akkordeon und Liebesgeschichten, der Freude macht wie alle anderen Kulturabende, die Gallus Hufenus in seinem ausgesprochen stimmungsvollen Kaffeehaus zelebriert. Den ausgebildeten Journalisten hat es bei einer Reportage über Kaffeehäuser in Argentinien gepackt, sodass ihm nach seiner Rückkehr nichts Besseres einfiel, als selbst ein Kaffeehaus zu eröffnen. Ausgerechnet im Linsebühlquartier, dem einstigen Sündenpfuhl der Stadt. Gallus Hufenus bezeichnet es als ein «Hier-geht-noch-was-Quartier». Mir gefällt es in diesem lebendigen Quartier und in dieser einzigartigen Kaffeehaus-Oase, in der nicht nur der Kaffee exzellent ist, sondern auch die Brioches, die Croissants und die hausgemachten Kuchen. Ein Ort zum Durchatmen und um angenehm einen verkaterten oder verregneten Samstag über die Runden zu bringen.

9000 St. Gallen, Linsebühlstrasse 77, 071 534 34 24, www.kaffeehaus.sg

Kündig Käselaube

Wer die Wahl hat, hat die Qual Kein Wunder bei über 300 Käsesorten. Es ist aber nicht allein die Menge, die beeindruckt, sondern vielmehr das Qualitätsdenken der Inhaber Barbara und Matthias Kündig, die den Betrieb in der dritten Generation führen. Zur Käseauswahl gesellen sich gutes Brot, grossartige Butter, Lachs aus Wildfang, Frischteigwaren aus der Region, erstklassige Olivenöle und noch so einiges mehr. Es ist ein Laden, der es in sich hat, und bei dem immer die Gefahr besteht, viel mehr einzukaufen, als geplant war. Für mich ein zusätzliches Highlight ist das Süssholz an der Kasse, das ich natürlich immer kaufen muss – Kindheitserinnerungen garantiert.

9000 St. Gallen, Webergasse 19, 071 222 28 59, www.bonfromage.ch

NEU Weingallerie Simone Lanz

Unique Simone Lanz kennen viele St. Galler noch als langjährige Gastgeberin und gute Seele des Restaurants Jägerhof. Damals, als noch die national bekannte Köchin Vreni Giger in den Kochtöpfen rührte und Ueli Lanz den Weinkeller des Hauses bestellte. Der Weinhandel und die Weingallerie (wird bei Lanz' mit zwei l geschrieben) ist heute das Steckenpferd von Mutter und Sohn Nils Lanz, der neu seine Frau Petra mit an Bord geholt hat. Das Angebot liest und trinkt sich spannend, einige der Weine sind in der Schweiz nur bei ihnen zu bekommen, was etwas über die Geschäftsphilosophie des Hauses aussagt und zahlreiche Weinnasen schon einmal dazu lockt, St. Gallen aufzusuchen. Ins Auge stechen zum Beispiel die Weine «Las Migas Matias i Torres» von den kanarischen Inseln, aus dem Vulkangestein von La Palma, ohne Zusatzstoffe und Pestizide, der Riesling Loibenberg von Pichler-Krutzler aus der Wachau und die genialen Provenienzen von Sami Odi, dem angesagten Geheimtipp aus Australien.

9000 St. Gallen, Hinterlauben 15, 071 220 98 71, www.weinesimonelanz.ch

G'nuss

Rauchzeichen Stefan Bischof sprüht nur so vor Ideen. Anregungen findet er mit seiner Frau Claudia in den Ferien. Ob in Frankreich oder Spanien, Kurzbesuche bei Stefans Vorbildern sind eingeplant. So hat er auch den spanischen Meisterpatissier Jordi Bordas besucht und dessen revolutionäre neue Methode der Schokoladeherstellung (B-Concept) gelernt, die eine Patisserie ermöglicht, die mit weniger Fett und Zucker auskommt. Gelassenheit und Inspiration holen sie sich in den Bergen, tief in der Natur. So ist auch Stefans Meisterstück, der «Peat of Islay», entstanden. Für diese Eigenkreation verbindet er die Felchlin «Grand Cru Cocolate Grenada 65 Prozent» mit einem torfig-rauchigen «Laphroaig» von der schottischen Hebrideninsel Islay zu einer zart schmelzenden Ganache. Die Kostbarkeit wird mit getränktem «Cocolatebiskuit» über einem Knusperboden zusammengesetzt und als Finish mit einer «Cocolateglasur» überzogen.

9000 St. Gallen, Lämmlisbrunnenstrasse 4, 071 223 29 77, www.gnuss.info

Aemisegger Teigwaren

Die Ostschweizer Antwort auf Barilla Der Laden allein ist schon eine Augenweide. Das Sortiment der Aemisegger Teigwaren besteht aus verschiedenen Frischteigwaren und getrockneter Pasta von unterschiedlichsten Formen, Farben und Würzzutaten. Die Ravioli erhalten je nach Saison eine andere Füllung, und hat ein Stammkunde einen besonderen Wunsch, wird er ihm erfüllt. Vom Kunden her denken, zum Kunden hin handeln, ist in diesem kleinen sympathischen qualitätsorientierten Familienunternehmen nicht ein theoretisches Lippenbekenntnis, sondern wird tagtäglich lustvoll gelebt.

9008 St. Gallen, Langgasse 1, 071 244 54 44, www.aemiseggerteigwaren.ch

NEU Gasthaus Rössli

Lebendige Legende Mogelsberg ist ein verschlafenes Nest im Toggenburg. Das Gasthaus und Hotel Rössli trabt seit vierzig Jahren an den Zügeln von Sabine Bertin. Sie, die einst auszog, um die Welt zu erobern, fand das «Rössli» und das «Rössli» fand sie. Sie ist immer noch da, sitzt fest im Sattel, hat Ideen, ist innovativ und frech, ohne dabei das Bewährte aus den Augen zu verlieren. Sie ist eine wunderbare Köchin, hat ihre kulinarischen Versuchungen in einem Kochbuch zusammengefasst und ihr Wissen und Können an den Tamilen Valli weitergegeben, der heute der erste Mann in der Küche ist. Den Löffel hat sie deswegen noch lange nicht abgegeben. Kein Gericht verlässt die Küche, ohne den Segen der Chefin. Getafelt wird hier bei regionalem Biofleisch, Gemüse aus der Biogärtnerei und Pilzen aus den umliegenden Wäldern. Noch schöner isst es sich mit einer Flasche Wein zu freundschaftlichem Preis aus einem Angebot, das einen spannenden Querschnitt durch Europas Bioreben bietet.

9122 Mogelsberg, Dorfstrasse 16, 071 374 15 11, www.roessli-mogelsberg.ch

Forster Metzgerei

Die Beste Wenn ich in die Ostschweiz fahre, nehme ich immer einen Umweg über Arnegg in Kauf. Nicht wegen einer Beiz oder wegen dem Dorf an und für sich, das wohl nie den Wakker-Preis gewinnen wird, nein, allein wegen der Metzgerei Forster. Zwar gilt Oscar Peter von der Metzgerei Schmid in St. Gallen als Gralshüter der St. Galler Bratwurst; die mit Abstand beste für meinen Geschmack finde ich aber bei Peter und Marcel Forster. Vater und Sohn kaufen das Vieh regional ein, schlachten und wursten im Betrieb und sind eine Vorzeige-Metzgerei wie aus dem Bilderbuch.

9212 Arnegg, Bischofzellerstrasse 338, 071 385 16 68, keine Website

Windegg

Beiz mit Gebrauchsanweisung Die «Windegg» mit ihrer einmaligen Aussicht auf den Bodensee ist auf den ersten Blick fast zu schön, um wahr zu sein. Beim zweiten wird's reeller. Bobby Walser polarisiert. Er ärgert nicht nur Hundehalter, die ihren Liebling nicht mitbringen dürfen, sondern auch Gesellschaften, die bei ihm Geburtstag, Jubiläum oder Hochzeit feiern wollen und bei ihm abblitzen. Denn sonst wäre die «Windegg» permanent von geschlossenen Gesellschaften besetzt. Das will er nicht, also lässt er es bleiben, die Aussicht ist für alle da, die Stammgäste danken es ihm. Sehr ruhig geht es hier noch am Morgen zu und her. Gegen Mittag fängt der Sturm an, am Nachmittag entwickelt er sich bei schönem Wetter zum Orkan. Fazit: Wer als Zivilisationsmüder auf der Flucht ist, kommt unter der Woche früh oder am späteren Nachmittag, aber nie am Wochenende und auch nicht zu spät, denn mit dem Sonnenuntergang schliesst die Beiz.

9404 Rorschacherberg, 071 855 30 41, www.windegg.info

Im Büdeli

Zivilisierte Tischkultur Die schlechte Nachricht vorneweg: Das «Büdeli» tischt seine vorzüglichen Gerichte nur noch am Freitag- und am Samstagabend ab 19 Uhr auf. Die gute Nachricht: Schön, dass Theresa und Urs Zünd überhaupt noch Gäste bewirten und für sie kochen, denn eigentlich spielen sie schon seit Längerem mit dem Gedanken, sich zurückzuziehen. Für Vollblutgastgeber ist es aber nicht einfach, ganz loszulassen, also bleiben die zwei Abende weiterhin bestehen. Gottlob. Denn die kleine Beiz ist urgemütlich, das Gedeck edel, das Essen schmackhaft, die Weinauswahl überlegt, und das Erlebnis als Ganzes speziell und unvergesslich. Also noch schnell hingehen, bevor der Vorhang endgültig fällt. Aber Vorsicht! Das haben noch einige andere Genussmenschen vor. Eine frühzeitige Reservierung ist daher empfehlenswert.

9442 Berneck, Taastrasse 2, 071 744 39 25, www.urszuend.ch

NEU Restaurant Traube

Wie aus dem Bilderbuch Es gibt Gasthäuser, in denen der Gast durch nichts abgelenkt wird und sich nur auf den Teller konzentrieren kann. Es gibt aber auch Wirtschaften, die durch ihre Aura, ihre Patina, ihre Schönheit und ihre Geschichte bestechen und bei denen es weniger wichtig ist, wie gut das Gericht ist, das da auf dem Teller angerichtet ist. Nur selten finden beide Pole zueinander. Die «Traube» von Richard und Norma Gehin-Keel ist so ein Glücksfall, bei dem Küche und Aura des Hauses Hand in Hand gehen. Gänseleber mit Brioche, Kokosmilchsuppe mit Gemüse, Tatar und grünes Poulet-Curry überzeugen. Das ergibt nicht nur eine kurzweilige Fusion-Küche, sondern auch eine angenehme Grundstimmung. Nicht alles muss allen schmecken, aber jeder findet hier etwas. In der Summe eine erfreuliche kulinarische Bereicherung in einem Haus ohne Allüren.

9470 Buchs, St. Gallerstrasse 7, 081 756 12 06, www.traube-buchs.ch

Barcelona-Central

Muy gut Einmal mehr ist es die Leidenschaft, die einen vom eingeschlagenen Weg abbrachte. Werner Scherrer war Sattler, Polsterer, Tapezierer und Bühnenbildner, bevor er im legendären «Adler» zum Koch und Genossenschaftsbeizer avancierte. Und dann kam Isabel, die schöne Unbekannte aus Granada – und alles wurde anders. Na ja, fast. Das Kochen ist geblieben. Heute sind sie nicht nur privat ein Paar, sie stehen auch gemeinsam am Herd, verbrennen sich die Finger, fluchen helvetisch und kochen spanisch oder umgekehrt. Im «Barcelona-Central» dreht sich alles um eine gutbürgerliche Küche mit iberischem Touch. Dieser Touch macht sich auch im Weinkeller bemerkbar, in dem sich «nur» spanische Flaschen befinden, die mit Frische und Frucht überzeugen. Das Angebot wechselt täglich und wird frisch zubereitet. Am Mittag gibt es Menüs, Salate und Suppen, zur «Cena» kommen dann auch Tapas-Enthusiasten auf ihre Kosten. Olé und weiter so!

9500 Wil, Tonhallestrasse 24, 071 999 03 97, www.barcelona-central.ch

Vinothek Freischütz

Mirto von Weber Keine drei Akte, sondern sechs Tische, keine romantische Oper, sondern eine schöne Beiz, keine Agathe, sondern Giovanni in der Küche. Der «Freischütz», die romantische Oper von Carl Maria von Weber in drei Akten dauert rund drei Stunden und wurde 1821 in Berlin uraufgeführt. Der «Freischütz» in der Wiler Altstadt ist etwas jünger, keine Oper, sondern eine Beiz, die 1876 erstmals schriftlich erwähnt wird. Für diesen «Freischütz» reichen drei Stunden nicht aus. Wer sich bei Mirto Errico erst einmal hinsetzt, bleibt sitzen. Zu gut ist die Stimmung, zu gut das Essen und die Weine, zu angeregt das Gespräch mit dem Nachbarn. Wer kommt, plaudert, trinkt und isst wie in einer grossen Familie. Mit drei Antipasti, einem Primo und einem Secondo oder manchmal nur mit einem Teller Pasta. Die Weine gibt es zu fairen Preisen, was diverse Stammgäste schon am frühen Abend zum Aperitif oder zum Einkauf in der hauseigenen Vinothek lockt.

9500 Wil, Marktgasse 51, 071 911 17 56, www.vinothek-wil.ch

NEU Gasthaus und Pension Frohwies

Der Gasthof lebt Der Emmentaler Mundartbarde Dänu Wisler hat mich auf seinen musikalischen Beizengang mitgenommen und mir «sein» Toggenburg gezeigt. Und dazu gehört der «Frohwies». Eine romantische Insel abseits jeglicher Verkehrsströme, mit einem Kachelofen, der noch funktioniert, mit tiefen Decken und ehrlicher Küche. Es ist eine Einkehr fürs Gemüt, mit herzlichem Personal und sympathischen Gastgebern, die wissen, was ihre Gäste mögen und was nicht. Jeder, der eine Flucht aus dem tristen Alltag sucht, ist hier gut aufgehoben. Siedfleischsalat, eine Rösti, so, wie sie sein muss, mit oder ohne Spiegelei, ein zart-saftiges Kotelett – und nach dem Essen ein wohlig warmes Gefühl, das zurückbleibt. Jeden dritten Freitag im Monat wird ein Stück Heimat musiziert, und wer dabei über den Durst trinkt, wird sich in einem der einfachen Gästezimmer wohl fühlen. Monika und Christian Müller sind nicht nur gute, sondern auch aufmerksame Gastgeber, ihr Gasthaus gehört unter Artenschutz gestellt.

9633 Hemberg, Bächli, Wisstrasse 42, 071 377 11 43, www.frohwies.ch

Hotel Pension Alpenhof, Weisstannen (Seite 230)

Alpenhof

Eine Oase auf den zweiten Blick Wer Lust auf eine sehr einfache Unterkunft im historischen Stil hat, die von zwei sympathischen Spinnern betreut und geführt wird – anders kann man diese Abenteurer nicht bezeichnen –, dem lege ich diese «Baustelle» wärmstens ans Herz. Die Zimmer sind zum Teil wundervoll, ursprünglich mit altem Lavabo, die Toiletten und das Bad sind, je nach Zimmer, meilenweit entfernt. Die Lesestube im Parterre ist urgemütlich, stilvoll renoviert, der Rest, inklusive Beiz, soll vom aktuellen Zustand wieder in seine ursprüngliche Form gebracht werden. Wann, wie und mit welchen Mitteln wissen im Augenblick nur die Auguren, und die sagen nichts. Diese abenteuerliche Zeitreise, mit ausgezeichneter, bodenständiger Küche und einigen interessanten regionalen Weinen, ist für Historiker, Geschichts- und Alpengänger ein idealer Platz.

7326 Weisstannen, Oberdörflistrasse 16, 081 723 17 63, www.alpenhof-weisstannen.ch

Übernachten in der Stadt St. Gallen

Militärkantine

Achtung! Bekanntmachung! Die «Militärkantine» ist allein schon wegen der Architektur einen Besuch wert. Die Einrichtung des Hauses beschränkt sich auf das Notwendige. Das Ganze besticht durch seine Einfachheit. Die Gaststube ist mit Holztischen und -stühlen des Möbelklassikers Horgenglarus ausgestattet. Blickfang ist die Bar mit ihrem Bilderfries. Sommerlicher Treffpunkt ist die Gartenwirtschaft mit Kastanienbäumen und grünen Blechtischen. Das Kommando in der «Militärkantine» teilen sich die sympathischen Gastgeber Anna Tayler, Angelica Schmid und Martin Kappenthuler. Die Küche ist qualitätsvoll, ohne preistreibenden modischen Schnickschnack. Die Karte wird jeden Tag neu geschrieben und beglückt etwa mit paniertem Tomme auf jungem Blattsalat, Ziegenfrischkäse im Windbeutel auf jungen Sprossen, gebackenem Fenchel mit Karotten oder butterzarten Lammkoteletts vom lokalen Hausmetzger Bechinger.

9000 St. Gallen, Kreuzbleicheweg 2, 071 279 10 00, www.militaerkantine.ch

NEU Laui

Im Refugium Silvia Schaub ist nicht nur eine ausgewiesene Journalistin, den Künsten und der feinen Küche zugetan, sie ist auch eine charmante und zuvorkommende Gastgeberin. Mit ihrem Partner Beat Herrmann hat sie sich ihren gemeinsamen Traum verwirklicht und vor zwei Jahren ihr «B&B Laui» eröffnet. Ursprünglichkeit, Qualität, Design und Architektur haben sich in diesem Haus gefunden. Als Gast fühlt man sich auf Anhieb wohl, und hat man erst einmal sein erstes Frühstück hinter sich, will man gar nicht mehr weg, sondern einfach noch etwas länger bleiben. Dies mit Blick auf Säntis, Stockberg, Speer und sattgrüne Wiesen inmitten eines Stücks heiler Welt.

Das gefällt nicht nur den Gastgebern und Gästen, sondern auch Jamie, der gerne im Halbschatten döst und in aller Ruhe über das Leben als Haushund nachdenkt.

9651 Ennetbühl, Lauistrasse 782,
076 369 00 09, www.laui-ennetbuehl.ch

Metzgerei Fässler

Bei Franz Der preisgekrönte Lehrmeister Franz Fässler hat gemeinsam mit seiner Frau Margrit in seiner Metzgerei zahlreiche Fleisch-Novizen ausgebildet. In diesem Jahr hat der fünfzigste Lernende seine Ausbildung angetreten, notabene der Sohn des ersten Metzgerlehrlings von 1990. Warum das so ist und warum ein Besuch der Metzgerei in Appenzell zum Pflichtprogramm gehört, erfährt der neugierige Karnivore am besten bei einer individuellen Führung auf Voranmeldung. Franz Fässler zeigt Besuchern gerne seinen Betrieb. Anschliessend wird Appenzeller Siedwurst hergestellt und gemeinsam mit den Besuchern abgefüllt, gekocht und verkostet. Damit sich das Ganze auch lohnt, am besten in grösserer Runde. Alle Produkte der Metzgerei sind vorzüglich, zu meinen Favoriten zählen geräuchertes Schweinsfilet, Rauchschinken, Siedwurst und «Saftschwinis» aus der Büchse.

9050 Appenzell, Rinkenbach 33, 071 787 18 73, www.metzgerei-faessler.ch

NEU Landgasthof Sammelplatz

Ganz in Weiss Da sind zwei Gastgeber am Werk, die wissen, was sie wollen und was nicht, was zu einer aufgeräumten Stimmung und zu einem Wohlfühlplatz der besseren Art führt. Nicht anders verhält es sich mit der Kochsprache, die im Gegensatz zur neckisch verspielten Einrichtung von Barbara Fässler klar ist. Tatar vom Wasserbüffel, je nach Saison frische Miesmuscheln, Burrata auf marinierten Tomaten mit Basilikumpesto, Pasta all'arrabbiata, wunderbare Appenzeller «Chäshörnli» mit frischem Apfelmus, ein Kalbskotelett vom Grill, das zu den besten seiner Art gehört. Und ein Hackbraten, so wie für mich ein Hackbraten sein muss, schön luftig und kräftig aromatisch. Dafür stehen Inhaber und Chefkoch Tony Fässler und Sous-Chef Carlo Bet ein. Ein Ort, für den es sich lohnt, gen Osten zu fahren. Für mich weniger wegen des Vintage-Shabby-Chic und French-Nordic Style, der im hauseigenen Shop käuflich ist, sondern wegen der Küche und der Herzlichkeit der Gastgeberin.

9050 Appenzell Meistersrüte, Gaiserstrasse 161, 071 793 13 30, www.landgasthof-sammelplatz.ch

Restaurant Blume

Genial einfach Die «Blume» gehört für mich zu den schönsten Wirtschaften in der Ostschweiz. Hier zelebrieren Anne Hurmerinta und Jacob van Seijen beste helvetische Beizenkultur, was an und für sich schon etwas Aussergewöhnliches ist. Die Tatsache, dass Anne Finnin und Jacob Niederländer ist, macht das Ganze umso exotischer. Allerdings nicht auf dem Teller: Da wird es für den Gaumen wohltuend regional, verbunden mit einer Prise Spannung. Was ich damit meine? Zum Beispiel eine Apfel-Meerrettich-Suppe mit Mostbröckli oder ein Cordon bleu mit würziger Note in der Füllung. Fazit: Die «Blume» ist eine wohltuende Bastion gegen die Verrohung der Tischsitten.

9053 Teufen, Speicherstrasse 1, 071 333 10 08, www.restaurantblume-teufen.ch

Restaurant Sonder

Unter Artenschutz Sepp Kölbener hat das Zeug zur lebenden Legende. Sein Haus steht unter Denkmal-, Sepp unter Artenschutz. Stets in Kochlaune, schnipselt er die hausgemachten «Frites» in Form, brutzelt das wunderbare Cordon bleu goldbraun und schiebt frühmorgens die hausgemachten Nussgipfel in den Ofen. Berühmt ist er für seine butterzarte Kaninchenleber und seinen opulenten Hackbraten. Bei ihm geht's am Sonntag bereits um 9 Uhr mit dem Frühschoppen los. Einige Gäste unterbrechen ihre Stammtischpredigt für die Sonntagspredigt, andere bleiben sitzen, trinken den ersten Schluck und prosten einander zu. Der «Sonder» ist eine wundervolle Beiz mit einem Gastgeber, der den liebenswerten «Ätti» verkörpert, der dem glückseligen Gast den Aperitif vor und das Lebenswasser nach dem Mahl kredenzt und ihn danach mit einem herzlichen «Salü» verabschiedet. Kurz, der «Sonder» und der Sepp sind ein miteinander verschmolzenes kulinarisches Denkmal im Appenzell.

9063 Stein, Sonder 249, 071 367 11 44, www.sonder-stein.ch

Kabier

Für Besseresser Wenn das Schweizer Fernsehen einen echten Appenzeller für einen Heimatfilm suchen müsste, wären sie bei Sepp Dähler richtig. Das Bild vervollkommnen seine Frau Magdalena, seine vier Lausbuben und sein Vorzeigebauernhof mit glücklichen Viechern, die von Sepp gestriegelt und massiert werden, bevor es ihnen an den Kragen geht. Die Brauerei Locher suchte vor Jahren nach einer Möglichkeit, ihre Nebenprodukte Biertreber, Bierhefe und Biervorlauf sinnvoll zu verwerten. Nach der Grundidee der japanischen Wagyu-Rinderhaltung verfüttern Sepp und Magdalena die Biernebenprodukte an ihre Kälber und Rinder und reiben sie zweimal täglich damit ein. Ihre Fleischspezialität haben sie unter dem Namen Kabier® (Kalb und Bier) schützen lassen. So schliesst sich der Kreis. Sepp liefert der Brauerei Getreide zur Bierherstellung, und diese gibt ihre Nebenprodukte zur sinnvollen Verwertung zurück auf den Hof. Zum Betrieb gesellen sich noch Lamm und Wollschwein, die ein sauwohles und lammfrohes Leben führen dürfen – bis der Schlachter kommt.

9063 Stein, Blindenau, 071 367 17 19, www.kabier.ch

Holzofenbäckerei Brotkorb

Alles echt Eine unscheinbare Holzofenbäckerei, leicht zu übersehen, da sie gleich nach einer Kurve liegt. Wer wissen will, wie gut Brot schmecken kann, legt bei Annelies Allenspach und Christoph Engetschwiler zwingend einen Zwischenstopp ein. Wer nun denkt, dass er mit einem Brot einfach so davonkommt, irrt. Hier bieten sich so viele verführerische gebackene Spezialitäten an, dass es einem schwerfällt, nur mit einem Halbweissen die Bäckerei zu verlassen.

9104 Waldstatt, Mooshaldenstrasse 35, 071 351 22 62, keine Website

Bären

Perfekt vereint Geschrieben ist bekanntlich schnell sehr viel, Papier ist geduldig. Nicht selten verspricht die Werbung einer Beiz so viel, wie ein Politiker im Wahlkampf – der, kaum gesagt, sogleich vergisst, was er versprochen hat. Und bei Architekten, die ein altehrwürdiges Gebäude zwischen die Finger bekommen, gilt: Wehe der Patina! Doch im «Bären» in Gonten erlebt man das pure Gegenteil. Tradition und Moderne finden sich perfekt vereint in der Architektur und auf dem Teller, gepaart mit Herzlichkeit und echter Gastfreundschaft. Ob in der Taverne, im Kaminzimmer, in einer der Stuben des Restaurants, im Hotel oder im Keller – es passt! Wer im Frühling vorbeischaut, dem sei das von Hand geschnittene Tatar vom Charolais-Rind mit Eigelbcreme und mariniertem Löwenzahn empfohlen.

9108 Gonten, Dorfstrasse 40, 071 795 40 10, www.baeren-gonten.ch

Restaurant Treichli

Einfach so Das «Treichli» punktet mit Weitblick auf den Bodensee und Nahblick auf eine klassisch-innovative Küche, die alltagstauglich ist. Liebe zur Tradition, Mut zu Neuem und kompromisslose Saisonalität bezeichnen die Jungunternehmer Rebekka und Lucas Costa ihr Programm, das überzeugt. Die «hiesige» Kalbshaxe wird mit Anis glasiert, der gebratene Zander kommt auf Zitronenwirsing mit Lakritze-Verveine-Reis daher. Ein Gericht, das nicht nur originell klingt, sondern auch spannend schmeckt. Die beiden sind sich aber auch nicht zu schade, die jahrzehntelang beliebte Tradition ihrer Vorgänger, «Poulet im Körbli», beizubehalten, mit dem Unterschied, dass sie bei den Pommes frites zur Kartoffel und nicht zur Schere greifen. Also nichts wie hinein in die luftig-leichte Welt des «Treichli», das mit Holzboden, offenem Kamin, knisterndem Feuer und Panoramafenster überrascht.

9405 Wienacht-Tobel, Unterwienacht 451, 071 891 21 61, www.treichli.ch

Sonne

Lass den Sonnenschein herein Wer zur «Stobete» kommt oder die «Huusmetzgete» besucht, der weiss, warum die «Sonne» so beliebt ist. Stammgäste sind nicht nur die Einheimischen, sondern auch Beizengänger aus der ganzen Deutschschweiz, die das Stück heile Welt in Blatten zu schätzen wissen. Die Metzgete eignet sich für alle, die über einen gesunden Appetit verfügen und sich lustvoll satt essen mögen an Rippli, Speck, Voressen, Chesselifleisch, Blut- und Leberwurst, Kotelett und Geschnetzeltem. Dazu werden Kartoffeln, Sauerkraut, Apfelmus und Apfelschnitze serviert. Nicht irgendwelche, sondern solche von aromatischen Lederäpfeln, die heute genauso selten zu finden sind wie charaktervolle, patinierte Beizen.

9413 Oberegg, Blatten, 071 891 15 85, www.sonne-blatten.ch

Schmid Wetli

Eine Familiengeschichte Die Wetlis sind eine Familie von Vollblutwinzern, angefangen bei Mama Susanne und Vater Kaspar bis zu den Söhnen Kaspar, Matthias, Florian und Adrian. Dabei kommen auf unkomplizierte Art Routine, Erfahrung und neue Ideen am Familientisch zusammen. Das sind beste Voraussetzungen, um exzellente Weine zu produzieren. Der Freisamer und der St. Johannis (Johanniter) sind nur zwei Beispiele für Weissweine, die mit viel Frische und schönen mineralischen Noten für Trinkfreude sorgen. Komplexer wird es bei ihrer Premiumlinie. Zum Beispiel beim sortentypischen Pinot Blanc mit vielschichtiger Struktur oder beim cremigen Chardonnay mit floralen Noten. Bei den Rotweinen halte ich mich an die einfachen Flaschen, die Provenienzen in der gehobenen Klasse sind mir persönlich zu konstruiert und zu üppig.

9442 Berneck, Tramstrasse 23, 071 747 90 90, www.schmidwetli.ch

NEU Hotel Krone

Himmlisch Wenn Nebelschwaden wie eine nasse Wolldecke auf dem winterkalten Bodensee liegen, locken die sonnendurchfluteten Hügel des Appenzellerlands. Das mag jetzt etwas gar kitschig klingen, ist aber so und sehen auch ganz viele St. Galler genauso. Ein gutes Basislager, um auf Entdeckungstour zu gehen, ist das Hotel Krone in Speicher. Zwar steht es nicht einsam in der Hügellandschaft, sondern ziemlich real an einer Durchgangsstrasse, die, befindet sich der Gast erst einmal im Innern des Hauses, aber sehr schnell vergessen ist. Angenehmer geht es kaum, ob im Zimmer oder Restaurant, hier fühlt man sich auf Anhieb wohl. Das wird einem spätestens bei einem Carpaccio von der zwölf Stunden lang gegarten Schweinsbrust bewusst. Einfach himmlisch. Genauso wie die Mörschwiler Ribelmais-Poulardenbrust oder die Bodenseee-Felchen oder ganz banal, aber sorgfältig angerichtet und gut, der gemeine Wurstsalat.

9042 Speicher, Hauptstrasse 34, 071 343 67 00, www.krone-speicher.ch

Alpenhof

Einmalig Der wuchtige Bau ist weithin sichtbar, und auf den ersten Blick will der Name nicht so recht zum Gebäude passen. Das ändert sich aber schnell, wenn der Besucher eintritt, spürt, wie er ankommt, und bleibt. Egal, ob die Sonne scheint oder Nebelschwaden ums Haus schleichen, eine Bibliothek mit 12 000 Büchern, eine Jukebox mit wundervoller, immer wieder mal wechselnder Musik und die Atmosphäre insgesamt lassen den Alltag vergessen. Was zählt, ist nur noch die Momentaufnahme, der Duft, die Aura des Hauses. Wie beschreiben es die Macher selbst? «Der Alpenhof ist ein inspirierender Rückzugs- und Arbeitsort mit Raum für Austausch und Erholung. Mit Blick auf das Rheintal und den Bodensee trifft Weite auf Weile, Alpstein auf Nebelmeer, Ostschweiz auf Übersee, Alpaufzug auf Astronomie.» Wer die ganze Familie einladen und hier feiern will, kann gleich alle 25 Zimmer mieten. Kurz, der «Alpenhof» ist die etwas andere Herberge. Wer sich darauf einlassen will, studiert die Website.

9413 Oberegg, St. Antonstrasse 62, 071 890 08 04, www.alpenhofalpenhof.ch

Lorenzo Ostini

Ungeschminkte Weine Die Weine von Lorenzo Ostini gehören zum Essen auf den Tisch und nicht zum Philosophieren vor den Kamin. Der studierte Agronom Ostini ist im Tessin eine Ausnahmeerscheinung. Allein schon deshalb, weil seine Reben im Misox stehen, er also streng genommen Bündner Wein im Tessin keltert. Überholzte, geschmeidig konstruierte Weine sind ihm ein Gräuel. Seine Provenienzen sind das pure Gegenteil. Und auch wenn sie nicht biozertifiziert sind, mehr Natur geht in die Flaschen nicht rein. Reinzuchthefen, Filtration, chemische Mittel sind für Ostini tabu. Doch selbst nach Jahren hervorragender Jahrgänge ist er immer noch kaum bekannt. Dies vielleicht auch, weil er zu bescheiden und das Gegenteil eines Verkaufstalents ist. Marketing ist für ihn ein Fremdwort; er geht einfach davon aus, dass, wer guten Wein zu schätzen weiss, ihn auch finden wird. Fazit: Wer auf der Suche nach dem ultimativen Geheimtipp ist, hat ihn hier gefunden.

6517 Arbedo, Via Selvetta 4, 091 829 17 75, keine Website

Da Erminia

Nonna Erminia Erminia hat Prinzipien. Seit Jahrzehnten. Neu bietet sie ein B&B an. Das hat ihre Tochter Christina eingefädelt, die im Hintergrund agiert und ihr alles Schwere abnimmt. Manchmal schleichen sich die Enkelinnen Siria und Giorgia in die Küche, naschen oder helfen gleich mit beim Rüsten. Wer spontan bei Nonna Erminia vorbeikommt, wird mit Coppa, Salami, Rohschinken, Lardo, Käse und dem Hauswein verwöhnt. Wer sich telefonisch zwei Tage im Voraus anmeldet und mit Erminia das Menü bespricht, für den wird opulent aufgetischt. Das können Klassiker wie Risotto, Schmorbraten, Kaninchen mit Polenta und Tessiner Mortadella mit Saubohnen sein. Je nachdem, wonach der Köchin und den Gästen zumute ist. Bei Erminia lehnen sich die Gäste zurück, nehmen sich eine Auszeit und bleiben manchmal über Nacht. Ascona, Design und Luxus sind weit weg – und vergessen. Das Heute ist der Traum von gestern.

6538 Verdabbio, 091 827 16 07, www.daerminia.ch

✦ Gasthaus am Brunnen

Am Brunnen vor dem Tore Der Gunstplatz ist vor dem Haus, direkt an Europas grösstem Holzbrunnen. Hier ist ein Kommen und Gehen. Reisende, Feriengäste und Einheimische sitzen friedlich nebeneinander und freuen sich über den kompetenten Service von Gastgeberin Elvira Solèr Althof und über die innovative und vorzügliche Küche von Matthias Althof, der es sich nicht nehmen lässt, seine Speisen selbst den Gästen an den Tisch zu bringen. Tänzelnd, pfeifend und lächelnd, was nicht Show, sondern Ausdruck purer Lebensfreude ist. Hier ist einer zufrieden mit sich und seinen Kochkünsten. Seien Sie also auf einen Gaumentanz gefasst, wählen Sie das Menü mit fünf oder acht Gängen, und lassen Sie sich überraschen! Geniessen Sie eine Alpkäse-Zitronen-Fonduta, einen Rhabarber-Vanille-Risotto mit gebratenen Kalbsmilken, mit gefüllten Zucchiniblüten, verschiedenen Stücken vom Spiegelschaf mit Kräuter-Crêpes und einem Pfefferminzparfait.

7122 Valendas, Dorfplatz, 081 920 21 22, www.gasthausambrunnen.ch

Hof Buchli

Mit Aussicht Selbst die Kühe haben hier Aussicht auf das Bündner Oberland. Auch im Winter, was dem Laufstall mit der offenen Front zu verdanken ist. Zum Betrieb gehören ein Kräutergarten, der die Zutaten für die Teemischungen liefert, sowie diverse Fruchtsträucher und Obstbäume, welche die Basis für die Konfitüren und Sirupe sind. Sonst bietet der Hofladen noch diverse Salsize (irgendwie logisch im Bündnerland), aber auch Apfelschnitze, Bienenhonig, Alpkäse, wunderbare Chutneys und eingelegte Curry-Zucchini.

7122 Valendas, Brün, 081 921 50 54, www.brün.ch

Negozi

Auf der Strasse am Blechtisch Ilanz ist nicht gerade mit Schönheit gesegnet und für die Reisenden mehr Durchgangs- als Rückzugsort. Einen guten Grund gibt es aber, hier immer wieder mal einen Zwischenstopp einzulegen. Am schönsten Flecken des Ortes, in der Städtlistrasse, gibt es einen kleinen, feinen Einkaufsladen für Lebensmittel, Bücher und Textilien. Ein Blechtisch vor der Türe animiert dazu, hier entspannt einen Tessiner Bio-Bondola zu köpfen und dem bunten Treiben in der Gasse zuzusehen. Nach dem dritten Glas wird sogar Ilanz heiter bis schön. Die Bücherauswahl im «Negozi» ist gekonnt zusammengestellt, und es lassen sich diverse gedruckte Trouvaillen für die Bibliothek zuhause finden.

7130 Ilanz, Städtlistrasse 15, 079 519 84 17, www.negozi-ilanz.ch

Scarnuz Grischun

Eine für alle, alle für eine Seit über zwanzig Jahren produzieren 45 Bündner Bäuerinnen ihre selbst hergestellten Spezialitäten und versenden sie im typischen Papiersack, dem Scarnuz, per Post in jede Ecke der Schweiz. Die Bäuerinnen teilen sich in die fünf Regionalgruppen Albula, Prättigau, Engiadina, Surselva und Viamala auf. Jede Gruppe hat ihr eigenes Sortiment, ihre eigenen Spezialitäten. Vom Nusswasser bis zu den Totenbeinli, Dörrschnitzen, Nusstorte, Konfitüren, Alpkäse und so einiges mehr. Alles da, was das Schlemmerherz begehrt.

www.scarnuz-grischun.ch

Pensiun Alpina

Die schönste Terrasse der Schweiz
Die Pensiun Albina war einst das Schulhaus von Lumbrein. Heute ist es eine etwas in die Jahre gekommene Pension. Sanfte Renovationen sind geplant, zum Teil im Gang und werden irgendwann mal abgeschlossen sein. Und wenn nichts in Gang kommt, ist es auch egal. Denn was hier zählt, ist die herzliche Gastfreundschaft von Tochter und Mutter, Carla und Margrita Capaul, und der wunderbare Aussichtsbalkon hinter dem Haus. Blechtische und Holzstühle stehen im Gras und warten darauf, in Beschlag genommen zu werden, sekundiert von einem atemberaubenden Ausblick. Hier zivilisiert eine Flasche zu leeren, wird zum Entspannungsserum, das jede Zelle durchdringt und sie nicht mehr verlässt. Dazu ein Stück der sensationellen Rüeblitorte mit Frischkäse, und alles wird einem egal. Auch die Abfahrtszeiten des Postautos, zumal einige Gästezimmer zum Bleiben animieren.

7148 Lumbrein, Fontauna 32, 079 798 27 47, www.alpinalumbrein.ch

Restaurant Alpina

«I bi de Kurt» Wer wert auf formvollendete Etikette legt, ist bei Kurt fehl am Platz. Wer zu ihm kommt, wird geduzt. Egal, wer da kommt. Kurt ist ein Wirt wie aus dem Bilderbuch. Bodenständig, redselig und ein guter Zuhörer. Er ist ein geerdeter Mensch, der auch noch kochen kann und seine Gäste mit einfachen Gerichten verwöhnt. Zum Pflichtprogramm gehören für mich die Käsewurst und die hausgemachte Siedwurst oder der obligate Evergreen «Hörnli mit Ghackets». Für schöne Damen deckt Kurt den Tisch auch gerne mal weiss ein, das Essen bleibt sich aber gleich. Mittlerweile sind Kurt und das am Eingang des Panixertals gelegene Bergdorf Pigniu so miteinander verbunden, wie der Papst mit dem Vatikan.

7156 Pigniu, Miasas 28, 079 620 12 16, www.alpina-restaurant-pigniu.ch

★ Ustria Steila

Tradition reloaded Streunen im Val Lumnezia, bummeln in der Surselva, ankommen in Siat. Eine kulinarische Langstreckenläuferin und eine geerdete Spitzenköchin ist Gabriella Cecchellero, die sich schon vor Jahren vom Punkte- und Sterne-Karussell verabschiedet und sich mit ihrem Partner Markus Hess in die Provinz zurückgezogen hat. Ihre Kochsprache ist stärker denn je und überzeugt mit einer klaren Ansage für Zunge und Gaumen, die einfach nur Freude macht. Wer Wein mag, geht gleich selbst in den Keller und wählt sich eine Flasche aus oder lässt sich von Markus Hess kompetent beraten. Er ist ein aufmerksamer und zugleich distanzierter Gastgeber, der lieber ein Wort zu wenig als zu viel sagt. Überschwänglichkeit und vertrauliches Schulterklopfen sind nicht sein Ding. Dafür Höflichkeit und Ehrlichkeit. Die «Ustria Steila» ist eine Begegnungsstätte im Bergdorf Siat. Mit der Unterstützung des Zürcher Unternehmers und Schöngeists Theo Schaub und dem Können des Bündner Stararchitekten Gion A. Caminada ist hier ein eigenwilliges modernes Haus entstanden, in dem man gerne länger verweilt.

7157 Siat, Vitg 12, 081 925 19 19, www.ustriasteila.ch

Mazlaria Schmed

Wir sind, denken und arbeiten einheimisch Diese klare Ansage macht die Metzgerei Schmed aus Brigels nicht ohne Stolz. Zu Recht, ist doch die 1969 gegründete Metzgerei ein Vorzeigebetrieb, der es nicht Wurst ist, was sie verkaufen. So kommt ihr Fleisch vom Vieh von der Wiese nebenan und nicht von irgendwo sonst, nicht aus Tiergefängnissen, sondern von Bauern, für die eine artgerechte Tierhaltung nicht Trend, sondern seit jeher eine Selbstverständlichkeit ist. Seit 1993 führt Venanzi Schmed in zweiter Generation die Metzgerei. Lokal, frisch, sympathisch. Mit eigenem Schlachthof und acht motivierten Mitarbeitern. Zum Pflichtkauf gehören der Steinbock- und der Leber-Salsiz. Da wären aber auch noch der Beinschinken, der Bauernspeck oder das würzige Lammtrockenfleisch.

7165 Brigels, Cadruvi, 081 941 15 77, www.metzgerei-schmed.ch

Ustria Val Sumvitg

Beinvegni e viva! Es gibt Beizen, da geht man nur mit den besten Freunden hin und bleibt. Die Ustria Val Sumvitg ist so eine. Wunderschön gelegen, abseits jeglichen Rummels ist die Beiz für sich allein schon eine Augenweide. Authentisch, echt, sympathisch. Wer hierher kommt, nimmt sich Zeit oder lässt es gleich bleiben. Capuns, Maluns, Bündner Gerstensuppe sind hier wunderbare aromatische Klassiker, die einfach Freude bereiten. Wer vor Ort schläft, hält sich abends an die Halbpension und lässt sich mit einem Pilzrisotto der besseren Art und anderen schönen Dingen verwöhnen. Wildpfeffer aus eigener Jagd zum Beispiel. Alles gut? Alles!

7173 Surrein-Val, Val 392, 079 357 85 74 und 081 943 11 96, www.ustriavalsumvitg.ch

Hof Bubretsch

Aus erster Hand Erdbeerwein kann eine klebrige und pampige Angelegenheit sein oder aber fruchtig, erfrischend, mit einem betörenden Süss-Säure-Spiel. Die Engländer sind Experten in Sachen Fruchtweinen, von denen ich den Johannisbeer- und den Rhabarberwein besonders liebe. In der Schweiz hat es mir der Erdbeerwein der Familie Pelican angetan, deren Erdbeeren in integrierter Produktion entstehen und von Hand angebaut und gepflegt werden. In einem Zweijahreszyklus wachsen so neben den reifen Erdbeeren die neuen Pflanzen für das nächste Jahr heran. Wer nichts mit Erdbeeren anzufangen weiss, weicht auf den würzigen Alpkäse oder den aromatischen Berghonig der sympathischen Bauernfamilie aus.

7173 Surrein, Plazzas, 081 943 11 65, 079 389 40 31, www.bubretsch.ch

Cuschina Menono

Mengia und Erwin Es war die Liebe, die den Südtiroler Erwin Braunhofer nach einigen Jahren in der «Krone» in Wassen über den Berg nach Camischolas geholt hat. Die Liebe heisst Mengia und ist die sympathische Gastgeberin der «Cuschina Menono», die mehr Privathaus als Restaurant ist. Erwin ist Verfechter einer Alpenküche, die viele regionale und saisonale Aspekte berücksichtigt, denen er seine eigenwillige Note verpasst. Steht Wild aus heimischer Jagd an, kann es schon mal vorkommen, das er aus einem Rehstück ein Cordon bleu schneidet, es mit Bündner Alpkäse und Rohschinken füllt und dem Fleisch einen Haselnussmantel umlegt. Erwin Braunhofer ist ein subtiler Koch, der frisch nach Lust und Laune und nur auf Voranmeldung kocht. Gegessen wird, was Saison und Küche hergeben. Immer eine gewichtige Rolle spielt bei ihm das Dessert, was bei einem gelernten Konditor auch irgendwie logisch ist. Und plagt ihn das Heimweh, kommen «Strauben» auf den Teller und Rosenmuskateller ins Glas.

7187 Camischolas, Via Alpsu 15, 079 220 40 53 oder 079 219 17 64, www.menono.ch

Steiger Pur

Mit Ross und Planwagen Vor einigen Jahren sind Iris und Cyril Steiger mit Ross und Planwagen durch die Lande gezogen und in Curaglia, im wilden Val Medel, hängen geblieben. Auf einem kleinen Betrieb haben sie an Steilhängen geschuftet und Erfahrungen gesammelt. Seit fünf Jahren sind sie nun in Camischolas. Die Produkte ihres Ziegen-, Wollschwein- und Käsebetriebs sind nicht nur bei Touristen, sondern auch bei den Einheimischen beliebt. Die mittlerweile fünfköpfige Familie ist im Val Tujetsch angekommen. Wer's gerne scharf mag, hält sich an die Ziegen-Chiliwurst, meinem Gaumen gefallen speziell die Lamm-Schaf-Wurst und die luftgetrocknete Coppa vom Wollschwein sowie der würzige Alpkäse. Zu kaufen gibt's die Produkte ab Hof, und ab und zu sind sie mit ihrem Verkaufswagen auf dem Gotthard- oder Oberalppass anzutreffen (Auskunft auf der Website).

7187 Camischolas, Via Clavaniev, 076 323 21 60, www.steiger-pur.ch

Hotel Piz Linard, Lavin (Seite 249)

Lipp Weingut & Destillerie

Die Gedanken sind frei Angefangen hat alles mit den Störbrennern Margrit und Martin Kunz-Keller, die wohl als erste Profis in der Schweiz auf die Idee kamen, Karotten, Randen und anderes Gemüse zu Schnaps zu brennen. Nicht als Mode, sondern als anregenden Gaumenkitzel und natürliches Aroma für die Küche. Sie sind aber nicht beim Gemüse hängen geblieben, sondern haben sich erfolgreich mit ihrer Passion, dem Grappa, auseinandergesetzt. Mit zahlreichen prämierten Schnäpsen und Likören haben sie national für Aufmerksamkeit gesorgt. Hinzu kamen einfache, gute Weine von den eigenen Reben. Dies ist der erste Teil der Geschichte, der zweite geht mit Tochter Carina Lipp-Kunz weiter, die sich zur Winzerin aus- und weitergebildet hat und seit ein paar Jahren mit ihrem Mann Reto den Betrieb führt. Das Qualitätsdenken der Winzerin und das Resultat in den Flaschen erfreuen nicht nur die Stammkunden, sondern auch die Weinexperten. Bei den Schnäpsen gibt es neben Williams, Kirsch, Erdbeere und Himbeere auch Überraschendes wie Absinth und Maienfelder Gin. Ein Gin, der locker mit denen von der Insel mithalten kann. Man darf gespannt sein, was als Nächstes kommt.

7304 Maienfeld, Fläscherstrasse 2,
081 330 15 55, www.lipp-destillerie.ch

NEU Restaurant Falknis

Volltreffer Der «Falknis» ist ein Bild von einem Gasthaus, die Stube holzgetäfelt und ohne jeglichen Folkloreplunder. Einheimische, Reisende und Feriengäste vereinen sich an den Tischen. Die Auswahl der Gerichte ist durchdacht, nichts Spektakuläres, sondern einfach Gutes für Gaumen, Magen und Seele, was Gion Rudolf Trepp zu verdanken ist, der eine exzellente Küche pflegt, die allen gefällt. Cordon bleu, Vitello tonnato, Parpaner Hauswurst mit frisch zubereitetem Safranrisotto machen Appetit und vermitteln pure Freude und Lebenslust. Eine Extraklasse sind der hauseigene Schwartenmagen mit Kräutervinaigrette oder das Schweinskotelett mit Schwarte, der Mistkratzer oder ganz banal die Pouletflügel, an denen man den lieben langen Tag knabbern könnte. Dieses Einkehrglück ist jeweils von Donnerstag bis Montag ab 10 Uhr geöffnet. Es lohnt sich, seine Graubünden-Reise in diesen Tagen zu planen und auf der Autobahn den Blinker zu setzen.

7304 Maienfeld, Bahnhofstrasse 10,
081 302 18 18, www.restaurantfalknis.ch

Stizun da Latg

Eine Herzenssache Käser haben keine Freizeit. Kühe, Bauer und Milch können nicht warten. Die Käsemeisterin Maria Meyer und der Senn Martin Bienerth gönnen sich in der von ihnen gepachteten «Stizun da Latg» in Andeer sozusagen keine Freizeit, nehmen sich aber viel Zeit für Milch und Käse. So schmeckt auch das Resultat. Ihre Käse sind schlicht sensationell. Sie haben ein wundervolles Aroma und werden, bevor sie in den Verkauf kommen, von Hand liebkost. Täglich. Maria und Martin benötigen keinen TV-Spot, der nicht hält, was er verspricht. Ihr Käse spricht für sich und verblüfft die Fachwelt immer wieder, die mit Auszeichnungen nicht geizt. Aus ihren vier Grundrezepten haben sie sechzehn Sorten Käse entwickelt. Sie beliefern die Schweiz, das Ausland und Übersee. Aber auch diverse Gourmettempel, Delikatessenläden und Hotels sind dankbare Abnehmer, genauso wie der Nachbar von nebenan. Maria und Martin zahlen den Bauern für ihre Milch einen korrekten Preis und zeigen dem Grossverteiler, was möglich ist.

7440 Andeer, 081 661 13 15, www.sennerei-andeer.ch

Kurhaus Bergün

Fotografieren verboten Für die einen ging der Werbegag mit dem Fotografie-Verbot in die Hosen, für die anderen ist er gelungen. Kein Gag, sondern eine ehrwürdige alte, aber quicklebendige Dame ist das Kurhaus Bergün, das von den sympathischen Maya und Christof Steiner geführt wird. Hier elegant zu tafeln und danach in der Bar das letzte Glas auszutrinken, hat was. Auch die Sonnenterrasse ist an lauen Tagen ein Argument für die Einkehr. Das Haus macht von Beginn an gute Laune, lange bevor das Essen serviert und der Wein kredenzt wird. Dass hier auch noch zwischen gut und vorzüglich gekocht wird, lässt den Besuch für alle Romantiker zur Pflicht werden. Wenn ich an die Spaghetti mit Speck, Salsiz und Ei denke, habe ich bereits den Telefonhörer in der Hand, um zu reservieren, aber zuerst muss ich einmal mehr endlich diese neue Ausgabe zu Ende bringen. Also nichts mit hausgemachten Ricotta-Gnocchi, dem Filisurer Biolamm mit Polenta und dem hauseigenen Schokoladenkuchen. Auf ein Neues. Nach dem Buch.

7482 Bergün, Puez 112, 081 407 22 22, www.kurhausberguen.ch

Dal Mulin

Grand Cru Club

Ein Lichtblick in der Wüste St. Moritz hat zahlreiche grosse Namen, aber echter Genuss zu einem Preis, bei dem Normalsterblichen nicht die Luft ausgeht, findet sich nicht oft. Eine grosse Ausnahme bildet das «Dal Mulin» mitten in St. Moritz. Vilson Krasnic, der jüngere Bruder von Danijel, ist der Zampano in der Küche, die immer wieder begeistert. Sei es mit knusprigem Schweinebauch, Rindstatar, subtil gewürzten Knochenmark, Kalbsrücken oder einfach luftig-leichten Griessnocken. Die Weinkarte bietet grosse und kleine Namen zu hochanständigen Preisen und diverse Champagner aus dem Hause Jacques Selosse, was zu einem Besuch der hauseigenen Weinhandlung animiert. Hinzu kommt ein freudiger, unkomplizierter und kompetenter Service des Gastgeberpaars Kathrin und Danijel Krasnic, von dem sich so manche Nobeladresse eine Scheibe abschneiden könnte.

7500 St. Moritz, Plazza dal Mulin 4, 081 833 33 66, www.dalmulin.ch

Freude herrscht Klar, an Gantenbein kommt der Weinhändler in St. Moritz nicht vorbei, aber dass es wie erwähnt Weine aus dem Hause Selosse oder den wundervollen «Timorasso» von Walter Massa zu kaufen gibt, beindruckt mich schon. Auch sonst gibt es zahlreiche Provenienzen, die der Weinfreund nicht so schnell in einer anderen Handlung findet. Wer also Lust hat, sich näher mit den Weinen zu befassen, besucht die Weinhandlung des «Dal Mulin», bei der nicht nur der Name gross ist.

Adresse siehe links

Metzgerei Plinio

Alles Angus Sparen Sie sich das Video auf der Website der Metzgerei Plinio, es sei denn, Sie schätzen den Humor von «Monty Python's Flying Circus». Gehen Sie lieber direkt nach Samedan in die Metzgerei und Backstube von Plinio und Rosmarie Laudenbacher. Was Sie einkaufen, entscheidet Ihre persönliche Tagesform. Ist Ihre Brieftasche gefüllt und Ihr Magen leer, wird bei Ihnen in diesem Fachgeschäft für delikate Angelegenheiten der Appetit wachsen, und Sie werden den Tatort mit einem leeren Portemonnaie und einem gefüllten Einkaufskorb verlassen, zu gut sind die diversen Salametti und Salsize, ganz zu schweigen vom Arven-Rohschinken oder der geräucherten Engadiner-Wurst.

7503 Samedan, Crappun 16, 081 852 13 33, www.plinio.ch

Hotel Piz Linard

Mitten drin Seit beinahe 150 Jahren steht das Hotel Piz Linard mitten in Lavin. Schön und lebendig, mit wachen Geistern und mit grossen Meistern im Verwöhnen. Allen voran Hans Schmid. Dichter, Denker, Turmzimmerwärter und Gastgeber in Personalunion. Die Gästezimmer geben sich einfach oder edel, klar oder verspielt, je nach Lust und Laune und Budget. Stimmungsvoll sind sie alle. Hinzu kommen wundervolle Begegnungsräume. Die Ustaria ist voller Licht und Leichtigkeit. Auf die Hotelgäste wartet der Arvensaal, der sich in unaufdringlich festlichem Glanz präsentiert. «Unsere Küche ist regional geprägt, von Neugier inspiriert, frisch zubereitet.» Rauchforellentatar, Gelbe-Rüben-Suppe, Gnocchi an Weissweinsauce mit Blauschimmelkäse und Lammrücken mit Polenta. Als Nachklang bieten sich die Engadiner Harten von Ziege, Schaf und Kuh oder der Zwetschgenofenkuchen mit Vanillesauce an. Die Weinkarte liest sich spannend, ist überlegt zusammengestellt, und dies zu reellen Preisen. Kurz: Ein lebendiger Ort und eine Oase für alle Fälle.

7543 Lavin, 081 862 26 26, www.pizlinard.ch

NEU Bistro Staziun

Halt auf Verlangen Das Bistro Staziun lässt spielerisch die alte Tradition des Bahnhofbuffets aufleben und ist unter diesen wohl das kleinste und schönste der Schweiz. Unter der Woche mutiert das Bistro zum stillen Wartesaal, an den Wochenenden läuft es zur Hochform auf und lockt eine bunte Gästeschar von Einheimischen und Unterländer Fussvolk an, die sich an Suppe, Fondue oder einfach an Käse und Trockenfleisch vom lokalen Biohof gütlich tun. Wer Glück hat und zur Zeit der «Metzgete» im Bistro landet, dem seien die Wollschweinwürste an den Magen gelegt. Aufgetragen wird lokal, zahlreiche Produkte stellen die Mitgastgeber Rebekka Kern und Jürg Wirth her. Das Bier ist von hier, die Weine sind aus der Bündner Herrschaft und aus dem nahen Veltlin oder überschreiten je nach Lust und Laune des Gastgeberteams auch mal die Kantonsgrenzen. Das Bahnhofbuffet von Lavin entwickelt sich zum sympathischen, unprätentiösen Kultur- und Kultplatz und wird wohl noch lange einer sein, auch dann noch, wenn der letzte Zug abgefahren ist.

7543 Lavin, 079 438 50 08,
www.staziun-lavin.ch

Hof Uschlaingias

Der Bauer machts Jürg Wirth, der journalistische Bauer oder bauernde Journalist, schreibt unter anderem fürs Kulturreisemagazin «Transhelvetica» und bewirtschaftet gemeinsam mit Rebekka Kern den Familienbetrieb Uschlaingias in Lavin. Bewirtschaftet wird die Fläche von 20 Hektaren nach biodynamischen Richtlinien, auf der sich Rätisches Grauvieh, Wollschweine und Esel tummeln. Sämtliche Milch wird zu Käse verarbeitet und alle Produkte werden direkt ab Hof verkauft. Darunter auch ProSpecieRara-Kartoffeln und Artischocken (!). Hinzu kommt das Bistro Staziun im Bahnhof Lavin, in dem an den Wochenenden Rebekka Kern Wurst, Käse oder mal ein Fondue auftischt.

7543 Lavin, 079 438 50 08,
www.uschlaingias.ch, www.staziun-lavin.ch

Metzgerei Hatecke

Der Edelmetzger Wer das erste Mal Produkte von Ludwig Hatecke kauft, mag etwas irritiert und sich nicht ganz sicher sein, ob in der edlen Verpackung auch tatsächlich ein Salsiz steckt. Er steckt! Hatecke macht nicht nur den Unterschied im Fleisch, sondern gibt seinem Erscheinungsbild ein ausgeklügeltes Design, das für einen Metzger wohl einzigartig ist. Geschmack sichtbar machen. Schweinsleberwurst, Gamsschlegel, Hirschwurst, Coppa, Brühwürste, die Arme-Leute-Kartoffelwurst als Meisterwerk oder die Qualität eines Salsiz ohne Fett, ohne Sehnen, nur pures Fleisch von Tieren, die artgerecht auf Engadiner Wiesen aufgewachsen sind. Hut ab vor so viel Qualitätsbewusstsein.

7550 Scoul, Stradun 197, 081 864 11 75, www.hatecke.ch

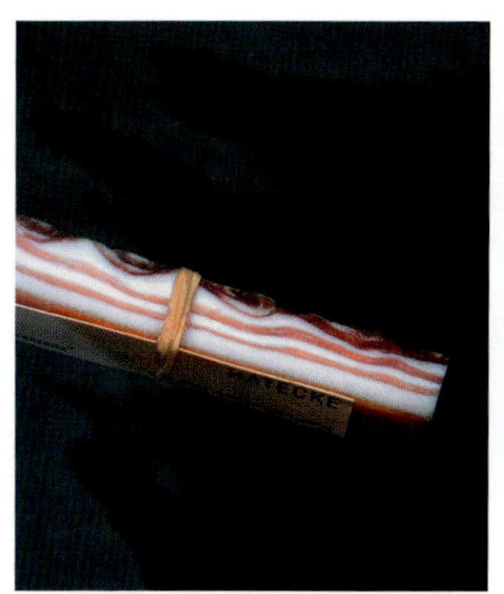

Gasthaus Avrona

Ein Glücksfall Viel schöner im einfachen Rahmen geht's nimmer. Und herzlicher schon gar nicht. Dazu eine Aussicht, die passt, ein Hideaway in der Höhe. Mittags (ausser im Sommer) hat die Oase auch für spontane Gäste offen, abends nur auf Voranmeldung und für die Hotelgäste. Helen und Peter Witmer haben sich ein Refugium geschaffen, das, hat man es erst einmal erreicht, einen gefangen hält und den Abschied jedes Mal schwer macht. Romantiker quartieren sich im Zimmer 4 ein, Pragmatische im Zimmer 2, das über ein eigenes Bad und WC verfügt. Die Stüva und der Blick von der Terrasse sind zwei Highlights, zu denen sich noch das schmackhafte und sorgfältig zubereitete Menü in drei Gängen gesellt.

7553 Tarasp, 081 864 14 57, www.avrona.ch

Biohof Chaposch

Drei in einem Biohof, Hofladen und B&B – alles da, wobei wir uns hier aufs Einkaufen beschränken. Auf den Alpkäse, den Pfefferminzsirup, die Wurstwaren oder die würzige Coppa. Und wer als Gruppe (bis zehn Personen) unterwegs ist, reserviert den langen Tisch und lässt sich direkt auf dem Hof verwöhnen. Ein idyllischer Ort mit sympathischen Menschen und mit Tieren, die paradiesisch leben.

7553 Tarasp, Chaposch 63, 081 860 35 24, www.biohof-chaposch.ch

Pensiun Aldier

Immer gerne Carlos Gross ist ein Schöngeist, ein Mann von Welt, ein Gentleman. Er sammelt Walderdbeeren und produziert wundervolle Konfitüren. Er ist ein Querdenker und ein Müssiggänger, Geschäftsmann und Hotelier. Er hat Erfahrung und Geschmack, kultiviert die Tafelfreuden und ist der Kunst zugetan. Er kann zuwarten, zuhören und unaufgeregt antworten. Wer die Pensiun Aldier besucht, lässt sich auf kein Abenteuer ein, sondern auf ein kleines, feines Hotel, das etwas anders tickt als andere. Mit einem Heringssalat an Sauerrahm und Apfel zum Beispiel. Oder mit einer wunderbaren Minestrone, serviert ohne Schnörkel. Das Team ist spontan, natürlich und bodenständig. Allen voran Geschäftsführerin Nadia Rybarova, die mit Augenmass dafür sorgt, dass das «Aldier» so zuverlässig läuft, wie ein Rolls Royce mit Chauffeur. Gipfel, Wälder, gleissendes Licht, der Himmel in hypnotisierendem Blau, die Luft rein. Sent und «Aldier» sind eine Reise wert.

7554 Sent, Plaz 154, 081 860 30 00, www.aldier.ch

Hof Zuort

Mit der Stille leben An vielen Tagen ist es im Hof Zuort still. Keine Menschenseele verirrt sich zum abgelegenen Ort, was den heutigen Besitzer Dr. med. Peter Robert Berry IV. nicht weiter stört. Es ist das Privileg des Mäzens. Die Oase wird durch Doreen Carpanetti und Meinrad Zwerger betrieben. Zwei sympathische Pächter, bei denen sich die Gäste wie bei Freunden fühlen. Wer länger bleibt, wird abends in der Stube mit einem saisonalen Menü verwöhnt. Für die Tagesgäste warten diverse Spezialitäten wie Speckknödel, Plain in Pigna (Ofenrösti) und andere schöne Dinge. Schleckmäuler lassen sich den Kaiserschmarrn nicht entgehen. Der Hof liegt auf 1711 Meter Höhe und steht in einer Lichtung, umgeben von mächtigen Tannen. Während Jahrhunderten diente der Bauernhof auch als Zollstation und war lange Jahre Heimat des niederländischen Dirigenten und Komponisten Willem Mengelberg, der hier ein Belle-Époque-Chalet und eine hölzerne Waldkapelle im Stil einer norwegischen Stabkirche erbauen liess.

7556 Ramosch, 081 866 31 53,
www.zuort.ch

Bun Tschlin: diverse Betriebe

Samnaun? Nein, Tschlin! Samnaun, wo tagein, tagaus zollfrei eingekauft wird, kennen alle. Ein unwirklicher Ort, an Widersprüchen kaum zu überbieten. Wer hierher kommt, hat nur den Einkaufszettel im Kopf. Ganz anders Tschlin, das wunderschöne Dorf in der Mitte von Nirgendwo. Wer hier überleben will, muss Ideen haben und Qualität als natürliche Pflicht anerkennen. Was hier zählt, ist nicht allein der schnöde Mammon, sondern das Einzigartige. Das findet man in Tschlin gleich vierzehnmal. In vierzehn kleinen lokalen und innovativen Betrieben. Unbedingt hingehen!

7559 Tschlin, 081 866 31 07,
www.buntschlin.ch

Nühus

Entdeckt Auch der Schweizer Heimatschutz hat das Kleinod entdeckt und lobt das «Nühus» in seinem Guide «Die schönsten Hotels der Schweiz», der wärmstens zu empfehlen ist. Das «Nühus» ist ein Platz mit Perspektive, ein Ort mit Geschichten und Gerichten, die abends als Dreigänger aufgetischt werden. Zum Wohlfühlfaktor gehören auch der Speckstein-ofen, das Kaminzimmer und die stilvolle Möblierung. Der Zauber des Ortes macht auch die Lage aus, in der die natürliche Entspannung auf einem Graspolster zu den kleinen Schönheiten zählt. Eine verwunschene Einkehr.

7107 Safien Platz, Bruschgaleschg, 081 630 60 66, www.safientalferien.ch

NEU Palazzo Salis

Hier will ich sein, hier will ich bleiben Monika Müller und Christian Speck sind seit Frühling 2016 Gastgeber im «Palazzo Salis». Vor zehn Jahren haben sie das Bergell kennen- und lieben gelernt. Als neue Pächter gesucht wurden, war für die Unterländler alles klar, für die Besitzer ebenfalls. Sie haben das altehrwürdige Haus entstaubt und ihm ihre persönliche Note verliehen. Es präsentiert sich heute noch schöner, noch besser, ist ein Flecken wie aus einer anderen Welt, der jeden Gast gefangen nimmt. Sei es mit einem Buch vor dem Kamin, sei es im sakral angehauchten Speiseraum oder im traumhaften Garten. Alles ist so, wie es sich der unverbesserliche Romantiker wünscht, ohne auch nur einen Hauch von Kitsch. Tagediebe haben hier ihr Basislager, Genussmenschen kommen für eine Nacht und bleiben Tage. Kompliment auch für die gradlinige Küche von Monika Müller, die das leichte Moderne genauso beherrscht wie das üppige Traditionelle oder die beiden Komponenten geschickt miteinander vermischt: Da gibt es am Mittag zum Beispiel hausgemachte Würste vom Grill mit einem taufrischen Salat, gutem Brot und einer Flasche Nebbiolo aus dem Veltlin, und am Abend lockt das durchdachte Menü mit Suppe, Terrine, Lamm und Kuchen. Das Ganze ist eigentlich zu schön, um wahr zu sein.

7610 Soglio, Villaggio 131, 081 822 12 08, www.palazzo-salis.ch

Casa Lucomagno (Seite 270)

Markt in Bellinzona

Mercato del Sabato Der bei den Einheimischen beliebte und bei zahlreichen Touristen noch immer unbekannte Samstagsmarkt in Bellinzona lohnt einen Boxenstopp für Salume und Co. Dann, wenn das Ferienhaus wartet oder die Heimreise ansteht. An heissen Tagen die Kühlbox nicht vergessen. Nicht, dass die gekaufte Ware noch ins Schwitzen kommt. Nebenbei: Kaufen Sie dort ein, wo die Nonnas Schlange stehen. Dann kann nichts schief gehen.

6500 Bellinzona, Piazza Nosetto, jeweils Samstag 8 bis 12 Uhr

Casa Vanolli

Am Anfang der Welt Indemini ist ein pittoreskes, verkehrsfreies Bergdorf im Valle Veddasca an der Grenze zu Italien. Mittelalterlich, malerisch und fast unberührt liegt es am Hang. In den Achtzigern erlebte Indemini einen Boom wie zu seinen besten Zeiten. Familien zogen her, Kindergarten und Schule wurden eröffnet, bis der Alltag die Visionen vom besseren Leben wieder platzen liess. Übrig blieben treue Indemini-Pilger wie Rosmarie Brennwalder und Beat «Bewe» Wüthrich, die nach ihrer Pensionierung ins Bergdorf zogen, heute Ferienhäuser unterhalten, bewirtschaften und Goldmelissensirup, Limoncello sowie Grappa herstellen. Wer den Reiz von Indemini erleben will, der kommt in der Zwischensaison, mietet sich im rustikalen Rustico von Rosmarie und Beat ein, verbringt die Tage am Dorfbach und vor dem Kamin und schlägt dem Alltagstrott ein Schnippchen.

6571 Indemini, 091 780 44 70, www.lunasole.ch

✦ Ristorante Rodolfo

Neue Zeiten Pablo Ratti kocht überlegt, frech und erspart sich und seinen Gästen Banalitäten. Ihm gelingt es, die Tessiner Tradition in eine moderne Form zu bringen, ohne dabei gleich abzuheben. Es sind mutige Gerichte, die im Gaumen überraschen und Freude bereiten. Speisen wie Forellentatar mit einem Onsen-Ei auf grünen Saubohnen oder hauchdünne Ravioli mit Felchen und Ingwer. Wer dem Jungkoch einen Freipass gibt, wird nicht enttäuscht, sondern lernt vielmehr sein ganzes Kochspektrum kennen. Zur guten Laune trägt auch das Lokal bei, in dem im Kaminzimmer nicht protzige Vasen, sondern das knisternde Holzfeuer im Mittelpunkt steht. Die Weinpreise sind helvetisch korrekt, der Trinkspass geht ins Geld und zeigt Schluckspechten, dass das Tessin nichts mit den trinkfreundlichen Preisen im Piemont am Hut hat.

6574 Vira Gambarogno, Via Cantonale 68, 091 795 15 82, www.ristoranterodolfo.ch

Sapori del Sud

So einfach geht das Wer exzellente Olivenöle und noch so einiges mehr von bester Qualität kennenlernen will, besucht in Ascona Christian Ludwig. Unglaublich, was für Objekte der Begierde sich in diesem kleinen Schlemmerparadies zu fairem Preis finden lassen. Bei ihm ist das Konzept nicht Marketing, sondern Qualität mit einer Dosis Leidenschaft. Feinkost ist ein Kosmos für sich, eigentlich ein großes Theater. Christian Ludwig geht das Ganze pragmatisch an, was es umso sympathischer macht.

6612 Ascona, Carrà dei Nasi 4, 091 791 69 67, www.saporidelsudascona.ch

Macelleria Salumeria Freddi

Wider den Verlust der Tradition Die amtlichen Bestimmungen führen ad absurdum und zahlreiche Kleinmetzgereien in den Ruin. Was übrig bleibt, sind zentrale Schlachthäuser, Fleischfabriken ohne Seele. Eine kleine Bastion an Metzgern wehrt sich mit Innovation und Qualitätsanspruch gegen diesen Trend. Wie die Brüder Nicola und Fabio Freddi, die mit ihren Spezialitäten die ganze Region nach Intragna locken, während ihnen im Alltag die Talbewohner die Treue halten, im Wissen, dass es die einzige verbliebene Metzgerei im Centovalli zu pflegen gilt. In der Saison gibt es Hinterhaxe von der Gämse und eine grandiose «Violina di Camoscio», welche die Brüder zur Delikatesse lufttrocknen. Daneben aber auch eine Mortadella, die nichts mit dem Bologneser Namensvetter gemein hat und in der rohen Variante auf Linsen oder Bohnen zum frugalen Mahl mutiert, oder Salami und zahlreiche andere Würste.

6655 Intragna, 091 796 12 49, keine Website

Osteria Grütli

Bewegte Zeiten Die Osteria Grütli hat in wenigen Jahren zahlreiche Gastgeber verschlungen und wieder ausgespuckt. Seit 2017 heissen die neuen Macher Elisa und Giona, denen manchmal Elisas aparte Mama zu Hilfe eilt, Gäste betreut, empfiehlt und auf die jungen Gastgeber verweist, die gut kochen und sich mit dem «Grütli» einen Traum verwirklicht haben. Bleibt zu hoffen, dass die beiden Sitzleder haben und bleiben. Verdient hat es das einfache, aber doch so reizvolle Lokal mit der verträumten Gartenterrasse auf jeden Fall. Ob von Domodossola oder von Locarno, wer in der Osteria Grütli ankommt, hat einige Kurven hinter sich – und bleibt gerne für ein oder zwei Tage in einem der vier Gästezimmer. Die Gerichte schmecken, die kleine Weinauswahl ist durchdacht, die «Birre artigianali» löschen den Durst, und die von Hand geschnipselten Pommes lassen sich wunderbar im hausgemachten Ketchup versenken. Auch der sämige Risotto, die aromatische Luganighette, die zarten Ravioli und die luftig leichten Gnocchi überzeugen.

6659 Camedo, Via Cantonale, 078 648 65 10, www.osteriagrutli.ch

NEU Hostelleria

Sozialstation mit warmer Küche Aus dem Maggiatal bei Cevio führt eine in den Hang gelegte Strasse steil bergan nach Bosco Gurin und ins Valle di Campo. Allein von Cevio bis Linescio sind zehn extreme Kurven und 220 Höhenmeter zu bewältigen. Kein Problem für Auto und Postauto, ambitiös für Velofahrer. Das alte Terrassendorf Linescio ist baulich und landschaftlich ein Höhepunkt. Das Dorf wurde am steilen Hang auf kleinen Geländeterrassen erbaut. Häuser, Felder und Weiden wurden von Trockensteinmauern gehalten, bis sich Abwanderung, Erosion und Zerfall breit machten. Ein Teil des Bergdorfes ist heute wieder sorgfältig restauriert, aber bis auf einzelne Hausgärten wächst auf dem mühsam zusammengehaltenen Grund nicht viel mehr als Rasen. Um der während Jahrhunderten von Hand geschaffenen und erhaltenen Terrassen-Kulturlandschaft wieder Leben einzuhauchen, haben sich einige Gleichgesinnte in der Fondazione Rivivere zusammengetan. Mit Unterstützung des Fonds Landschaft Schweiz, der Stiftung für Landschaftsschutz, des Kantons Tessin, der Berghilfe, von Sponsoren und unentgeltlich krampfenden Kämpfern konnten Landschaftseinsätze stattfinden und die heutige «Hostelleria» verwirklicht werden. Entstanden ist ein Bijou für unverbesserliche Pragmatiker, die ihre Reise nach damals mit dem Komfort von heute verbinden wollen. Das Ganze ist ein idealer Begegnungsort für Familien, Freunde, unkomplizierte Gesellschaften, Weltverbesserer mit Bodenhaftung und andere. Wer in einem der patinierten Ferienhäuser nicht Selbstversorger sein will, lässt sich im hauseigenen «Grottino» mit Tessiner Spezialitäten verwöhnen. Und wer nach einigen Tagen eine Abwechslung benötigt, spaziert den Hang hoch zu Christina Omini in die Osteria Sascola, trinkt dort Nostrano und geniesst eine vorzügliche Pizza oder Lasagne. Gute Tage im Tessin ohne Protz und Promenade.

6682 Linescio, Canton Sott' 1,
079 839 89 88, www.hostelleria.ch
Osteria Sascola, Telefon 091 754 12 40

Hotel Fusio

Am Ende der Welt Claudia Muntwyler und Urs Hofer empfangen in ihrem Kleinod Gäste, die sich nichts mehr beweisen müssen. Auch die Gastgeber müssen sich nichts mehr beweisen, sondern zelebrieren an diesem aus der Welt gefallenen Flecken professionelle Gelassenheit. Bei ihnen findet das Leben in all seinen Facetten statt. Losgelöst von Hektik und Lärm. Heitere Momente wechseln mit ruhigen, witzige lösen schräge ab. Auf dem speziellen Freiluftplatz, der durch die Dorfstrasse getrennt wird, sitzen Habitués und sinnieren in der Abgeschiedenheit bei einer Flasche Wein über das Leben. Einheimische und Durchreisende tauschen sich aus oder lauschen der Maggia, die an ihnen vorbeirauscht, während es sich die Hotelgäste im Garten im Liegestuhl bequem machen. Die Küche überzeugt mit Klassikern wie Brasato und Polenta, mit lokalen Produkten und passt zum Gesamtkunstwerk Hotel Fusio. Wer sich hier eine Auszeit gönnt, besteht danach den Alltag besser.

6696 Fusio, 091 600 09 00,
www.hotelfusio.ch

Pensione Centrale

Alles gut, immer gut Ein Geheimtipp ist die Osteria Centrale schon lange nicht mehr. Slow Food schreibt seit knapp einem Vierteljahrhundert über diese patinierte Beiz, andere verfressene Schreiberlinge haben das Haus von Ami Emch und Tizano Canonica im Laufe der Zeit ebenfalls entdeckt – und alle sind des Lobes voll. Auch ich. Denn wer über die Jahre hinweg kontinuierlich Qualität bietet, wer mit solcher Lust kocht und ohne Routinefrust Gäste bedient, der hat nur Lob verdient. In unserer kurzlebigen Zeit sind solch zuverlässige Gastgeber eine Ausnahmeerscheinung. Die Küche zeigt sich regional, saisonal und bietet das an, was der Markt hergibt. Das Fleisch auf dem Teller stammt von ganzen Tieren, die sie kaufen und von ihrem Metzger schlachten lassen, und zwar so, dass möglichst alle Teile verwertet werden. «Fatto in casa» ist hier kein Marketingspruch, sondern täglich gelebte Realität. Erleben kann das aber nicht mehr jeder Reisende, sondern nur noch der bleibende, also alle, die ein Zimmer im Haus beziehen und die Osteria und das Bleniotal etwas länger geniessen wollen, was sich auf allen Ebenen lohnt.

6718 Olivone, Via Chiesa San Martino,
091 872 11 07,
www.osteriacentraleolivone.ch

Caseificio Töira

Alles bio oder was Die Ricotta-Gnocchi von Hedi Roth und Giampaolo Marchi, dazu etwas Butter und Salbei – und schon kommt Ferienstimmung auf. Vor dem Essen vielleicht noch eine kleine Wanderung in der unberührten Pflanzenwelt am Lukmanier, und der Glaube an das Gute der Schweiz und seiner Bewohner kehrt zurück. Klar, es sind auch keine Politiker, welche die Milch und den Käse der Biomolkerei in Olivone produzieren, sondern zwei geerdete Gutmenschen, die gar nicht anders können, als nur Gutes herzustellen.

6718 Olivone, Zona Chiesa 50,
091 872 11 06, www.caseificiotoira.ch

Grotto Rodai

Blinker setzen und bleiben Wer in der Leventina von einem staufreien Zollübergang in Chiasso und einem späten «Pranzo» an der ligurischen Küste träumt, träumt tatsächlich. Besser ist es, gleich in Giornico den Blinker zu setzen und im Grotto Rodai auszusteigen. Hier wird gradlinig gekocht, mit lokalen Produkten, einfach und gut. Was auf den Teller kommt, überzeugt mit Aromen, ist luftig und nie zu schwer. Eine schnörkellose Küche, zu der die Weinauswahl perfekt passt. Steht der gebackene Schweinsnacken auf dem Programm, wird nicht lange überlegt, sondern bestellt. Aber auch beim Risotto mit Zincarlin oder bei der Polenta mit Mortadella kommt Freude auf. Im Grotto grüsst kein Maisdekor von der Decke, ins Auge sticht wohltuende Schlichtheit, die im Garten unter den Bäumen an Steintischen ihre Fortsetzung findet. Ligurien? Warum Ligurien?

6745 Giornico, Zona Rodai 17,
091 864 10 19, keine Website

Vini Bettoni

Bekannt unbekannt Eigene Weinberge, eigene Trauben, eigener Wein. So grüssen Renate Süess und Corrado Bettoni von ihrer Website, die auf den ersten Blick nur wenig von ihren eigenwilligen, grossartigen Weinen vermittelt. Es sind eben keine modischen Blendwerke, sondern Gewächse, die sich durch stilistische Klarheit auszeichnen. Der «Nöda», der zu neunzig Prozent aus Sauvignon Blanc besteht und den Corrado Bettoni mit einigen lokalen Traubensorten ergänzt, ist immer schnell ausverkauft. Von meinem Liebling «Tòpia», eine Assemblage aus Bondola und Merlot, der im Seignée-Verfahren hergestellt wird und frisch, blumig daherkommt, gibt es aber noch einige Flaschen genauso wie vom Bondola, der sechzehn Monate im Eichen- und Kastanienfass reifen darf, von Hand homogenisiert und nicht filtriert.

6745 Giornico, Fond d'la Tera, 078 852 14 74 oder 078 646 74 73, www.vini-bettoni.ch

Osteria Anzonico

Wachtablösung ... im Aussenposten oberhalb der A2 in der Leventina. Rosa und Luciano haben nach dreissig Jahren ihr «Bellavista» an Claudia und Franceso übergeben, die nun unter neuem Namen mit einer grundsoliden Küche aufwarten, von der im Tessin viele reden und die nur wenige einhalten. Hier wird einfach und reell mit heimischen Produkten gekocht. Kaninchen, Gnocchi mit Speck oder «Pom e pasta», ein traditionelles Tessiner Gericht, das wir nördlich des Gotthards als Älplermagronen bezeichnen. Eine gute Adresse als Alternative bei Stau auf der Betonpiste. Und wenn die einfachen, gekonnt zubereiteten Gerichte wieder auf gewöhnlichen runden Tellern serviert werden, ist für mich alles gut.

6748 Anzonico, 091 865 12 20, www.osteriaanzonico.ch

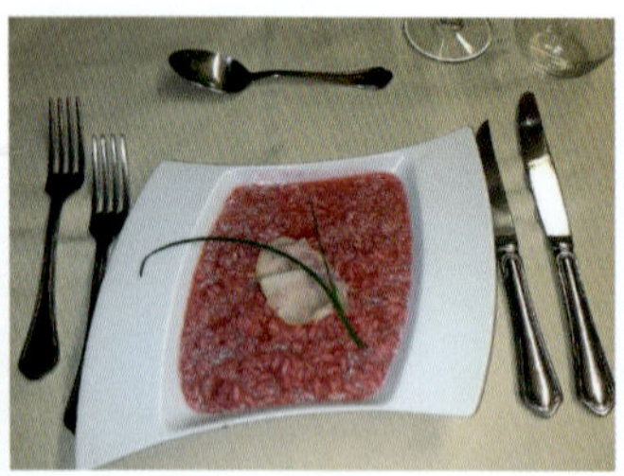

Macelleria Salumeria Piccoli

Nächster Halt: Piotta Was für eine Metzgerei in einem Dorf, das bei der Durchfahrt nicht sehr lebendig wirkt, wodurch der rechte Fuss unweigerlich den Wunsch verspürt, das Gaspedal zu drücken, wären da nicht die Salami, die Würste, die göttliche Mortadella, der Rohschinken, der Speck und das Trockenfleisch von Fausto Piccoli, der vielleicht einen kleinen Namen trägt, aber grosse Produkte produziert, die sich jenseits des Gotthards so nirgends finden lassen. Also nicht aufs Gaspedal, sondern auf die Bremse drücken, Blinker setzen und parkieren.

6776 Piotta, Comune di Quinto, 091 868 11 19, keine Website

Molkerei Togni

Käse von hier Marco Togni steht seit über dreissig Jahren mit Leib und Seele Tag und Nacht für seine Produkte ein. Wer schon einmal seine Käse verkostet hat, spürt auf der Zunge und im Gaumen den kleinen Unterschied. Seine essbaren Kunstwerke sind erstklassig, ein anderes Wort wird seinen liebevoll gepflegten Laiben nicht gerecht. Seine kleinen Wunderwerke gehören zur «Familie» der Büscion, Formagelle, Formagelline, Ricotta und Nante. Sein Käse aus der Milch von Kühen von der Alpe di Pontino, östlich des Gotthardpasses, hat es mir im Speziellen angetan.

6780 Airolo, Nante, 079 207 13 20 oder 091 869 20 06, www.nante.ch

Locanda Orelli

Wieder belebt Lange war für mich der Besuch in der Locando Orelli auf meinen Reisen ins Tessin Pflicht. Wegen der Küche von Gianna und der herzlichen Gastfreundschaft von Sonja und Diego Orelli. Ein weinseliger Höhepunkt war nach dem Essen der Gesang von Diego, der einen dazu animierte, noch einen Grappa zu trinken. Dann war irgendwann Schluss mit dem Gitarrenspiel, und die Locanda wurde dichtgemacht, bis Luigi Zanini das Haus renovierte und den jungen Alessandro und Michela Manfré das Vertrauen aussprach. Seitdem ist das Leben in dieses ehrwürdige Haus zurückgekehrt. Die einstigen einfachen Kammern wurden in komfortable Gästezimmer verwandelt, was die Gäste mit Bettschwere freut. Was aber zählt, sind die Gerichte von Alessandro und der herzliche Service von Michela. Auch am Mittag. Wer bleibt und übernachtet, lässt sich auf fünf Gänge ein oder bestellt noch zwei dazu. Die Pasta ist delikat und «fatto in casa», die aromatischen Gerichte betören manchmal mit Düften von Bergamotte und Salbei. Ein schöner Beginn oder ein sinnliches Ende einer Reise in den Süden.

6781 Bedretto, Centro paese,
091 869 11 85, www.locandaorelli.ch

Pausa Caffè

Wie die Zeit vergeht Als ich 2005 für «Salz & Pfeffer» eine Tessin-Reportage schrieb, war das «Pausa Caffè» gerade mal ein knappes Jahr alt. Der Familienbetrieb hat sich entwickelt und auf dem Markt behauptet. Ihre Produkte lassen die Kaffeefreaks nicht nur südlich des Gotthards schwärmen. Hier werden mit viel Leidenschaft, Geschick und Wissen hochwertige grüne Bohnen langsam und sorgfältig geröstet, was zu einer perfekten Ausgewogenheit der diversen Kaffeesorten führt. Attilio, Ottavio und Giovanni freuen sich über jeden Besuch, nehmen sich bei telefonischer Voranmeldung gerne Zeit und zeigen, dass es ein Leben auch ohne Nespresso geben kann, frei nach dem Motto: «Pausa Caffé – what else?»

6802 Rivera, Via Capidogno,
079 407 16 86, www.pausacaffe.ch

Osteria Canedo

Bitte anrufen Wer in der Osteria Canedo bis Mittwoch als erster Gast anruft, bestimmt das Menü mit. Der Rest der Gäste isst, was es gibt. Das Menü ist vorgegeben, Abweichungen gibt es keine; davor warnt schon das Wirtshausschild beim Eingang. Was aus der Küche kommt, hat Geschmack. Eine Portion Lardo, Salami, Rohschinken und Tessiner Mortadella mit gutem Brot, das mit Löchern im Teig das subtile Qualitätsdenken der Gastgeber unterstreicht. Die Ravioli werden in reichlich Butter geschwenkt, der Salat ist taufrisch, die Tomaten sind aromatisch, der Kalbsbraten ist zart, und die Karotten und Kartoffeln werden aus der lokalen Erde geholt. In der Saison wartet ein Fritto misto der besseren Art, und auch was sonst auf den Tisch kommt, gefällt und macht Lust auf weitere Küchenklassiker wie Gitzi, Spanferkel und Costini. Das Weinangebot besteht aus den üblichen Sorten mit einigen fruchtig-herben Ausnahmen aus dem Stahltank und mit geringerem Alkoholgehalt.

6809 Medeglia, Canedo, 091 946 13 90, keine Website

NEU Casa del vino Ticino

So einfach geht das Klein, eng, fein. So präsentiert sich diese wundervolle «Casa». Wunderbar sind Essen und Weine, und voll ist es eigentlich hier immer. Es ist eine ideale Anlaufstelle für ein ausführliches Mittagsmahl an einem trüben Sonntagmittag. Schön und schlicht präsentieren sich die Teller. Rohschinken, Merlot-Risotto, Ragout mit Polenta, mal ein Roastbeef oder ein Cordon bleu. Alles, was kommt, ist gut und zeugt vom Qualitätsdenken des herzlichen und sympathischen Gastgebers Massimo Mainelli. Die Küche bespielen Remi Augustoni und Marinella Maggetti. Die drei sind ein perfekt funktionierendes Team und immer gut drauf, was der Gast an Körper und Seele angenehm zu spüren bekommt. Die Provenienzen der Tessiner Winzer weiter vorzustellen ist unnötig; wer von der Auswahl überfordert ist, lässt sich von Signore Massimo beraten. Neugierige Weinnasen wagen sich an Tessiner Chasselas, Sémillon, Kerner, Bondola und Cabernet Franc heran. Es muss ja nicht immer Merlot sein.

6834 Morbio Inferiore, Via Ghitello 3, 091 695 75 52, www.casadelvinoticino.ch

Osteria e Negozietto Manciana

Eine Reise ins begnadete Abseits
Von Lugano bis Mendrisio fährt es sich spielend auf der Autobahn, danach wird die Reise ins letzte Dorf im Valle di Muggio recht abenteuerlich. Wer keine Nerven hat, nicht rückwärts fahren und ausweichen kann, weicht besser auf das Postauto aus, alle anderen tuckern mit Bedacht nach Scudellate. Das Dorf besticht durch seine Lage und die Osteria Manciana, die eine einfache und gute Küche zelebriert und dazu noch einen kleinen Einkaufsladen betreibt, in dem es nebst allerlei anderem auch exzellenten Käse und Honig aus dem Tal zu kaufen gibt. Das Ganze ist ein Relikt aus vergangenen Zeiten, herrlich antiquiert. Einmalig.

6838 Scudellate, Via Principale, 091 684 11 36, keine Website

Ul Furmighin

Zu Tisch Im Mittelpunkt steht der dunkle Raum mit einem langen Holztisch und einem mächtigen offenen Kamin, in dem an kühlen Tagen das Holz knistert. Tessin pur mit einer opulenten Küche und noch opulenteren Portionen auf den Tellern. Milchlamm, Spanferkel, Brasato, Polenta, Schnecken und Kutteln, es gibt, was es hat, und das wechselt nach Jahreszeit und nach Lust und Laune des Kochs. Leicht ist die Küche nie, muss sie auch nicht sein. Ihre Stärken kommen aber für mich im Winter besser zur Geltung. Achten Sie bei der Reservation darauf, dass Sie nicht im Nebenraum landen, der im Vergleich zur Kaminstube den Charme einer Abstellkammer versprüht. Wer nach dem letzten Grappa zu müde für die Weiterfahrt ist, kann sich in eines der sehr einfach gehaltenen Gästezimmer zurückziehen.

6839 Sagno, Piazza Garuf, 091 682 01 75, www.ul-furmighin.ch

I Salumi del Pin

Noch eine Wurst! Bei diesem Firmennamen steht logischerweise die Wurst im Mittelpunkt. Aber auch Lardo, Pancetta oder Prosciutto sind hier zu haben. Oder doch lieber eine Mortadella di fegato, Luganighe, Salsiccia piccante oder vielleicht gleich einen ganzen «Zampone»? Wie auch immer, das ist für Wurstliebhaber eine Pflichtadresse mit Würsten von Schweinen, die noch erfahren durften, dass das Leben auf Erde und Schlamm stattfindet und nicht nur auf Beton.

6850 Mendrisio, Via Stella 14, 091 646 16 56, www.salumidelpin.ch

NEU Grotto della Salute

La vita e bella Nein, ruhig ist es hier nicht. Aber schön und lebendig, mittags und abends läuft der Laden so souverän wie ein Bentley mit Chauffeur. Ein zufriedenes Gemurmel macht sich breit und scheint nicht mehr verebben zu wollen. Ein «Ciao bella» hier, ein «Ciao bello» da, verbunden mit einigen «Bellos», die an diesem Abend zu palavernden Gockeln mutieren. Das Spektrum der Gäste ist so breit wie die Karte, es reicht vom kleinen Schwarzen bis hin zu Bundfalten mit Hosenträgern. Wer die animierende Atmosphäre einer pulsierenden Beiz schätzt, ist hier gut aufgehoben. Die Kellner flitzen hin und her. Mit einem Salat vom jungen Spinat, mit frischer Pasta mit luftig-leichten Ricotta-Gnocchi, die mit Mönchsbart angereichert sind, ein «Primo», der in der Saison ein absolutes Muss ist, genauso wie die «Secondo»-Klassiker, ob Polpette oder Kaninchen-Brasato. Das Grotto della Salute ist ein Ort, den man immer wieder gerne besucht.

6900 Lugano Massagno, Via Madonna della Salute 10, 091 966 04 76, www.grottodellasalute.ch/

Morchino

Grüss Gott, Hermann Es gibt wohl kaum jemanden, der das Grotto Morchino noch nicht kennt, wurde es doch durch Hermann Hesse so berühmt, dass es fast täglich in irgendeinem Magazin beschrieben wird. Selbst die ehrenwerten kulinarischen Ritter von Slow Food haben es mit ihrer Schnecke geadelt. Dafür, dass die Beiz so bekannt ist, sind ihre Macher erstaunlich solide und natürlich geblieben. Und auch das Grotto hat nach seiner sanften Renovation den Charme des 18. Jahrhunderts beibehalten. Die Qualität der Speisen ist vorbildlich und die Preise zeugen von einem pragmatischen Denken. Die durch ein Unwetter zerstörte Terrasse ist wieder aufgebaut. Die Musik spielt für mich aber im patinierten Innern des Hauses mit Weinen zu fairen Preisen und guten Speisen wie in Essig eingelegter Forelle, Kuttelsuppe oder einem zarten Brasato der besseren Art.

6912 Lugano-Pazzallo, Via Carona 1, 091 994 60 44, www.morchino.ch

Cantina Barbengo

Heitere Aussichten im Glas Die Reise nach Barbengo, südlich von Lugano, führt zuerst durch eine industriell verschandelte Landschaft, bis die Augen mit der architektonischen Schönheit der Cantina belohnt werden. Die Cantina Kopp von der Crone Visini bewirtschaftet heute sieben Hektaren Reben, verteilt auf die drei Regionen Mendrisiotto, Luganese und Bellinzonese. Die Hauptsorte ist Merlot, zudem werden Arinarnoa, Petit Verdot, Cabernet Sauvignon und Cabernet Franc angebaut. An weissen Trauben werden neben Chardonnay und Sauvignon Blanc auch für das Tessin ungewöhnliche Spezialitäten wie Kerner und Viognier kultiviert. Anna Barbara von der Crone und Paolo Visini überzeugen mit ihrer Arbeit eine grosse Fangemeinde, die weit in die Deutschschweiz und über die Landesgrenzen hinaus reicht.

6917 Barbengo, Via Noga 2, 091 682 96 16, www.cantinabarbengo.ch

Grotto dell'Ortiga

Gratulation Allein schon die Website löst eine positive Grundstimmung aus, und wer einmal bei Antonio Mazzoleni und Barbara Cavadini zu Besuch war, wird begeistert und zufrieden nach Hause gehen und immer wieder kommen. Ihre Gäste kennen ihre Stärken und freuen sich über die unkomplizierte Atmosphäre in einem patinierten Haus bei zwei sympathischen Gastgebern. Mein Lieblingsplatz ist im Freien oder im Kaminzimmer, und was ich hier esse, hängt von meiner Tagesform und von den Empfehlungen aus Antonios Küche ab, die zu den reellsten und besten im Tessin gehört. Lammschmorbraten, Lammfrikadellen, lauwarmer Kuttelsalat, Fleischvögel, Lardo mit Kastanien oder butterweiche Kalbsbacken zeugen wie all die anderen zahlreichen Klassiker von Gespür und Verstand. Hier wird keine Artistik geboten, sondern brauchbares und genussvolles Handwerk. Die Weinauswahl besticht mit zahlreichen Merlots zu vernünftigem Preis. Was will man mehr?

6928 Manno, Strada Regina 35, 091 605 16 13, www.ortiga.ch

Osteria Nostranello

Giorgio il primo Patron und Gastgeber Giorgio Caneva ist ein Energiebündel, das seine Gäste bedient, mit ihnen plaudert, scherzt, Weine kredenzt, abräumt und ab und zu zur Mandoline greift. Das Mobiliar der Osteria ist ein eigenwilliger Cocktail, an den Wänden hängen Kunst und Krempel dicht nebeneinander. Egal, es ist ein schöner, bodenständiger Platz, ohne Design, dafür mit viel Alltag, der dazu animiert, sich völlig auf den Teller zu konzentrieren. Liliane Cavena ist eine begnadete Köchin, die mit achtzehn Jahren von Portugal in die Schweiz kam, heute Schweizerin ist und immer noch kocht. Und wie sie kocht! Kleine Artischocken, gefüllte Tomaten, Tagliarini mit Kapuzinerkresse, Risotto mit Sauerampfer, gefülltes Perlhuhn, ein Krustenbraten, Wachteln mit Polenta oder Gitzi mit Kräutern aus dem eigenen Garten, Kaninchen in Weisswein. Zum Abschluss etwas Käse und zum Dessert die beste Torta di pane, die das Tessin kennt. Basta.

6991 Neggio, 091 600 98 94, keine Website

Villa Ricordo

Die Schöne Das Haus besticht durch seine bauliche Schönheit, die vielen kleinen neckischen architektonischen Details und die stilsichere Einrichtung. Die Möbel wurden mit Fingerspitzengefühl, Sachverstand und Geld ausgewählt, das Speisezimmer, in dem die Gäste an kalten Tagen Raum und Frühstück geniessen können, schreit förmlich nach einer Tavolata. Hinzu kommt ein Garten, der durch seine Schlichtheit und sorgfältige Pflege besticht und in dem der Tag schnell zum Abend wird. Die Villa gehört für mich zu den ungewöhnlichsten Adressen im Tessin. Hier ein Wochenende zu vertrödeln, ist Balsam für die Seele. Zwei Zimmer stehen zur Verfügung, eines, das ich dem anderen vorziehe, besitzt einen Balkon und eine Badewanne. Einzig die Farben der Bettwäsche sind für mich in der ansonsten gut gewählten Farbgebung eine Überlegung wert. Wie wäre es zur Beruhigung fürs Auge mit weisser Bettwäsche?

6714 Semione, Via Semione Chiesa 25, 091 870 18 66, www.villaricordo.ch

NEU Casa Lucomagno

Ganz hinten im Tal Wacholder-Spaghetti und Kaninchenleber mit Artischocken hören sich für ungeübte Zungen auf den ersten Blick abenteuerlich an. Wer sich aber getraut und kostet, wird seine Freude daran haben. Gastgeber Werner Birnstiel und Pia Steiner kochen interessante Gerichte, die nicht schwer aufliegen. Weder dem Magen noch der Brieftasche. Auch ihr Weinangebot überrascht und überzeugt mit Winzern und Flaschen, die relativ unbekannt sind. Einige Tage in der Casa Lucomagno zu verbringen, tut Leib und Seele gut. Es ist ein sympathischer Fluchtort vor dem Alltagsgrau, mit einer wundervollen Stube, in der ein knisterndes Kaminfeuer auf die Gäste wartet. Hinzu kommen ein unprätentiöses Esszimmer und ein grosszügiger Garten, in dem sich der Nachmittag mit Buch, Bondola, Brot und Käse herrlich vertrödeln lässt. Besonders zu erwähnen sind die sorgfältig renovierten Deckenmalereien, die Holzböden und das Originalmobiliar. Haus und Garten sind rollstuhlgängig und behindertengerecht. Die modernen Toiletten und Duschen der Gästezimmer befinden sich auf der Etage.

6718 Olivone, Via Chiesa, 091 872 16 03, www.casalucomagno.ch

Mühle, Geschinen (Seite 275)

Affineur Claude Luisier

Der Walliser Käsepapst Sein Keller ist Gold wert. Sein Standort fast ein Geheimnis. Jeder Käsefreund wird in Tränen ausbrechen, wenn er ins Käseparadies von Affineur Claude Luisier hinabsteigen darf. Jeder Deutschschweizer Lebensmittelinspektor ebenso. Nur aus anderen Gründen. Dem Naturkeller sind seine optimalen Eigenschaften nur deshalb nie abhanden gekommen, weil ihn die Besitzer in all den vielen Jahren stets in Ruhe liessen, Vorschriften hin oder her. Claude Luisiers Passion ist die Käseveredelung. Die meisten der Laibe, die er kauft, sind bereits vor Ende der Reifung wieder verkauft. Claude Luisier hegt und pflegt Rohmilchkäse von Kuh, Schaf und Ziege, aus den Walliser Alpen und aus verschiedenen Regionen Frankreichs und Europas. Einmal im Jahr, immer im September, treffen sich auf seine Initiative hin auf 2000 Meter über Meer anlässlich der «Fromage & Cime» rund 20 Käseproduzenten, die ihre wundervollen Produkte präsentieren. Und mittendrin Affineur Claude Luisier.

1911 Ovronnaz, 079 628 34 10, www.claudeluisieraffinage.com

Café Le National

Das Original Martigny ist nicht nur wegen der berühmten Fondation Pierre Gianadda eine Reise wert. Gleich zwei innovative Beizen locken mit ihren Spezialitäten in den Stadtteil Bourg, und zu beiden gehört jeweils ein Spezialitengeschäft. Der Platzhirsch ist das Café Le National. Es bietet eine grundehrliche Küche, ohne langweilig zu werden. Die Foie gras ist deliziös und hausgemacht, das Weinangebot durchdacht. Den Rest besorgen die gute Grundstimmung der sanft renovierten und patinierten Beiz sowie sein durchmischtes, gut gelauntes Publikum. Wer im Januar vorbeischaut, hat Schwein und darf sich auf keinen Fall die delikate «Cochonaille» (Metzgete vom Schwein) entgehen lassen.

In der hauseigenen Épicerie Der Einkaufsladen in der Beiz ist verlockend. Er bietet Gewöhnliches und Aussergewöhnliches aus der Region, der Schweiz und den Nachbarländern. Ölliebhaber kommen an den Produkten der Moulin de Sévery nicht vorbei. Auch wer keine Zeit hat, nimmt sie sich hier automatisch. Genussmenschen, die mit leeren Händen und voller Brieftasche kommen, gehen mit vollen Händen und leerer Brieftasche nach Hause. So, wie es sein muss.

1920 Martigny-Bourg, Rue du Bourg 25, 027 722 53 90, www.cafenational.ch

Maison Chomel

Im Doppel besser Nur einige Häuser vom «Café Le National» entfernt hat sich vor Kurzem ein Duplikat eingenistet. Die «Maison Chomel» der Brüder François und Christophe Chomel folgt dem gleichen Konzept wie das «National», ist also Beiz und Verkaufsladen zugleich. Das Haus ist aber nicht einfach nur eine billige Kopie, sondern geht seinen eigenständigen Weg. Etwas moderner, designter, aber nicht minder lustvoll. Und im Einheitsbrei zahlreicher Walliser Beizen verträgt es durchaus zwei solche innovative und herausragende Genussoasen.

Genuss im Regal Auch hier setzt der Verstand bald aus, was zur Folge hat, dass sich der Einkaufskorb füllt. Alles aufzuzählen, was es an Gutem hier zu kaufen gibt, würde das Platzangebot sprengen. Also nichts wie hin und Augen auf oder, wenn Ebbe in der Kasse ist, Augen zu – was allerdings sehr schwierig ist bei all den Terrinnen und Rillettes, den Schinken, dem hausgemachten Ketchup und so einigem mehr.

1920 Martigny-Bourg, Place du Bourg 11, 027 722 95 98, www.maison-chomel.ch

La Pinte

Bei Nicolas Nach dem ersten flüchtigen Eindruck vor der Beiz ist die «Pinte» ein Lokal, wie es sie noch zu Dutzenden in der Schweiz gibt, die vor sich hin dümpeln und sich mehr schlecht als recht am Leben erhalten. Doch dieser Eindruck ändert sich am Tisch im Nu. Die saisonale, regionale Küche bereitet Freude, wozu die sorgfältige Zubereitung und die klare Kochsprache ihren Teil beitragen. Dazu eine Flasche von einem der Lokalmatadoren (es gibt einige wunderbare Weine der lokalen Winzer; auf die Empfehlungen hören!) – viel mehr braucht es nicht, um einen Moment des Glücks zu geniessen, das einem auch dann noch erhalten bleibt, wenn die Rechnung auf dem Tisch liegt. Alles manierlich und sehr fair, beinahe schon freundschaftlich. Übrigens: Für Bücherwürmer lohnt es sich, vor oder nach der Einkehr die zahlreichen Antiquariate im Dorf, das heute zu Chamonson gehört, abzuklappern.

1955 St-Pierre-de-Clages, Rue de l'église 20, 027 306 25 04, keine Website

Bäckerei Arnold

In der Fünften Nach über 125 Jahren hat in der Bäckerei Arnold die fünfte Generation das Zepter übernommen. Dem Junior Amadeo wurden die Bäckerhosen sozusagen in die Wiege gelegt. Seit fünf Jahren führt er die Tradition des Familienbetriebs im Einklang von Tradition und Innovation erfolgreich fort. Ein Rezept hat die Bäckerfamilie von Beginn an begleitet: das Sauerteig-Roggenbrot, das zu den besten im Wallis gehört, wenn nicht das beste ist. Hinzu kommen noch weitere Spezialitäten nach alten, überlieferten Rezepten wie die «Simpilär Härzjini» oder die «Simpilär Horli». Die Weihnachtszeit wird mit einem Panettone der Extraklasse versüsst, die Osterzeit mit Hasen aus feinster Schokolade und der Sommer mit köstlichem Glace, hausgemacht versteht sich.

3907 Simplon Dorf, Alte Simplonstrasse 11, 027 979 11 25, www.baeckerei-arnold.ch

NEU Wirtshaus Godswärgjistubu

Wie bitte? Albinen hat sich in der Natur ausgebreitet. Schön wird es ab der Dorfkirche, im ursprünglichsten Teil des Dorfes. Dort, wo ein Schild darauf hinweist, dass der Parkplatz dem Herrn Pfarrer vorbehalten ist. Für die Normalsterblichen ist bereits vorher Schluss mit Fahren, wobei kein Lenker nach der abenteuerlichen Anfahrt unglücklich sein wird, endlich den Gaul anbinden zu können. Der Name der Beiz ist ein Zungenbrecher. Aber nach dem zweiten Glas Fendant geht's. Das Gastgeberpaar Hannelore und Sasha zelebriert eine sorgfältige Küche, sie würzen gekonnt und richten die Gerichte mit dem Blick fürs Detail an. Das freut Auge und Gaumen. Aprikosenkaltschale, mit Buchweizen gefüllte Kohlrabi auf grünem Salatbett aus dem eigenen Garten am Dorfrand, rote Linsenbällchen mit Johannisbeeren-Relish, Auberginengemüse, Kartoffelcurry mit Tomaten und Basmatireis, Holunderblütencreme – oder einfach ein aromatisches Gigot oder ein zartes Stück Rind von der Wiese nebenan. Genuss kann so einfach sein.

3955 Albinen, Lüübuweg 2, 027 473 21 66, www.godswaergjistubu.ch

Mühle

Hirn und Hoden Klaus Leuenberger ist ein kreatives, innovatives Kraftbündel, dem die Personalwechsel in seiner «Mühle» nichts anhaben können, zumal er immer wieder exzellent kochende Nachfolger findet, wie neu Marko Merker, der sein Schwager ist, also wohl nachhaltig bleiben wird. Gemeinsam mit der sympathischen Gastgeberin Evelyn Steudel sammeln sie Stammgäste wie andere Beizen Fliegen. Einrichtung, Küche, Keller und Service bestechen und verführen. Wer Lust auf Lamm-Tatar, Steinbock-Kohlroulade, Hecht-Cannelloni oder auf eine Freiland-Ente hat, sitzt hier in der ersten Reihe. Wem das zu banal erscheint, wagt sich an eine Murmeltier-Omelette, an Hirn und Hoden im Backteig, an einen Kalbskopf auf Eisenkraut oder einen Kutteleintopf. Noch Fragen? Hingehen oder Klaus Leuenberger und seine Küche gleich direkt in seinem «Erner Garten» in Ernen (siehe Seite 276) besuchen.

3985 Geschinen, Seestrasse 26,
027 973 19 20, www.muehle-geschinen.ch

Maya's 5

Neu entdeckt Produziert wird nur von November bis Ostern. Dann geht aber die Post bzw. die «Cholera» ab. Die beste, sagen viele, eigentlich alle, die mir im Oberwallis begegnet sind. Ich glaube es ihnen und lasse mich mit jedem Bissen des Lauch-Kartoffel-Kuchens überzeugen. Maya Belzer produziert daneben auch noch unverschämt gute Chutneys. Besonders interessant sind die Nummern 1 und 5 (Winter), bei der Cholera ist es die Nummer 1, «Mamas Original», oder doch die Nummer 2, «Mayas Favorit»? Probieren Sie es aus! Ab November ist es wieder so weit.

3988 Obergesteln, Stattgarte 9a,
079 102 34 44, www.mayas5.ch

Erner Garten

Eine Lehre in Nachhaltigkeit Klaus Leuenberger, ein gebürtiger Emmentaler, der mittlerweile mehr Walliser ist als so mancher Eingeborener, hat während knapp zwanzig Jahren im «St. Georg» in Ernen gekocht und ist vor einigen Jahren mit der «Mühle» in Geschinen erfolgreich das Wagnis einer zweiten Beiz eingegangen. Nun kocht er mit seinem Speisewerk im «Erner Garten» gross auf. Leuenberger setzt sich wie kein anderer für eine raffinierte regionale Küche ein. Nicht grossspurig, nicht überteuert, vielmehr pragmatisch, zahlbar und ohne Schnickschnack. Seine Alpenküche überrascht, reizt und fordert heraus, ohne zu überfordern. Mit Gerichten von Dachs und Murmeltier, mit Hirn und Kopf, mit Lunge und Herz. Schlachtabfälle kennt er keine, bei ihm wird alles lustvoll und schmackhaft verwertet. Wem solches nicht behagt, wählt einen Löwenzahn-Hamburger mit Walliser Bio-Ketchup und Mairüben, Käsefrikadellen oder eine einfache Rösti, gebraten in einer schmackhaften Mischung von Schweine- und Kalbsnierenfett. Die Zeit ist reif für mehr Leuenbergers.

3995 Ernen, Bieutistrasse 22,
027 971 11 28, www.ernergarten.ch

Berglandhof

Bitte im Internet weiterlesen! Was der Berglandhof als Generationenhaus so alles zu bieten hat, wer und was dahintersteckt, auf welche Art es sich hier lohnt, Ferien zu machen oder gleich aktiv mitzuarbeiten, das steht alles auf der übersichtlich und umfassend informierenden Website. Eine Viertelstunde müssen Sie sich aber schon Zeit nehmen.

3995 Ernen, Bieutistrasse 22,
027 527 10 00, www.berglandhof.ch

NEU Albrun

Angekommen Das Binntal hat es kulinarisch in sich. Zuvorderst im Tal, in Ernen, kocht Klaus Leuenberger in seinem «Erner Garten» (siehe links), ganz hinten in einem Seitental lohnt sich der Besuch des Gasthauses Heiligkreuz (siehe rechts), und in Binn steht das Bilderbuch-Hotel Ofenhorn (Seite 278) und das kulinarisch ambitionierte «Albrun», das während knapp dreissig Jahren von den Eltern von Mario Inderschmitten geführt wurde. Vor sechs Jahren ist der gelernte Koch und Konditor in seine Heimat zurückgekehrt und hat in Binn mit seiner Frau Laetitia den elterlichen Betrieb übernommen. Wenn einer den Mut hat, so abgelegen sein kulinarisches Ding durchzuziehen, dann gehört er zwingend in dieses Buch. Der Mittagstisch wird für bescheidene neunzehn Franken bespielt, den vorzüglichen Mehrgänger gibt es für etwas mehr als hundert Franken. Mario Inderschmitten gelingt es, Einheimische und Touristen gleichermassen zu begeistern. Mit Forelle und Apfel, Tatar und Himbeer-Chili-Ketchup, Lammleber und Senfrahmsauce, kurz, mit einer ausgetüftelten Küche, gepaart mit Walliser Klassikern. Und beim Dessert spürt man im Gaumen den Patissier. Das Binntal lohnt die Reise.

3996 Binn, Binna 4, 027 971 45 82, www.albrun.ch

Gasthaus Heiligkreuz

Heilig und gut Freundlich, luftig und aufgeräumt. So präsentiert sich das Restaurant Heiligkreuz in seinem Neubau. Das ursprüngliche Haus war 1999 ein Raub der Flammen geworden. Allein schon die Natur, die Kapelle und der Weiler an und für sich lohnen die Reise ins Lengtal, ein Seitental des Binntals. Freude bereiten im «Heiligkreuz» die zahlbaren Provenienzen von Altmeister Chanton und Königin Chappaz, das Vesper mit Trockenfleisch und Käse aus der Region oder ein Fondue der besseren Art. Um 17 Uhr ist mit «Zvieri näh» Schluss. Dann wird das viergängige Abendmahl vorbereitet. Noch besser ist es, sich gleich in einem der vier Gästezimmer einzuquartieren und einige Tage zu bleiben. Vor der Bettruhe nach der Tafelrunde sorgt der Génépi (den gibt's nicht nur im Aostatal) für den balsamischen Beistand. Bis zum Sonntag, dann wartet der Mittagstisch mit dem Pilgermenü, das sich aus Linsensuppe, Schweinsbraten und einer Beerencreme zusammensetzt.

3996 Binn, Heiligkreuz 18, 027 971 01 63, www.gasthaus-heiligkreuz.ch

Hotel Ofenhorn

Aufgewacht Das Binntal habe ich im Militär kennengelernt. Das Militär habe ich vergessen, das wildromantische Binntal nicht. Es verkörpert einen Flecken Schweiz, der das Gefühl von Anmut, Schönheit und Heimat vermittelt. Wer hier wandert und im Hotel Ofenhorn nächtigt, ist Zeitzeuge vergangener Tage, die sich in die Gegenwart gerettet haben. Wer im «Ofenhorn» nach den Festtagen ein Zimmer ergattert, wird Silvester irgendwie anders erleben und immer in Erinnerung behalten, und wer im Mai anreist, wird spüren, wie sich der Frühling herantastet. Langsam, zärtlich und so völlig anders als in der Grossstadt. Regula Hüppi versteht es, den Gästen ein temporäres Zuhause zu bieten, mit ihrer herzlich-diskreten Art, mit der einfachen und guten Küche und mit der Patina des Hauses. Wer sich hier nicht wohl fühlt, wird es wohl überall schwer haben. Das kurze Fazit zum Schluss bei einer Flasche Syrah: Hingehen, ankommen und ausspannen.

3996 Binn, Ufem Acher 1,
027 971 45 45, www.ofenhorn.ch

Bio-Bergkäserei Goms

Im Naturparadies Im Goms produzieren 230 Kühe von elf Biohöfen täglich 3500 Liter Milch, die in der genossenschaftlichen Käserei verarbeitet werden. Täglich frisch und Biss für Biss Bio. So steht es auf der Website, und so ist es. Die vielfältige Produktepalette inspiziert der Reisende direkt im Verkaufsladen in Gluringen, und wer Gomser Käse frei Haus haben will, bestellt ihn online, was aber nicht das Gleiche ist. Für den Ziger besteht Kaufpflicht, aber auch die Joghurts, die Butter und die Fonduemischungen haben es in sich. Und am Rohmilch-Halbhartkäse «Baschi» kommt wohl kein Käsefreund vorbei – zumindest keiner, der nur einen Tropfen Walliser Blut in den Adern hat.

3998 Gluringen, Furkastrasse 32,
027 973 20 80, www.biogomser.ch

La Grande Maison

«Do you speak english» Früher war die «Grande Maison» so etwas wie ein Geheimtipp. Allerdings nur für kurze Zeit. Heute liegt das Haus im Trend, wird rege besucht, auch von einer internationalen Klientel, hat aber seinen eigenwilligen Charme bewahren können. Dies ist also keine Neuentdeckung, aber dennoch ein aussergewöhnlicher Ort, für den es sich lohnt, ein Wochenende im Wallis zu investieren. Kommt hinzu, dass Savièse, wo eine meiner Lieblings-Domaines beheimatet ist, nur wenig weiter östlich liegt und sich für einen Besuch aufdrängt. Die Domaine Cornulus der Cousins Stéphane Reynard und Dany Varone produziert herausragende Weine. Unbedingt probieren: den Païen und den Chenin Blanc (www.cornulus.ch).

1965 Chandolin-près-Savièse,
Route du Sanetsch 13, 079 830 76 07,
www.authentic-switzerland.ch

Ben & Léo – Café de la Fonderie

Talente im Element Durch einen alten Freiburger Freund habe ich von Ben und Léo erfahren. Zwei Bratkünstler, die ihre Passion ausleben. Sec und voller Lust. Bevor es so weit war, schnupperte Ben im Institut von Paul Bocuse und Léo in der École von Alain Ducasse. Nicht nur die Namen der Kochdenkmäler beeindrucken, sondern auch, wie die beiden das Gelernte interpretieren und umsetzen. Frei von Schnickschnack, mit einer klaren Kochsprache und einer genial subtilen Verbindung der Aromen. Eine Küche, über die noch viel geschrieben werden wird, denke ich. Möge es hier im Café de la Fonderie noch lange so weitergehen – mit einer exzellenten Küche in einem schlicht urbanen Rahmen zum Freundschaftspreis.

1700 Freiburg, Route de la Fonderie 11, 026 301 20 33, www.benandleo.ch

Cyclo Café und Le Cintra

O Zeiten, o Sitten Die Zeit scheint hier stehen geblieben zu sein – gleich wird die Gauloise-Fraktion um die Ecke kommen und sich eine Runde Pastis verschreiben. Ohne Qualm natürlich, denn Dampfen tut hier nur noch der Kaffeeschaum. Die Beiz gäbe eine reelle Kulisse zu einem «Film noir» ab. Tagediebe des Quartiers, Eingeborene der Stadt, schläfrige Studenten und einige Touristen tauschen sich aus oder spinnen ihre Gedanken, die wie Nebelschwaden um die Tische ziehen. Die Bierauswahl ist gepflegt, die Cocktails sind fein, die Weinauswahl ist klein, aber spannend. Nicht weit entfernt vom «Cyclo» befindet sich das «Cintra». Der alte Patron, die lebende Legende Miquet Tinguely, hat sich in die Pension verabschiedet, eine Prise seiner Aura ist aber geblieben, weil die Neuen es mächtig gut machen. Eine weitere spezielle Adresse am Boulevard de Pérolles.

1700 Freiburg, Cyclo Café: Boulevard de Pérolles 91, 026 322 65 25, keine Website; Le Cintra: Boulevard de Pérolles 10, 026 322 02 28, keine Website

Brasserie le Boulevard 39

Unter sich Tout Fribourg trifft sich im «39». Privatiers, Connaisseurs, Dandys, Snobs, die Bohème der Stadt, Gastronomen, Normalsterbliche und andere. Rachel und Philippe Roschy zelebrieren in der Brasserie eine bekömmliche Normalität, die gefällt und nichts Überkandideltes an sich hat, auch wenn Philippe bei Didier de Courten seine Sporen abverdient hat. Beide legen Wert auf Qualität und löbliche Details, zu denen auch ein unkomplizierter Service gehört, der bestens funktioniert. Das Tatar wird von Hand geschnitten, die Saucen werden angesetzt und nicht angerührt, die «Frites» und das Ketchup sind «fait maison», wie so vieles in dieser wundervollen Brasserie. Kommt hinzu, dass einige Spitzenweine zu zivilisierten Preisen glasweise kredenzt werden. Wer in Freiburg Beizencharme mit einer Prise Extravaganz sucht, findet sie hier.

1700 Freiburg, Boulevard de Pérolles 39, 026 424 35 98, www.leboulevard.ch

Bio-Markt Freiburg

Heureka! Einmal im Jahr findet in Freiburg auf dem Place Georges-Python von 9 bis 17 Uhr der Bio-Markt statt – ein gesunder Anreiz, die Zähringerstadt übers Wochenende zu besuchen und zu erkunden. Mit Marktständen, Biobistros, regionalen Kunsthandwerkern und vielem mehr. Ein Markt, so wie man sich ihn wünscht. Und nach dem Markt warten die hier aufgeführten Beizen, entdeckt zu werden (was dann wieder weniger gesund wäre).

1700 Freiburg, Place Georges-Python, www.biomarkt-freiburg.ch, www.marchebio-fribourg.ch

Les Trentenaires

Noch ein Bier, das rat ich dir Das mag zwar etwas salopp klingen, wer aber Bier nicht mag, ist im «Trentenaires» definitiv fehl am Platz. Weintrinker überleben mit einer kleinen Auswahl an Säften, das Angebot an Bieren ist aber derart überwältigend und gibt einen so profunden Einblick in die Braukunst zahlreicher Mikro- und Kleinbrauereien, dass hier Wein zu trinken keinen Sinn ergibt. Nach einer gewissen Zeit verliert man gerne den Überblick, was auch damit zu tun hat, dass der Laden permanent proppenvoll ist und der Hüftkontakt dazugehört. Introvertierten Einzelgängern ist daher von einem Besuch abzuraten. Einfach berauschend das Ganze. Ein Bier geht noch!

1700 Freiburg, Rue de Lausanne 87, 026 322 44 11, www.lestrentenaires.ch

Laiterie Gougler

Käse, was sonst? Die Laiterie Gougler und die Fromagerie de Broc bei Bulle arbeiten eng zusammen. Die Stärken des Käseladens liegen klar bei den verschiedenen Reifegraden von Gruyère und Vacherin, die aufzeigen, wie vielfältig Schweizer Käse ist. In der Saison kommt auch der fruchtig würzige Vacherin Alpage in den Verkauf. Pascal Guenat, dem der Alpkäse am Herzen liegt und der Mitglied der IG Schweizer Alpkäse ist, sorgt mit seinem Qualitätsdenken dafür, dass die sympathische kleine «Laitiere» in Freiburg bestehen bleibt.

1700 Freiburg, Rue de Lausanne 83, 026 341 73 00, www.laiterie-gougler.ch

Café des Arcades

Die Schöne Eigentlich müssten Beizen wie das «Arcades» weniger Steuern zahlen. Eine funktionierende Beiz spendet eine soziale Grundversorgung und erspart den hoch bezahlten Seelenklempner. Denn lange vor den Briefkastenonkeln gab es die Wirtschaft. Das «Arcades» verteilt Wärme und Emotionen, bietet Heimat für Bekannte und Fremde. Die Karte bietet viel Normales, aber auch ein Tatar vom Rind aus dem Val d'Hérens. Freude oder Kummer, je nach Tagesform der Küche, bereitet der Mittagstisch, der zwischen Poulet-Cordon-bleu und grillierter Chorizo pendelt. Dies alles in einer stimmigen Beiz, die schöner nicht sein könnte. Um sieben Uhr morgens geht es bereits los, und wer will, bleibt länger als auf einen Kaffee und betreibt eine Runde Gesellschaftsstudie. Es herrscht ein munteres Kommen, Sehen und Kommentieren.

1700 Freiburg, Place des Ormeaux 1, 026 321 48 40, www.cafedesarcades.ch

Cantina del Mulino

Gleich nebenan Die «Cantina», gleich schräg gegenüber vom «Arcades», ist für mich die erste Weinhandlung in Freiburg. Die Macher haben in Bern einen weiteren Laden, mir gefällt das Geschäft in Freiburg aber weitaus besser. Das Angebot ist ungemein spannend. Vor allem Frankreich ist mit zahlreichen Regionen vertreten: Gascogne, Madiran, Périgord, Rhônetal, Loire, Jura und andere. Natürlich liegen diverse grosse Namen zu satten Preisen in den Regalen, es hat aber auch zahlreiche Flaschen von kleinen Produzenten zum Freundschaftspreis. Die Degustationen sind legendär und werden ab und zu mit einer Ladung Kultur angereichert, die schon manchen geübten Zecher ins «Arcades» getrieben hat.

1700 Freiburg, Place des Ormeaux 1, 026 323 36 34, www.cantinadelmulino.ch

Café le Tunnel

Für unverbesserliche Romantiker In den Achtzigern war das «Tunnel» noch eine düstere Spelunke, in der der Samos in Strömen floss, dieser klebrig-süsse griechische Wein, der so wunderbar schnell einfährt. Damals zu meiner Zeit im «grünen Gewand», als die nahe Basse-Ville mit ihren unzähligen kleinen Pinten für den endgültigen Absacker besorgt war. Heute sind zahlreiche Bistros dem Zeitgeist zum Opfer gefallen, das «Tunnel» hat als gepflegtes, zivilisiertes Café-Restaurant überlebt, ist aber nicht minder lebendig als damals. Das engagierte Team versteht es, eine gute Atmosphäre zu schaffen, mit herzlichen Mitarbeitenden, die lässig nicht mit nachlässig verwechseln. Den Rest machen die unprätentiöse Küche und die gute Weinauswahl zu fairem Preis. Was es sonst noch mit dem Bistro auf sich hat und welche soziale Funktion es ausübt, ist unter www.la-tuile.ch nachzulesen.

1700 Freiburg, Grand Rue 68,
026 321 33 34, www.le-tunnel.ch

NEU Café du Marché

Die Gedanken sind frei Lebendiger kann eine Beiz nicht sein. Im Café du Marché an der Hochzeitergasse geht es hoch zu und her, obwohl es die Traditionsbeiz seinen treuen Stammgästen mit fortlaufenden Pächterwechseln nicht einfach macht. Bleibt zu hoffen, dass mit Jean-Pascal Graf endlich der Richtige in dieses stimmungsvolle Lokal eingezogen ist. Hier reichen Studenten Arbeitern die Klinke und trinken gemeinsam mit Bankern und Marktfrauen Limonade, Freiburger Bier oder ein Glas Wein. Freiburg ist eine katholische Stadt und zweisprachig, wobei weitaus mehr französisch gesprochen wird. Auch im Café du Marché. Zum katholischen Freiburg passt gut, was der Theologieprofessor Josef Imbach in seinem Buch «Geheimnisse der kirchlichen Küchengeschichte» schreibt: Der Christenmensch schwankt zwischen Fasten und Feiern, er will asketisch sein und bleibt doch ein Schlemmer. So sind denn bei Jean-Pascal Graf auch Gäste mit kleiner Brieftasche und ohne Appetit willkommen, was ihn umso sympathischer macht. Eine Portion handgeschnittenes Tatar oder Wachtel mit einer Polenta, die auch im Tessin durchgehen würde, sind aber auch nicht schlecht.

1700 Freiburg, Rue des Epouses 10,
026 321 42 20,
www.cafedumarche-fribourg.com

Boulangerie Hofstetter

Unvergessene Duftnoten Die Bäckerei Hofstetter scheint wie einem Schweizer Heimatfilm von Regisseur Kurt Früh entsprungen. Allein schon der Standort in der Rue la Grand-Fontaine ist kameraverdächtig, und auch die patinierte Bäckerei, auf die lediglich ein kleines Schild hinweist, hat ihren speziellen Charme. Wer die Türe zum Laden öffnet, freut sich über die duftende Auswahl und über ein Brot, das nicht bereits am nächsten Tag schlapp macht. Und dann wäre da noch die Patisserie, ganz so wie früher. Hoffentlich noch lange. Merci an Monsieur Joseph Hofstetter, der die Nachtschwärmer und Frühaufsteher um vier Uhr mit Croissants bedient und um elf Uhr im Quartier seine Runde macht und das Brot aus dem Kofferraum heraus verkauft. Wie früher!

1700 Freiburg, Rue la Grand-Fontaine 18, 026 322 38 03, keine Website

Brasserie Artisanale Fri-Mousse

Immer samstags Dann nämlich hat die kleine Brauerei von 8 bis 16 Uhr geöffnet. Ob es das beste Bier der zahlreichen Freiburger Kleinbrauereien ist, darüber sind die Meinungen geteilt, und das ist auch gut so. Auf alle Fälle ist die Lage der Brasserie Artisanale schön, sind die Etiketten speziell und die Macher der würzigen Biere sympathisch. Nebenbei: Mir schmeckt das «Barberousse» ungemein gut.

1700 Freiburg, Samaritaine 19, 026 322 80 88, www.fri-mousse.ch

Chocolaterie Artisanale & Biscuiterie

In der Unterstadt Klein, fein und gut sind die Kunstwerke, die Marianne Schneider in der Basse Ville aus ihrem Atelier hervorzaubert. Ob Pralinen, Florentiner, ob Branchli, schwarze Schokolade mit rosa Pfeffer oder kandierte Orangenschnitze mit dunkler Schokolade – wer als Schleckmaul einmal bei Marianne eingekauft hat, wird zum Wiederholungstäter.

1700 Freiburg, Samaritaine 31, 079 396 71 92, www.fleur-de-cacao.ch

Boucherie Bertschy

Der Beste Seit 1931 existiert die Metzgerei Bertschy, und bis heute sind ihre Spezialitäten «fait maison». Besuche ich Freiburg, geht es nicht ohne einen Besuch bei der Familie Bertschy in der Freiburger Basse-Ville, warten hier doch auf mich geniale Brat- und Brühwürste, einige Scheiben Jambon fumé à la Borne, zwei, drei dicke Tranchen der exzellenten Terrinen, und in der Saison muss die grandiose Blutwurst auch noch mit. Kurz, die Boucherie Bertschy ist eine meiner Lieblingsmetzgereien in der Schweiz.

1700 Freiburg, Rue de la Neuveville 25, 026 322 12 86, keine Website

Bistro le Port de Fribourg

Erfrischend anders Der «Port» wurde vor einigen Jahren auf dem Areal des alten Gaswerks aufgebaut. Entstanden ist ein Stück Natur inmitten der Stadt, mit Gemeinschaftsgärten und einem kulturellen Programm unter freiem Himmel, bereichert durch ein Bistro, das überzeugt. Das Ganze erinnert etwas an die Sechziger. Flower Power, gepaart mit Nachhaltigkeit, statt des Joints zum Brunch ist nun die Honigschnitte angesagt. Die Qualität der Frischküche im Bistro ist erstklassig, die Produkte sind regional, die Kräuter kommen aus dem eigenen Garten. «Le Port» hat nur von Mai bis Anfang September geöffnet. Es wird jeweils jährlich entschieden, ob es im kommenden Jahr erneut stattfindet. Unique!

1700 Freiburg, Planche-Inférieure 5, 026 321 22 26, www.leport.ch

Pinte des Trois Canards

Zunge und Suppenfleisch Urig. Anders lässt sich die legendäre Beiz nicht beschreiben. Die «Pinte des Trois Canards» ist ein Unikat. Keine Beiz versammelt so viele Stammgäste wie diese einfache Wirtschaft am Rande von Freiburg. Es kommen Studenten, Eishockeyspieler, Wanderer, Ausflügler, Arbeiter, Banker und andere. Sie kommen für Kutteln, Entenbrust und Nieren, an jedem ersten Donnerstagmittag für die Rindszunge und an jedem letzten Donnerstag im Monat für das Suppenfleisch, die beiden Pièces de Résistance des Hauses. Aber Vorsicht! Die Köche arbeiten ohne Zierleisten, kommen ohne Schäumchen, Häubchen und Türmchen aus, und die Portionen sind üppig. Wer das alte Freiburg kennenlernen will, fängt hier an.

1700 Freiburg, Chemin du Gottéron 102, 026 321 28 22, www.pintedestroiscanards.blogspot.ch

NEU Les Menteurs

Freiburger Wunder Die Karte ist nicht opulent, es wird aufgetischt, was Saison und Koch hergeben, die Küche meidet kompliziert arrangierte Gerichte, das Reagenzglas bleibt im Labor und das Weckglas im Vorratskeller, wo sie hingehören. Hauptdarsteller ist das, was auf dem Teller liegt und nicht umgekehrt. Catherine Portmann, Jean-Christophe Piguet und Pascal Hirt sind Macher mit dem Sinn für das Wesentliche. Ihre gastronomischen Weckrufe überraschen die Freiburger immer wieder aufs Neue. Das verhielt sich so mit ihrer national bekannten «Auberge aux 4 Vents», und das verhält sich jetzt mit der «Kantine auf Zeit» nicht anders, die sich auf dem Areal der Blue Factory wunderbar industriell, gemütlich und sympathisch schräg gibt und die Gäste seit ihrer Eröffnung dazu animiert, zahlreich zu kommen und zu bleiben. Dabei erfindet das Trio die Gastronomie nicht neu, sie gibt ihr aber eine erfrischende Unkompliziertheit, die sich in dieser Art in der Schweiz nicht so schnell wieder finden lässt. Hinzu kommt eine qualitativ ansprechende Küche mit klarer Sprache, die mit Linsen- und kalter Blumenkohlsuppe, Tomatenrisotto, Lamm, Zitronenpoulet, Beinschinken und anderen schönen Dingen zu fairen Preisen überzeugt. Chapeau!

1700 Freiburg, Passage du Cardinal 1, 026 422 22 17, www.lesmenteurs.ch

Übernachten in der Stadt Freiburg

Auberge aux 4 Vents

Freiluftsitz in der Badewanne Es hat sich so einiges verändert an diesem traumhaften Ort, seit Serkan und Sylvie das Zepter in der Auberge schwingen. Ob es nun gegenüber den beliebten Vorgängern besser oder schlechter ist, ist Geschmackssache. Mir gefällt der Ort nach wie vor, zumal der traumhafte, parkähnliche Garten mit Blick auf die Kathedrale unverändert geblieben ist und das beliebte Hotelzimmer mit der ausfahrbaren Badewanne ebenfalls den Pächterwechsel überlebt hat. Die neue Kaffee- und Teekultur bereitet Freude, die Küche von Serkan ist luftig-leicht und schmeckt. Die «Auberge aux 4 Vents» ist sicherlich in Freiburg die Übernachtungsadresse par excellence, und einen schöneren Ort, um an einem milden Tag der Teekultur zu huldigen, kenne ich in der Schweiz nicht.

1763 Granges-Paccot, Grandfey 124, 026 321 56 00, www.aux4vents.ch

NEU Frogs & Roses

A Taste of England Dieses wunderschöne Bistro, das auch in «good old England» für Furore sorgen würde, zählt für mich zu den schönsten Beizen der Schweiz. Und kochen können sie auch. Hinzu kommt ein herzlicher Service, unterhaltsame Gastgeber und eine spannende Auswahl an Getränken. Haus wie Interieur überzeugen mit Unterstatement, mit einer geschickt zusammengestellten Kombination aus Kunst und Nippes, wovon diverse Stücke über die hauseigene «Brocante» käuflich zu erwerben sind. Auf dem Teller geht's frisch und saisonal zu und her. Hier tummeln sich Felchenfilet aus dem Neuenburgersee, Saibling mit Harissa «fait maison», Karottenhummus mit einem Pesto aus Haselnüssen und hausgemachtem Pitabrot und ein butterzartes Kotelett mit einer perfekten Salsa verde. Wenn es im Sommer in den Strassen von Estavayer jazzt, sitzt man auf dem Boulevard von «Frogs & Roses» in der ersten Reihe, hört den bunten Klängen zu, isst und trinkt gut. Ein Strauss Rosen für Stéphanie Aebischer und ihr Team für diese wundervolle, lebendige Beiz.

1470 Estavayer-le-Lac, Rue de la Gare 19, 026 664 01 01, www.frogsandroses.ch

Auberge de la Croix Blanche

Das Kalb machen Arno Abächerli kocht seit Jahren in der Mitte von Nirgendwo auf Sterne- (1 Michelin-Stern) und Punkteniveau (15 GaultMillau-Punkte). Die Auberge de la Croix Blanche ist unterteilt in Bistro und Gourmetstube. In der Holzbankklasse fühlt man sich sehr gut aufgehoben und kann sich Kalbskopf (der Beste!), Kutteln oder zartem Suppenfleisch hingeben. Klassiker, die Abächerli vorzüglich kocht. Natürlich könnten Foie gras auf Linsen oder Zander an Zitronenbutter mit Kokosflocken Gründe sein, um den minderen Fleischteilen untreu zu werden, aber wer bei Abächerli einmal «Nose to Tail» gegessen hat, lässt das mit der Gourmetküche bleiben. Und dann gibt es da auch noch sein Cordon bleu.

1583 Villarepos, Route de Donatyre 22, 026 675 30 75, www.croixblanche.ch

Fromagerie de Marsens-Vuippens

In der Dorfkäserei Marc-Henri Horner ist ein Meister seines Fachs. Seine Freiburger Vacherins sind grossartig und seine Gruyères erstklassig. Apropos Vacherin: Die Rohmilch gibt diesem Käse ein reiches und vielfältiges Aroma, das auf der Zunge und im Gaumen zugleich nach Blume, Erde und Frucht schmeckt. Natürlich ist der Geschmack von der Qualität der Rohmilch, der Kuhrasse und der Jahreszeit abhängig. Liebhaber einer leichten Bitternote kommen beim Rohmilch-Vacherin von Horner voll auf ihre Kosten. Hingehen, einkaufen und geniessen! Vielleicht gleich vor der Käserei mit einem knusprigen Baguette Artisanale und einem Chasselas aus dem Hause Javet & Javet aus Lugnorre.

1633 Marsens, Route de Bugnons 2, 026 915 28 42 oder 079 299 96 03, www.fromagerie-de-marsens.ch

Danivino

No Barrique Daniel Dula war Pöstler mit Appetit, folgte seiner Passion und wurde erfolgreicher Gastgeber in Fribourg. Zuerst im «Union» und einige Jahre später in der Unterstadt im «Grotta». Vorbei sind diese hektischen Zeiten. Heute widmet er sich seiner Weinhandlung in Broc, in der er ab und zu zur piemontesischen Tavolata einlädt. Seine Weine stammen ausschliesslich von Winzern, die kein Barrique verwenden und ihre Weine im Stahltank oder im grossen Eichenfass reifen lassen. Es sind Weine zum trinken, nicht um Punkte zu verteilen. Weine mit natürlicher Frucht, Säure und Gerbstoffen. Weine voller Frische und Charakter. Provenienzen von gewichtigen Grössen wie Accomasso und Scarpa. Viel mehr für das weinselige Glück braucht es nicht.

1636 Broc, Rue A. Cailler 27, 079 412 77 81, www.danivino.ch

Buvette Les Mongerons

Ménage à trois Im Kanton Freiburg gibt es zahlreiche Bergbeizen. Eine aber ist uneingeschränkt meine liebste, auch wenn es hierher nur zu Fuss geht. Die Mühe des kurzen, aber steilen Aufstiegs lohnt sich. Satte grüne Wiesen und der Blick auf Schloss Gruyères dominieren die Szenerie. Die sympathischen Besitzer Odile und Marcel Pharisa halten ihre Buvette kitschfrei. Die gute Stube hat einen Herrgottswinkel und einen Bollerofen. In der Küche kocht Madame Christine ihre Spezialitäten über dem offenen (!) Feuer. Am Sonntag wird die «Soupe aux choux» mit Fettaugen, Kohl, Wurst, Speck und Schinken aufgetischt. Immer zu haben sind Vacherin- und Moitié-moitié-Fondue und die im Kupferkessel servierten «Macaroni de chalet», Hörnli an einer sämigen Rahm-Zwiebel-Sauce. Nach dem Gelage geht es wie von selbst den Berg hinunter, obwohl die letzte Gabel Fondue stets eine zu viel ist.

1663 Epagny, Les Chaumiaux 39, 026 921 22 39 oder 078 709 45 21, www.mongerons.ch

Auberge La Couronne

Heile Welt in Lessoc Aussen verwittert, innen ein kleines Bijou mit gelb-orangen Papierservietten und weinroten Papiersets auf schönen Holztischen. Warum nicht einfach weisse, runde Teller auf den blanken Holztischen und dazu weisse Stoffservietten? Egal! Was in der «Couronne» zählt, ist die exzellente hauseigene Charcuterie, die Qualität der rustikalen Speisen und ist die Herzlichkeit der neuen Gastgeber Valérie und Patrice, welche die legendären Marie-Laure und Philippe Milleret bravourös abgelöst haben. Im Keller dürfte das Heimatland der Gastgeber etwas prominenter vertreten sein. Weine zum Beispiel aus der Savoie (Roussette und Mondeuse) oder einige Provenienzen aus dem Jura (Savagnin und Poulsard) würden vorzüglich zu den Gerichten von Patrice passen.

1669 Lessoc, Rue Monseigneur Genoud 14, 026 928 23 98, www.la-couronne-lessoc.ch

Cidrerie du Vulcain

Im Paradies ohne Eva Wenn ein Schweizer Cidre-Produzent seinen Most in der Hochburg des Cidres, also in der Bretagne und Normandie, verkaufen kann, dann muss sein Saft Kraft, Finesse und Qualität haben. Kurz, er muss grandios sein. Ist er auch. Nicht nur einen, sondern gleich sechs «Möschte» produziert Jacques Perritaz. Eine Komposition überragt für mich aber alle: Sein «Trois Pépins», eine Cuvée aus Apfel, Birne und Quitten, ist ein absoluter Genuss und erinnert in der Nase und im Gaumen an einen jugendlichen Vin Jaune (was zugegeben in sich ein Widerspruch ist). Die Nase will sich förmlich in den Aromen ertränken und sich den Düften hingeben. Der Gaumen frohlockt, und der Abgang provoziert ein Halleluja. Tatsächlich paradiesische Zustände.

1724 Le Mouret, Ancienne Tuilerie, 079 663 42 45, www.cidrelevulcain.ch

Hôtel Restaurant de L'Ours

Vorsicht: Terroir Im «Bären» wird seit Jahren eine inspirierende Küche zelebriert, die mit der Saison geht, sich aufs Wesentliche konzentriert und ohne Modetrends auskommt, ohne dabei langweilig zu werden. Das verdient Anerkennung. Schnecken und Kalbskopf kommen bei ihr genauso zum Zug wie Lamm und Saibling. Das Bistro verströmt für mich mehr Charme als das üppig dekorierte Speisezimmer. Der Weinkeller des Hauses überzeugt, und im Rauchersalon schmeckt die Zigarre doppelt so gut. Alles in allem ist das Haus eine kulinarische und stilsichere Oase für eine Auszeit. Mont Vully und Murtensee sind nah, die lokalen Winzer ebenso.

1786 Sugiez, Route de l'Ancien Pont 5, 026 673 93 93, www.hotel-ours.ch

Javet & Javet

Wenn der Vater mit dem Sohne
Gérard und Etienne Javet haben eine gelungene und stilsichere Website, die sich wohltuend von anderen Internetauftritten von Winzern abhebt. Mit dem allein ist es natürlich nicht getan, aber es versinnbildlicht dennoch den Inhalt der zeitlosen eleganten Weinflaschen. Ihr Savagnin Rose etwa betört mit einer wundervollen Frische und überrascht mit intensiven Aromen. Ebenso der kräftige, aber nicht fette Pinot Gris oder der leichtfüssig, elegante Chasselas. Wenn sich die Herren für ihre Besucher Zeit nehmen können, wird es spannend, wenn nicht, eher förmlich.

1789 Lugnorre, Quart-Dessus 8,
026 673 10 67 oder 079 267 42 46,
www.javet-javet.ch

La Maison Salvagny

Mit Papa Poule en route Adrian Padun ist Berner mit dem Sinn fürs Wesentliche und noch mehr Bonvivant mit grossem Appetit und zivilisiertem Durst als Unternehmer. Mit ihm auf Entdeckungstour zu gehen, stärkt die Seele und erweitert den Beizenhorizont. Noch nie hatten wir einen vergnüglicheren Mittagstisch als im «Maison Salvagny» im freiburgischen Salvenach. Die Gründe dafür sind schnell aufgezählt: Zum einen ist da die grossartige Küche von Karin und Serge Betteto-Mathis, zum anderen sind es der Humor, die Herzlichkeit und die Fachkompetenz von Mettina Start, die mit ihren Bonmots die Tafel bereichert. Der Sulz mit Flusskrebsen und geräuchertem Poulet ist delikat, die Fischsuppe würde auch in Marseille bestehen, und die Egli – mit weisser Buttersauce sowie mit Petersilie und Knoblauch – sind so gut, wie sie angepriesen werden. Die Heimat des Patrons ist die Gascogne; es lohnt sich, deren Weine kennenzulernen. Der Rosé ist knackig frisch, der Gaillac aromatisch und leichtfüssig süffig. Wer lieber lokal trinkt, dem werden die Weine vom Mont-Vully auch glasweise kredenzt. An milden Tagen ist der Garten ein Gunstplatz.

1794 Salvenach, Maedergässli 2,
026 323 23 10, www.maison-salvagny.ch

Freiburger Falle

Fleisch oder Käse? Das ist hier die Frage. Das butterzarte Fleisch ist am Knochen gereift und stammt vom Black-Angus-Rind oder vom Bison. Die Käsemischung fürs Fondue setzt sich aus zwei Sorten Freiburger Vacherin und drei Sorten Gruyère d'Alpage zusammen. Viel besser geht's nimmer. Dazu werden Brot und Kartoffeln serviert. Die Steigerung ist das Fondue Grand Cru, das Gilles, der Gastgeber und Koch der «Freiburger Falle», mit Marc-Henri Horner zusammengestellt hat. Herausgekommen ist eine Mischung aus einem sechs Monate alten Vacherin und einem dreissig Monate alten Gruyère. Da kommt dem Gast beim Rühren dem Himmel sehr nah, obwohl sich die urige Beiz im Keller befindet.

3280 Murten, Hauptgasse 43,
026 672 12 22 oder 079 562 31 56,
www.ff-murten.ch

The Single Malt Shop

Sláinte Whisky-Freunde kommen am «Single Malt Shop» in Murten nicht vorbei. Das nur 25 Quadratmeter grosse Geschäft ist eine Whisky-Insel für sich, die mit Raritäten glänzt und mit einigen Destillaten aus Ländern brilliert, deren Whiskys vornehmlich von Insidern getrunken werden. Ein Whisky aus Wales zum Beispiel oder einer aus Frankreich. In beiden Ländern ist der Dudelsack zwar nicht weit, was ganz offensichtlich verbindet und zum Lebenswasser führt. Zur Auswahl steht ein Sortiment von über fünfhundert verschiedenen Whiskys. Hinzu kommen noch einige Armagnacs und Calvados. Und für den stilgerecht schottischen Genuss gibt's noch Oatcakes und Shortbread. Die kalten Tage können kommen.

3280 Murten, Hauptgasse 39,
026 670 79 00, www.singlemalt-shop.ch

Schloss Ueberstorf

Aus dem Bilderbuch Schloss Ueberstorf ist eigentlich fast zu schön, um wahr zu sein. Mit stilsicherer Hand wurde das Haus eingerichtet und wird seit Jahrzehnten unterhalten. Nichts beisst sich, alles ist durchdacht und entspannt Geist und Auge. Schon beim Studium der Website kommen reiselustige Schlemmer und Kulturbeflissene ins Träumen und reservieren sich subito einige Tage Schlossluft gegen den Alltagstrott. Die Gäste freuen sich im wundervollen Garten auf die Mittagstafel, sie begrüssen den Abend in der Schlosskapelle, reden über den vergangenen Tag und fragen sich, was wohl die sternenklare Nacht bringen wird. Sie sinnieren bei einem Glas oder zwei über die Pastinakensuppe, den Zander, das Moorhuhn und das Mohnparfait. Die Gläser klingen, die Auszeit ist fühlbar. Irgendwann, jederzeit und immer gerne.

3182 Ueberstorf, Schlossstrasse 14, 031 741 47 17, www.schlossueberstorf.ch

Brasserie Le Cardinal, Neuchâtel

Brasserie Le Cardinal

Glückliches Neuchâtel Die Brasserie Le Cardinal mitten in der Altstadt von Neuenburg gehört zu der Sorte von Beizen, von denen die Deutschschweiz nur träumen kann. Hier zu sitzen, ist Lebensqualität pur für Gaumen, Magen und Gemüt. Die Küche ist auf ihrer Höhe, die Klassiker überzeugen. Gastgeber Jean-Luc Geyer ist ein Mann der leisen Töne, ein Schöngeist und guter Koch. Das Spektrum der Gäste ist so breit wie die Speisekarte: Foie gras, Schnecken, marinierter Biolachs, Muscheln, Fischsuppe, Zander, Schweinsfilet, Entrecôte Café de Paris mit knusprigen Pommes frites, Carré d'agneau mit Provence-Kräutern oder einfach nur ein Fondue. Eine abgeklärte Gastlichkeit, wie sie früher in Frankreich häufig anzutreffen war und heute fast nicht mehr zu finden ist. Die Distanz zur Deutschschweiz erkennt man auch daran, dass die Weinflaschen bereits mittags auf den Tischen stehen.

2000 Neuenburg, Rue du Seyon 9,
032 725 12 86, www.lecardinal-brasserie.ch

NEU Les Bains des Dames

Es lächelt der See Viel schöner und näher am Wasser geht's nimmer. Und trotz dieser Gunstlage bleiben Gastgeber und Preise normal. Der Gast wird herzlich und mit einer guten Küche bedient, die zwischen frech und klassisch hin und her pendelt. Da gibt's einen thailändisch angehauchten Rindfleischsalat, luftig-leichte Felchenklösschen, einen orientalischen Salat mit fein geschnittenem Poulet, Gemüse und einer Handvoll Gewürze, ein Entrecôte oder einen Burger der besseren Art und (wir sind ja in Neuenburg) ein perfektes Fondue, in dem oft selbst bei 25 Grad im Schatten gerührt wird. Einfach nur eine Portion «Frites» geht aber auch, die erst noch frisch geschnipselt und zubereitet werden. Am Sonntag belegen die Brunch-Gäste das «Bad». Der Spuk ist aber gegen Mittag vorbei, und bald stehen wieder Wein- statt Milchflaschen auf den Tischen. Mit Roastbeef und den obligaten schlicht wunderbaren «Frites maison». So geht Sonntag am See.

2000 Neuenburg, Quai Louis Perrier 1,
032 721 26 55, www.bainsdesdames.ch

NEU Vin Libre

Freie Weine Unfiltriert, mit wenig Alkoholgehalt, im Beton-Ei oder in der Amphore, im Stahltank oder im grossen Eichenfass ausgebaut. Naturweine sind anders als die herkömmlichen. Natürlicher eben. Mal grosse Stinker, mal filigrane Blüten, bei denen sich die Natur in der Flasche eingenistet hat. Noch vor wenigen Jahren wurde ich ausgelacht, mir solche Weine anzutun. In der Zwischenzeit hat sich bei den Winzern vieles zum Guten verändert, und die, die es nicht können, haben es wieder aufgegeben. Die Könner unter den Naturwinzern aber blühen auf und stehen für Weine ein, die beim Trinken unheimlich Spass machen und so ziemlich ganz ohne Chemie auskommen. Ohne Label, einfach mit dem eigenen Wissen und dem guten Gewissen, Hand in Hand mit der Natur zu arbeiten. Wer eine neugierige Weinnase hat, sucht Weinhändler wie Joëlle und Nicolas Turin auf, die in ihrem «Vin Libre» eigenwillige Provenienzen aus der Ardèche, dem Jura, der Loire, dem Beaujolais und vielen anderen Regionen Frankreichs verkaufen.

2000 Neuenburg, Rue des Chavannes 15, 032 721 37 27, www.vinlibre.ch

Pinte la Golée

Alles fliesst Auvernier besticht mit Kopfsteinpflaster, herausgeputzten Häusern, einem herausragenden Weingut und einer Pinte, in der man sich von Patron Cédric Bellini umfassend über die Weine der Region beraten lassen kann. Für den Appetit gibt es Trockenwürste und ein gutes Fondue. Die Pinte ist in der Region beliebt, hat ihre Stammkundschaft, öffnet täglich um 16 Uhr und hat lange Öffnungszeiten. Nichts für zart besaitete Gemüter; wer aber eine raue, ehrliche und unkomplizierte Atmosphäre mag, fühlt sich hier wohl. Ab und zu finden Konzerte (laut) und Lesungen (leise) oder spezielle kulinarische Themenabende statt. Im Februar sind die «Tripes à la neuchâteloise» Trumpf, Kutteln in Gemüsebrühe, mit geschwellten Kartoffeln, Zwiebeln, frischer Mayonnaise und sämiger Vinaigrette. Dazu wird der erste Non-filtré der Saison getrunken.

2012 Auvernier, Grand-Rue 34–36, 032 731 67 46, www.lagolee.ch

Domaine de la Maison Carrée

Boden und Passion Die biodynamischen Weine der Maison Carrée in Auvernier sind nicht grundlos vom Mémoire des Vins Suisses geadelt worden. Sie sind allerdings sehr schnell verkauft, vor allem der aussergewöhnliche Pinot Gris oder die grandiosen Pinot Noirs, die mit Kraft, Eleganz und Alterungspotenzial überzeugen. Auch der Savagnin blanc, im Wallis als Heida oder Païen ein Begriff, bietet ein grandioses Trinkerlebnis und kann problemlos mit den ganz Grossen aus dem französischen Jura mithalten. Ein Kompliment an die Familie Perrochet für ihr nachhaltiges Schaffen.

2012 Auvernier, Grand-Rue 33,
032 731 21 06, www.lamaisoncarree.ch

Plage de Boudry

Die Leichtigkeit des Seins Schwimmen wird hier zur Nebensache. Die lässige Buvette über der kleinen Plage liegt am Ende einer schmalen Strasse. Manche legen hier mit dem Boot an, andere legen vom Alltag ab. Geschäftsleute machen mal Pause oder handeln neue Verträge aus. Die Gäste sehen sich an oder um, reden, schweigen und träumen ins Weite. In der kleinen Küche wird der Fisch mit Kräutern gefüllt, das Fleisch weich geklopft, das knackige Gemüse in Butter geschwenkt, im Fondue gerührt und das Brot mit krachender Kruste geschnitten. Alles stimmt, alles ist da, auch verschiedene Weine der lokalen Winzer. Baden ginge auch, wäre aber schade. Wer Verstand hat und es einrichten kann, kommt unter der Woche und lässt die Wochenenden in der Hochsaison aus.

2015 Areuse, Route du Lac 15,
032 841 28 22, keine Website

La Maison du Village

Mitten im Dorf Da kocht sich ein Talent an die Spitze. Marc Strebel gelingt es seit Jahren, unverkrampft und lustvoll mit den grossen Namen der Region mitzuhalten. Seine Küche ist grandios und hebt sich wohltuend von den im goldenen Schnitt auf den Tellern drapierten Speisen ab. Er gehört zu meinen Lieblingsköchen in der Region. Das sieht auch der Guide Michelin so und adelt ihn mit einem Stern, obwohl sein Restaurant einfach ist und sich gerade deshalb so wohltuend von anderen Genusslokalen abhebt. Auch Gault Millau lobt Marc Strebel in den höchsten Tönen und gibt ihm 15 Punkte. Mehr müssen es auch nicht sein, sonst wird es für alle zu kompliziert. Hier isst man im Sommer auf der Terrasse Felchen aus dem Neuenburgersee mit gelben Rüben und Waldmeister oder Schweinsbrust. Alles ist bezahlbar, auch die Weine, deren Auswahl sich spannend liest und noch spannender trinkt.

2024 Saint-Aubin-Sauges,
Rue de la Fontanette 41, 032 835 32 72,
www.maisonduvillage.ch

Laurent Pierrehumbert

Der Weinbrötler Per Zufall bin ich auf die Weine von Laurent Pierrehumbert gestossen. Ihn zu besuchen, habe ich aber noch nicht geschafft. Entweder hat er keine Zeit, oder er nimmt das Telefon schon gar nicht ab. Sein Pinot Noir und sein Gameret sind Charakterweine, die sich nicht für Etikettentrinker eignen. Vielmehr sind es Provenienzen für Weinfreunde, denen das Terroir mehr am Herzen liegt als grosse Namen. Wer nicht bis zu Laurent vordringen kann, der trinkt sie im Hôtel-Restaurant de la Béroche. Zum Beispiel am Stammtisch oder auf der Terrasse mit herrlichem Blick auf Hausgarten und Dorfbach.

2024 Saint-Aubin-Sauges, Les Peleuses, 032 835 15 79, keine Website

L'Aubier

Wo das Leben spriesst Der Ausblick geht über den Neuenburgersee zu den Alpen, der Blick zurück bleibt an der schroffen Jurakette hängen. Montezillon ist sich seiner Gunstlage bewusst. Hier ist das Unternehmen L'Aubier zuhause, zu dem ein biodynamischer Landwirtschaftsbetrieb, zwei Hotels und Restaurants in Montezillon und Neuenburg, eine Kaffeerösterei und eine Demeter-Käserei gehören. L'Aubier wird von einem Team von fünf Personen geleitet, unterstützt von rund fünfzig Mitarbeitenden, ermutigt und finanziert durch über tausendfünfhundert Sympathisanten, die sich aufteilen in Aktionäre sowie Inhaber von Partizipationsscheinen, Leihkonten und Obligationen. Die Verkaufsprodukte von L'Aubier zeugen von hohem Qualitätsdenken, das sich in der Küche der Restaurants fortsetzt. Wer sich interessiert, studiert die Website, packt den Koffer und lässt sich entspannt verwöhnen oder geht einfach mal mit dem Einkaufskorb vorbei.

2037 Montezillon, Les Murailles 5,
032 732 22 11, www.aubier.ch

Neuchâtel Vins et Terroir

Unfiltriert Die einen lieben ihn, die anderen lehnen ihn ab. Der «Non filtré», dieser Neuenburger Traditionswein, polarisiert. Er liegt aber in Zeiten von Naturweinen im Trend. Gerade in der Deutschschweiz und vornehmlich in Zürich wird der süffige Rebensaft gerne getrunken. Eine Vorreiterrolle hat da Franz Lehner von der «Alten Post» im Aeugstertal gespielt. 1975 hat der mittlerweile verstorbene Weinbauer Henri-Alexandre Godet den «Non filtré» sozusagen erfunden. Der aktuelle Jahrgang ist seit Januar in der Flasche und auf dem Markt. Frisch, knackig und ungemein süffig. Einen Überblick der Produzenten verschafft die Website der Neuchâtel Vins et Terroir. Meine liebsten Unfiltrierten sind der von Christian Rossel aus Hauterive, in der Deutschschweiz von der Weinhandlung Küferweg vertrieben, und der von Jean-Christophe und Nicole Porret aus Cortaillod.

2053 Cernier, Route de l'Aurore 4,
032 889 42 16,
www.neuchatel-vins-terroir.ch

NEUENBURG

NEU Hôtel Restaurant de l'Aigle

Im Tal der Grünen Fee Das Val de Travers ist berühmt für seinen Absinthe, seine Höhen rund um den Creux du Van, seine «Métairies» und die Kunst unter freiem Himmel in Môtiers. Aber auch für Käse, Würste und Schaumweine (siehe Mauler). Wer der Grünen Fee begegnen will, ist am besten mit Zeit und Musse und ohne fahrbaren Untersatz unterwegs. Der Dichter und Bonvivant Oscar Wilde sagte zum Absinthe-Genuss: «Das erste Stadium ist wie normales Trinken, im zweiten fängt man an, ungeheuerliche, grausame Dinge zu sehen, aber wenn man es schafft, nicht aufzugeben, kommt man in das dritte Stadium, in dem man Dinge sieht, die man sehen möchte, wundervolle, sonderbare Dinge.» Als Unterkunft bietet sich der «Adler» in Couvet an. Ein altehrwürdiges Haus, gut im Schuss, mit kleinen Schönheitsfehlern, was nicht weiter schlimm ist, ist doch das Ganze stimmig – und wo sonst als im «Aigle» kann man im Val de Travers unter einem Dach nächtigen und sich verpflegen? Letzteres vorzugsweise im stimmungsvollen Bistro und nicht in der hüftsteifen «Salle à manger», die an und für sich schön ist, durch die biederen Komfort-Stühle aber etwas an Glanz verliert.

2108 Couvet, Grand' Rue 27,
032 864 90 50,
www.gout-region.ch/de/hotel_aigle.html

NEU Mauler

Im Keller Seit 1829 werden in dem ehemaligen Benediktinerkloster Saint-Pierre auf traditionelle Art Schaumweine produziert. Viele kennen den Namen Mauler und seine guten Basisweine aus dem Grosshandel; die Spitzenprodukte, die den Vergleich mit den grossen Brüdern aus der Champagne nicht zu scheuen brauchen, sind direkt vor Ort erhältlich. Neunzehn Cuvées erzeugt Mauler heute. Ein Besuch der Kellerei Saint-Pierre, verbunden mit einer Degustation, lohnt sich und hat schon manchen Champagner-Kenner überrascht. Dem Önologen Julien Guerin, der seit 2011 Kellermeister bei Mauler ist, gelingen immer wieder grosse Würfe, wie unlängst die «Cuvée Bel Héritage Brut», deren facettenreiche Aromatik und finessenreiches, florales Bouquet zu begeistern vermögen. Jährlich werden rund eine halbe Million Flaschen produziert, was für die Schweiz beachtlich, im internationalen Vergleich aber nur ein kleiner Fisch ist. Was zählt, sind aber die Produkte und das Preis-Leistungs-Verhältnis, und die überzeugen.

2112 Môtiers, Le Prieuré St-Pierre,
032 862 03 03, www.mauler.ch

Absinthe La Valote Martin

Messieurs, c'est l'heure! Das erste Absinth-Rezept findet sich 1794 im Tagebuch von Abram-Louis Pernod. 1798 nimmt in Couvet die erste Brennerei ihren Betrieb auf. 1805 eröffnet Sohn Henri-Louis Pernod im französischen Pontarlier den ersten industriellen Betrieb. Bald wird Absinth in Paris salonfähig, ab 1850 küren ihn Dichter und Denker zu ihrem Treibstoff. Sechzig Jahre später, am 7. Oktober 1910, wird die Grüne Fee zur Hexe und in der Schweiz verboten. Ein Familiendrama mit dreifachem Mord war der Auslöser des Verbots. Fortan wird Absinth im Verborgenen gebrannt und getrunken. Wenn es bei Francis Martin um Absinth geht, wird der sympathische Destillateur zum Professor. Vor der «Maison des Chats» in Boveresse im Val de Travers blüht neu der vom Schweizer Heimatschutz renovierte Absinthgarten, im Innern macht sich in der Brennküche intensiver Anisduft breit, aus der Brennblase tropft das klare Destillat. Mittlerweile hat Sohn Philippe die Brennerei übernommen. Die Geschichte geht weiter.

2113 Boveresse, Rue du Quarre 10, 032 861 26 54, www.absinthe-originale.ch

La Ferme des Brandt

Die Stadt auf dem Land Erst wer durch die Strassen von La Chaux-de-Fonds streift und in den Beizen sitzen bleibt, lernt die Stadt kennen, verstehen und vielleicht sogar lieben. Ein guter Einstieg wäre «La Chaux-de-Fonds à pied», ein zweistündiger Rundgang, der zu den Denkmälern und Sehenswürdigkeiten führt. Das eigenwilligste Lokal der Stadt ist die an der Peripherie gelegene «Ferme des Brandt». Sie überzeugt seit Jahren mit einer guten Terroir-Küche und einer wundervollen Weinauswahl. Wer hier einmal ein Poulet mit Morcheln isst und dazu vielleicht einen Vin Jaune trinkt, weiss, wovon ich rede. Vorausgesetzt, dass der Gaumen den Vin Jaune tatsächlich zu goutieren weiss. Ob im archaischen Inneren des historischen Hauses oder im verträumten Garten, Cyril Tribut und seine Beizen-Philosophie sind einen Besuch wert.

2300 La Chaux-de-Fonds, Petites-Crosettes 6, 032 968 59 89, www.fermedesbrandt.ch

Crème Renversante Magasin Bar à Chocolat

Schleckereien Ihre Produktionsstätte liegt im Vallée de la Sagne, einem einsamen Tal, eingebettet zwischen la Chaux-de-Fonds und der Vue des Alpes. Hoch, rau, weit, erschlossen von einer Strasse, an der die einzelnen Höfe wie am Tropf hängen. In Les Ponts-de-Martel produziert die sympathische Valérie Henchoz ihre Köstlichkeiten. Caramels, Truffes und Pralinen, Schokolade von einem anderen Stern und andere Schleckereien. Die Anlaufstelle für Schleckmäuler ist das in La Chaux-de-Fonds neu eröffnete Geschäft samt einer Bar à Chocolat. Noch ein Grund, die Heimat von Le Corbusier zu besuchen.

2300 La Chaux-de-Fonds,
Rue Daniel-Jeanrichard 17, 032 913 05 77,
www.cremerenversante.ch

Le Café du Coin

Auf einen Kaffee Reto Juon hat seinen Ostschweizer Dialekt nicht verlernt, und ich habe es immer bedauert, dass er die schönste Beiz in La Chaux-de-Fonds, das Café de Paris, zugunsten seines heutigen kleineren Betriebs aufgegeben hat. Tempi passati. Wer seine unkomplizierte Gastfreundschaft und die Einheimischen kennenlernen will, geht am Samstag zuerst auf den Markt und dann zu Reto auf einen exzellenten Kaffee. Die Beiz lebt und läuft. Auf der Schiefertafel steht, was die Küche aktuell zu bieten hat und welche Weine im Moment ausgeschenkt werden. Und über allem wacht der Patron, der wie kein Zweiter ein Händchen für eine stimmungsvolle Beiz hat.

2300 La Chaux-de-Fonds,
Rue du Marché 3, 032 968 06 31,
www.cafeducoin.ch

La Maison du Fromage

Alles is(s)t Käse Pierre-Alain Sterchi ist ein Meister seines Fachs. Die von ihm affinierten Käse sind Weltklasse, und die Käse, die er aussucht und verkauft, sind schlicht genial. Der Mann hat die Käsenase schlechthin, und seine «Maison du Fromage» bringt jeden Käsefreund ins Schwärmen. Da finden sich neben zahlreichen Schweizer Spezialitäten aromatische Trouvaillen aus Frankreich und Italien, und sein Blue Stilton ist biologisch und von einer anderen Welt. Wer diesen Käse mit einem Schluck Port im Gaumen vermengt, meint für einen Augenblick über dem Boden zu schweben. Von solch einer Käserei kann die Deutschschweiz nur träumen. Auf nach La Chaux-de-Fonds!

2300 La Chaux-de-Fonds,
Passage du Centre 4, 032 968 39 86,
www.sterchi-fromages.ch

Le Croissant Show

Gipfeltreffen «Le Croissant Show» ist das Leben von Marcel Vogel, der ein grosser Australienfan (daher der englisch angehauchte Name der Bäckerei) und mit Leib und Seele Konditor ist. Sein Brot, seine Patisserie, all die exzellenten Kuchen, die exquisiten Torten und sonstigen Schleckereien sprechen Klartext. Sein Croissant schmeckt so, wie ein Croissant schmecken muss, sein Brot ist luftig und gehaltvoll zugleich, der feuchte, üppige Thonkuchen ist eine Entdeckung für sich, und die «Tarte aux noisettes» birgt Suchtpotenzial. Alle Füllungen werden frisch zubereitet, nichts ist vorgefertigt. Die Milch ist regional und von Kühen mit Hörnern. Viel Freude bereitet auch das kleine, sympathische, zum Laden gehörende Café mit einer vorbildlichen Kaffee- und Teeauswahl und wundervollen heissen Schokoladen. Eine Show ist das Ganze keineswegs, sondern grundehrliche Arbeit.

2300 La Chaux-de-Fonds, Rue du Versoix 4, 032 968 76 34, keine Website

Maison DuBois

Ankommen Als Bed and Breakfast in der Schweiz noch in den Kinderschuhen steckte, war das «Maison DuBois» bereits geboren. Mit stilsicherer Hand eingerichtet, verbindet es den Charme von gestern mit dem Komfort von heute. Es ist es ein Lichtblick im Neuenburger Jura für eine entspannte und wohnliche Übernachtung. Hinzu kommt eine herzliche Gastfreundschaft und ein exzellentes Frühstück, bei dem Wert auf regionale Qualitätsprodukte gelegt wird. Ausserdem ist die sympathische Gastgeberin Céline Jeanneret nicht nur eine schöne Frau, sondern auch eine exzellente Köchin. Ihre «Table d'Hôte» ist bekannt und wird von den Gästen sehr geschätzt, von denen zahlreiche schnell zu Stammgästen werden. Ein Haus für einen Abstecher zwischendurch und immer wieder.

2400 Le Locle, Grande-Rue 22,
079 342 25 37, www.maisondubois.ch

NEU The Great Escape

Ganz schön verrückt Die lebendige, unprätentiöse und doch so spezielle Gastronomie, die Lausanne zu bieten hat, lässt mich immer wieder gerne hierher zurückkehren. Ein heimwehgeplagter Engländer hat mich ins «The Great Escape» geführt. Ich kenne kein vergleichbares Lokal in der Deutschschweiz, wahrscheinlich würde es auch in dieser Art und Weise nicht funktionieren. «The Great» ist so schräg wie der Schiefe Turm von Pisa. Das fängt beim Gebäude und der Einrichtung an und hört in der Küche auf, die nicht vorgibt, mehr zu sein als das, was sie ist. Gute Drinks im Glas und die Premier League am Bildschirm, bei der das Zusehen Durst und Appetit (in dieser Reihenfolge) verursacht. Bei Erbsensuppe mit Minze, Slow Pulled Pork Burger und einem Pint of Bitter fühlt man sich in Lausanne sauwohl und auf die Insel versetzt.

1003 Lausanne, Rue de la Madeleine 18, 021 312 31 94, www.the-great.ch

La Couronne d'Or

Die unperfekte Schöne Es spielt gar keine Rolle, ob das Essen in der «Couronne» in Lausanne gut ist oder nicht, zumindest nicht für Freunde stimmungsvoller Beizen, wie es sie in der Deutschschweiz nur noch selten gibt. Sie gehören unter Artenschutz gestellt, was in Grossbritannien problemlos möglich ist, in der Schweiz aber sehr schnell den Amtsschimmel zum Wiehern bringt. Die «Couronne» ist weder perfekt noch eine genormte Schönheit, aber sie erfüllt ihre Aufgabe als lebendiger Treffpunkt. Wenn in einer Beiz gutes Brot frisch geschnitten wird, kann das Essen nicht so schlecht sein. Eine Terrine du Moment, eine Trockenwurst, eine Saucisse mit Lauch, vier lokale Weine, viel mehr gibt es in der «Couronne» nicht und muss es auch nicht geben. Puristen werden jubeln, Trendsetter erst gar nicht hingehen.

1005 Lausanne, Rue des Deux-Marchés 13, 021 311 38 17, www.couronnedor.ch

WAADT

WAADT

NEU Étoile Blanche

Mittendrin Noch so eine stimmungsvolle Beiz, in der sich der Tag bei Bier und «Frites maison» wunderbar unaufgeregt verbummeln lässt. Passionierte Beizengänger werden jubeln, Trendsetter sich fragen, was um alles in der Welt sie hier verloren haben. Zwar liegt auf jedem dritten Teller ein Burger, aber die Küche kann weitaus mehr. Da gibt es Schnecken, Rindsfilet mit Morcheln, Rosmarin-Poulet aus dem Ofen und Cordon bleu im Cornflakes-Mantel mit hausgemachter Mayonnaise. Klingt abenteuerlich, schmeckt aber ganz wunderbar. Im Gegensatz zu anderen modernen Konzepten scheint hier angenehm wenig in Stein gemeisselt zu sein. Wer in Lausanne weilt, geht auf einen Augenschein hin. An milden Tagen sitzt man auf dem pulsierenden Boulevard, bei Regen in der stimmungsvollen Beiz.

1005 Lausanne, Place Benjamin-Constant, 021 351 24 60, www.etoileblanche.ch

La Fermière

Still reift der Käse Die Société La Fermière existiert seit 1934 und ist in Lausanne mit seinen zwei Geschäften bei den Einheimischen beliebt. Die Käserei verfügt über ein Arsenal an guten Käsen, die dem Gusto ihrer Kunden entsprechend für jeden Gaumen den richtigen Reifegrad und das perfekte Aroma hat. Kuh, Schaf, Ziege überzeugen selbst eingefleischte Käsefreunde. Auch die aromatische Butter, die Joghurts und die guten Flans unterstreichen das Qualitätsdenken der Käser. Hinzu kommen diverse Brote, Öle, lokale Biere und regionale Weine. Alles da, was eine gut frequentierte Käserei für seine Kunden braucht.

1007 Lausanne, Avenue de Cour 38, 021 617 78 08, www.la-fermiere.ch

NEU
Boulangerie Bidlingmeyer

Mit gutem Brot fängt alles an Der erste Bidlingmeyer kam 1791 aus dem deutschen Göppingen nach Chexbres. Mittlerweile wird die Boulangerie in der achten Generation durch Jean-Marc geführt. Und wie sie geführt wird. Am Samstagmorgen platzt die Bäckerei aus allen Nähten. Sie überzeugt die Region seit jeher mit ausgezeichneten Broten und einer nicht überkandidelten Patisserie. Den einzigen Wermutstropfen bildet das Tea Room, zumindest wenn man das Heute mit dem nostalgischen Vorgestern auf der Homepage vergleicht. Es gibt zahlreiche Beizen in der Schweiz, die irgendwann einmal zu Tode renoviert wurden, und bei den Cafés hat es wohl wirklich alle erwischt. Doch was heute zählt, sind die Produkte und nicht der wehmütige Blick zurück. Ja, hier duftet es so, wie es in einer guten Bäckerei duften muss. Mein Lieblingsbrot ist das «Pain vaudois», aber auch mit dem kräftigen «Pain Maggia» oder dem leichten «Rotoillon blanc» lässt sich der Tag ganz wunderbar beginnen. Und dann gäbe es da noch die diversen Tartes, die «Tourte Citron», die «Caracs» und so manches mehr.

1071 Chexbres, Grand Rue 1,
021 946 10 28, www.bidlingmeyer.com

NEU
Domaine Potterat

Etikette Wer Cully sagt, denkt zuerst an Altmeister Louis Bovard. Doch nicht nur sein Name bürgt für gute Weine aus Cully. Im traditionsreichen Weindorf am Lac Léman befindet sich hinter einem imposanten Tor das sechshundert Jahre alte Winzerhaus der Domaine Potterat, die heute von Jean-François, Jacques und Guillaume geführt wird. Die Familie Potterat bringt authentische und charaktervolle Weine hervor, etwa aus der berühmten, in der Deutschschweiz wenig bekannten Plant Robert, einer einzigartigen endemischen historischen Rebsorte. Das Flaggschiff der Domaine ist der Chasselas Vielles vignes, ein kräftiger und vollmundiger Gutedel mit Lagerungspotenzial. Gut gefällt mir auch der komplexe und frische Savagnin, der, kaum abgefüllt, schon ausverkauft ist. Schön ist auch, dass die Familie Potterat an ihren antiquierten Weinetiketten festhält. Sie stechen selbstbewusst aus dem modernen Einheitsbrei zahlreicher hipper Provenienzen hervor.

1096 Cully, Rue du Temple 15,
021 799 15 63, www.vins-potterat.ch

Café de Riex

Mit Seitenwagen Peter Hasler ist mehr Welscher als Deutschschweizer, wobei er sein Deutsch um keine Silbe verlernt hat. Er kocht in seinem Traumbistro munter drauf los, was Saison und Region hergeben. Frische Morcheln mit Felchen aus dem Genfersee, Milken, Nieren und an gewissen Tagen ein Fondue der besseren Art. In der Küche steht ihm Doris zur Seite, und im Bistro und Speisesaal bedient und unterhält Rogerio die Gäste mit Witz und Charme. Auf der Bonsai-Terrasse, die wie ein Motorrad-Seitenwagen am Haus klebt und einen schmalen Blick über die Dächer von Riex und den Lac Léman freigibt, stehen ein kleiner Blechtisch und zwei Tabourettli. Ideal für ein Glas vor oder nach dem Essen oder fürs Lebenswasser zwischendurch. Ein einmaliges Kleinod.

1097 Riex, Route de la Corniche 24, 021 799 13 06, www.cafe-de-riex.ch

La Pinte au XXème Siècle

Einmal Schweinsfuss bitte Schon wieder so eine in die Jahre gekommene, verwitterte Vorzeigebeiz. Diese datiert von 1850 und steht in Morges. Nicolas Sautebin ist ein Charakterkopf, ein Wirt, der seinen Gästen sagt, wo's langgeht und nicht umgekehrt. Aus seiner Küche kommen die üblichen, sauber gekochten Klassiker, gegessen von den üblichen Verdächtigen, vorwiegend Einheimische und einige wenige mutige Touristen, die wissen, was im Waadtland Sache ist. Donnerstag und Freitag kocht Monsieur Rindszunge an Kapernsauce, sonst sind oft Fondue und die Waadtländer Pièce de Résistance Papet Vaudois angesagt. Für Connaisseurs schmoren noch Kutteln, Kalbskopf und Schweinsfüsse in den Töpfen. Was zählt, ist die Beiz an und für sich, ihre Patina, die, wenn sie reden könnte, viel zu erzählen hätte. Alte Bilder hängen an der Wand, alles ist echt, alles ist gut – mit und ohne Tischgespräche.

1110 Morges, Passage de la Couronne 5, 021 801 27 00, www.xxemesiecle.com

Domaine Henri Cruchon

Biodynamik in der Flasche In der Domaine von Père Henri Cruchon teilen sich die Söhne Michel (Rebbau) und Raoul (Keller) die Arbeit auf. Ihre finessenreichen Provenienzen – 33 an der Zahl – begeistern nicht nur die Romandie, sondern vor allem auch die Deutschschweiz. Die biodynamische Bewirtschaftung und die grandiosen Spezialitäten, wie zum Beispiel Altesse und Vigonier, sind zwei Merkmale dieser aussergewöhnlichen und grossartigen Domaine.

1112 Echichens, Route du Village 32, 021 801 17 92, www.henricruchon.com

Moulin et Huilerie Sévery

Alles im Fluss Vor Jahren war sie noch ein Geheimtipp, heute ist sie etabliert und weit über den Röstigraben hinaus bekannt. Und auch wenn die Spezialitäten der «Moulin» mittlerweile in zahlreichen Deutschschweizer Kleinläden erhältlich sind, lohnt sich ein Besuch vor Ort im Hinterland von Morges. Das Walnussöl ist mein Favorit, daneben wären aber auch noch diverse andere Öle, Senfe und Essige, bei denen für mich der Quittenessig hervorsticht. Eine wunderbare Adresse.

1141 Sévery, Route du Moulin 10, 021 800 33 33, www.huilerie-de-severy.ch

Boucherie de Sévery

Boutefa mit Morcheln Die Spezialitäten der Metzgerei von Sévery sind vielfältig und haben Klasse. Perfekte Saucisson, in der Saison eine exzellente «Saucisse au choux», ein «Atriau» der Extraklasse und eine «Boutefa» mit Morcheln, die ich erst durch diese Metzgerei kennen- und schätzen gelernt habe. Nicht zu vergessen der grandiose Rohschinken, der von den Metzgern der Boucherie de Sévery während 36 Monaten gehegt und gepflegt wird, und der sich vor den grossen Namen aus Italien und Spanien nicht zu verstecken braucht.

1141 Sévery, Route de Cottens 4, 021 800 33 72, www.boucheriesevery.ch

Auberge du Chêne

Glückliche Waadt Mehr Ruhe und Müssiggang geht nicht in der Provinz. Verschlafene Dörfer, in denen am Morgen der krähende Hahn von der schlagenden Kirchturmglocke abgelöst wird, wechseln mit endlosen Weiden, auf denen sich die Kühe an schmackhaften Gänseblümchen delektieren und sich fragen, was die Panzer der nahen Kaserne Bière auf ihren Wiesen verloren haben, derweil sich in der Auberge du Chêne in Pampigny die Stammgäste fragen, ob sie dem Löwenzahn von der Wiese nebenan trauen können. Sie können! Alte Tische und Stühle stehen im Raum, an denen friedlich Arbeiter, Auswärtige und die Lokalprominenz sitzt und tafelt. An den Wänden hängen Blechschilder und Ölbilder, auf der Schiefertafel steht das Tagesangebot. Suppenfleisch mit frischem Meerrettich und Lauchgemüse, Speck und Bohnen und ein Poulet mit Erbsen und «Frites faites maison». Auf den Tischen stehen Weinflaschen, der Herr Pfarrer lässt sich eine Flasche Mondeuse noire der Domaine de Maison Blanche kredenzen und denkt sich bei einem zarten Stück Onglet (Zwerchfell) die Predigt vom Sonntag aus. Alltag in Pampigny.

1142 Pampigny, Rue de l'Auberge 1, 021 800 35 09, keine Website

Confiserie Boillat

Die hohe Kunst Die Confiserie Boillat ist in der Waadt ein Begriff. Patisserie und Schokolade herstellen können sie, keine Frage, einen vernünftigen Architekten engagieren leider nicht. Schade, dass es ihnen nicht gelingt, die Atmosphäre ihrer Cafés dem Niveau ihrer wundervollen Spezialitäten anzupassen. Zumindest ich sehe das so. Was aber zählt, ist ihre Confiserie-Kunst, die überzeugt.

1162 Saint-Prex, Rue de la Gare 1, 021 806 13 44, www.confiserieboillat.ch

Auberge de la Passade

Geht doch! Die kulinarische heile Welt in Frankreich ist mehr Mythos als reell. Staatliche Reglementierungen, hohe Steuern und Personalkosten machen ihr zu schaffen. Grosse Flaggschiffe federn das besser ab, zumal es immer noch genug finanzkräftige Sternejäger auf der Genusspiste gibt. Aber auf dem Land, im Dorf, in der Kleinstadt muss sich der Reisende oft in Selbsthilfe üben und den Picknickkorb packen, will er nicht Hunger und Durst leiden. Olivier Dalmier stammt aus der Region Toulouse, die berühmt ist für ihre nahrhafte Küche und die sich problemlos mit der üppigen Waadtländer Traditionsküche vereint. Dalmier hat sich als Nachfolger des legendären Nicolas Sautebin in der Auberge de la Passade in Perroy etabliert. Wer sich hier mit Appetit niederlässt, lässt sich auf das Menü ein, alle anderen wählen vorsichtiger und vor allem weniger. Vielleicht fangfrische Egli- oder Felchenfilets, zuvor etwas Rohschinken mit Blattsalat und zum Finale eine Tartelette au citron, selbst gemacht, versteht sich. Auch das Rindsfilet an einer aromatischen Pinot-Noir-Sauce, der Beinschinken, die Rindszunge oder eine Saucisse aux chou ist einen Versuch wert.

1166 Perroy, Grand-Rue 58, 021 825 16 91, keine Website

WAADT

Artisan-Chocolatier Tristan

Die Krönung Er gilt unter Kennern als der Chocolatier der Waadt, der Romandie, ja, der ganzen Schweiz. Je nach dem wer's sagt und wie ausgeprägt das Lokalkolorit ist. Ob Tristan Carbonatto tatsächlich die Nummer 1 ist, weiss ich nicht, dass seine Produkte Spitzenklasse sind, aber schon. Das wird mir immer wieder dann bewusst, wenn mir in seinem kleinen, üppig ausgestatteten Laden seine Delikatessen bereits in Gedanken auf der Zunge zergehen, bevor ich sie überhaupt gekauft habe. Wer in Richtung Genf unterwegs ist, sollte hier zwingend einen Boxenstopp einlegen.

1166 Perroy, Chemin des quatrevents 1, 021 807 21 25, www.chocolatier-tristan.ch

Café du Commerce

Paris? Nein, Aubonne! In Aubonne trauere ich immer noch Marc Bohren nach, jenem sympathischen, verrückten Zeitgenossen, der sich auch mal mit einem Stammgast den Nachmittag weinselig um die Ohren schlagen konnte. Heute heisst das «Cercle» «Circolo», die Gäste essen italienisch, alles wirkt für mich etwas gestelzt, was aber nichts mit der Qualität der Speisen zu tun hat. In Aubonne weiche ich nun auf das «Commerce» aus, ein patiniertes Haus mit einer einfachen, gradlinigen Küche, die nicht abhebt, aber auch nicht mehr sein will, als das, was sie ist. Wer leichtsinnig oder übermütig ist, bestellt sich eine Andouillette, bei der schon gut trainierte Gaumen kapituliert haben. Als Alternative werden Kutteln oder eine Cassoulet aufgetischt. Die Terrine du Chef wäre auch eine Idee oder zum Mittag der unprätentiöse «Plat du jour». Wer 48 Stunden vorher anruft, für den werden auch Milken, Coq au Vin oder Rindszunge gekocht. Auf der Weinkarte dominiert die Region und die Grande Nation.

1170 Aubonne, 5, rue Trévelin, 021 808 51 92, www.lecommerceaubonne.ch

Domaine La Colombe

Monsieur Chasselas Thomas Vaterlaus hat im Weinmagazin «Vinum» Raymond Paccot als beschwingten Freigeist und als Winzerlegende bezeichnet und über ihn ein kurzweiliges und liebenswertes Portrait geschrieben, dem es nichts beizufügen gilt. Bestellen Sie diese Ausgabe bei «Vinum» nach. Es lohnt sich, genauso wie ein Besuch auf der Domaine La Colombe in Féchy. Seit 2010 wird die ganze Betriebsfläche von rund 20 Hektaren nach den Richtlinien von Demeter bewirtschaftet. Wer es klassisch mag, hält sich an den «Bayel», einen Chasselas, der mit seiner knackigen Frische überzeugt. Wer es spezieller liebt, dem empfehle ich die «Amédée», eine Assemblage aus Savagnin, Chardonnay, Doral und Chasselas, die mit Komplexität und Finesse zu begeistern vermag.

1173 Féchy, Route du Monastère 1, 021 808 66 48, www.lacolombe.ch

Café Restaurant l'Union

Fast ohne Worte Gut, viele Worte muss ich übers «Union» nun wirklich nicht verlieren, ist es doch eine der ultimativen Traditionsadressen der Waadt, die alle kennen oder zumindest so tun, als ob sie sie kennen. Die Adresse überzeugt seit Jahr und Tag mit ihren Hausspezialitäten Malakoff und Coquelet aux morilles. Ebenso sind hier Schnecken, Omelette und Wachteln zu empfehlen. Ja, und dann wäre da noch der Beinschinken – und steht die Zitronen-Tartelette auf dem Programm, heisst es nicht lange überlegen, sondern zugreifen. Das kurze Fazit: Die Beiz hat Charme, die Gastgeber sind aufmerksam, und wer die Waadt verstehen will, sitzt im «Union» richtig.

1183 Bursins, Route de la Perette 2, 021 824 12 04, www.union-bursins.ch

Au Cœur de la Côte

Im Hause Malakoff Wer in der Region die besten Malakoffs zubereitet, ist eine heikle Frage, die ich unbeantwortet lasse, da jedes Dorf und jede Beiz sowieso die einzig echten Malakoffs auftischt. Wie wird diese Waadtländer Spezialität hergestellt? Bei Marianne Kaltenbach selig als neutraler Instanz wurde ich fündig: Es benötigt geriebenen Greyerzer, Mehl, gepressten Knoblauch, Backpulver, Cayennepfeffer, Muskatnuss, Kirschwasser, rundes Toastbrot, Eiweiss, Öl zum Frittieren. Der Greyerzer wird fein gerieben und mit den verquirlten Eiern, dem Knoblauch, den Gewürzen und dem Kirschwasser verrührt. Das Mehl wird mit dem Backpulver vermischt, gesiebt und mit der Käsemasse zu einem dicken, festen Teig verarbeitet. Eine Seite der Brotscheiben wird mit leicht aufgeschlagenem Eiweiss bestrichen. Die Käsemasse auf den Brotscheiben halbkugelförmig verteilt, glatt gestrichen und im heissen Öl frittiert (bestrichene Seite nach unten), bis sie schön goldbraun sind. Ob die seit 1999 im geschichtsträchtigen «Au Cœur de la Côte» wirtenden Doris Antonini und Philip Wolfsteiner ihre Malakoffs genauso zubereiten, weiss ich nicht. Auf alle Fälle schmecken sie bei ihnen ganz wunderbar. Wenn sie jetzt noch die bunten Tischtücher und Servietten durch weisse Stoffservietten und blanke Holztische ersetzen würden, wäre an dieser Adresse eigentlich alles perfekt.

1184 Vinzel, Route du Vignoble 12,
021 824 11 41, www.malakoffvinzel.ch

Café du Marché

Englisch für Anfänger «A Geordi man» in Nyon! Gut, es ist nur eine Vermutung, dass Tom Watson aus der Region von Newcastle upon Tyne kommt, zumal zahlreiche Watsons aus Nordengland stammen. Wie auch immer, Tom Watson ist ein begnadeter Koch, der zeigt, wie exzellent die britische Küche ist und wie gut Briten kochen. Natürlich kocht er lokale Gerichte wie Filets de perches mit Pommes Alumettes, aber auch die britischen Klassiker wie Fish und Chips mit Erbsenpüree, das mit frischer Minze parfümiert ist, ein Gammon Steak (Beinschinken) mit leicht zerdrückten Apfelschnitzen, ein Cheesecake oder ein Bread and Butter Pudding der Extraklasse sind kulinarische Trümpfe, die stechen.
Am Samstag zelebriert Tom Watson die englische Frühstückskultur mit allem, was dazugehört und bei dem natürlich Baked Beans nicht fehlen dürfen. Die Gerichte von Tom Watson sind teilweise überraschend und frech interpretiert, während seine britischen Klassiker bei ihm Klassiker bleiben, nur etwas leichter und sorgfältiger zubereitet als in anderen Küchen. Watson, ohne Holmes. Unique!

1260 Nyon, Rue du Marché 3,
022 362 49 79, www.lecafedumarche.ch

Ty Nico

Degemer mat e Breizh Willkommen in der Bretagne! Da schwelge ich noch intensiv in der britischen Küche von Tom Watson, und schon stolpere ich einige Häuser weiter über einen bretonischen Spezialitätenladen. Passt zu England, haben doch einst die kornischen Fischer einen regen Schmuggelhandel mit den bretonischen betrieben. Das ist zwar schon lange her und Geschichte, aber Kornen wie Bretonen spielen den Dudelsack, trinken Cidre und haben sonst noch so einige Gemeinsamkeiten. Wer also Lust auf eine Prise Bretagne hat, kann sich hier satt kaufen an Cidre, Salz, Gebäck, Rillettes, Patés und Fischsuppen aus der Büchse.

1260 Nyon, Rue de Saint Cergue 39, 022 361 39 67, www.produitsbretons.ch

La Pinte de Rive

Ein Malakoff geht noch Die «Pinte de Rive» ist mehr Schlauch als Raum, was sie umso spezieller macht. Hier an einem verregneten Tag im Fondue rühren oder an den Filets de perche aus dem Lac Léman knabbern, wenn denn der Fischer Fangglück hatte, ist eine gute Idee. Am Montag und Donnerstag bleibt kein Stuhl frei, dann wenn die exzellenten Malakoffs à discretion aufgetischt werden und toût Nyon die Pinte entert. Momentaufnahmen, die schöner nicht sein könnten.

1260 Nyon, Rue de Rive 40, 022 361 23 18, www.lapintederive.ch

Boucherie Jemmely

Die Fleischboutique Hohe Qualität und diverse Spezialitäten zeichnen die Boucherie Jemmely aus, die mit ihrem Unternehmen mittlerweile bei der dritten Generation angelangt ist. Die Brüh- und Trockenwürste, aber auch das Pferdefleisch (Viande chevaline) gehören zu den Stärken des Hauses. Wer am Samstag die Metzgerei aufsucht, reiht sich einfach mal in die Schlange ein, unterhält sich mit den Stammkunden, entwickelt Appetit und kauft nach Lust und Laune ein. Eine exzellente Saucisse aux choux zum Beispiel.

1260 Nyon, Rue du Collège 11,
022 361 17 57, www.boucheriejemmely.ch

Café du Raisin

Un restaurant sympa Man tritt ein und freut sich über die in Jahren gereifte Mischung aus Café, Bistro und Restaurant. Gedämpftes Licht, behagliche Stimmung, freundliche Bedienung und der Adlerblick von Madame. Marie-José Defferrard wacht resolut und bestimmt über ihr Café Raisin. Hier trifft sich die Schickeria von Nyon und die Dorfbevölkerung von Begnins. Das verwinkelte Haus ist zwar nicht ein Ausbund an Schönheit, aber man fühlt sich sehr schnell wohl in dieser lockeren Atmosphäre, in der Küche und Keller im Mittelpunkt stehen. An den Tischen werden Stücke von Foie gras weggeputzt, Hausterrinen und Schnecken aufgetragen, Fischsuppen geschöpft, auf grossen Silberplatten einer der Hausklassiker, fangfrische Felchen aus dem Genfersee mit «Frites faites maison», serviert. In der Küche wird zartes Fleisch geschmort, gebraten und pochiert, während das quirlige Personal die verlockenden Desserts an die Tische befördert. Die Zapfen ploppen, der Champagner schäumt, Gläser klirren, Sprüche und Wünsche werden in Französisch und Englisch ausgesprochen – Nyon und die Uefa sind nah. Eine inspirierende, quicklebendige und lebensfrohe Adresse.

1268 Begnins, Grand Rue 26,
022 366 16 18, www.cafeduraisin.com

Boucherie Chez Philou

Wie aus dem Bilderbuch Philippe Grange ist ein Metzgermeister fürs Kalenderblatt. Er ist nicht zum Fleischverkäufer mutiert, sondern produziert Spezialitäten, für die die Waadt so berühmt ist. Der Speck, die Saucisse aux choux fumée à l'ancienne, das abgehangene Rindfleisch am Knochen, die Boutefas – Produkte, die einfach nur gut sind. Am Samstag wird brav in der Reihe gestanden, wie das noch bei so einigen anderen Metzgern in diesem Landstrich der Fall ist.

1268 Begnins, Grand-Rue, 022 366 13 14, www.lard-de-begnins.ch

Caves du Pélerin

Von September bis März Der Keller ist nicht nur stimmungsvoll, sondern in ihm schlummern diverse fantastische Käse, die mit Sachverstand und Liebe gehegt und gepflegt werden. Von September bis März ist der Laden täglich geöffnet, in dem man sich nebst Käse und Weinen auch mit anderen regionalen Spezialitäten eindecken kann. Dem Haus ist ein kleines Museum angeschlossen, das die Historie rund um den Vacherin Mont d'Or dokumentiert. Jeweils gegen Ende September findet in dieser kleinen Ortschaft das grosse Fest um den berühmten Lokalkäse statt. Mit Alpabzug, Markt, viel Käse und noch mehr Wein.

1343 Les Charbonnières,
Rue du Mont-d'Or 17, 021 841 10 14,
www.vacherin-le-pelerin.ch

Chalet des Croisettes

Im Frühtau zu Berge Völlig abgelegen, ohne Weitsicht und Seeblick, dafür umgeben von Tannenbäumen und saftigen Wiesen, so weit das Auge reicht, steht die unscheinbare Ferme d'Alpage Les Croisettes. Muss man dorthin? Man muss! Archaisch, wild, deftig, bodenständig und eigenwillig schön ist es hier. Das Fondue dampft, das Raclette läuft, die Tarte verlässt mit knusprigem Rand den Holzofen, ich sitze in der Mitte des Hauses und lasse es mir gut gehen. Im «Les Croisettes» besteht akute Sitzbleibgefahr, die durch die dargebotenen einfachen Spezialitäten in Spitzenqualität verursacht wird. Kompliment an Roseline und Louis-François Berney für ihre Oase für beschauliche Momente.

1344 L'Abbaye, 021 841 16 68
(in der Saison, von Mai bis Oktober)
oder 021 845 46 02, www.lescroisettes.ch

Christian Dugon

Der unbekannte Bekannte Christian Dugon ist in Bofflens zuhause, nicht weit von Romainmôtier, dem einzigartigen Flecken am Pied du Jura. Von sechs Hektaren Reben stellt er rund 45 000 Flaschen her, darunter diverse Assemblagen, aber auch einen filigranen Gewürztraminer oder einen gehaltvollen und zugleich frischen, nicht zu fetten Chardonnay. Er ist in der Deutschschweiz nicht so bekannt wie Cruchon, Paccot oder Bovard, spielt aber in der gleichen Liga.

1350 Bofflens, Derrière l'Église 8,
024 441 35 01, www.dugon.ch

La Ferme

Auf dem Bauernhof in der Stadt
Glückliches Yverdon. Mittendrin gibt es einen Laden, der die Bauernhöfe und die Spezialisten der Region vertritt und mit zahlreichen exzellenten Produkten, auch von weiter her, auftrumpft, immer unter dem Aspekt von Qualität und seriösem Umgang mit der Natur. Fleisch, Fisch, Käse, Wurst, Brot, Gemüse, süsse Schleckereien, Weine, Schnäpse, Säfte, Öle und so einiges mehr. Ist der Korb voll und die Kasse nah, wird es einem beim Gedanken an den Kassenzettel Angst und bange. Danach die staunende Kontrolle der Quittung, verbunden mit der Frage, ob die nun wirklich alles getippt haben. Sie haben!

1400 Yverdon-les-Bains,
Rue de la Plaine 15, 024 425 66 56,
www.lafermeyverdon.ch

Passionément Chocolat

Einfach süss Pascale Philippe ist eine herzliche, zuvorkommende Gastgeberin, die ihren Stammkunden das Leben versüsst. Zu ihren klassischen Delikatessen gesellen sich Spielereien, eigene Kreationen wie Zigarren, Malstifte und Würste aus reiner Schokolade. Exzellent sind ihre hauchdünne Schokolade und ihre Ingwerpastillen. Ihren Ladenrenner nennt sie «Les Ganaches». Das sind kleine, flache Schokoladenquadrate in den unterschiedlichsten Aromen, die von Erdbeere, Rose über Lavendel und Safran bis hin zu Karamell, Ingwer, Pistazien und mehr reichen. Über 50 Geschmacksnoten gilt es auszuprobieren. Das kann dauern. Aber der nächste Sommer kommt ganz bestimmt, und mit ihm ihre exzellenten hausgemachten Glaces.

1400 Yverdon-les-Bains,
Quai de la Thièle 15, 024 420 39 00,
www.passionnement-chocolat.ch

À la Petite Auberge

Das Leben ist ungerecht Die «Petite Auberge» ist ein altes Haus mit grünen Holzklappläden, die der zweite Blick als Aluminiumläden entlarvt. Schade, aber nicht so störend wie der lieblose Steinboden in der Beiz. Da hat die Gemeinde als Besitzerin auf praktisch und pflegleicht gesetzt. Versöhnt wird das Auge durch die zum Teil schönen Holztische, die türkisfarben gestrichene halbhohe hölzerne Wandverkleidung und die liebevoll eingedeckten Tische. Die Beiz ist brechend voll, und mehr als sechzig Prozent der Gäste laben sich an – Amphibienfreunde bitte mal weglesen – «Cuisses de grenouilles à la provençale» oder am «Petit coq rôti au four mit Pommes Alumettes». Die Karte ist übersichtlich, alles ist frisch, gut und mit Liebe zubereitet. Madame Manue serviert, Monsieur Jean-Marcel kocht; sein Handwerk hat er unter anderem bei Girardet und Ravet gelernt, was so einiges erklärt. Die «Soupe de poisson de mer», die mit geröstetem Brot und einer «Rouille maison» aufgetischt wird, ist ein weiterer bemerkenswerter Klassiker dieser guten Traditionsküche. Dass die «Auberge» von morgens bis abends durchgehend geöffnet hat, ein lebendiger Treffpunkt für das Dorf ist, in dem diskutiert, getrunken und oft getafelt wird, macht die Gastgeber umso sympathischer.

1407 Bioley-Magnoux, Place du Village 9, 024 433 11 78, keine Website

La Table de Carole

Zu Tisch! Carole Plantier empfängt ihre Gäste mit Alpenblick, Garten, Kunst und Plunder und mit einer handfesten Terroir-Küche. Kein Durchgangsverkehr, kein gar nichts stört die Ruhe. Nichts ist zu hören, ausser dem Stimmengewirr einiger Stammgäste. Man begrüsst sich innig mit Bonjour und Salü, Küsschen und Luftküssen, Umarmungen und Händeschütteln. Alltag auf «Champs Cretins». Für eine «Casse-croûte» ist Carole immer zu haben, für ein warmes Gericht ist Voranmeldung Pflicht. Ihre Küche ist traditionell und gut. Zum Beispiel ein Topf voller Morcheln mit Rösti, eine Kaninchenterrine oder ein Mousse von der Hühnerleber, angereichert mit schwarzen Trüffeln. Nicht selten endet eine Tafelrunde im gemeinsamen Gesang am Lagerfeuer. Ungeplant, spontan, ganz nach Lust und Laune der Protagonisten.

1425 Onnens, Les Champs Cretins, 024 550 01 66, www.tabledecarole.ch

Oberson Pêcheurs

Fischers Fritz Nicht mit Fritz, sondern mit Papa Robert hat alles begonnen. Heute führen seine Söhne Alain und Philippe Oberson die Fischerei am Neuenburgersee. Mit modernen Hilfsmitteln, aber nicht mit weniger Arbeit. Sie fahren täglich um fünf Uhr morgens mit ihren zwei Booten auf den See hinaus, zu ihren am Vortag ausgelegten Netzen, die eine Spannweite von hundert Metern haben und für den Felchenfang bis in eine Tiefe von zehn Metern gehen. An guten Tagen fangen sie etwa 800 «Bondelles» und «Palées» (Felchen und Felchenarten). Egli sind Mangelware, Seeforellen und ab und an ein paar Hechte ergänzen den Fang, allerdings an anderen Fangplätzen und in anderen Tiefen. Die Familien der Brüder helfen bei der Weiterverarbeitung der Fische, die fein säuberlich geschuppt und filetiert werden. Geräuchert werden die Felchen über dem warmen Rauch des erstickten Buchenholzfeuers.

1426 Corcelles-près-Concise,
Le Moillat 16, 024 434 14 42,
keine Website

Auberge Communale l'Écusson Vaudois

Im Dorfgasthaus Madame kocht, Monsieur serviert. Dominique Favre schwingt in der «Auberge Communale» in Provence die Kochlöffel und trumpft mit einfachen Gerichten gross auf, bei denen der Koch alles falsch oder alles richtig machen kann. Es kommt auf die Arbeitsmoral und das Verständnis für die Produkte an. Foie Gras, Croûtes aux morilles, Eglifilets mit «Frites faites maison» und Filet de Bœuf Rossini etwa. Saisonale Gerichte wie Wild und frische Grenouilles sind eine weitere Option, dem Haus einen Besuch abzustatten, in dem Christian Favre seine Gäste mit Herzlichkeit und würzigen Bonmots unterhält. Essen in der Provinz kann so unkompliziert schön sein.

1428 Provence, Place de l'Église 5,
024 434 11 43, keine Website

WAADT

Laiterie fromagerie de Provence

Auf 850 Metern über Meer Der Blick auf Alpen und Neuenburgersee ist beeindruckend. Aber nicht nur das. Die Käserei von Provence ist eine jener kleinen Kooperativen, die sich mit gutem Käse behaupten und auf eine intakte Gesellschaft zurückgreifen dürfen, die global denkt und lokal einkauft. Zwanzig Bauern bringen ihre Milch in die Käserei, wo sie zu ausgezeichnetem Käse, Butter und Joghurt verarbeitet wird. Die Spezialität des Hauses ist der Creux-du-Van, ein halbharter Käse mit einem unwiderstehlichen Aroma. Probieren geht über studieren.

1428 Provence, Place d'Arme 1,
024 434 11 63, www.fromagerie-provence.ch

Au Temps du Goût

Bitte, mehr davon! Sandro Heller kocht im «Temps du Goût» in Mutrux innovativ und gut und genau das, was seine Laune und die Saison hergeben. Stets verpackt in ein Menu Surprise, serviert in einigen Gängen. Eine geschmorte Sommerrande, eine Fischsuppe mit Felchen aus dem Neuenburgersee und Lammkoteletts von der Wiese nebenan. Er ist ein innovativer, gradliniger Koch, der im Freestyle gross auftrumpft und auch ältere Semester zu begeistern vermag. An der Wand hängt Kunst, Bilder die zum Lachen animieren, zumindest bei meinem letzten Besuch. Zum Kern der Beiz gehört aber nicht nur die unkomplizierte Küche und der herzliche Service, sondern auch die lebhafte Stimmung. Genau, bitte mehr davon!

1428 Mutrux, Rue de Provence,
024 434 20 74, keine Website

L'Auberge

Spielereien Christiane Martin kocht mit feiner Klinge. Ihre Gerichte pendeln zwischen Klassik und Moderne, sind leicht umgesetzt, subtil gewürzt und schön präsentiert. Ihre Küche setzt Akzente für Vegetarier, die sich hier sehr wohl fühlen, ohne dass Fleisch- und Fischfreunde zu kurz kommen würden. Die Weinkarte überrascht und überzeugt mit Provenienzen von Schweizer Winzern, die noch nicht alle Weinnasen kennen, ohne dabei den Lokalmatador Christian Dugon aus Bofflens zu vernachlässigen. Bei den Schaumweinen setzt Martin auf diverse Flaschen von Mauler, die zeigen, dass der Produzent aus dem Val de Travers nur allzu oft zu Unrecht vergessen wird. Eine Terroir-Küche zelebriert Christiane Martin nicht, aber eine feine Edelküche, die tief in der Provinz überrascht und selbst bei den Einheimischen ihre Akzeptanz findet.

1446 Baulmes, Rue de l'hôtel de Ville 16, 024 459 11 18, www.lauberge.ch

Brasserie Trois Dames

Naturtrüb und mehr Die Brasserie Trois Dames in Sainte-Croix hat ihr Domizil in einem alten, rustikalen Haus mit Steinwänden und viel Patina. Hier braut Raphaël Mettler aromaintensive Biere, die einen begeistern oder eben nicht. Wer seine Kehle vorwiegend mit Lagerbier benetzt, lässt es lieber bleiben; wer Interesse an Charakterbieren hat, die den Gaumen heraus- aber nicht überfordern, wird seine helle Freude an den Bieren der Brasserie Trois Dames haben. Kein Wunder, wenn die Biere von einem Brauer stammen, der sich vor seiner Braukunst ausgiebig mit Absinthe und Wein beschäftigt hat.

1450 Sainte-Croix, Rue de France 1, 024 454 43 75, www.brasserie3dames.ch

Boîte à Musique

Zurück zu den Wurzeln Das Grand Hotel des Rasses in Les Rasses am Lac de Joux ist ein grosser Kasten aus vergangenen Tagen. Aus einer Zeit, in der die Uhrenindustrie der Schweiz ihre Hochblüte erlebte und einzigartig war. Teilweise ist die Renovation des Hauses gelungen, teilweise bleibt es bei einem seufzenden «Na ja». Egal. Das jüngste Kind macht Freude. In der «Boîte à Musique» begibt sich der Gast auf eine unkomplizierte Zeitreise. Zwar sind die Gerichte banal, aber bei der hier herrschenden Atmosphäre stört das nicht weiter. Fondue, Raclette, Tatar, Trockenfleisch und Käse, es ist alles da für den grossen und den kleinen Appetit.

1452 Les Rasses, Route des Alpes 25, 024 454 19 61, www.grandhotelrasses.ch

Restaurant Belle5

Beim Kunstkoch Seit Jahren zelebrieren Gastgeberin Eva Güntensperger und Künstler Sandro Zimmermann in ihrem «Belle5» eine schnörkellose Küche, die mit Frische, Authentizität und einer Prise Spontaneität zu überzeugen weiss. Wer sich auf der schmalen Terrasse niederlässt, bleibt oft länger sitzen, als er eingeplant hat – und wer weiss, vielleicht ist ihm gerade das Glück beschieden, dass Kunstkoch Sandro seine Kochkunst zelebriert. Leichte Vorspeisen, hausgemachte Ravioli und aromatische Schmorgerichte von der Rindsbacke bis zur Lammhaxe sind die Stärken des Hauses. Wer länger bleiben will, quartiert sich in einer der zwei Ferienwohnungen über der Künstlerbeiz ein. Ein spezieller und individueller Ort.

1585 Bellerive, Chemin de la Plantaz 11, 026 677 03 12, www.belle5.ch

La ferme gourmande

Fürs gute Gewissen Also, es geht doch! Ein Bauernhof, der nicht über die Tierliebe schwadroniert, sondern sie praktiziert und gleich selber schlachtet und das Fleisch vor Ort verkauft. So soll, so muss es sein. Keine Tier- und keine Schlachtfabriken, sondern eine artgerechte Heimat für Rinder und Schweine. Apropos Rinder: Wer schon einmal im Piemont ein Carne cruda vom Fassona-Rind gegessen hat, weiss, wie wunderbar dieses Fleisch ist. Ein Grund mehr, vor oder nach dem «Belle5» bei der Familie Marti vorbeizuschauen.

1585 Salavaux,
Route de Villars-le-Grand 18, 026 677 22 20,
www.la-ferme-gourmande.ch

Fromagerie Fleurette

Das Original National ist Käser Michel Beroud berühmt für seinen cremigen Tomme Fleurette. Wer in der Nähe weilt, sollte ihm unbedingt persönlich einen Besuch abstatten, warten hier doch diverse weitere exzellente Käse aus Kuh- und Geissenmilch auf die Käseliebhaber. Zum Beispiel ein «Cru de Rougemont», der mit einer leichten Champignonnote überrascht oder ein «Fromage des Forts», der mit dezenter Karamellnote verblüfft. Spezialitäten, die selbst eingefleischte Fleischtiger schwach werden lassen.

1659 Rougemont, Route de Flendruz 4, Les Praz, 026 925 82 10,
www.tommefleurette.ch

WAADT

NEU Hotel Valrose

Im kulinarischen Epizentrum Das «Valrose» hat Grosses vor. Nach einer durchdachten und mit Fingerspitzengefühl durchgeführten Renovation wird nochmals für zwei Monate Hand angelegt, um letzte Korrekturen vorzunehmen. Die Küche benötigt hingegen keine Korrekturen. Sie hat mit Florian Carrard bereits grosse Klasse. Der Jungkoch sprüht nur so vor Ideen, verliert dabei aber nie die Bodenhaftung und verzichtet auf seinen Tellern und Schieferplatten auf die verbreitete überdekorierte Pinzettenküche. Er stellt Einheimische ebenso zufrieden wie Zugewanderte und Tagestouristen, ihm gelingt auf elegante Weise, Tradition und Innovation perfekt zu vereinen. Mit handgemachten Ravioli, mit einer «Soupe du Chalet» (Spinatsuppe, dazu Focaccia mit Thymian und Tomme-Käse), mit Tatar und frittierten Streichholzkartoffeln, mit einer grandiosen Waadtländer Torte, mit einem Saibling, in der Folie im Ofen mit Gemüse gegart, oder mit Kalbfleisch aus der Region. Klingt nicht aufregend, schmeckt aber umso sensationeller, und wer sein Kochspektrum näher kennen lernen will, gibt dem Jungkoch eine Carte blanche.

1659 Rougemont, Place de la Gare 3, 026 923 77 77, www.hotelvalrose.ch

Le Café littéraire

Seeblick inklusive Im Café Littéraire werde ich herzlich begrüsst, umgehend bedient und mit geräucherten Felchen und einem Glas Chasselas verwöhnt. Dichter und Denker und andere Zeitgenossen freuen sich über die spezielle, grandiose Bierauswahl des Hauses, die mit Flaschen von der BFM aus den jurassischen Freibergen, mit lokalen und regionalen Brauspezialitäten von Dr. Gab's und La Nebuleuse aufwarten und stets drei Biere frisch zapfen. Die Weinkarte ist durchdacht, bestückt mit (vermeintlich) kleinen Namen und grossen Weinen aus der Waadt und dem Wallis. Zu essen gibt es täglich einen «Plat du jour» und einige ausgewählte Gerichte wie zum Beispiel eine Paté maison, ein Tatar mit Parmesan-Mousse, eine Burrata mit Tomate oder gute hausgemachte Gnocchi.

1800 Vevey, Quai Perdonnet 33, 021 922 00 08, www.lecafelitteraire.ch

Ze Fork

Das Leben halt Was für eine Beiz! Lebendig, frech, überraschend und gut die Küche, aufgestellt das Personal, stimmungsvoll das Haus. Es ist der «Place to be» in Vevey für einen unkomplizierten, angenehmen und zahlbaren Abend, bei dem man als Gast schnell einmal mit anderen ins Gespräch kommt, gut isst und trinkt. Ein Tatar von Felchen mit Fenchel und grünem Apfel, einen Foie-Gras-Burger mit Safranbrot und Aprikosen-Jelly oder ein Rolls-Royce-Saltimbocca mit Lardo di Colonnata und püriertem Brokkoli oder einfach eine Blutwurst-Tarte. Grossartig!

1800 Vevey, Quai Perdonnet/Rue du Léman 2, 021 922 18 13, www.zefork.ch

Boucherie Ruchet

Bei Daniel Über die Produkte der Metzgerei von Daniel Ruchet gibt es eigentlich nicht viel zu erzählen, ausser dass sie gut sind. Das weiss der selbstbewusste Metzger, das wissen die Einheimischen, die hier gerne und oft Schlange stehen, wie das bei diversen Waadtländer Metzgereien zur Tagesordnung gehört. Seine Saucisson ist vorzüglich, die «Saucisse au choux» famos, und so geht das weiter. Versuchen Sie einmal seine «Chantzé», ein «Boudin» von einem «Boudin», der seine Wurzeln im Pays-d'Enhaut hat, das «Atriau», ein Schweinefleischküchlein, das mit Leber angereicht und in Schweinsnetz eingewickelt wird, oder den Jambon maison. Glückliche Waadt.

1800 Vevey, Rue des Deux-Marchés 5, 021 921 24 96, www.boucherie-ruchet.ch

Fromagerie-Crèmerie de la Grenette

Klein und fein Gleich neben dem Marktplatz von Vevey ist das Domizil der kleinen «Fromagerie», die mit einem durchdachten Angebot zahlreicher exzellenter Käse aufwartet. Hinzu kommen diverse andere regionale Produkte, gutes Brot und eine Bedienung, die sich nicht zu schade ist, kompetent über die vielen Käse Auskunft zu geben. Am Samstag nach dem Markt gehört ein Besuch einfach dazu.

1800 Vevey, Rue des Deux-Marchés 27, 021 921 23 45, www.lachaudiere.ch

Les 3 Sifflets

Leben in der Beiz «Les 3 Sifflets» ist ein stimmungsvolles Bistro, das von seinem Interieur, dem Patron Patrick Delannoy, seinen Gästen, dem Personal und der unprätentiösen Küche lebt. Kurz, der Laden brummt. «Hier ein Plat du jour, dort ein Fondue, einmal Rösti mit Käse und Zwiebeln, bitte, hier das Lamm, wie gewünscht, das Tatar, kommt sofort.» Das Leben halt, bei dem Wein an den Tischen getrunken wird und nicht Wasser. Hier fühle ich mich wohl. Eine wunderbare Momentaufnahme, die wunderbar gegen den Deutschschweizer Alltag hilft.

1800 Vevey, Rue du Simplon 1, 021 921 14 13, keine Website

NEU Le National

Im Natio Wer sich auf der Homepage des «Le National» verlustiert, weiss schon, worauf er sich einlässt, wenn er in Vevey diese Kultbeiz aufsucht. Die Welt verändert sich, das «Natio» bleibt, wobei die Beiz in allen Altersgruppen beliebt ist und so dafür sorgt, dass der Alterspegel nicht zu einseitig hoch bleibt. Es ist ein lebenssatter Platz mit treuen Gästen, die sich hier an einer exzellenten Foie gras, gut gewürzten Gemüsesuppen, Fisch aus dem Genfersee, Geschmortem und kurz Gebratenem und zum Schluss an reifem Käse mit Zwiebelconfit und an feinen hausgemachten Desserts laben, die weit von jeglicher Einfallslosigkeit entfernt sind. All dies wird in einer ansprechenden Umgebung, in einem organisierten Durcheinander und mit einer vorbildlichen Einstellung aufgetischt. Zum Durchatmen bietet sich die Terrasse mit kleinem Seeblick an. Ein Platz für Habitués und mutige Fremde, die hier schnell zu Copains werden oder auch nicht. Hingehen und ausprobieren.

1800 Vevey, Rue du torrent 9,
021 923 76 25, www.natio.ch

L'Air du Temps

In Reih und Glied An diesem schönen Samstagmorgen bin ich absolut beeindruckt, wie lebendig sich der Marché de Vevey präsentiert und wie viele Käser und Biobauern ihre Produkte anbieten. Wie die Stadtmusik aufspielt, frech und laut, wie eine Klezmer-Band in einer Seitengasse groovt, wie sich die Einheimischen beim Frühschoppen an der Sonne wärmen. Und ich staune, wie sich langsam mein Einkaufskorb mit Gemüse, Fleisch, Brot und Käse füllt. Angetan bin ich von einer älteren Dame, die mir in leisem, bestimmtem Ton erklärt, mit welchen guten Zutaten sie ihre Brote in Handarbeit herstellt. Alles Demeter, alles gut, alles hat seinen Preis. Ich zahle gerne, wie ich auch an einer Stippvisite in einem der schönsten kulinarischen Läden der Schweiz nicht vorbeikomme. Im «L'Air du Temps» stehen die Spezialitäten in Reih und Glied. Ich komme nicht aus dem Staunen heraus, was sich hier an Qualität und Sinnlichkeit versammelt, sofern man ein Gespür dafür hat, einen Zapfenzieher als sinnlich zu empfinden. Unbedingt hingehen, sehen und ausrechnen, ob noch genug Geld im Portemonnaie ist, und dann einkaufen.

1800 Vevey, Rue des Deux Marchés 25,
021 922 23 03, www.lairdutemps.ch

WAADT

Auberge de la Cergniaulaz

Dem Himmel so nah Abgelegen, dem Himmel so nah und umgeben von sattgrünen Wiesen, befindet sich oberhalb von Montreux die waadtländische Auberge de la Cergniaulaz, die durch die Walliser Claudia und Christian Mathey bespielt wird. Die Speisen präsentiert Claudia Mathey auf der Schiefertafel, das Angebot macht Appetit, und die Preise zeugen vom gesunden Selbstbewusstsein der Gastgeber. Ich wähle vier Vorspeisen aus und bin fasziniert von Qualität, Geschmack und Präsentation. Die Rindermarkknochen, das Felchentatar, ein Dreierlei von der Entenleber, bei dem die Crema-catalana-Variante ein Gaumentanz ist, und das Schnecken-Cassoulette unter der Blätterteighaube lassen mich an das Gute im Menschen glauben.

1833 Les Avants, Route de Cergniaulaz 18, 021 964 42 76, www.lacergniaulaz.ch

NEU Château Maison Blanche

Nicht nur für Prinzessinnen Die Grundlage von gutem Wein ist die selektive Handlese. Als Spitzenerzeuger setzt das Château Maison Blanche auf eine konsequente Ertragsreduzierung, weit unter das heute übliche Mass. Das gibt Provenienzen, die gefallen und bei den Kennern begehrt sind. Immer am Donnerstag und Freitag (mittags und abends) öffnet zudem das Schlossrestaurant seine Pforten und lädt den Gast zu einem kleinen, durchdachten Angebot mit je drei Vor-, Haupt- und Nachspeisen. Selbstredend, dass die Weinauswahl grossartig ist. Hier zu speisen ist ein guter Moment im Leben eines jeden Genussmenschen, zumal die Gastgeber ohne jegliches Gedöns auskommen, was sie nur umso sympathischer macht. Wie wäre es mit einem Besuch in der Önothek (nur freitags), gefolgt von einem Déjeuner im Schloss mit Rindstatar, Poulet fermier, Aprikosentarte und einer Käseauswahl, die nicht mit Umfang, sondern mit Qualität punktet? Dann nichts wie hin.

1853 Yvorne, Route de Corbeyrier, 024 466 32 10, www.maison-blanche.ch

NEU Café de Luan

Feine Aussichten Im Café de Luan bei Pierre Bellwald, gerade mal eine Viertelstunde von Yvorne entfernt auf 1200 Metern über Meer, ist die Welt noch in Ordnung. Gemütlich die Stube, rein die Luft, wenn nicht gerade am Nachbartisch im Fondue gerührt wird. Da werden imposante Markbeine aufgetragen, eine Foie gras der Extraklasse, eine Portion Tatar, perfekt abgeschmeckt, und als eine Spezialität des Hauses ein mit viel Zeit und Sorgfalt geschmortes Kaninchen mit gut gerührter Polenta. Ein Dessert muss natürlich auch noch sein, das perfekte Parfait glacé maison raisinée (Vin cuit) rundet das einfache, wunderbare Mittagsmahl ab. Das Café de Luan bietet eine gradlinige Küche mit guten regionalen Produkten, die keinen Gast kalt – und ihn schnell zum Wiederholungstäter werden lässt. Auch wegen der Weinauswahl, die mit bezahlbaren Provenienzen, vorwiegend aus der Waadt und dem Wallis, überzeugt.

1856 Corbeyrier, Route de Agittes 22, 024 466 81 15, www.cafedeluan.ch

Le Café Suisse

Bei Marie Robert Seit einigen Jahren wird im nostalgischen Café Suisse mit der jungen Marie Robert gesund und leicht gekocht und gegessen. Ich bin dezidiert kein Freund einer Baukastenküche, von McLuxus und Kochakrobatik, aber was Marie Robert hinzaubert, hat Hand und Fuss, ist überlegt und alle zwei Jahre eine Einkehr wert. Pipette, Glasschälchen, Tupfer, Pinzette, alles kommt zum Einsatz, auch der Goldene Schnitt bei der Präsentation der Gerichte. Für Spannung ist gesorgt auf dem Teller und im Glas, bedingt durch eine Weinauswahl, die ein spezielles Lob verdient. Eine ungewöhnliche Adresse, ideal für neugierige Trüffelnasen, die Neuem gegenüber offen sind. Für einmal ist es hier umgekehrt: Trendsetter werden jubeln, Puristen die Flucht ergreifen.

1880 Bex, Rue Centrale 41, 024 463 33 98, www.cafe-suisse.ch

Fondation des Mines de Sel de Bex

Um die Ecke Vor oder nach dem Café Suisse, je nach Tageszeit, ist ein Besuch in der Fondation des Mines de Sel de Bex angesagt, auch wenn es nur mal schnell für den Shop reicht, der aufzeigt, dass die Schweiz über erstklassige Salze verfügt und den Griff zum Fleur de Sel unnötig macht. Ein wunderschöner Ort, renoviert mit dem Respekt gegenüber der Geschichte.

1880 Bex, Route des Mines de Sel 55, 024 463 03 30, www.seldesalpes.ch

Le Château

Im Schloss Wer am Pied du Jura das Besondere sucht, findet im «Château» von Suzanne Rapin seine stilvolle, ruhige Oase für spezielle Momente. Kurz, ein Wochenende in Montcherand zu verplempern, hat was, wenn die wenigen Zimmer denn nicht besetzt sind, was nur allzu oft vorkommt. Wer also seine Liebe hierher entführen will, soll sich das frühzeitig überlegen. Viel schöner auswärts wohnen geht nicht.

1354 Montcherand, Rue du Château 7, 024 441 62 20, www.lechateau.ch

Bistrot du Bœuf Rouge

In der Stadt der Bistrots Genf strotzt nur so von Weltstadtallüren. Damit meine ich vor allem die explodierenden Preise für Wohnkultur, die den Genfern allmählich verunmöglichen, in ihrer eigenen Stadt leben zu können. Es verwundert daher nicht, dass immer mehr Genfer ihr Wohnglück im benachbarten französischen Jura oder in Savoyen suchen. Dabei ist Genf eine wundervolle Stadt mit einer Beizenkultur, die im Vergleich zu anderen Schweizer Städten einmalig ist. Wer mehr über die Genfer Beizenkultur lesen will, dem sei die neuste Auflage des Buchklassikers «Les Nouveaux Bistrots de Genève» von Nicolas Burgy, André Klopmann und Marie Battiston empfohlen, ein Führer, der unentbehrlich ist für die kulinarischen Belange in Genf. Im Bistroklassiker «Bœuf Rouge» ist die Kulisse filmreif, und auch die Küche ist auf ihrer Höhe mit Rillettes maison, mit diversen delikaten Boudins, mit einem Poulet fermier, ertränkt im Beaujolais, einem Entrecôte au beurre de Pastis, Kutteln à la lyonnaise und noch so einigen anderen, ganz wundervollen Spezialitäten mehr. Ganz abgesehen von der Weinauswahl, die mit exzellenten Provenienzen aus dem Beaujolais und anderen Regionen Frankreichs aufwartet.

1201 Genève, 17 rue Dr. Alfred-Vincent, 022 732 75 37, www.boeufrouge.ch

Boucherie Muller

Charcuterie artisanale genevoise Damit ist eigentlich schon alles gesagt. Die Metzgerei ist eine einzige Schlaraffia für jeden zivilisierten Fleischtiger – mit hausgemachten Würsten, Terrinen, Pasteten und zahlreichen anderen Köstlichkeiten. Hingehen!

1201 Genève, Place des Grottes 1, 022 733 68 37, www.boucherie-muller.ch

NEU Le Cottage Café

Bunt sind schon die Teller Die Teller, die Nicole Boder und ihr Team im Cottage Café auftragen haben es in sich. Und auch wenn sie für mich persönlich zu bunt und zu überladen sind, liegt Qualität darauf, die schmeckt. Das Ganze ist ein Rückzugsort für stressgeplagte Genfer, die hier durchatmen und entspannen können, bei einem Thonbrot der Extraklasse, gutem Kaffee, kühlen Drinks und einer kleinen, feinen Weinauswahl aus Genf und Frankreich, die auch einige Vins naturels anbietet. Es ist ein Ort zum Verweilen, zum Träumen, zum Sein, an dem kein Gast mehr an die verstopften Strassen in und um Genf denkt. Im Gegenteil, er bestellt lieber nochmals eine Flasche, pickt in sautierten Champignons, Serrano-Schinken und Hummus und geniesst den Nachmittag oder lässt sich zum Mittagsmahl nieder, bei dem immer zwei, drei ausgezeichnete saisonale Menüs aufgetragen werden. Die Stimmung ist heiter und locker, es ist eine Oase zum Verweilen und zum Wiederkommen.

1201 Genf, Rue Adhémar Fabri 7, 022 731 60 16, www.cottagecafe.ch

Café Bar la Clémence

Laissez faire Der Süden ist nah, das Laissez-faire spür- und riechbar, und dies mitten in der Vieille-Ville von Genf. Viel schöner geht Sommer in der Schweiz nimmer. Erst recht nicht, wenn man sich auf einem der heiss begehrten Stühle der Terrasse von «La Clémence» niederlassen kann. Wenn es regnet, ist es auch egal, ist doch das Innenleben des Cafés keinen Deut weniger schön. Im Gegenteil, in der Beiz wird es gefährlich gemütlich. Für einen Kaffee, ein Sandwich, ein Bier oder gleich einen der geschüttelten oder gerührten Cocktails, deren Alkohol die Hausquiche wieder aufsaugt. Ja, und dann wäre da noch die Tarte Tatin. Wie und wann auch immer, «La Clémence» ist ein Platz für zwischendurch und immer wieder, ob Sommer oder Winter.

1204 Genève, Place du Bourg-de-Four 20, 022 312 24 98, www.laclemence.ch

GENF

Café des Bains

Im Wandel der Zeit Die alten, verwitterten Schluckstuben fallen allmählich auch in der letzten Bastion der Schweiz. Nicht alle, aber einige sind in den letzten Jahren verschwunden. Und nicht alle Bistrots haben dabei das Glück, so kompetent erneuert zu werden wie das Café des Bains. Die Beizen kommen oft unters Messer wie alternde Stars und werden mit scharfen Einschnitten zu viel ihrer Patina beraubt. Es ist Caroline Vogelsang hoch anzurechnen, dass sie ihrem Café mit dem nötigen Respekt vor der alten Bausubstanz eine Frischzellenkur unter der Ägide von Architekt Charles Pictet verordnet hat. Und so frisch wie das Interieur präsentieren sich die Gerichte von Rico Alexandre und seinem jungen Team, die geradlinig kochen, sec anrichten und subtil würzen. Ein Tatar vom Wolfsbarsch, eine Artischocke mit Vinaigrette, eine Dorade, ein Curry oder einfach ein Kalbsschnitzel milanese mit luftiger Panade. Es sind einfache Gerichte, die überzeugen. Das Café des Bains pulsiert und freut sich des Seins.

1205 Genève, Rue des Bains 26,
022 320 21 22, www.cafedesbains.com

Le Verre en Cave

Angesagt Im sympathischen «Le Verre en Cave» werden nach dem Motto «Erst probieren, dann kaufen» die Weine in entspannter Atmosphäre verkauft. Das Spektrum des Angebots ist interessant und überzeugt auch mit einer durchdachten Auswahl an Genfer Provenienzen, wie etwa einer Auswahl an Weinen von Stéphane Gros, der ursprünglich Diplomat werden wollte und dann für kurze Zeit in einer Privatbank arbeitete, bevor er seiner Passion gefolgt ist und sich zu einem erfolgreichen Genfer Winzer hochgearbeitet hat.

1207 Genève, Rue des Eaux-Vives 27,
022 736 51 00, www.verreencave.ch

★ Chez Arsène

Bei Mac ohne Burger Ein schönes Lokal, viel Belle Époque, angenehmes Personal, eine durchdachte Weinauswahl und gutes, den Gaumen inspirierendes Essen, das der Schotte Stephen MacDonald aus seiner Küche zaubert. Viel mehr braucht es nicht, um den Beizengänger für einen Mittag oder Abend glücklich zu machen. Entenfilet mit Kirschen, japanische Bouillabaisse mit Wasabi-Rouille, Kalbsleber an Portwein, karamellisierte Pouletbrust, Lammrack mit Minzensauce – es sind zum Teil ungewohnte Interpretationen traditioneller Gerichte, die viel Freude machen. Die Weinauswahl ist durchdacht, zahlreiche Provenienzen sind glasweise erhältlich. Eine bemerkenswerte Adresse.

1207 Genève, Ruelle de la Vinaigrerie 4, 022 772 01 45, www.chezarsene.ch

Pâtisserie Golay

Endlich Die Pâtisserie Golay gehört für mich zu den Bestsellern der Schweiz. Schlicht phänomenal, was die hinzaubern! Ob süss oder salzig, ist egal, es sind kleine Kunstwerke, die zu normalem Preis käuflich zu erwerben sind. Und endlich einmal ein Familienunternehmen, das bei der Einrichtung ihres Tea-Rooms Fingerspitzengefühl bewiesen hat. Dieses ist den ganzen Tag hindurch stets gut besucht, und es braucht schon eine Portion Glück, um sich hier einen freien Stuhl zu ergattern.

1207 Genève, Rue Adrien-Lachenal 12, 022 736 71 56, www.patisseriegolay.ch

NEU La Belotte

Wo ist der Haken? «La Belotte» liegt an einem Gunstplatz direkt am See, mit einem gekiesten Garten, der mit hochwertigen Tischen und Stühlen aus Blech ausstaffiert ist. Das Innenleben des Hauses ist schlicht, schön und lebendig. Hier walten und schalten sichere Hände und verwöhnen das Auge mit Stil. Das alles ist fast zu schön, um wahr zu sein. Doch die Freude bleibt auch beim Studium der Karte und beim aufgetischten Resultat auf dem Teller. Der taufrische Gartensalat besticht durch das feine Nussöl, auf der exzellenten Gazpacho schwimmt ein Basilikumsorbet, und die Lammkoteletts sind so, wie man sie sich wünscht, zart im Biss, saftig und mit einem ausgewogenen Duft nach Lamm. Den Abschluss bildet ein Cheesecake, der mich an meine englische Grosstante Pauline erinnert, was als Lob zu verstehen ist. Wer sich hier niederlässt, bleibt länger sitzen, was auch damit zu tun hat, dass die Weinpreise zum Trinken und nicht zum Lagern kalkuliert sind.

1222 Vésenaz, Chemin des Pécheurs 11, 022 300 68 88, www.labelotte-geneve.ch

La Diligence

Von und mit Madame Annie Diese Adresse ist ein charaktervoller Klassiker, eine einfache Beiz, dekoriert mit allerlei Krimskrams und Grünpflanzen. Und mittendrin Gastgeberin und Köchin Annie, die ein Cordon bleu der Extraklasse zubereitet. Vorneweg die hausgemachte Hühnerleberterrine oder einfach ein halbes Dutzend Schnecken, danach Nieren in einer ausgezeichneten Madèresauce oder doch lieber, sofern sie fangfrisch aus dem Genfersee an der Angel zappeln, Eglifilets, klassisch und mit viel Butter zubereitet. Madame Annie hat ihre Küche und ihre Gäste sicher im Griff, viele davon sind Stammgäste, die täglich oder zumindest wöchentlich hier anzutreffen sind. Und wenn das Halali ruft, trifft sich toût Genève zum kulinarischen Schauspiel im «Diligence».

1225 Chêne-Bourg, Rue du Gothard 20, 022 349 02 54, www.restaurant-diligence.ch

La Laiterie de Carouge

So schön Die Mama ist Schweizerin, der Papa Franzose, kein Wunder hat Tochter Claire ein Faible für Käse, die sie in ihrer schönen «Laiterie» in Carouge lustvoll auslebt. Es macht allein schon Freude, diesen Laden zu betreten, den herben Duft der zahlreichen Käse einzuatmen, sich freundlich, zuvorkommend und kompetent von Claire Delsouiller bedienen zu lassen und dann, nach einigen Proben, aus dem durchdachten Sortiment Käse auszuwählen – was bei mir meistens dazu führt, dass ich zu viele Käse kaufe. Am würzigen und cremigen englischen Stilton und am brüchigen und aromatischen Cheddar komme ich sowieso nicht vorbei. Beim Schabziger weiss ich dann, dass es Zeit ist aufzuhören, Käse einzukaufen.

1227 Carouge, Rue Saint-Victor 7,
022 342 22 55, www.lalaiteriedecarouge.ch

Le Dix Vins

Eine Hommage Seine Küche ist eine Hommage an die Bistrokultur, die Weinkarte eine Liebeserklärung ans Vallé du Rhône, das Ganze eine Reise nach damals. René Fracheboud ist der Verfechter schlechthin der traditionellen Bistroküche. Sein «Dix Vins» zelebriert klassische Gerichte in Reinkultur wie Kalbskopf und Kalbszunge an Sauce ravigote, längs aufgeschnittenes Markbein mit Meersalz und Pfeffer und zum süssen Finale vielleicht eine Schokoladenterrine mit kandierten Orangenschnitzen. Zart besaitete Kalorienzähler sind bei Monsieur fehl am Platz. Sein «Dix Vins», geschmückt mit alten Plakaten, Email-Schildern und Plaketten, so wie man sich das für ein Bistro französischen Stils vorstellt und aus alten Filmen kennt, ist stets «complet». Was fehlt, ist die Béret-Fraktion und die Gauloise-Sektion, die am langen Tisch bei einem «Ballon de rouge» oder einem Absinthe sitzt. Vergangene Zeiten, die mittlerweile durch Schlemmer und zivilisierte Trinker abgelöst wurden. Auch gut.

1227 Carouge, Rue Jacques-Dalphin 29bis,
022 342 40 10, keine Website

Boucherie Brönnimann fils

Eine Bastion Auch wenn der Familienname die Herkunft verrät, ist Monsieur Brönnimann Genfer durch und durch und ein Meister glorioser Würste, die so gut schmecken wie nirgendwo sonst in Genf. Die Vorzeigemetzgerei wird tagein tagaus frequentiert, zahlreiche Stammkunden treffen sich auf einen kurzen Schwatz, bevor sie ausgiebig einkaufen. Das Fleisch ist aus der Region, die Charcuterie stadtbekannt, und selbst zahlreiche Vaudois finden den Weg nach Carouge, was als grosses Kompliment zu interpretieren ist. Hier eine Andouillette zu kaufen, benötigt weniger Mut als anderswo.

1227 Carouge, 4 rue du marché,
022 342 00 79,
www.boucherie-bronnimannfils.ch

Le Jour & La Nuit

Zuhause bei Freunden Alain und Sylvie bieten in ihrem Privathaus eine stimmungsvolle und persönliche Unterkunft an, bei der Stil, Preis und Gastfreundschaft Hand in Hand gehen. Vor vier Jahren haben sie das seit 1923 im Besitz der Familie von Sylvie befindliche Haus renoviert und das Nebengebäude als Gästehaus eingerichtet, in dem eine grosszügige Küche dazu verleitet, die eingekauften Terroir-Produkte gleich vor Ort zu degustieren. Ich kenne in Genf keinen sympathischeren Ort, in dem es sich zu zivilisierten Kosten angenehmer übernachten lässt.

1209 Gèneve, 8, Avenue du Mervelet,
079 214 73 87, www.lejouretlanuit-bnb.com

Auberge la Petite Échelle,
Rochejean (Seite 347)

Biohotel Schwanen, Bizau

Eine Familiengeschichte Mama Antonia kocht, Papa Wolfgang serviert, und der aus den USA zurückgekehrte Sohn Emanuel setzt im einzigartigen Biohotel Schwanen in Bizau neue Akzente. Der Bau ist modern-sachlich renoviert, die gute Stube stammt aus dem 16. Jahrhundert und beherbergt einen Vorzugsplatz am Kachelofen. Der Weinkeller samt Inhalt ist phänomenal, die Auswahl der Weine zeugt von Fachwissen, und die Gerichte lesen sich schwer und sind wundervoll leicht. Das Haus zeigt sich eigenwillig und gibt sich selbstbewusst. Wer hier als Gast ohne Allüren absteigt, wird herzlich verwöhnt. Emanuel Moosbrugger ist nicht nur ein Wein-, sondern auch ein Biersommelier, der seine Gäste stets aufs Neue überrascht, mit ausgewogenen, frechen Aromen, mit Weinen, die nach Natur riechen, mit grossen Weinen von kleinen Namen und sehr vielem Filigranem aus Österreich und Europa. Dazu die exzellente saisonale und taufrische Küche, bei der in einzelnen Gerichten der Geist Hildegard von Bingens mitschwingt. Bei Apfel-Kohlrabi-Salat mit Löwenzahn, gegrilltem Kalbstafelspitz mit Foccacia oder einem Cordon bleu vom Bioschwein der besseren Art kommt grosse Freude auf. Das Ganze ist ein Rundumerlebnis der Extraklasse.

A-6874 Bizau, Kirchdorf 77,
0043 5514 21 33,
www.biohotel-schwanen.com

Frau Kaufmann

Das Original Die Schweiz hat Betty Bossi, Vorarlberg Frau Kaufmann, mit dem Unterschied, dass Frau Kaufmann aus Fleisch und Blut ist und auf den Vornamen Karin hört. Das Kochen hat sie zwar nicht erfunden, und andere kochen aufwendiger. Aber ich kenne keine Kochschule, die authentischer ist und in der es lustiger zu und her geht als bei Karin Kaufmann. Sie vermittelt auf unprätentiöse Art die handwerklichen und geschmacklichen Fertigkeiten, die früher von Generation zu Generation weitergegeben wurden. Mit saisonalen Zutaten aus der Region, eingekauft bei lokalen Produzenten auf dem Markt, kocht sie in Gruppen von maximal zwölf Gästen einfache und verblüffende Gerichte wie Schinkenschöberl, Kalbfleischsuppe oder Mangold-Spargel-Kuchen. Kochen und Feiern im «Engel» bedeutet, dem reellen Genuss auf der Spur zu sein. Als Privatperson, als Urlauber oder als Unternehmen. Und bei Frau Kaufmann einkaufen geht auch. Gewürze, Schürzen und mehr.

A-6863 Egg, Buchenrain 339,
0043 676 495 41 44, www.fraukaufmann.at

Jagdgasthaus Egender

Natur pur Das Handy hat Sendepause, TV und andere Lärmquellen ebenso. Den Sound bestimmen die Kuhglocken der Rindviecher auf den Wiesen oder er kommt vom Palaver der zufriedenen Gäste an den Holztischen. Ein heilsamer, ein wundervoller Ort, den man sich im Hochsommer mit rund zweihundert Kühen und unzähligen Fliegen teilt, was für den Zustand der Natur spricht. Dazu gibt es eine lupenreine Bergwelt und die besten (wohl auch berühmtesten) Käsknöpfle Österreichs. Zum Dessert noch eine Runde Ribelknödel, und der Abend kann kommen. Dazu einen oder zwei Absacker zum Verdauen. Ein beglückendes Abseits auf über tausend Meter über Meer.

A-6870 Bezau, Schönenbach 342,
0043 664 244 04 47,
www.jagdgasthaus-egender.at

NEU Hotel Alpenrose Ebnit

Abgeschieden Den einen ist die Küche zu banal, den anderen ist das Frühstück zu spartanisch. Ich finde, es passt zum Haus und zu den Gastgebern, und wer Ruhe und Normalität in einem schlichten, ja puristischen Rahmen zu schätzen weiss, liegt und sitzt hier richtig. Hier geht es nicht um kulinarische Höhenflüge, sondern um einfaches gutes Essen. Die speziellen Akzente des Hauses setzt die freche Neuinterpretation der traditionellen Vorarlberger Holzbaukunst. Und wem das auf die Dauer nicht genügt, der weiss, dass Dornbirn und sein pulsierendes Kultur-, Genuss- und Lustleben nah ist. Wer aber die Natur wieder einmal spüren und fühlen will, begibt sich auf eine der zahlreichen Tagestouren, die sich von hier aus anbieten. Viel Schlaf, etwas Enthaltsamkeit und viel frische Luft tun zwischenzeitlich ganz schön gut. Warum nicht einmal etwas asketisch leben für eine Woche?

A-6850 Dornbirn, Ebnit 4,
0043 5576 429 97,
www.alpenrose-ebnit.com

Hirschen

Eine Reise nach damals Eine der ursprünglichsten Wirtschaften befindet sich im Markgräflerland. Eine Lebensoase mit herzlichen Gastgebern und mit einem jungen Patron, der das Erbe seines Grossvaters mit Sorgfalt weiterführt. Das kulinarische Angebot ist klein und durchdacht. Der Salat wird in der Glasschüssel serviert, die panierten Schnitzel liegen im klaren Jus auf der Platte, der Wurstsalat hat deutschen Feinschnitt, der Kartoffelsalat und die Rösti sind perfekt. An lauen Tagen speist man im Traumgarten mit Blechtischen, Holzstühlen, Kieselsteinen und schattenspendenden Bäumen. Max kredenzt seine filigranen Weine; die Gäste trinken, sinnieren und blicken über den Gartenzaun hinweg auf die grasenden Schafe. Wird es frisch, bietet die gute Stube Patina und Kachelofenwärme.

D-79400 Kandern-Egerten, Am Neuweg 2, 0049 7626 388, www.hirschen-egerten.de

Origine: Weine

Natürliche Weinkultur Von Zug nach Zürich, von Zürich nach München. «Origine Weine» hat seinen Standort gefunden. In München in der Belgradstrasse. Wem das zu weit weg ist, der füllt seinen Weinkeller über den Online-Shop. Da Claudia Sontheim Einkäuferin, Buchhalterin, Geschäftsführerin, Verkäuferin, Fotografin und Grafikerin in Personalunion ist, sind zahlreiche neue Weineingänge im Internet bildlich nicht dargestellt. Sei's drum. Die Weinauswahl ist mutig, teilweise frech, so wie es die Weine sind. Nichts für Etikettentrinker, aber für neugierige Nasen, die sich über die natürlichen Weine und so manche Entdeckung freuen.

D-80697 München, Belgradstrasse 4, 0049 176 240 54 224 oder 079 916 70 30, www.origine.life oder www.origine.wine

NEU Boutique-Hotel Adara

Das Leben Obwohl die ganze Altstadt unter Denkmalschutz steht, ist Lindau alles andere als museal oder zu Tode renoviert. Das Leben findet auf den Plätzen, in den Gassen und Strassen statt und wird durch einen gut durchmischten Gästemix belebt. Dass Alt und Neu wunderbar miteinander harmonieren können, beweisen die Macher des Hotel Adara, das nicht nur durch seinen Namen auffällt, sondern vor allem mit seiner Architektur (die Besitzerin ist Architektin) und Einrichtung überzeugt und mit einem Service brilliert, den wir uns alle wünschen und leider nur selten erhalten. Hinzu kommt ein kleines, schmuckes Restaurant, dessen Küche von hier und von dort verbindet und sich modern leicht und übersichtlich im Baukastenstil auf den Tellern präsentiert. Keine Bange, es schmeckt ganz wunderbar. In der Summe ist das «Adara» ein Rundum-Wohlfühlpaket für einige entspannte Tage am Bodensee.

D-88131 Lindau, Alter Schulplatz 1, 0049 8382 94 35 00, www.adara-lindau.de

Auberge La Petite Échelle

Zum Durchatmen Die kleine Traumbeiz liegt nicht am Ende der Welt, aber beinahe. Hier dominieren Kühe, Felder, Wälder und Wiesen. Wer die Natur liebt und mit einem sympathischen Chaos umzugehen versteht, wer sich über einfache, sauber gekochte Gerichte freuen und Handy und Zeitnot zu Hause vergessen kann, der sitzt hier richtig. Mont d'Or, Dent de Vaulion, Vallée und Lac du Joux – alle Naturschauspiele sind nahe und werden doch nebensächlich, ist man erst einmal bei Norbert Bournez angekommen. An kühlen Tagen knistert das Feuer im Kamin, im Sommer spenden Bäume Schatten. Eine Trockenwurst zum Aperitif, gefolgt von einem Pilzragout mit Rösti, etwas reifem Comté und zum Schluss ein Stück Heidelbeerkuchen. Es sind die kleinen Dinge, die diesen Ort so einzigartig machen. Selbst ein Sommerregen oder ein Gewitter wird hier mit einer Flasche Poulsard auf dem Tisch zum Erlebnis. Kleine Genüsse weitab von Pomade und Promenade.

F-25370 Rochejean, 0033 381 49 93 40, keine Website

NEU Bistrot Le Goût des Autres

Extra Das unscheinbare Dorf Granges-sur-Baume kennen nur jene Jurareisenden, die sich nicht von Prunk, Kunst und Sternen führen lassen, sondern das Auge und den Gaumen für das Wesentliche haben. Weit unten im Talkessel liegt in tiefgrüner Romantik Baume-les-Messieurs mit seiner historischen Abtei, seinen Wasserfällen und einer der grössten landschaftlichen Sehenswürdigkeiten Frankreichs, dem Cirque de Baume mit seinen schier lotrechten Felswänden, sozusagen die grosse Schwester des helvetischen Creux du Van. Droben in Granges-sur-Baume geht es noch beschaulicher zu als im Talkessel. Die Dorfkäserei verkauft ihren Morbier und Comté, dazu einige regionale Würste und was es halt sonst so für den französischen Alltag braucht. Neu hinzugekommen ist eine einfache Unterkunft, die in ihrem Bistro gross aufkocht, wobei mit «gross» keine Luxusküche gemeint ist, sondern eine einfache Landküche, sauber gekocht, die so in Frankreich Seltenheitswert hat und zu einer aussterbenden Spezies gehört.

F-39210 Hauteroche, Place de l'église 8, Granges-sur-Baume, 0033 384 47 20 41, www.bistrot-legoutdesautres.com

NEU Hôtel Savel

Träumereien Die Ardèche liegt zwar nicht gleich um die Ecke, aber es ist der SRF-Radiosendung «Ich lebe meinen Traum» zu verdanken, dass diese Adresse den Weg ins Buch gefunden hat. Hier berichtete Stefanie Eigenmann über sich und ihre Oase in der Ardèche. Ihr kleines, schmuckes Traumhotel, das sich so wohltuend abhebt vom uniformierten Einheitsbrei zahlreicher Boutique-Hotels, führt sie persönlich. Ein Traum für den Gast und jeden gefahrenen Kilometer wert. Das trifft nicht nur auf das Haus und die Gastgeberin zu, sondern auch auf das hauseigene Restaurant, die Qualität der Speisen und das animierende Frühstück. Wer einmal angekommen ist, will gar nicht mehr weg. Wenn ich erst an das Rindfleisch mit der Tomatenkonfitüre und die exzellente Polenta denke ... Warum geht das nicht überall so? Das «Savel» ist ein Stück heile Welt in einem lebendigen Dorf, umgeben von intakter Natur. Ein kleines irdisches Paradies. Kompliment.

F-07120 Ruoms, Rue des Brasseries 38, 0033 475 39 60 02, www.hotel-savel.com

Von Scot & Scotch zum Château du Thil

Der helvetische Burgunderschotte In Zürich war der Basler Daniel Graf dreissig Jahre zuhause, bis er sich im Burgund seinen lang ersehnten Traum vom eigenen Schloss verwirklicht hat. Der Informatiker und von Schottland als «Keeper of the Quaich» für seine Verdienste für den Whisky geehrte Querdenker hat sich in Frankreich ein geschichtsträchtiges Anwesen gekauft und erfreut sich heute mit Freunden und zahlenden Gästen in seinem Chambre d'hôte an der Leichtigkeit des Seins. Der Schöngeist Graf hat sein auf Single Malt Whiskys spezialisiertes Fachgeschäft in der Zürcher Altstadt aufgegeben und führt nun auf Anfrage seine bekannten Tastings im Burgund durch. Seinen ursprünglichen Traum, vor seiner Haustüre das Meer und auf dem Nachbargrund eine Whiskybrennerei vorzufinden, hat er im Burgund stilvoll beerdigt. (Bild links)

F-71390 Chenôves, Le Thil, 0033 (0)771 218 000 oder 079 405 89 91, www.du-thil.fr

Hotel Savel, Ruoms

Fre

Stille Tage im Piemont Auf dem Dorfplatz werfen die Strassenlaternen ihr schwaches Licht in die Gassen, am dunklen Firmament verabschieden sich die Savoyer Alpen, und in der Osteria am Dorfplatz treffen sich die Einheimischen zum Schwatz bei einem Glas Barolo Chinato. Miroslav Lekes, tschechischer Unternehmer und passionierter Weinliebhaber, investiert hier aus Leidenschaft in seine Azienda agricola Réva und in die feine Lebensart. Mit Isabel Oberlin hat er eine charmante Gastgeberin für das hauseigene Restaurant Fre gefunden, und mit Paolo Meneguz steht ein Koch am Herd, wie man ihn sich nur wünschen kann. Bescheiden, konsequent und mit einer ausgewogenen Kochsprache hat er das «Fre» in kürzester Zeit zum kulinarischen Insidertipp der Langhe gemacht. Gastgeberin Isabel Oberlin ist eine junge, geerdete Frau mit einem ausgewiesenen Fachwissen und einem nachhaltigen Qualitätsbewusstsein. Stille Tage im Piemont. Mit Trota und Trippa, mit Fassone und Faraone, mit Cachi und Cioccolato und mit Weinen, die zu fairen Preisen begeistern.

I-12065 Monforte d'Alba, Locanda San Sebastiano 68, 0039 0173 78 92 69, www.ristorantefre.it

Lorenzo Accomasso

Il Cavaliere Lorenzo Accomasso produziert in La Morra grossartige Barolos. Der legendäre Winzer ist müde, über sein Alter schweigt er sich aus, und plaudern mag er eh nicht. Schon gar nicht über seine Weine. Viel lieber rede er mit jungen Frauen oder gehe mit ihnen Tango tanzen, das erhalte ihn jung. Lorenzo Accomasso schenkt, wenn er denn überhaupt empfängt, grosszügig ein und nach. Sein Barolo «Rocche» wird ehrfürchtig leergetrunken. Ein tiefes Dunkelrot mit Beerendüften und kräftigem Abgang bleiben in Erinnerung. Der «Rocchette» kommt ins Glas, und obwohl Accomasso seine Gäste gerne in Trance murmelt, ist der Gaumen hellwach. Was für eine tiefschwarze, animalische Steigerung. Lorenzo Accomasso ist einer der letzten Traditionalisten und Barolisti, ein piemontesisches Urgestein und ein bescheidener Cavaliere (Ritter), von Italien für seine Verdienste fürs Land geehrt.

I-12064 La Morra, Frazione Annunziata, Borgata Pozzo 32, 0039 0173 508 43, keine Website

Villa Pastori

Landleben mit Ruth und Markus Vor Jahrzehnten sind die Innerschweizer Ruth und Markus ins Piemont nach Ameno oberhalb vom Lago di Orta gezogen und hier hängen geblieben. Mit Ausdauer und Fingerspitzengefühl haben sie die imposante Villa sanft renoviert und in eine Wohlfühloase der Extraklasse verwandelt. Wer eine ehrliche, distanzierte Gastfreundschaft zu schätzen weiss, ist hier richtig und wird gleich einige Tage bleiben. Die Villa Pastori ist ein wundervoller Ort mit Geschichte, mit diversen Rückzugsmöglichkeiten und ideal für das süsse Nichtstun. Dazu ab und zu eine Flasche Grignolino, eine Salami dick aufgeschnitten, frisches Weissbrot, einige saftige, aromatische Tomaten, und man ist gewappnet für alle Zumutungen des Alltags. Der kommt hier aber nicht und wartet, bis Sie wieder zuhause sind. Ruth und Markus geben ihren Gästen Insidertipps, wer wo aktuell am besten kocht und was sich wo in bester Qualität fürs Picknick im Pastori-Park einkaufen lässt. Wundervoll.

I-28010 Ameno, Viale Matteotti 1, 0039 0322 99 84 95, www.villapastori.com

Übersichtskarten

Kapitel

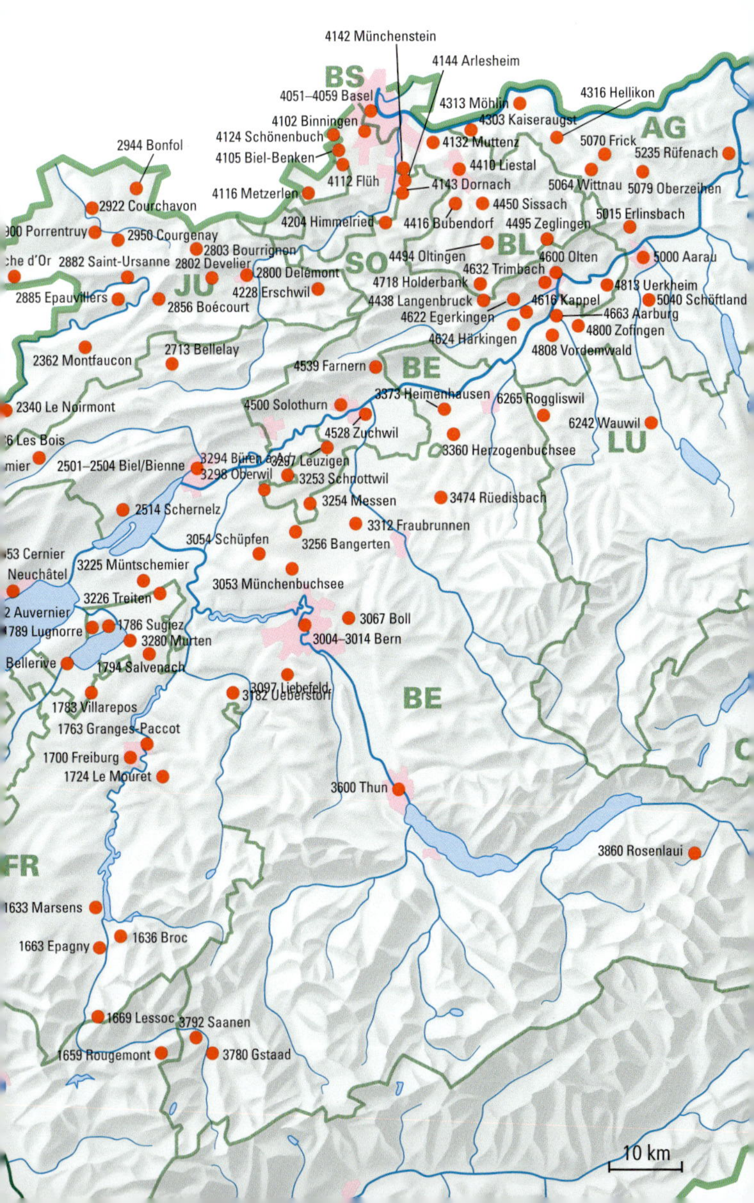

4142 Münchenstein
4144 Arlesheim
BS
4051–4059 Basel
4313 Möhlin
4316 Hellikon
4102 Binningen
4303 Kaiseraugst
AG
4124 Schönenbuch
4132 Muttenz
5070 Frick
5235 Rüfenach
2944 Bonfol
4105 Biel-Benken
4410 Liestal
4112 Flüh
4143 Dornach
5064 Wittnau
5079 Oberzeihen
4116 Metzerlen
2922 Courchavon
4450 Sissach
4204 Himmelried
4416 Bubendorf
4495 Zeglingen
5015 Erlinsbach
Porrentruy
2950 Courgenay
BL
2803 Bourrignon
4494 Oltingen
4600 Olten
5000 Aarau
2882 Saint-Ursanne
2802 Develier
SO
4632 Trimbach
2800 Delémont
JU
4718 Holderbank
4813 Uerkheim
2885 Epauvillers
4228 Erschwil
4438 Langenbruck
4616 Kappel
5040 Schöftland
2856 Boécourt
4622 Egerkingen
4663 Aarburg
4800 Zofingen
4624 Härkingen
2362 Montfaucon
2713 Bellelay
4808 Vordemwald
4539 Farnern
BE
3373 Heimenhausen
2340 Le Noirmont
4500 Solothurn
6265 Roggliswil
6242 Wauwil
4528 Zuchwil
Les Bois
3360 Herzogenbuchsee
LU
3294 Büren a. A.
3297 Leuzigen
2501–2504 Biel/Bienne
3298 Oberwil
3253 Schnottwil
3254 Messen
3474 Rüedisbach
2514 Schernelz
3312 Fraubrunnen
3054 Schüpfen
3256 Bangerten
Cernier
3225 Müntschemier
Neuchâtel
3053 Münchenbuchsee
3226 Treiten
Auvernier
3067 Boll
1786 Sugiez
Lugnorre
3280 Murten
3004–3014 Bern
Bellerive
1794 Salvenach
3097 Liebefeld
3182 Ueberstorf
BE
1783 Villarepos
1763 Granges-Paccot
1700 Freiburg
1724 Le Mouret
3600 Thun
3860 Rosenlaui
FR
1633 Marsens
1636 Broc
1663 Epagny
1669 Lessoc
3792 Saanen
1659 Rougemont
3780 Gstaad
10 km

Kapitel

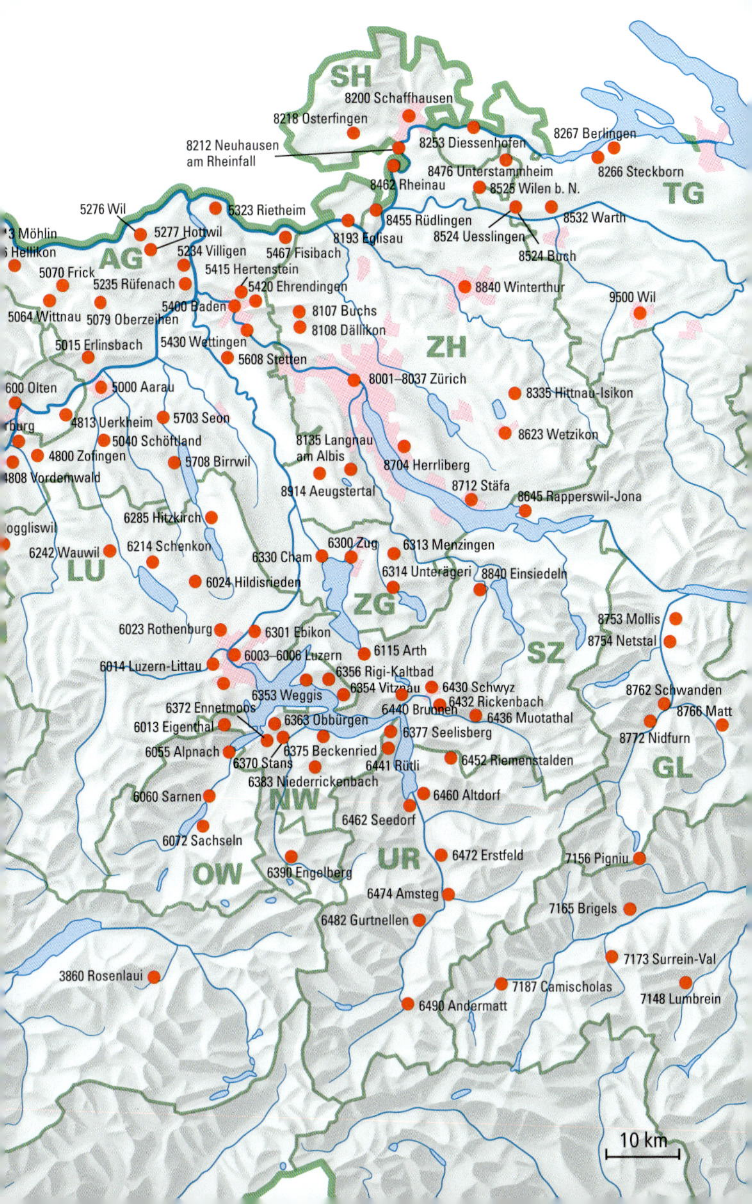
SH
8200 Schaffhausen
8218 Osterfingen
8212 Neuhausen am Rheinfall
8253 Diessenhofen
8267 Berlingen
8266 Steckborn
8476 Unterstammheim
8462 Rheinau
8525 Wilen b. N.
TG
5276 Wil
5323 Rietheim
8455 Rüdlingen
8532 Warth
8524 Uesslingen
8193 Eglisau
5277 Hottwil
5234 Villigen
5467 Fisibach
8524 Buch
AG
5070 Frick
5415 Hertenstein
5235 Rüfenach
5420 Ehrendingen
8840 Winterthur
9500 Wil
5400 Baden
8107 Buchs
5064 Wittnau
5079 Oberzeihen
8108 Dällikon
ZH
5015 Erlinsbach
5430 Wettingen
5608 Stetten
8001–8037 Zürich
5000 Aarau
8335 Hittnau-Isikon
4813 Uerkheim
5703 Seon
8623 Wetzikon
5040 Schöftland
8135 Langnau am Albis
4800 Zofingen
5708 Birrwil
8704 Herrliberg
8914 Aeugstertal
8712 Stäfa
8645 Rapperswil-Jona
6285 Hitzkirch
6300 Zug
6313 Menzingen
6242 Wauwil
6214 Schenkon
6330 Cham
LU
6314 Unterägeri
8840 Einsiedeln
6024 Hildisrieden
ZG
8753 Mollis
6023 Rothenburg
6301 Ebikon
8754 Netstal
6115 Arth
SZ
6003–6006 Luzern
6014 Luzern-Littau
6356 Rigi-Kaltbad
6354 Vitznau
6430 Schwyz
8762 Schwanden
6353 Weggis
6432 Rickenbach
6372 Ennetmoos
6440 Brunnen
8766 Matt
6363 Obbürgen
6436 Muotathal
6013 Eigenthal
6377 Seelisberg
8772 Nidfurn
6055 Alpnach
6375 Beckenried
6370 Stans
6441 Rütli
6452 Riemenstalden
GL
6383 Niederrickenbach
6060 Sarnen
NW
6460 Altdorf
6462 Seedorf
6072 Sachseln
6472 Erstfeld
7156 Pigniu
UR
OW
6390 Engelberg
6474 Amsteg
7165 Brigels
6482 Gurtnellen
7173 Surrein-Val
3860 Rosenlaui
7187 Camischolas
7148 Lumbrein
6490 Andermatt
10 km

Kapitel

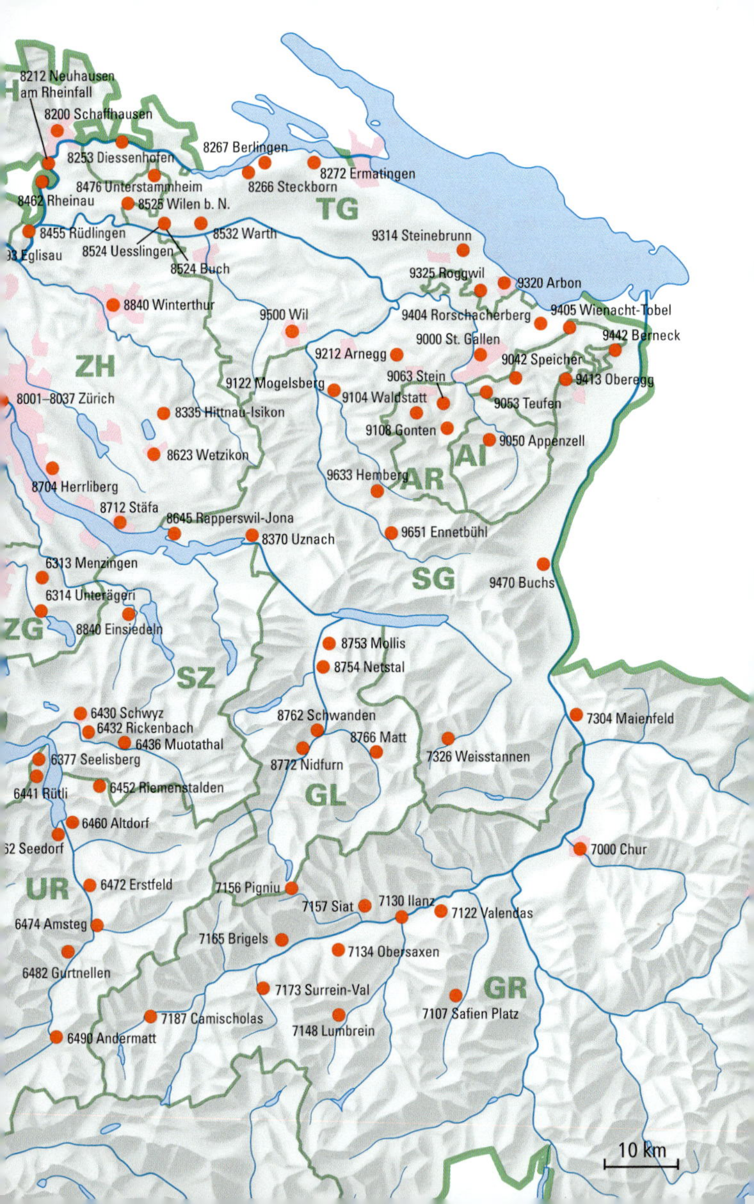

8212 Neuhausen am Rheinfall
8200 Schaffhausen
8253 Diessenhofen
8267 Berlingen
8272 Ermatingen
8266 Steckborn
8476 Unterstammheim
8462 Rheinau
8525 Wilen b. N.
TG
8455 Rüdlingen
8532 Warth
9314 Steinebrunn
Eglisau
8524 Uesslingen
8524 Buch
9325 Roggwil
9320 Arbon
8840 Winterthur
9500 Wil
9404 Rorschacherberg
9405 Wienacht-Tobel
9000 St. Gallen
9442 Berneck
9212 Arnegg
9042 Speicher
ZH
9063 Stein
9413 Oberegg
9122 Mogelsberg
8001–8037 Zürich
9104 Waldstatt
9053 Teufen
8335 Hittnau-Isikon
9108 Gonten
9050 Appenzell
8623 Wetzikon
AI
9633 Hemberg
AR
8704 Herrliberg
8712 Stäfa
8645 Rapperswil-Jona
9651 Ennetbühl
8370 Uznach
6313 Menzingen
SG
9470 Buchs
6314 Unterägeri
ZG
8840 Einsiedeln
8753 Mollis
8754 Netstal
SZ
6430 Schwyz
8762 Schwanden
7304 Maienfeld
6432 Rickenbach
6436 Muotathal
8766 Matt
6377 Seelisberg
8772 Nidfurn
7326 Weisstannen
6441 Rütli
6452 Riemenstalden
GL
6460 Altdorf
Seedorf
7000 Chur
6472 Erstfeld
UR
7156 Pigniu
7130 Ilanz
7157 Siat
7122 Valendas
6474 Amsteg
7165 Brigels
7134 Obersaxen
6482 Gurtnellen
7173 Surrein-Val
GR
7107 Safien Platz
7187 Camischolas
7148 Lumbrein
6490 Andermatt
10 km

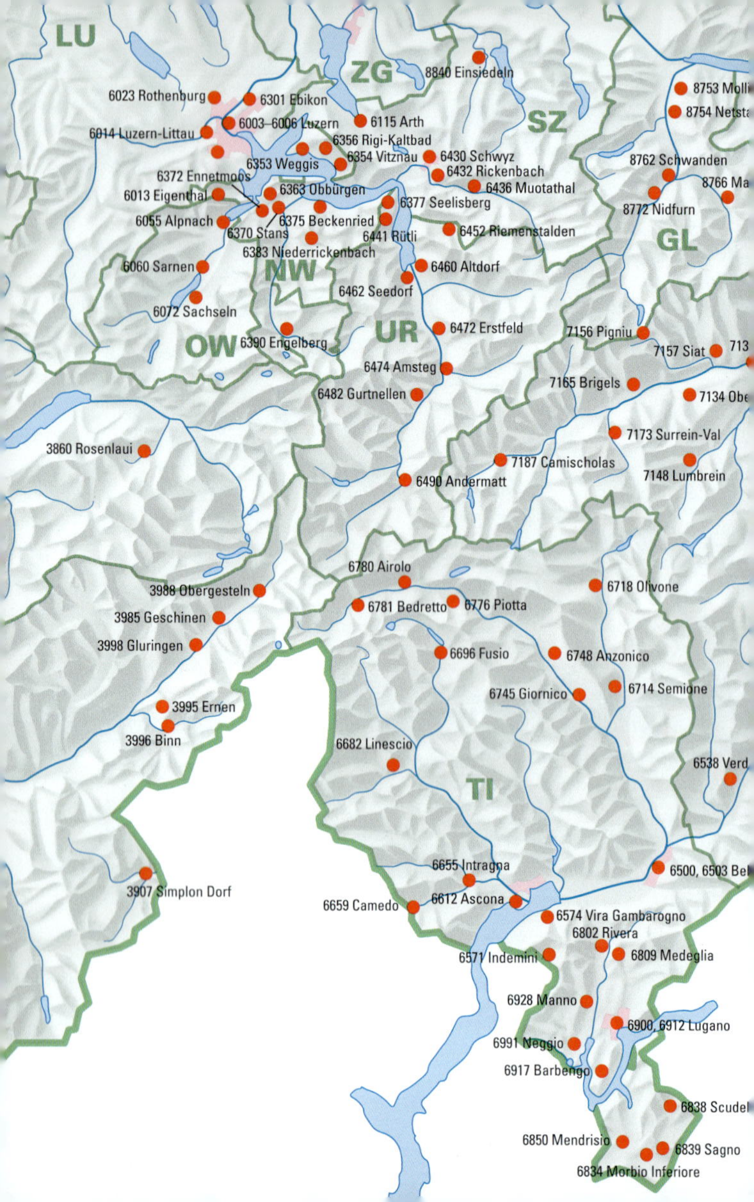

LU
ZG
SZ
GL
NW
OW
UR
TI
8840 Einsiedeln
6023 Rothenburg
6301 Ebikon
8753 Molli
8754 Netsta
6003–6006 Luzern
6115 Arth
6014 Luzern-Littau
6356 Rigi-Kaltbad
6353 Weggis
6354 Vitznau
6430 Schwyz
6372 Ennetmoos
6432 Rickenbach
8762 Schwanden
6013 Eigenthal
6363 Obbürgen
6436 Muotathal
8766 Ma
6377 Seelisberg
8772 Nidfurn
6055 Alpnach
6375 Beckenried
6370 Stans
6441 Rütli
6452 Riemenstalden
6383 Niederrickenbach
6060 Sarnen
6460 Altdorf
6462 Seedorf
6072 Sachseln
6472 Erstfeld
6390 Engelberg
7156 Pigniu
7157 Siat
713
6474 Amsteg
7165 Brigels
6482 Gurtnellen
7134 Obe
7173 Surrein-Val
3860 Rosenlaui
7187 Camischolas
7148 Lumbrein
6490 Andermatt
6780 Airolo
6718 Olivone
3988 Obergesteln
6781 Bedretto
6776 Piotta
3985 Geschinen
3998 Gluringen
6696 Fusio
6748 Anzonico
6714 Semione
6745 Giornico
3995 Ernen
3996 Binn
6682 Linescio
6538 Verd
6655 Intragna
6500, 6503 Bel
3907 Simplon Dorf
6659 Camedo
6612 Ascona
6574 Vira Gambarogno
6802 Rivera
6571 Indemini
6809 Medeglia
6928 Manno
6900, 6912 Lugano
6991 Neggio
6917 Barbengo
6838 Scudel
6850 Mendrisio
6839 Sagno
6834 Morbio Inferiore

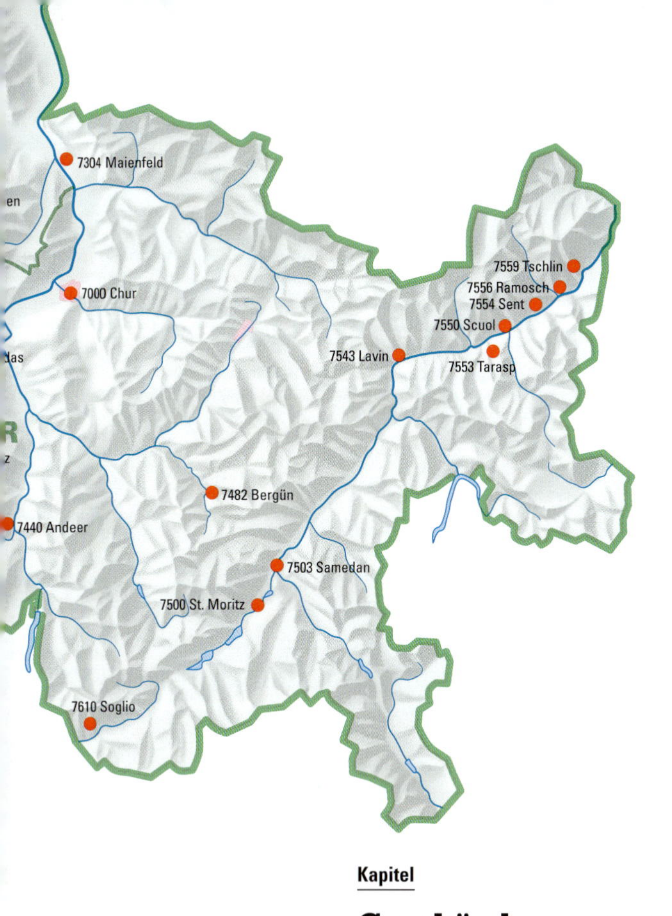

Kapitel

10 km

2336 Les Bois
2610 St-Imier
2300 La Chaux-de-Fonds
2400 Le Locle
2053 Cernier
NE
2000 Neuchâtel
2037 Montezillon
2012 Auvernier
2015 Areuse
1789 Lugnorre
2108 Couvet
2113 Boveresse
2112 Môtiers
1585 Bellerive
1585 Salavaux
2024 Saint-Aubin-Sauges
1428 Mutrux/Provence
1783 Villarepos
1450 Sainte-Croix
1426 Corcelles-près-Concise
1452 Les Rasses
1425 Onnens
1700 Freiburg
1446 Baulmes
1400 Yverdon-les-Bains
1407 Bioley-Magnoux
1354 Montcherand
1350 Bofflens
VD
FR
1343 Les Charbonnières
1344 L'Abbaye
1633 Marsens
1141 Sévery
1142 Pampigny
1663 Epagny
1112 Echichens
1005, 1007 Lausanne
1170 Aubonne
1173 Féchy
1110 Morges
1096 Cully
1172 Bougy-Villars
1162 Saint-Prex
1183 Bursins
1071 Chexbres
1800 Vevey
1659 Rougemont
1184 Vinzel
1166 Perroy
1268 Begnins
1833 Les Avants
1856 Corbeyrier
1853 Yvorne
1222 Vésenaz
GE
1880 Bex
1201–1207 Genève
1911 Ovronnaz
1225 Chêne-Bourg
1227 Carouge
1920 Martig

Kapitel

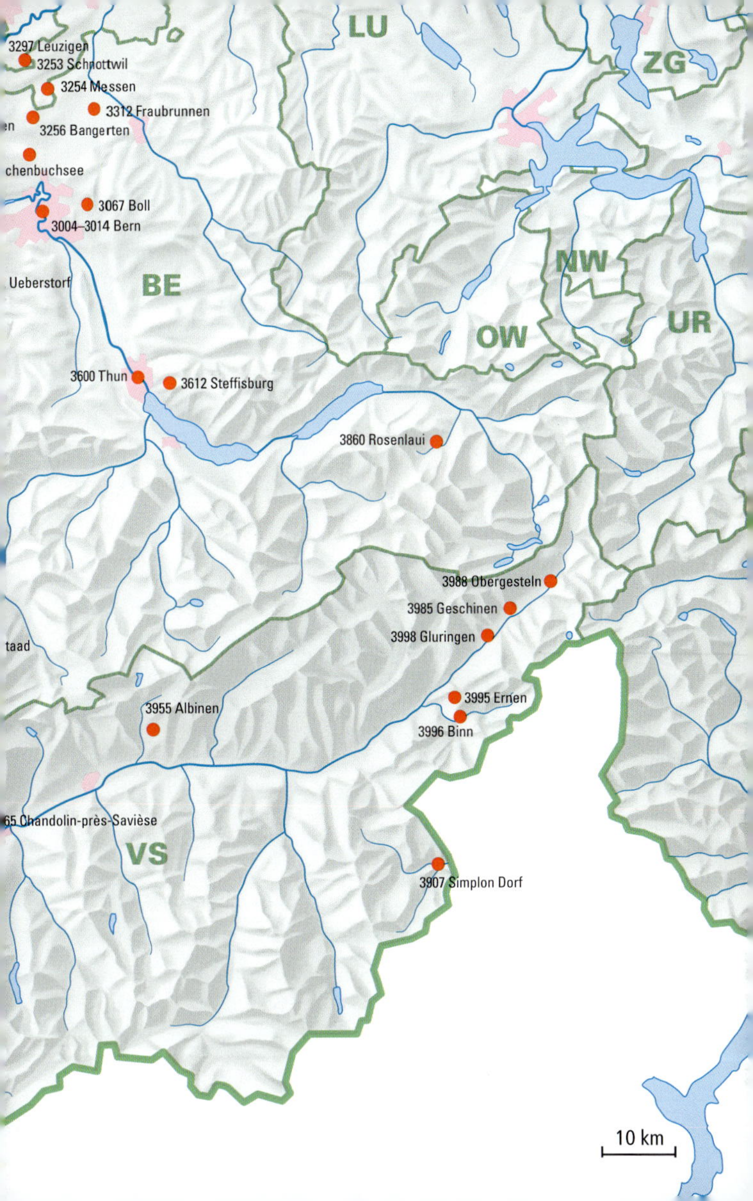

LU
ZG
3297 Leuzigen
3253 Schnottwil
3254 Messen
3312 Fraubrunnen
3256 Bangerten
chenbuchsee
3067 Boll
3004–3014 Bern
Ueberstorf
BE
NW
OW
UR
3600 Thun
3612 Steffisburg
3860 Rosenlaui
3988 Obergesteln
3985 Geschinen
3998 Gluringen
taad
3995 Ernen
3996 Binn
3955 Albinen
65 Chandolin-près-Savièse
VS
3907 Simplon Dorf
10 km

Bildnachweis

Umschlagbild	Claudia Link
Seite 16 und 40	Épicerie Batavia: Oliver Oettli Photography
Seite 130	Café Bar Salü: Philipp Klemm
Seite 134	Café de Ville: Philipp Klemm
Seite 181	Lotti: Nina Mann
Seite 191	Josef: Maurice Haas
Seite 223	Kündig Käselaube: Tina Steiner
Seite 227	Barcelona-Central: Daniel Diggelmann
Seite 231	Laui: Sandra Ardizzone/Chris Iseli
Seite 251	Gasthaus Avrona: Mayk Wendt
Seite 253	Bun Tschlin: Copyright by Bun Tschlin
Seite 254	Nühus: Elia Aubry
Seite 278	Bio-Bergkäserei Goms: Bea Waldera-Kynast
Seite 281	Bio-Markt Freiburg: Nuno Dionísio
Seite 281	Brasserie le Boulevard 39: Christophe Maradan
Seite 284	Le Tunnel: Martine Wolhauser
Seite 303	Ferme des Brandt: Martin Weiss
Seite 328	Le Café Littéraire: Sebastien Agnetti
Seite 345	Origine Weine: Copyright David Scharfenberg, München

Alle übrigen von Marco Aste bzw. von den jeweiligen Betrieben zur Verfügung gestellt.

Alle Angaben in diesem Buch wurden vom Autor nach bestem
Wissen und letztem Kenntnisstand erstellt, dennoch erfolgen sie ohne Gewähr.
Autor und Verlag übernehmen keinerlei Verantwortung
für etwaige Unstimmigkeiten.

© 2018
AT Verlag, Aarau und München
Umschlagbild: Claudia Link, www.claudialink.ch
Fotos Inhalt: Marco Aste, Basel, www.photographer-marcoaste.com,
sowie von den jeweiligen Betrieben zur Verfügung gestellt

ISBN 978-3-03800-054-9

www.at-verlag.ch

Der AT Verlag, AZ Fachverlage AG, wird vom Bundesamt für Kultur
mit einem Strukturbeitrag für die Jahre 2016–2020 unterstützt.